企业会计准则注释第1辑：
金融工具

程小可 编著

中国财经出版传媒集团
经济科学出版社
Economic Science Press

图书在版编目（CIP）数据

企业会计准则注释.第1辑,金融工具/程小可编著.—北京:经济科学出版社,2019.9
ISBN 978-7-5218-0890-2

Ⅰ.①企⋯　Ⅱ.①程⋯　Ⅲ.①企业会计-会计准则-中国　Ⅳ.①F279.23

中国版本图书馆 CIP 数据核字（2019）第 203545 号

责任编辑：黄双蓉
责任校对：刘　昕
责任印制：邱　天

企业会计准则注释第 1 辑：金融工具
程小可　编著
经济科学出版社出版、发行　新华书店经销
社址：北京市海淀区阜成路甲 28 号　邮编：100142
总编部电话：010-88191217　发行部电话：010-88191522
网址：www.esp.com.cn
电子邮件：esp_bj@163.com
天猫网店：经济科学出版社旗舰店
网址：http://jjkxcbs.tmall.com
北京鑫海金澳胶印有限公司印装
787×1092　16 开　27.5 印张　550000 字
2019 年 9 月第 1 版　2019 年 9 月第 1 次印刷
ISBN 978-7-5218-0890-2　定价：88.00 元
(图书出现印装问题，本社负责调换。电话：010-88191510)
(版权所有　侵权必究　打击盗版　举报热线：010-88191661
QQ：2242791300　营销中心电话：010-88191537
电子邮箱：dbts@esp.com.cn)

作者简介

程小可，男，1975 年出生，中国人民大学会计学博士，清华大学工商管理博士后，北京交通大学经济管理学院教授、博士生导师，中国注册会计师非执业会员，研究领域为会计准则、公司财务与资本市场等。

学术研究方面：在《会计研究》《管理世界》《南开管理评论》《中国软科学》《科学学研究》《中国会计评论》《审计研究》《管理科学》《财贸经济》《财经研究》《经济学动态》及 International Review of Economics & Finance 等 CSSCI、SSCI 刊物上发表学术论文共计 76 篇（其中，国家自然科学基金委管理学部 A 类重要期刊 20 余篇）。出版独立著作 3 部、合作著作 1 部、译著 3 部、国家级规划教材 1 部。主持国家自然科学基金 5 项、教育部人文社会科学规划项目 1 项；主持国家电网公司等中央企业委托咨询项目 10 余项。曾获杨纪琬优秀学位论文奖、中国人民大学优秀博士论文、中国会计学会优秀论文一等奖和二等奖等学术奖项。

人才培养方面：坚持"以学生为本"的培养理念，指导博士研究生 12 名、硕士研究生 120 余名，并长期为广大企事业单位培养高素质会计人才。其中，已毕业博士生受聘于对外经济贸易大学国际商学院、西南财经大学会计学院、北京科技大学经济管理学院等高等学府，已毕业硕士研究生受聘于全国人大机关服务中心、中国人寿、五矿集团、航天科工、国家电网公司、中国出口信用保险公司、四大会计师事务所等知名企事业单位。教学效果显著，深受学生好评，曾获"北京市高等教育教学成果奖一等奖""北京交通大学教学成果特等奖""北京交通大学教学名师""北京交通大学我最敬爱的老师""北京交通大学课堂教学教风标兵"等教学奖项。

社会服务方面：注重理论与实践相结合以及科研成果的转化工作，在企业会计准则等方面具有较深的理论研究与实务经验。为百余家企事业单位提供培训，服务对象涵盖国务院机关事务管理局、国家电网公司、中国石油、中国移动、五矿集团、中国远洋、中铝国际等。开展会计准则专题的公开课堂和内部培训数百场，授课风格轻松幽默，学员满意度极高，为中央企业及上市公司等单位培训了财务骨干万余人次。担任国家电网公司外部财务咨询专家逾10年，并以总教练身份指导国家电网公司代表队夺得"第三届全国会计知识大赛"二等奖、国资委"中央企业职工财会职业技能大赛"一等奖等奖项。

出 版 说 明

一、背景

在全球资本要素加速融合、经济贸易联系日趋紧密的背景下，会计准则的国际趋同已为大势所趋、潮流所向，其对于降低财务报告编制成本、提高财务信息透明度、提升资源配置效率具有重要意义。特别是2008年全球金融危机后，各主要国家监管者深刻意识到高质量的财务报告对于提升金融市场透明度、维护全球经济和金融体系稳定的重要意义，而制定全球统一的高质量会计准则体系是确保财务报告高质量的关键之举。鉴于此，国际会计准则理事会（IASB）认真分析总结全球金融危机所暴露出的会计制度问题，重点对公允价值计量、收入、金融工具、保险合同、财务报表列报、合并财务报表、租赁等会计准则进行重大改革，加快推进国际财务报告准则（IFRS）的修订完善。先后修订完善了《国际财务报告准则第13号——公允价值计量》（IFRS 13）、《国际财务报告准则第10号——合并财务报表》（IFRS 10）、《国际财务报告准则第9号——金融工具》（IFRS 9）、《国际财务报告准则第15号——客户合同收入》（IFRS 15）、《国际财务报告准则第16号——租赁》（IFRS 16）、《国际财务报告准则第17号——保险合同》（IFRS 17）等准则，并于2018年3月发布了修订后的《财务报告概念框架》。相关准则及概念框架对会计从业人员准确理解和运用会计准则提供了行之有效的操作性指引，形成较大助力。

我国企业会计准则已于2006年实现了与国际财务报告准则的趋同。2008年全球金融危机后，为响应二十国集团（G20）峰会和金融稳定理事会（FSB）关于建立全球统一、高质量会计准则的倡议，推进我国企业会计准则与国际财务报告准则的持续趋同，财政部在对当时国际形势和主要国家会计准则国际趋同情况进行分析研究的基础上，起草并发布了《中国企业会计准则与国际财务报告准则持续趋同路线图》，回顾总结了自2006年以来我国企业会计准则国际趋同相关工作经验，提出了我国企业会计准则与国际财务报告准则持续趋同的战略方向、实施策略以及相关时间安排，全面建立了与国际财务报告准则的持续趋同机制。

根据《中国企业会计准则与国际财务报告准则持续趋同路线图》部署，为进一步提高会计信息质量，满足我国经济发展的内在需要，2014年以来财政部加快企业会计准则的改革步伐，先后修订完善了《企业会计准则第 39 号——公允价值计量》《企业会计准则第 30 号——财务报表列报》《企业会计准则第 33 号——合并财务报表》《企业会计准则第 2 号——长期股权投资》《企业会计准则第 22 号——金融工具确认和计量》《企业会计准则第 23 号——金融资产转移》《企业会计准则第 24 号——套期会计》《企业会计准则第 37 号——金融工具列报》《企业会计准则第 14 号——收入》《企业会计准则第 21 号——租赁》等 18 项具体准则（见图 1），保持了我国企业会计准则与国际财务报告准则的持续趋同。

准则变化概况	1项基本准则 38项具体准则	持续趋同路线图	8项具体准则修订或发布	7项具体准则修订或发布	1项具体准则修订	2项具体准则修订
准则内容	存货 长期股权投资 投资性房地产 固定资产 生物资产 无形资产 非货币性资产交换 资产减值 其他	中国企业会计准则与国际财务报告准则持续趋同路线图	公允价值计量 财务报表列报 职工薪酬 长期股权投资 合并财务报表 合营安排 其他主体中权益披露 金融工具列报	金融工具确认计量 金融资产转移 套期会计 金融工具列报 政府补助 收入 持有待售的非流动资产、处置及终止经营	租赁	债务重组 非货币性资产交换
应用指南解释公告	相关应用指南 企业会计准则解释第1号	企业会计准则解释第2号	企业会计准则解释第3号 企业会计准则解释第4号 企业会计准则解释第5号	8项具体准则应用指南 企业会计准则解释第6号 企业会计准则解释第7号 企业会计准则解释第8号	企业会计准则解释第9号 企业会计准则解释第10号 企业会计准则解释第11号 企业会计准则解释第12号	7项具体准则应用指南	租赁准则应用指南
	2006年	2008年 2009年	2014年	2017年	2018年	2019年 至今
	实质性趋同		持续趋同			

图 1　中国企业会计准则与国际财务报告准则趋同路线图

二、出版计划

为帮助广大实务工作者和会计准则研究者更加系统和全面地掌握新发布和新修订的企业会计准则，编者计划出版《企业会计准则注释》丛书，对企业会计准则内容进行详细的注释与案例解读。

《企业会计准则注释》套书近期计划对 2014 年以来新发布和新修订的包括金融工具、收入、租赁、长期股权投资与合并财务报表等在内的相关准则进行注释；远期计划涵盖财政部发布的基本准则和所有具体准则。

《企业会计准则注释》丛书出版字数预计超过 400 万字。2019～2020 年计划出版《企业会计准则注释第 1 辑：金融工具》《企业会计准则注释第 2 辑：收入》《企业会计准则注释第 3 辑：租赁》《企业会计准则注释第 4 辑：长期股权投资与合并财务报表》《企业会计准则注释第 5 辑：所得税》等。同时，编者将结合线下出版物，创建并运营"准则注"微信公众号（见封面、封底），通过设立"干货速递""准则部落"等栏目，为我国企业会计准则的贯彻应用和 IFRS 的研究建立线上与线下互动的学习与交流平台。

三、套书体例安排

《企业会计准则注释》套书采用逐条目"夹注"的撰写体例,在进行注释的过程中兼顾理论和实践,致力于使广大实务工作者和准则研究人员能够"知其然,更知其所以然"。丛书中对条目的解读包括【注释】和【案例】两部分,其中【注释】部分包括"条目解读""准则由来""准则联系""知识拓展""实施指引""经济后果"及"编者语"七个维度,深入讲解准则的原理与应用。以《企业会计准则注释第 1 辑:金融工具》为例,套书体例安排如下(除"条目解读"外,其他各维度的注释均有加粗标题):

①**条目解读**:该部分包含对准则条文的深入解读,并对重点与难点条目展开详细分析。

> **第二十六条** 混合合同包含一项或多项嵌入衍生工具,且其主合同不属于本准则规范的资产的,企业可以将其整体指定为以公允价值计量且其变动计入当期损益的金融工具¹。但下列情况除外²:
> (一)嵌入衍生工具不会对混合合同的现金流量产生重大改变。
> (二)在初次确定类似的混合合同是否需要分拆时,几乎不需分析就能明确其包含的嵌入衍生工具不应分拆。如嵌入贷款的提前还款权,允许持有人以接近摊余成本的金额提前偿还贷款,该提前还款权不需要分拆。
>
> 【注释】
> ①根据本准则第二十条【注释】②,对混合合同整体进行公允价值指定是运用公允价值选择权的情形之一。
> IASB指出,对公允价值选择权最常见的使用之一,可能是包含几项嵌入衍生金融工具的结构化产品。那些结构化产品一般被用来和衍生工具进行套期,抵销他们所包含的所有(或几乎所有)风险,无论产生这些风险的嵌入衍生工具从会计处理目的出发是否可以单独核算。因此,结合本准则第八条【注释】③中所述的关于套期会计和公允价值选择权优劣的比较,对这些产品最简单的会计处理方法是应用公允价值选择权,使混合合同可以和它所套期的衍生工具一样以公允价值计量且其变动计入损益,以达到消除会计错配的目的。
> 此外,对拥有复杂金融工具的企业而言,对嵌入衍生工具的搜寻和分析会显著增加遵循准则的成本,但如果企业拥有以公允价值计量混合合同的选择权,就可以消除这种成本。对于这些复杂的工具,混合合同的公允价值与被要求分离的那些嵌入衍生金融工具的公允价值相比,可能明显易于计量,因此更加可靠。

②**准则由来**:该部分以 IFRS 相关内容为指导,致力于梳理准则条文的发展和演化历程,重现准则条文制定过程中出现过的分歧与讨论、博弈与权衡,详细解释准则制定的内在逻辑。

第一条 为了规范套期会计处理,根据《企业会计准则——基本准则》,制定本准则①。

【注释】

①准则由来:IAS 39 中的套期会计要求复杂且规则繁琐,给财务报表使用者造成了困扰。一些财务报表使用者认为套期会计无法理解,并经常将套期会计的影响从各种分析中剔除,同时由于套期活动的会计方式及提供的披露不能有效地反映风险管理活动,不得不要求额外的信息才能进行分析。同时由于根据 IAS 39 所作的信息披露过于以会计为中心且不够透明,导致各企业以不同的方式以及不同的详细程度在不同的文件中列报会计准则以外的信息。这些都促使财务报表的编制者和使用者要求 IASB 开发一个新模型,使企业能按照与其风险管理活动相一致的基础,在财务报表中报告其套期活动的绩效,而非报告以会计为中心的运用结果。

2008 年国际金融危机发生后,IASB 在金融工具准则的修订中认识到了上述问题,于 2014 年 7 月发布了新国际金融工具准则 IFRS 9,对套期会计进行了大幅改进,提出了一个新的套期会计模型,降低了套期会计运用门槛,更加紧密地结合了企业的风险管理活动。在新模型下,企业的财务报表将能够反映其风险管理活动,而并不是简单地遵循以规则为导向的方法,新要求也将给套期活动的报告带来显著和持续的改进。为进一步完善套期会计处理,切实解决我国企业相关会计实务问题,并保持我国企业会计准则与国际财务报告准则的持续趋同,财政部结合我国实际情况对原套期保值准则进行了修订。

③准则联系:该部分将加强对准则联系的系统阐述,突出准则逻辑设计的精妙之处,力求梳理出一个清晰、完整的准则架构,使读者可迅速准确地把握准则的整体框架。

第三十三条 企业初始确认金融资产或金融负债,应当按照公允价值计量②。对于以公允价值计量且其变动计入当期损益的金融资产和金融负债,相关交易费用应当直接计入当期损益;对于其他类别的金融资产或金融负债,相关交易费用应当计入初始确认金额③。但是,企业初始确认的应收账款未包含《企业会计准则第 14 号——收入》所定义的重大融资成分或根据《企业会计准则第 14 号——收入》规定不考虑不超过一年的合同中的融资成分的,应当按照该准则定义的交易价格进行初始计量③。

交易费用,是指可直接归属于购买、发行或处置金融工具的增量费用。增量费用是指企业没有发生购买、发行或处置相关金融工具的情形就不会发生的费用,包括支付给代理机构、咨询公司、券商、证券交易所、政府有关部门等的手续费、佣金、相关税费以及其他必要支出,不包括债券溢价、折价、融资费用、内部管理成本和持有成本等与交易不直接相关的费用。

【注释】

①准则由来:公允价值为权益工具及衍生工具投资提供了最相关的信息,因此对于初始确认的金融资产或金融负债,应按照公允价值计量。对于该工具产生的未来现金流量的时间、金额和不确定性,成本即使有也只能提供很少具有预测价值的信息,在许多情况下,公允价值与历史成本会有显著不同。但存在某些成本可能代表公允价值的情况,IASB 决定针对这些情况提供额外的应用指南(详见本准则第四十四条)。

准则联系:对于金融资产或金融负债的初始确认存在例外情况(即在其初始确认时,没有按照公允价值计量):《企业会计准则第 20 号——企业合并》第六条规定,对于同一控制下的企业合并,合并方在企业合并中取得的资产和负债,应当按照合并日在被合并方的账面价值计量。

④知识拓展:企业会计准则条文中往往存在一些跨界的词汇或者知识点(例如法律、金融等领域),这些知识点可能会构成实质上的学习障碍。为解决上述问题,本套书将对其中一些交叉知识点进行扩展性讲解。

第二十二条 金融工具或其组成部分属于权益工具的,其发行(含再融资)、回购、出售或注销时[2],发行方应当作为权益的变动处理[3]。发行方不应当确认权益工具的公允价值变动[3]。

发行方向权益工具持有方的分配应当作为其利润分配处理。发放的股票股利不影响发行方的所有者权益总额[4]。

【注释】

① 知识拓展:股票回购是指公司出资购回自身发行在外的股票的行为。

2018 年 10 月 26 日,第十三届全国人大常委会第六次会议通过了《关于修改〈中华人民共和国公司法〉的决定》。新修订的《公司法》规定,公司只有在以下六种情形下才能回购本公司的股份:一是减少公司注册资本;二是与持有本公司股份的其他公司合并;三是将股份用于员工持股计划或者股权激励;四是股东因对股东大会作出的公司合并、分立决议投异议,要求公司收购其股份;五是将股份用于转换上市公司发行的可转换为股票的公司债券;六是上市公司为维护公司价值及股东权益所必需。

如果企业持有库存股之后又将其重新出售,反映的是不同所有者之间的转让,而非企业本身的利得或损失。因此,无论这些库存股的公允价值如何波动,企业应直接将支付或收取的所有对价在权益中确认,而不产生任何损益。

⑤ **实施指引**:该部分扎根于经济和社会实践,与我国会计实务需求深度衔接,结合相关会计准则的变动,对会计确认、计量、列报和披露等实务问题进行解读,并力求将丛书打造成为广大会计实务工作者案头必备的会计准则辞典。

第二十九条 对于被套期项目为风险净敞口的套期,套期风险影响利润表不同列报项目的,企业应当将相关套期利得或损失单独列报,不应当影响利润表中与被套期项目相关的损益列报项目金额(如营业收入或营业成本)[2]。

对于被套期项目为风险净敞口的公允价值套期,涉及调整被套期各组成项目账面价值的,企业应当对各项资产和负债的账面价值做相应调整。

【注释】

① **实施指引**:财政部 2019 年财务报表中关于净敞口套期损益科目的设置

如果在现金流量套期中对一组项目进行套期,则该组项目可能会影响利润表中不同的单列项目。套期利得或损失在利润表中的列报方式取决于该组项目。如果该组项目不包含任何相互抵销的风险敞口(例如,对一组影响利润表不同单列项目的外币费用进行的外汇风险套期),则重分类后的套期工具利得或损失应分摊至受套期项目影响的各个单列项目。该分摊应采用系统和合理的方法,不应当单个套期工具产生的净利得或净损失以总额方式列报。如果该组项目包含相互抵销的风险敞口(例如对以外币计价的一组销售收入和费用进行的外汇风险套期),则企业应在利润表的单列项目中列报套期利得或损失。为此财政部在 2019 年 4 月 30 日发布了《关于修订印发 2019 年度一般企业财务报表格式的通知》,在利润表中增设"净敞口套期收益(损失)"报表项目,以在利润表中单独反映风险净敞口套期中的利得或损失。

对于某些类型的公允价值套期,套期的主要目标是为了转换被套期项目的现金流量,而非抵销被套期项目的公允价值变动。例如,企业通过利率互换合同对固定利率债务工具的公允价值利率风险进行套期,旨在将固定利率现金流量转换成浮动利率现金流量。该目标通过将利率互换合同的应计净利息计入损益,在套期关系的会计处理中得到反映。在对净头寸(例如,一项固定利率资产和一项固定利率负债构成的净头寸)进行套期时,应计净利息应当在不同的报表项目中分别列报,以避免将单个套期工具产生的利得或损失净额以相互抵销的总额形式列报。

例如,某公司考虑利用金额为 20 万美元的远期外汇合同对 100 万美元的外币销售收入和 80 万美元的费用项目构成的外汇风险净头寸进行套期。当净头寸影响损益时,该外汇远期合同产生的从现金流量套期储备重分类至损益的利得或损失应当与被套期的销售收入和费用区分开来,并在单列项目"净敞口套期收益(损失)"中列报。此外,如果销售收入发生的期间不于费用项目发生的期间,则销售收入仍应根据《企业会计准则第 19 号——外币折算》按即期汇率计量,相关的套期利得或损失应在利润表单列项目"净敞口套期收益(损失)"中列报,从而在损益中反映出净头寸套期的影响,并相应调整其他综合收益(套期储备)。如果费用将影响较晚期间的损益,则之前对销售确认的其他综合收益(套期储备)应重分类至损益,且在利润表中与包含被套期费用的项目区分开来,并在利润表单列项目"净敞口套期收益(损失)"中列报(详见【例 17】)。

⑥**经济后果**：会计准则的修订必定会对企业会计信息披露、信息透明度、盈余管理、资本成本以及企业估值等产生重大影响，该部分将基于中国情境，针对会计准则相关变动，撷取前沿案例，从公司治理及资本市场的角度对其影响进行深入剖析，为读者理解相关会计准则的由来和实施后果提供新的视角。

第二十七条 企业改变其管理金融资产的业务模式时，应当按照本准则的规定对所有受影响的相关金融资产进行重分类。③④

企业对所有金融负债均不得进行重分类。⑤

【注释】

......

④**经济后果：财务信息的可比性**。企业一般将在一段时间内以一致的方式对金融工具进行会计处理，当且仅当企业的业务模式发生变更时，企业才能够且必须对金融资产进行重分类，由于金融资产的会计处理与企业的管理方式始终保持一致，因此按要求进行重分类增强了财务信息的可比性。

财务信息在评估企业未来现金流量方面的有用性。准则规定当且仅当业务模式发生改变时必须进行重分类，重分类要求增加有用和相关的信息。重分类是基于企业管理金融资产的业务模式的改变而做出的，这将确保财务报表始终如实地反映出这些金融资产在报告日是如何被管理的，同时反映未来现金流量的金额、时间和不确定性。

⑦**编者语**：通过此部分内容，展现编者在丛书编撰过程中的深度思考，对IFRS以及中国企业会计准则中的疑难问题、逻辑结构以及可供商榷之处发表评论和建议，有助于IFRS和中国企业会计准则体系的修订与完善，提高中国企业会计准则与IFRS趋同进程中的话语权。

第三十一条 企业将一项以公允价值计量且其变动计入其他综合收益的金融资产重分类为以摊余成本计量的金融资产的，应当将之前计入其他综合收益的累计利得或损失转出，调整该金融资产在重分类日的公允价值①，并以调整后的金额作为新的账面价值，即视同该金融资产一直以摊余成本计量。该金融资产重分类不影响其实际利率和预期信用损失的计量。

企业将一项以公允价值计量且其变动计入其他综合收益的金融资产重分类为以公允价值计量且其变动计入当期损益的金融资产的，应当继续以公允价值计量该金融资产，同时，企业应当将之前计入其他综合收益的累计利得或损失从其他综合收益转入当期损益。②

【注释】

①根据《国际会计准则第1号——财务报表列报》（简称IAS 1）第7条的规定，重分类调整（reclassification adjustments，又可称为"循环"）指当期或以前期间在其他综合收益中确认的、且当期重新分类到损益中的金额。例如，分类为以公允价值计量且其变动计入其他综合收益的金融资产（债权投资）在处置时，前期计入其他综合收益的公允价值变动应转入损益。但是，指定为以公允价值计量且其变动计入其他综合收益的非交易性权益工具投资和设定受益计划的重新计量并不产生重分类调整，相关利得和损失在其它综合收益中确认，在以后各期也不重分类为损益，而只能调整留存收益。有关非交易性权益工具投资的规定请参见本准则第三章"金融资产的分类"以及第七章"金融工具的计量"，有关设定受益计划重新计量的规定请参见《企业会计准则第9号——职工薪酬》。

根据本条目规定，企业将一项以公允价值计量且其变动计入其他综合收益的金融资产重分类为以摊余成本计量的金融资产的，应当将之前计入其他综合收益的累计利得或损失转出，调整该金融资产在重分类日的公允价值，IFRS 9认为该调整不属于一项重分类调整。

编者语：编者认为上述调整将会导致综合收益在利润表中的重复计量，详见《企业会计准则第24号——套期会计》第二十五条【注释】④。因此我们认为，重分类调整的定义应修改为：重分类调整指当期或以前期间在综合收益中确认的且当期重分类至资产、负债或损益中的金额，而非重分类调整则是指当期或以前期间在综合收益中确认的且当期重分类至其他权益项目（和留存收益）中的金额。

⑧**案例解读**：该部分将基于中国情境，编撰对会计准则理解和实务应用有重要参考作用的丰富案例。套书在案例编撰过程强调实用性要求，与我国会计实务需求深度衔接，将理论与实践密切结合，对相关交易事项的会计确认、计量、列报和披露等问题进行解读，为会计实务工作者提供清晰的操作指南。

> **【例14】增加被套期项目与终止套期工具的套期关系再平衡示例**
>
> 甲公司为冶金行业企业，20X8年1月1日，公司预计在未来12个月后采购10万吨高品质无烟煤。甲公司采用现金流量套期，并在郑州商品交易所（以下简称郑商所）建立11万吨动力煤多头期货合同，以对极可能发生的10万吨高品质无烟煤的预期采购进行套期，套期比率为1:1.1。该期货合同在指定日的公允价值为0。
>
> 20X8年6月30日，由于国内煤炭价格的持续走低，被套期项目的无烟煤预期采购自套期开始的预计未来现金流量现值的累计上升了300万元人民币，套期工具的公允价值累计下降了319万元人民币。甲公司通过分析发现，高品质无烟煤相对郑商所动力煤的经济关系与预期不同，因此考虑对套期关系进行再平衡。甲公司通过分析决定将套期比率重新设定为1:1.05。
>
> 为了在20X8年6月30日进行再平衡，甲公司可以指定更大的被套期风险敞口或终止指定部分套期工具。假定甲公司的上述套期满足运用套期会计方法的所有条件，且不考虑期货市场每日无负债结算制度的影响。20X8年1月1日，甲公司不作账务处理。20X8年6月30日，甲公司账务处理如下：
>
> 1) 情形一：甲公司决定在被套期项目中增加0.48（11/1.05-10）吨高品质无烟煤的预期采购，有关套期文件的书面记录应做相应更新，即将被套期项目的数量由10万吨更新为10.48万吨。
>
> 套期工具的公允价值变动计量如下：
>
> 借：其他综合收益——套期储备　　3 000 000
> 　　套期损益　　　　　　　　　　　190 000
> 　　贷：套期工具——期货合同　　　　　3 190 000
>
> 2) 情形二：甲公司终止指定0.5万吨郑商所动力煤期货合同的套期工具。
>
> 借：其他综合收益——套期储备　　3 000 000
> 　　套期损益　　　　　　　　　　　190 000
> 　　贷：套期工具——期货合同　　　　　3 190 000
>
> 在总计11万吨郑商所动力煤期货合同中，0.5万吨不再属于该套期关系。因此，甲公司需将0.5/11的套期工具重分类为衍生工具，有关套期文件的书面记录应当相应更新。甲公司进行再平衡时的会计处理如下：
>
> 借：套期工具——期货合同　　　　145 000
> 　　贷：衍生工具——期货合同　　　　　145 000
>
> 再平衡时，重分类的套期工具的公允价值为3 190 000×0.5/11=145 000元。

四、本书内容

本书主要对2017年财政部发布的金融工具相关会计准则进行了注释和案例解读，内容包括如下四个部分：第一部分为《企业会计准则第22号——金融工具确认和计量》；第二部分为《企业会计准则第23号——金融资产转移》；第三部分为《企业会计准则第24号——套期会计》；第四部分为《企业会计准则第37号——金融工具列报》。

读者可扫描下方二维码关注"准则注"微信公众号，编者将通过"准则注"微信公众号推送《企业会计准则注释》丛书精彩内容以及会计准则最新资讯与研究成果，设立"干货速递""准则部落"等栏目与读者进行即时交流。

前　言

2008年全球金融危机将会计准则推向了风口浪尖，建立全球统一、高质量的会计准则体系成为后金融危机时代的全球共识。在二十国集团（G20）峰会和金融稳定理事会（FSB）的大力倡议和推动下，国际会计准则理事会（IASB）推行了系列重要改革举措，着力提高会计信息质量。国际会计准则理事会先后修订完善了《国际财务报告准则第13号——公允价值计量》（IFRS 13）、《国际财务报告准则第10号——合并财务报表》（IFRS 10）、《国际财务报告准则第9号——金融工具》（IFRS 9）、《国际财务报告准则第15号——客户合同收入》（IFRS 15）、《国际财务报告准则第16号——租赁》（IFRS 16）、《国际财务报告准则第17号——保险合同》（IFRS 17）等准则，并进一步修订完善了《财务报告概念框架》，为会计从业人员准确理解和运用会计准则提供了操作性指引。

我国企业会计准则已于2006年实现了与国际财务报告准则的趋同。为积极响应二十国集团峰会和金融稳定理事会的倡议，在充分总结2006年以来会计准则国际趋同相关工作经验基础上，结合我国资本市场自身特征及实际情况，财政部起草发布了《中国企业会计准则与国际财务报告准则持续趋同路线图》，积极推进我国企业会计准则与国际财务报告准则的持续趋同。以此为框架性指引，财政部自2014年以来先后发布或修订了《企业会计准则第39号——公允价值计量》《企业会计准则第30号——财务报表列报》《企业会计准则第33号——合并财务报表》《企业会计准则第2号——长期股权投资》《企业会计准则第22号——金融工具确认和计量》《企业会计准则第23号——金融资产转移》《企业会计准则第24号——套期会计》《企业会计准则第37号——金融工具列报》《企业会计准则第14号——收入》《企业会计准则第21号——租赁》等18项具体准则。

作为一名会计领域学术科研人员，我对会计准则实务也充满着浓厚的兴趣，先后为政府机关、事业单位、中央企业、高校等机构提供了大量会计准则相关培训及咨询服务。在此过程中，我深刻感受到保持与国际财务报告准则持续趋同对提高会计信息可比性、提升资源配置效率的重要意义，但同时也切身体会到当前会计从业人员在会计准则趋同背景下，理解和运用会计准则所遭遇的种种"水土不服"。一是部分会计准则条款沿袭国际财务报告准则表达方式，晦涩难懂，从业人员较难准确把握会计准则的重点与要点。二是从业人员缺乏对会计准则制定内在逻辑的准确认知，对会计准则只是机械式地理解和应用，往往知其然而不知其所以然。三是从业人员对不同会计准则间内在联系的整体把握能力不足，会计知识体系碎片化、零散化，尚未形成清晰、完整的会计准则框架体系。四是从业人员学习会计准则后，对于相关业务会计确认、计量、列报和披露等实务问题的处理仍然存疑，理论与实践出现"脱节"。

随着国际及国内会计准则的不断完善及趋同，上述问题日益凸显。为切实解决会计从业人员在理解和运用会计准则过程中面临的问题，使广大实务工作者和会计准则研究人员能够对会计准则不仅知其然，更知其所以然，我全面总结梳理了多年来会计准则实务培训及咨询的相关经验和教学心得，并正式着手就以上问题撰写《企业会计准则注释》系列丛书，旨在通过重点注释会计准则条款、详细剖析会计准则制定背后的内在逻辑、细致阐述各会计准则内在联系，以及精心编撰基于中国情境的实务案例等方式，为会计准则制定部门继续完善相关会计准则体系提供建设性意见，为会计实务工作者提供案头必备的实用辞典，为会计科研人员提供必要的参考资料。

2017年，财政部发布了新金融工具企业会计准则，包括《企业会计准则第22号——金融工具确认和计量》《企业会计准则第23号——金融资产转移》《企业会计准则第24号——套期会计》《企业会计准则第37号——金融工具列报》。根据前期调研与访谈，新金融工具会计准则是会计从业人员存在较多困惑且较为重要的会计准则之一，也是后金融危机时代国际财务报告准则改革的重要项目。基于重要性原则，我们首先对金融工具会计准则进行注释解析，编撰《企业会计准则注释第1辑——金融工具》，付诸出版。

协助我完成本书编撰的成员有：武迪、孔雪婷、武永丽、郭庆、纪阳、周子晨。在本书编撰和修改的过程中，以下同仁和我的研究生提供了宝贵的建议：高升好、曹海东、李经彩、张立民、郑庆华、戴琼、夏鹏、王彦超、辛清泉、黄磊、蒋顺才、孙蔓莉、胡国柳、佟岩、卢闯、孙健、曹丰、黄磊、姚立杰、刘向强、李昕宇、白凤至、欧阳才越、童丽静、钟凯、郑立东、杨程程、李浩举、姜永盛、李昊洋、杨鸣京、宛晴、孙乾、韩琳、沈昊旻、高宗诗、李静婷、王语、杨玉晶等。此外，我的老师中国人民大学商学院王化成教授、清华大学经管学院陈晓教授、福州大学管理学院潘琰教授等对我编撰本书给予了持续支持与鼓励，对此表示由衷的感谢，希望本书不辜负老师们的厚望。

受编者的能力所限，本书定存在纰漏之处，敬请批评指正，文责由编者自负。

谨以为序。

程小可

于北京远洋万和城

2019年7月22日

目　　录

第一部分　企业会计准则第 22 号——金融工具确认和计量

第一章　总则 ………………………………………………………… 3
第二章　金融工具的确认和终止确认 …………………………… 26
第三章　金融资产的分类 ………………………………………… 38
第四章　金融负债的分类 ………………………………………… 66
第五章　嵌入衍生工具 …………………………………………… 71
第六章　金融工具的重分类 ……………………………………… 81
第七章　金融工具的计量 ………………………………………… 89
第八章　金融工具的减值 ………………………………………… 111
第九章　利得和损失 ……………………………………………… 155
第十章　衔接规定 ………………………………………………… 169
第十一章　附则 …………………………………………………… 175

第二部分　企业会计准则第 23 号——金融资产转移

第一章　总则 ……………………………………………………… 179
第二章　金融资产终止确认的一般原则 ………………………… 182
第三章　金融资产转移的情形及其终止确认 …………………… 185
第四章　满足终止确认条件的金融资产转移的会计处理 ……… 203
第五章　继续确认被转移金融资产的会计处理 ………………… 212
第六章　继续涉入被转移金融资产的会计处理 ………………… 214
第七章　向转入方提供非现金担保物的会计处理 ……………… 229
第八章　衔接规定 ………………………………………………… 230
第九章　附则 ……………………………………………………… 231

· 1 ·

第三部分　企业会计准则第24号——套期会计

第一章　总则 ··· 235
第二章　套期工具和被套期项目 ··· 240
第三章　套期关系评估 ··· 257
第四章　确认和计量 ·· 266
第五章　信用风险敞口的公允价值选择权 ·································· 297
第六章　衔接规定 ··· 301
第七章　附则 ·· 302

第四部分　企业会计准则第37号——金融工具列报

第一章　总则 ·· 305
第二章　金融负债和权益工具的区分 ··· 311
第三章　特殊金融工具的区分 ·· 336
第四章　收益和库存股 ··· 343
第五章　金融资产和金融负债的抵销 ··· 348
第六章　金融工具对财务状况和经营成果影响的列报 ··················· 353
第七章　与金融工具相关的风险披露 ··· 379
第八章　金融资产转移的披露 ·· 408
第九章　衔接规定 ··· 415
第十章　附则 ·· 423

主要参考文献 ·· 424

第一部分 企业会计准则第 22 号——金融工具确认和计量

第一章 总 则

第一条 为了规范金融工具的确认和计量，根据《企业会计准则——基本准则》，制定本准则①②。

【注释】

①准则由来：2014年，国际会计准则理事会（IASB）完成了其金融工具准则改进项目，发布了《国际财务报告准则第9号——金融工具》（IFRS 9）。该准则旨在确定对金融资产和金融负债进行财务报告的原则，从而向财务报表使用者列报相关且有用的信息，以便其评估主体未来现金流量的金额、时间和不确定性。该准则取代了此前发布的《国际会计准则第39号——金融工具：确认和计量》（IAS 39）。

国际会计准则委员会（IASC，为IASB前身）于2000年发布了《国际会计准则第32号——金融工具：披露和列报》（IAS 32）。2001年，IASB决定继续采用IAS 32，并于2005年12月将所有有关金融工具披露的规定移入《国际财务报告准则第7号——金融工具：披露》（IFRS 7），IAS 32的名称相应修改为《国际会计准则第32号——金融工具：列报》。IAS 32规定了作为负债或权益的金融工具应如何列报，确定了金融资产和金融负债的抵销原则，明确了如何从发行方的角度将金融工具划分为金融资产、金融负债和权益工具，确定了相关利息、股利、利得和损失的分类，以及在何种情况下金融资产和金融负债应当予以抵销。IFRS 7明确了主体财务报告中的信息披露标准，使财务报告使用者能够评估金融工具对主体财务状况和经营业绩的重要性，评估主体在报告期间和报告期末金融工具风险的性质和程度，以及主体如何管理这些风险。

为适应经济发展需要，规范金融工具的会计处理，提高会计信息质量，同时与国际财务报告准则趋同，我国财政部于2017年印发了修订后的《企业会计准则第22号——金融工具确认和计量》《企业会计准则第23号——金融资产转移》《企业会计准则第24号——套期会计》《企业会计准则第37号——金融工具列报》。

其中，《企业会计准则第22号——金融工具确认和计量》《企业会计准则第23号——金融资产转移》《企业会计准则第24号——套期会计》与IFRS 9的内容基本一致；《企业会计准则第37号——金融工具列报》与IFRS 7以及IAS 32

的内容基本一致。

②《企业会计准则第22号——金融工具确认和计量》（以下简称"本准则"）主要规范了金融资产和金融负债的确认和计量、嵌入衍生工具的会计处理、金融工具的减值，以及金融资产和金融负债所产生的相关利得和损失的会计处理。

第二条 金融工具[①]，是指形成一方的金融资产并形成其他方的金融负债或权益工具的合同[②③④]。

【注释】

①金融工具包括基础金融工具（如应收账款、长期借款或权益工具等）及衍生金融工具（如远期、期货、互换和期权等，详见本准则第五条）。

②金融工具合同的形式多种多样，可以采用书面形式，也可以采用其他形式，实务中的金融工具合同通常采用书面形式。非合同的资产和负债不属于金融工具，例如，应交税费（所得税）是企业按照税收法规规定承担的义务，不是以合同为基础的义务，因此不符合金融工具定义。一般来说，金融工具包括金融资产、金融负债和权益工具，也可能包括一些尚未确认的项目（例如，尚未确认的确定承诺）。

③准则联系：金融资产和金融负债的定义由本准则第三条和第四条规范，权益工具的定义由《企业会计准则第37号——金融工具列报》第九条规范。权益工具，是指能证明拥有某个企业在扣除所有负债后的资产中的剩余权益的合同。

④准则联系：IAS 32将合同定义为双方或多方之间具有明确经济后果的协议。但《国际财务报告准则第15号——客户合同收入》（IFRS 15）将合同定义为双方或多方之间订立的法律上可执行的权利和义务的协议。

IFRS 15中合同的定义以美国合同的普通法律定义为基础，但是，IASB并没有在IFRS 15与IAS 32中采用单一的合同定义，因为IAS 32中的定义暗示合同可包含在法律上不可执行的协议。

第三条 金融资产，是指企业持有的现金、其他方的权益工具以及符合下列条件之一的资产[①]：

（一）从其他方收取现金或其他金融资产的合同权利[②]。

（二）在潜在有利条件下，与其他方交换金融资产或金融负债的合同权利[③]。

（三）将来须用或可用企业自身权益工具进行结算的非衍生工具合同，且企业根据该合同将收到可变数量的自身权益工具[④]。

（四）将来须用或可用企业自身权益工具进行结算的衍生工具合同，但以固定数量的自身权益工具交换固定金额的现金或其他金融资产的衍生工具合同除外[⑤]。其中，企业自身权益工具不包括应当按照《企业会计准则第37号——金融工具列报》分类为权益工具的可回售工具或发行方仅在清算时才有义务向另一方按比例交付其净资产的金融工具⑥,也不包括本身就要求在未来收取或交付企业自身权益工具的合同⑦。

【注释】

为更加清晰地理解本条内容,可先行阅读本准则第五条关于衍生工具的注释。

①本条对金融资产的定义进行了规范。从定义上来看,某些合同权利符合金融资产的定义,但由其他准则规范。例如,企业对子公司、合营企业和联营企业的投资符合金融工具的定义,即合同形成了一方金融资产并形成了另一方的权益工具,但根据本准则第六条规定,其适用《企业会计准则第2号——长期股权投资》。

②企业的应收账款、应收票据和发放的贷款等均属于金融资产(并且是基础金融资产)。而预付账款不是金融资产,因其产生的未来经济利益是商品或服务,不是收取现金或其他金融资产的权利等。

③例如,企业作为权利方购入的看涨期权、看跌期权,赋予企业在潜在有利条件下与其他方交换金融资产或金融负债的合同权利,除符合本条第四款所述"以固定数量的自身权益工具交换固定金额的现金或其他金融资产的衍生工具合同"(以下简称"固定换固定")的情况外,均应分类为金融资产。举例来说,20×0年1月1日,丙上市公司的股票价格为14元。甲企业与乙企业签订6个月后结算的期权合同。合同规定:甲企业以每股2元的期权费买入6个月后行权价格为15元的丙公司股票的看涨期权。20×0年6月30日,如果丙公司股票的价格高于15元,则行权对甲企业有利,甲企业将选择行权购入该股票。本例中,甲企业享有在潜在有利条件下与乙企业交换金融资产的合同权利,应当确认一项衍生金融资产。

④《企业会计准则第37号——金融工具列报》将权益工具定义为能证明拥有某个企业在扣除所有负债后的资产中的剩余权益的合同。因此,对于将收到企业自身权益工具的金融工具,如果未来结算时收到的权益工具数量是可变的,或者付出对价的金额是可变的,则该金融工具的结算将对其他类型的权益工具所代表的剩余权益带来不确定性(通过影响剩余权益总额或者稀释其他类型的权益工具),也就不符合权益工具的定义。

如果非衍生工具合同规定企业将取得可变数量的自身普通股股票,其中股票的总价值等于固定的金额,那么在该合同中企业将其自身的权益工具视为货币,因此,把该合同作为权益工具进行会计核算是不恰当的。此类合同代表的是特定金额的权利或义务,而不是特定的权益利益。收取特定金额(而不是特定权益利益)的合同不是权益工具,对于这类合同,企业在结算之前并不知道它将收取多少其自身的股票,甚至不知道它是否将收取其自身的股票(可能存在结算选择权)。

实务中,对于非衍生工具合同而言,"企业将收到可变数量的自身权益工具"往往表明企业将自身权益工具作为现金或其他金融资产的替代品(如作为商品交易中的支付手段)。若合同的价值固定,如果合同约定对手以结算时单位权益工具价格为依据计算应交付企业自身权益工具数量,则企业将收到的自身权益工具数量是可变的,这会对企业的剩余权益带来不确定性。

例如,甲企业向乙企业赊销 100 万元商品,合同约定 3 个月后甲企业将收到乙企业所持有的甲企业普通股股票,收到的普通股数量由 100 万元除以 3 个月后甲企业单位普通股的公允价值来决定,即甲企业 3 个月后将收到可变数量自身权益工具,这种情况下,该结算条款使得该合同权利构成了甲企业的金融资产(会计科目为"应收账款")。

反之,如果该自身权益工具代表了企业资产扣除负债的剩余权益,那么需要交付的自身权益工具数量通常在一开始就已商定,而不是在交付时计算确定。

以上情形表明,对于非衍生工具合同而言,若"企业将收到可变数量的自身权益工具",则应将此合同确认为一项金融资产,详见【例 1-1】。

⑤如果企业购入"以固定数量的自身权益工具交换固定金额的现金或其他金融资产的衍生工具合同",则类似合同不是企业的金融资产,相反,企业为这种合同支付的任何款项都应扣减权益,因为该类合同中企业自身权益工具并不是作为现金或其他金融资产的替代品,这样的结算方式不会给企业的剩余权益带来不确定性,而是代表了企业的资产扣除负债后的剩余权益。

若企业购入一份以自身权益工具为基础资产的看涨期权,该股票期权赋予了企业以固定价格购买固定数量的自身股票的权利。该合同的公允价值可能会随着股票价格以及市场利率等的波动而变动,但是,只要该合同的公允价值变动不影响结算时企业将收取的自身权益工具的数量,则企业应将该购入的股票看涨期权作为一项权益工具的抵减(财政部对此并无明确的科目规定,编者认为可以分类为库存股等)。

⑥准则联系:《企业会计准则第 37 号——金融工具列报》规范了分类为权益工具的可回售工具或发行方仅在清算时才有义务向另一方按比例交付其净资产的金融工具,此类特殊金融工具符合金融负债的定义,但因为其具有某些特征,所以被分类为权益工具。

编者语:将以上两类工具分类为权益工具仅仅是金融负债定义的有限范围的例外,不能推广到合并财务报表层面(详见《企业会计准则第 37 号——金融工具列报》第二十条),也不能作为自身权益工具适用本条"固定换固定"的原则。因此,以所发行的可回售工具或发行方仅在清算时才有义务向另一方按比例交付其净资产的金融工具结算的合同,不应包括在本条所述"自身权益工具"的范围之内。

⑦编者语:本条所述自身权益工具不包括因符合"固定换固定"原则而被分类为权益工具的衍生工具合同,以该类权益工具为基础资产所形成的衍生工具合同(即"衍生工具的衍生工具")不遵循"固定换固定"的原则,不能归类为权益工具,而只能作为金融资产或金融负债。

【例1-1】对金融资产的定义进行说明：购入以自身股票为基础资产的远期合同①。

20×0年10月1日，甲企业签订买入自身股票的远期合同，根据该合同规定，甲企业有权在到期日（20×1年3月31日）以204元每股的价格购入1 000股自身普通股股票，其余合同条款和相关数据见表1-1和表1-2。假设合同分别约定以下列方式结算：(1) 以现金进行净额结算；(2) 以股票进行净额结算；(3) 以交付现金换取股票的方式进行结算（"固定换固定"）。本例还将讨论结算方式选择权的影响。为了简化说明，假定基础股票不发放股利（即不考虑持有的现金利得），根据金融工程知识，当远期合同签订日公允价值为零时，远期价格的现值与现货价格相等（参见【例1-3】）。后续计量中，远期合同的公允价值是按照市场股票价格与固定远期价格的现值之间的差额计算的。

表1-1　　　　　　　　　　　　　　　　　　　　　　　　　　单位：元

合同签订日	20×0年10月1日
到期日	20×1年3月31日
基础资产数量	1 000

表1-2　　　　　　　　　　　　　　　　　　　　　　　　　　单位：元

日期	每股市价	远期价格的现值	远期合同公允价值
20×0年10月1日	200	200	0
20×0年12月31日	210	202	8 000
20×1年3月31日	206	204	2 000

注：远期合同公允价值=（股票市场价格-远期价格的现值）×基础资产数量

(1) 以现金净额结算。

20×0年10月1日：

远期合同签订时公允价值为零，且未支付或收取现金，不进行账务处理。

20×0年12月31日：

远期合同公允价值为8 000（元）[（210-202）×1 000]。

借：衍生工具——远期合同　　　　　　　　　　　8 000
　　贷：公允价值变动损益　　　　　　　　　　　　　8 000

20×1年3月31日：

此时远期合同的公允价值为2 000元[（206-204）×1 000]，记录远期合同的公允价值变动。

---

① 如不作特别说明，本书所使用货币单位均为人民币元。

借：公允价值变动损益	6 000	
贷：衍生工具——远期合同		6 000

同日以现金净额结算远期合同。

借：银行存款	2 000	
贷：衍生工具——远期合同		2 000

(2) 以股票进行净额结算。

假设除了将以股票净额结算代替现金净额结算之外，其他条件均与(1)中的相同。

20×1年3月31日：

以股票净额结算远期合同，即甲企业收到9.71股(2 000/206)自身公司股票，因交付的普通股数量必须为整数，所以交付9股，余下的金额将以现金方式交付。

借：库存股	1 854	
银行存款	146	
贷：衍生工具——远期合同		2 000

(3) 以交付现金换取股票的方式进行结算(总额结算)。

20×0年10月1日：

远期合同签订时，根据远期价格折现后的现值200 000元，记录将在一年后交付204 000元的义务。

借：库存股	200 000	
贷：其他应付款		200 000

20×0年12月31日：

根据远期价格折现后的现值202 000元，计算对股票赎回金额的负债的应计利息2 000元(202 000 - 200 000)。

借：财务费用	2 000	
贷：其他应付款		2 000

20×1年3月31日：

计算赎回金额负债的应计利息2 000元(204 000 - 202 000)。

借：财务费用	2 000	
贷：其他应付款		2 000

以总额结算远期合同。

借：其他应付款	204 000	
贷：银行存款		204 000

(4) 结算选择权。

结算选择权(如现金净额、股票净额或现金与股票的交换)的存在导致远期回购合同成为金融资产或金融负债。如果其中一种可供选择的结算方式是以现金交换股票，甲企业要对支付现金的义务确认一项负债，如上述(3)所示。否则，甲企业应该把远期合同作为衍生工具进行会计处理。

第四条 金融负债，是指企业符合下列条件之一的负债①：

（一）向其他方交付现金或其他金融资产的合同义务②。

（二）在潜在不利条件下，与其他方交换金融资产或金融负债的合同义务③。

（三）将来须用或可用企业自身权益工具进行结算的非衍生工具合同，且企业根据该合同将交付可变数量的自身权益工具④。

（四）将来须用或可用企业自身权益工具进行结算的衍生工具合同，但以固定数量的自身权益工具交换固定金额的现金或其他金融资产的衍生工具合同除外⑤。企业对全部现有同类别非衍生自身权益工具的持有方同比例发行配股权、期权或认股权证，使之有权按比例以固定金额的任何货币换取固定数量的该企业自身权益工具的，该类配股权、期权或认股权证应当分类为权益工具⑥。其中，企业自身权益工具不包括应当按照《企业会计准则第37号——金融工具列报》分类为权益工具的可回售工具或发行方仅在清算时才有义务向另一方按比例交付其净资产的金融工具⑦，也不包括本身就要求在未来收取或交付企业自身权益工具的合同⑧。

【注释】

①从定义上来看，某些合同义务符合金融负债的定义，但由其他准则规范，例如，职工薪酬计划形成的某些义务（如应付职工薪酬等），符合金融负债的定义，但由于其计量具有一定的特殊性，其会计处理适用《企业会计准则第9号——职工薪酬》。

②例如，企业的应付账款、应付票据和应付债券等均属于金融负债，而应交税费（所得税）是企业按照税收法规规定承担的义务，不是以合同为基础的义务，不符合本准则关于金融工具的定义，不是金融负债。

③例如，企业作为义务方签出的看涨期权、看跌期权，使企业承担了在潜在不利条件下，与其他方交换金融资产或金融负债的合同义务，除符合本条所述"固定换固定"原则的情况外，均应分类为金融负债。举例而言，20×0年1月1日，丙上市公司的股票价格为14元。甲企业与乙企业签订6个月后结算的期权合同，甲企业为期权的签出方。合同规定：乙企业以每股2元的期权费向甲企业买入6个月后行权价格为15元的丙公司股票的看涨期权。20×0年6月30日，如果丙公司股票的价格高于15元，则行权对乙企业有利，而甲企业将在不利条件下执行该期权，与乙企业交换金融资产。本例中，甲企业负有在潜在不利条件下与乙企业交换金融资产的合同义务，应当确认一项衍生金融负债。

④如本准则第三条【注释】④所述，对于将来须交付企业自身权益工具的金融工具，如果未来结算时交付的权益工具数量是可变的，或者收到的对价的金额

是可变的，则该金融工具的结算将对其他权益工具所代表的剩余权益带来不确定性（通过影响剩余权益总额或者稀释其他类型的权益工具），也就不符合权益工具的定义。

实务中，一项须用或可用企业自身权益工具结算的金融工具是否对其他权益工具的价值带来不确定性，通常与该工具的交易目的相关。如果该自身权益工具是作为现金或其他金融资产的替代品（如作为商品交易中的支付手段），则该自身权益工具的接收方一般而言要求该工具在接收时具有确定的公允价值总额，以便得到与接受现金或其他金融资产的同等收益，因此企业所交付的自身权益工具数量是根据交付时的单位公允价值计算的，交付数量是可变的。反之，如果该自身权益工具是为了使持有方作为出资人享有企业（发行人）资产扣除负债的剩余权益，那么需要交付的自身权益工具数量通常在一开始就已商定，而不是在交付时计算确定。

对于非衍生工具合同来说，并不仅仅因为其可能导致企业交付自身权益工具而成为一项权益工具。企业可能承担交付一定数量的自身权益工具的合同义务，若该合同义务的金额是固定的，如果将交付的企业自身权益工具数量是变化的，使将交付的企业自身权益工具的数量乘以其结算时的公允价值等于合同义务的金额，该合同应当分类为金融负债。因为此类合同的约定条款表明，其目的在于获取与固定金额的现金等值的资产，而自身权益工具的交付仅仅是其实现手段，详见【例1-2】。

例如，甲企业向乙企业赊购100万元商品，合同约定3个月后甲企业向乙企业交付甲企业普通股股票，交付的普通股数量由100万元除以3个月后甲企业单位普通股的公允价值来决定，即甲企业3个月后将交付可变数量自身权益工具，这种情况下，该结算条款使得该合同义务构成了甲企业的金融负债（会计科目为"应付账款"）。

⑤对于衍生工具，如果发行方只能通过以固定数量的自身权益工具交换固定金额的现金或其他金融资产进行结算（即"固定换固定"原则），则该衍生工具是权益工具；如果发行方以固定数量自身权益工具交换可变金额现金或其他金融资产，或以可变数量自身权益工具交换固定金额现金或其他金融资产，或在转换价格不固定的情况下以可变数量自身权益工具交换可变金额现金或其他金融资产，则该衍生工具应当确认为衍生金融负债或衍生金融资产。例如，企业发行在外的股票期权赋予了期权持有方以固定价格购买固定数量的企业自身股票的权利。该合同的公允价值可能会随着股票价格以及市场利率的波动而变动，但是，只要该合同的公允价值变动不影响结算时企业（发行方）可收取的现金或其他金融资产的金额，也不影响需交付的权益工具的数量，则发行方应将该股票期权作为一项权益工具处理，详见【例1-2】。

运用上述"固定换固定"原则来判断会计分类的金融工具常见于可转换公司债券，具备转股条款的永续债、优先股等。如果发行的金融工具合同条款中包含在一定条件下转换成发行方普通股的约定，且存在交付现金或其他金融资产的义务（如每年支付固定股息的可转换优先股中的转换条款），该转股权将涉及发行方是否需要交付可变数量自身权益工具或者是否符合"固定换固定"原则的判断。在实务中，转股条款呈现的形式可能纷繁复杂，发行方应审慎确定其合同条款及所反映的经济实质是否能够满足"固定换固定"原则。例如，甲企业发行了名义金额人民币100元的优先股，合同条款规定甲企业在3年后将优先股强制转换为普通股，转股价格为转股日前一交易日的该普通股市价。本例中，转股价格是变动的，未来须交付的普通股数量是可变的，实质可视作甲企业将在3年后使用自身普通股并按其市价履行支付优先股每股人民币100元的义务，因此，该强制可转换优先股整体是一项金融负债。

需要说明的是，在实务中，对于附有可转换为普通股条款的可转换公司债券等金融工具，在其转换权存续期内，发行方可能发生新的融资或者与资本结构调整有关的经济活动，例如股份拆分或合并、配股、转增股本、增发新股、发放现金股利等。通常情况下，即使转股价初始固定，但为了确保此类金融工具持有方在发行方权益中的潜在利益不会被稀释，合同条款会规定在此类事项发生时，转股价将相应进行调整。此类对转股价格以及相应转股数量的调整通常称为"反稀释"调整。原则上，如果按照转股价格调整公式进行调整，可使得稀释事件发生之前和之后，每一份此类金融工具所代表的发行方剩余利益与每一份现有普通股所代表的剩余利益的比例保持不变，即此类金融工具持有方相对于现有普通股股东所享有的在发行方权益中的潜在相对利益保持不变，则可认为这一调整并不违背"固定换固定"原则。如不做任何调整，也可认为合同双方在此类工具发行时已在其估值中考虑了上述活动的预期影响。但如果做了调整且调整公式无法体现此类工具持有人与普通股股东在相关事件发生前后"同进同退"的原则，则不能认为这一调整符合"固定换固定"原则。

⑥一般来说，如果企业的某项合同是通过固定金额的外币（即企业记账本位币以外的其他货币）交换固定数量的自身权益工具进行结算，但由于汇率的变动，导致固定金额的外币代表的是以企业记账本位币计价的可变金额，因此不符合"固定换固定"原则。但是，IASB在"固定换固定"原则下对以外币计价的配股权、期权或认股权证规定了一类例外情况：主体对全部现有同类别非衍生自身权益工具的持有方同比例发行配股权、期权或认股权证，使之有权按比例以固定金额的任何货币交换固定数量的该主体自身权益工具的，该类配股权、期权或认股权证应当分类为权益工具。这是一类范围很窄的例外情况，不能以类推方式适用于其他工具，如以外币计价的可转换债券。财政部在制定本条款（与《企业会计准则第37号——金融工具：列报》第八条相同）时采用了IASB的该项决定。

⑦详见本准则第三条【注释】⑥。
⑧详见本准则第三条【注释】⑦。

【例1-2】 对金融负债的定义进行说明：签出以自身股票为基础资产的看涨期权。

甲企业签出以自身股票为基础资产的看涨期权，根据该合同规定，看涨期权的持有方有权在可行权日以202元每股的价格购入1 000股甲企业普通股股票，其余合同条款和相关数据见表1-3和表1-4。假设合同分别约定以下列方式结算：(1) 以现金进行净额结算；(2) 以股票进行净额结算；(3) 以交付现金换取股票的方式进行结算（"固定换固定"）。本例还将讨论结算方式选择权的影响[参见本例(4)中的讨论]。

表1-3   单位：元

合同签订日	20×0年10月1日
到期日	20×1年3月31日
行权价格	202
基础资产数量	1 000

表1-4   单位：元

日期	每股市价	期权的公允价值
20×0年10月1日	200	5 000（内在价值0+时间价值5 000）
20×0年12月31日	210	11 000（内在价值8 000+时间价值3 000）
20×1年3月31日	206	4 000（内在价值4 000+时间价值0）

(1) 以现金净额结算。

分析：在现金净额结算约定下，甲企业不能无条件避免向另一方支付现金或其他金融资产，因此应当将该期权划分为金融负债。

20×0年10月1日：
确认签出的看涨期权，收取期权费，期权当期公允价值为5 000元。
借：银行存款　　　　　　　　　　　　　　　　　　　　5 000
　　贷：衍生工具——看涨期权　　　　　　　　　　　　5 000

20×0年12月31日：
记录看涨期权公允价值的变动6 000元。
借：公允价值变动损益　　　　　　　　　　　　　　　　6 000
　　贷：衍生工具——看涨期权　　　　　　　　　　　　6 000

20×1年3月31日：
记录看涨期权的公允价值变动7 000元。
借：衍生工具——看涨期权　　　　　　　　　　　　　　7 000
　　贷：公允价值变动损益　　　　　　　　　　　　　　7 000

同日以现金净额结算看涨期权。

借：衍生工具——看涨期权　　　　　　　　　　　　　　4 000
　　贷：银行存款　　　　　　　　　　　　　　　　　　　　4 000

（2）以股票进行净额结算。

假设除了将以股票净额结算代替现金净额结算之外，其他条件均与（1）中的相同。

分析：普通股净额结算是指甲企业以普通股代替现金进行净额结算，支付的普通股公允价值等于应当支付的现金净额。在普通股净额结算约定下，甲企业必须交付可变数量自身公司普通股数量，因此应当将该期权划分为金融负债。

20×1年3月31日：

以股票净额结算签出看涨期权，交付股票的数量为19.42股（4 000/206）。因交付的普通股数量必须为整数，所以交付19股，余下金额为87元（0.42×206）将以现金方式交付。除以下会计处理外，甲企业的会计处理与情形（1）相同：

借：衍生工具——看涨期权　　　　　　　　　　　　　　4 000
　　贷：股本　　　　　　　　　　　　　　　　　　　　　　 19
　　　　资本公积——股本溢价　　　　　　　　　　　　　3 894
　　　　银行存款　　　　　　　　　　　　　　　　　　　　 87

（3）以交付现金换取股票的方式进行结算（总额结算）。

20×0年10月1日：

将收到的期权费确认为权益。在行权时，该看涨期权将导致发行固定数量的股票以换取固定金额的现金（"固定换固定"）。

借：银行存款　　　　　　　　　　　　　　　　　　　　5 000
　　贷：其他权益工具　　　　　　　　　　　　　　　　　5 000

20×0年12月31日：

不需要做分录，因为没有支付或收取现金，且交付指定数量企业自身的股票以换取固定金额的现金的合同符合企业权益工具的定义（权益工具不计量后续公允价值变动）。

20×1年3月31日：

持有方行使看涨期权，该合同以总额进行结算。企业有义务交付1 000股自身股票，以换取202 000的现金。

借：银行存款　　　　　　　　　　　　　　　　　　　　202 000
　　其他权益工具　　　　　　　　　　　　　　　　　　　5 000
　　贷：股本　　　　　　　　　　　　　　　　　　　　　1 000
　　　　资本公积——股本溢价　　　　　　　　　　　　206 000

（4）结算选择权。

结算选择权（如现金净额、股票净额或现金和股票的交换）的存在导致看涨

· 13 ·

期权成为一项金融负债。由于可以用企业发行自身固定数量股票而收取固定金额的现金或其他金融资产以外的其他方式进行结算，该合同不符合权益工具的定义。企业应该如上述（1）和（2）所示，确认一项衍生负债。结算时需要做的会计分录取决于合同的实际结算方式。

第五条 衍生工具，是指属于本准则范围并同时具备下列特征的金融工具或其他合同：

（一）其价值随特定利率、金融工具价格、商品价格、汇率、价格指数、费率指数、信用等级、信用指数或其他变量的变动而变动，变量为非金融变量的，该变量不应与合同的任何一方存在特定关系。①

（二）不要求初始净投资，或者与对市场因素变化预期有类似反应的其他合同相比，要求较少的初始净投资。②

（三）在未来某一日期结算。③

常见的衍生工具包括远期合同、期货合同、互换合同和期权合同等。④

【注释】

①衍生工具通常有名义金额，该金额可能是合同中规定的货币金额、股份数量、货物重量或其他单位数量。但是，衍生工具不要求持有人或发行人在合同开始时就投入或收取名义金额，取而代之的是，衍生工具可能规定了某一固定的付款额或随某未来事件（与名义金额无关）的变化而变化的付款额。衍生工具的价值随基础资产（也称"标的物"或"标的资产"）的变化而变化，基础资产可以是金融变量，如特定利率、金融工具价格、汇率、费率指数、信用等级、信用指数等，也可以是非金融变量，例如特定区域的地震损失指数、特定区域的洪涝灾害级别、特定城市的气温指数等。注意，当基础资产为非金融变量时，该基础资产不应与合同任何一方存在特定关系，例如，如果以企业是否发生火灾为衍生工具合同的基础资产，则不符合上述规定，因为其可能与某一方存在关系而被操纵。

②编者语：该条款实际上强调的是衍生工具的杠杆关系。"不要求初始净投资"的情况包括远期、期货或者互换合同等，如果市场是有效的，对于一份公平的上述合同而言，合同双方所选择的交割价格应使该合同价值在签署合同时等于零（详见本条【注释】④和【例1-3】）。但是，不要求初始净投资，并不排除企业按照约定的交易惯例或规则缴纳一笔保证金，例如，企业进行期货交易时要求缴纳一定的保证金，缴纳保证金不构成一项企业解除负债的现时支付，因为保证金仅具有"保证"性质。

"与对市场因素变化预期有类似反应的其他合同相比，要求较少的初始净投资"，此类情况包括企业签订的股票期权等衍生工具合同。例如，企业预计某公司股票价格将上涨，则企业可以选择买入该股票或者选择购入以该股票为基础资产的看涨期权。若企业选择购入以该股票为基础资产的看涨期权，则企业在购入期权时支付的期权费即为初始净投资；若企业选择直接购入相应数量的股票，须支付相当于股票价格的对价，则投资成本会高很多。初始净投资越低，代表投资运用的杠杆越大。

③衍生工具在未来某一日期结算，表明衍生工具结算需要经历一段特定期间。衍生工具通常在未来某一特定日期结算，也可能在未来多个日期结算。例如，利率互换可能涉及合同到期前多个结算日期。另外，有些期权可能由于是价外期权而到期不行权，也是在未来日期结算的一种方式。

④**知识拓展**：本书将常见的衍生工具介绍如下：

1）远期（Forward）：指双方约定在未来的某一确定时间，按确定的价格买卖一定数量的某种资产的合同。在合同中，未来将买入基础资产的一方称为多方（Long Position），而在未来卖出基础资产的一方称为空方（Short Position）。合同中规定的未来买卖基础资产的价格称为交割价格。远期的主要种类包括利率远期、外汇远期、商品远期和股票远期等。例如，企业与对手方签订远期合同，企业有权三个月后以固定价格从对手方购入固定数量的商品铜。

远期的交易特点为分散的场外交易和非标准化合同。远期合同不在交易所交易，由交易双方私下谈判签署合同；而正是由于其是私下谈判的结果，远期的另一特征就是非标准化，双方可以就交割时间、地点、价格等进行谈判。由于上述特点，远期的流动性较低，违约风险较高。

通常，如果市场是有效的，对一份公平合同来说，多空双方选择的交割价格应使远期合同的价值在签订时为零，此即本条所述"不要求初始净投资"的具体情况。在远期合同签订以后，由于交割价格不再变化，多空双方的远期合同价值将随着基础资产价格的变化而变化。

2）期货（Future）：从本质上说，远期和期货是类似的，其区别在于交易机制的差异。期货是在场内交易的标准化合同，包括股指期货、外汇期货和利率期货等。由于是场内交易的标准化合同，且具有保证金制度，因此期货合同相较远期合同流动性高，违约风险低。我国的期货交易所包括上海期货交易所、大连商品交易所、郑州商品交易所、香港交易及结算所、中国金融期货交易所和台湾期货交易所等。

3）互换（Swap）：是两个或者两个以上当事人按照商定条件，在约定的时间内交换一系列现金流量的合同。上面所提的远期合同可以被看作仅交换一次现金流量的互换。在大多数情况下，互换协议可以看作一系列远期的组合，由于计算或确定现金流量的方法很多，互换的种类也就很多，最重要和最常见的是利率互换、货币互换、总收益互换、交叉货币利率互换和信用违约互换（CDS）等。

4）期权（Option）：是指赋予权利方在规定期限内按双方约定的价格（行权价）购买或者出售一定数量某种资产（基础资产）的权利的合同。期权的权利方又称为多方，其获得了期权合同的权利，我们称其购入期权；期权的义务方又称为空方，其仅承担了期权合同的义务，我们称其签出期权。

按期权合同赋予权利方的权利划分，期权分为看涨期权（Call Option）和看跌期权（Put Option）。如果赋予权利方未来按照约定价格购买基础资产的权利，就是看涨期权（又称为买权）；如果赋予权利方未来按照约定价格出售基础资产的权利，就是看跌期权（又称为卖权）。

按期权权利方执行期权的时限划分，期权可分为欧式期权和美式期权。欧式期权的权利方只有在期权到期日才能行权，而美式期权允许权利方在到期前的任何时间行权。显然，在其他条件（基础资产、行权价格和到期时间）都相同的情况下，由于美式期权的拥有者除了拥有欧式期权的所有权利之外，还拥有一个在到期前随时行权的权利，其价值大于或等于对应的欧式期权价值。

编者语：按照期权定价理论（Option Pricing Theory），"不付红利股票看涨期权"情形下，美式期权的价值恒等于欧式期权的价值；"付红利股票看涨期权"情形下，美式期权的价值大于欧式期权的价值。

期权的公允价值（又称为期权的价值）等于期权的内在价值加上期权的时间价值：对于看涨期权而言，期权的价值 = Max｛基础资产公允价值 - 行权价, 0｝+ 时间价值；对于看跌期权而言，期权的价值 = Max｛行权价 - 基础资产公允价值, 0｝+ 时间价值。

期权的内在价值，是立即执行期权时现货价格与行权价格之差所带来的收益，期权的时间价值是期权的价格与内在价值之差。对于看涨期权而言，期权的内在价值为 Max｛基础资产公允价值 - 行权价, 0｝；对于看跌期权而言，期权的内在价值为 Max｛行权价 - 基础资产公允价值, 0｝。由于期权权利方拥有权利而没有任何义务，当市场价格对其不利的时候权利方可以放弃行权，所以期权的内在价值应该始终大于等于零。

编者语：根据期权定价理论，期权价值等于内在价值加上时间价值，所以时间价值可以通过倒轧得到，期权在到期日前的时间价值大于零，即等待总是有价值的，但在到期日期权的时间价值一定为零。

与期权内在价值紧密联系的几个概念包括价内期权（或实值期权，in the money）、价外期权（或虚值期权，out of the money）和平值期权（at the money）。所谓价内期权，就是期权内在价值大于零的期权。例如看涨期权情形下，价内期权是指基础资产现价大于行权价的期权，重大价内期权（又称为深度价内期权）则是指基础资产现价远大于行权价的期权；在看跌期权的情形下，结果则相反。所谓价外期权，就是期权内在价值小于零的期权。例如看涨期权情形下，价外期权是指行权价大于基础资产现价的期权，重大价外期权（又称为深度价外期权）则是指行权价远大于基础资产现价的期权；在看跌期权的情形下，结果则相反。平值期权即基础资产现价等于行权价的期权。

期权的多方成为了权利方,为取得该权利,其一般情况下要支付一定的对价,即期权费。拿股票期权来说,显然,多方付出的期权费将远低于购买相同基础资产(股票)所付出的对价,此即"与对市场因素变化预期有类似反应的其他合同相比,要求较少的初始净投资"。

上海证券交易所于 2015 年 1 月 9 日发布了《上海证券交易所股票期权试点交易规则》,并于 2015 年 2 月 9 日进行上证 50ETF 期权试点,标志着中国大陆场内股票期权市场的诞生。该规则包括合同简称、合同编码、交易代码、合同标的、合同类型、到期月份、合同单位、行权价格、行权方式、交割方式等内容。

【例 1-3】无套利定价法则与远期价格。

本例基于无套利定价法则(Non-Arbitrage Pricing Principle)来推导远期合约远期价格与即期价格(即现货价格)的关系。

先给出如下假设:1)市场无交易费用;2)市场参与者对所有交易利润使用同一税率;3)市场参与者能够以相同的无风险利率借入和借出资金;4)卖空股票不受限制;5)当市场套利机会出现时,市场参与者立即利用该套利机会。

考虑某一个不付红利股票的远期合同,交割时间为 3 个月。假定目前股票价格(即期价格)每股为 100 元,按连续复利的无风险年利率为 5%。

情形 1:假定股票 3 个月后的远期价格较高,为 105 元。一个套利者能够以风险利率 5% 借入 100 万元,并利用所借入资金购买 1 万股该股票;并同时以 105 元的价格签订卖出 3 个月期 1 万股股票的远期合同(空头)。3 个月后需要还款的借款总量为:

$100e^{5\% \times 3/12} = 101.26$(万元)

其中,按连续复利计算需要偿还的利息数为 1.26 万元,而如果按年复利计算的利息数为 1.25(万元)100×5%×3/12,差额 0.01 万元正是连续复利的累积效应。3 个月后套利者可以用所持有的股票交割远期合同,并偿还贷款。通过上述策略,套利者的净盈利为 3.74 万元(105-101.26)。

情形 2:假定 3 个月后股票远期价格较低,为 97 元。套利者可以以股票现价卖空 1 万股该股票,将卖空所得价款 100 万元以 5% 的连续复利利率投资 3 个月,3 个月后的投资额会升至 101.26 元;并同时以 97 元的远期价格签订买入 3 个月期 1 万股股票的远期合同(多头)。

3 个月后套利者可以通过投资款项交割远期合同,并同对卖空股票进行平仓。通过上述策略,套利者的净盈利为 4.26 万元(101.26-97)。

以上两种情形如表 1-5 所示。

表1-5

交易时间	情形1：远期价格=105元	情形2：远期价格=97元
现在	1）以风险利率5%借入100万元，购买1万股该股票 2）以105元的远期价格签订卖出3个月期1万股股票的远期合同（空头）	1）卖空一万股股票，将所得资金100万元以5%投资3个月 2）以97万元的价格签订买入3个月期1万股股票的远期合同（多头）
3个月后	1）以105元的价格卖出1万股股票（交割远期合约） 2）偿还贷款本息101.26万元 3）实现盈利3.74万元	1）以97元的价格买入1万股股票（交割远期合约） 2）对卖空股票交易进行平仓 3）实现盈利4.26万元

因此，在本例中，什么情况下套利机会将不存在呢？答案是当远期价格＝$100e^{5\% \times 3/12}$＝101.26（元）时。

我们可以推广得到以下结论：1）在远期合同签订时，要使远期合约公允价值为0，远期合同价格的现值必须要等于即期价格（现货价格）；2）在后续计量中，远期合约的公允价值等于即期价值（现货价格）减去远期价格的现值。

注：本例主要是为了阐述远期价格和即期价格的关系，其假定过于理想化，现实中的远期价格的确立远比上述情形复杂。

第六条 除下列各项外，本准则适用于所有企业各种类型的金融工具：

（一）由《企业会计准则第2号——长期股权投资》规范的对子公司、合营企业和联营企业的投资，适用《企业会计准则第2号——长期股权投资》，但是企业根据《企业会计准则第2号——长期股权投资》对上述投资按照本准则相关规定进行会计处理的，适用本准则。

企业持有的与在子公司、合营企业或联营企业中的权益相联系的衍生工具，适用本准则；该衍生工具符合《企业会计准则第37号——金融工具列报》规定的权益工具定义的，适用《企业会计准则第37号——金融工具列报》[1]。

（二）由《企业会计准则第9号——职工薪酬》规范的职工薪酬计划形成的企业的权利和义务，适用《企业会计准则第9号——职工薪酬》[2]。

（三）由《企业会计准则第11号——股份支付》规范的股份支付，适用《企业会计准则第11号——股份支付》。但是，股份支付中属于本准则第八条范围的买入或卖出非金融项目的合同，适用本准则[3]。

（四）由《企业会计准则第12号——债务重组》规范的债务重组，适用《企业会计准则第12号——债务重组》[4]。

（五）因清偿按照《企业会计准则第13号——或有事项》所确认的预计负债而获得补偿的权利，适用《企业会计准则第13号——或有事项》[5]。

（六）由《企业会计准则第14号——收入》规范的属于金融工具的合同权

利和义务,适用《企业会计准则第 14 号——收入》,但该准则要求在确认和计量相关合同权利的减值损失和利得时应当按照本准则规定进行会计处理的,适用本准则有关减值的规定⑥。

(七)购买方(或合并方)与出售方之间签订的,将在未来购买日(或合并日)形成《企业会计准则第 20 号——企业合并》规范的企业合并且其期限不超过企业合并获得批准并完成交易所必须的合理期限的远期合同,不适用本准则⑦。

(八)由《企业会计准则第 21 号——租赁》规范的租赁的权利和义务,适用《企业会计准则第 21 号——租赁》。但是,租赁应收款的减值、终止确认,租赁应付款的终止确认,以及租赁中嵌入的衍生工具,适用本准则⑧。

(九)金融资产转移,适用《企业会计准则第 23 号——金融资产转移》。

(十)套期会计,适用《企业会计准则第 24 号——套期会计》。

(十一)由保险合同相关会计准则规范的保险合同所产生的权利和义务,适用保险合同相关会计准则。因具有相机分红特征⑨而由保险合同相关会计准则规范的合同所产生的权利和义务,适用保险合同相关会计准则。但对于嵌入保险合同的衍生工具,该嵌入衍生工具本身不是保险合同的,适用本准则。

对于财务担保合同,发行方之前明确表明将此类合同视作保险合同,并且已按照保险合同相关会计准则进行会计处理的,可以选择适用本准则或保险合同相关会计准则。该选择可以基于单项合同,但选择一经做出,不得撤销。否则,相关财务担保合同适用本准则。

财务担保合同,是指当特定债务人到期不能按照最初或修改后的债务工具条款偿付债务时,要求发行方向蒙受损失的合同持有人赔付特定金额的合同⑩。

(十二)企业发行的按照《企业会计准则第 37 号——金融工具列报》规定应当分类为权益工具的金融工具,适用《企业会计准则第 37 号——金融工具列报》。

【注释】

①**准则联系**:长期股权投资,是指投资方对被投资单位实施控制、重大影响的权益性投资,以及对其合营企业的权益性投资。对子公司、合营企业和联营企业的投资符合金融工具的定义,即形成了一方金融资产,并形成了另一方的权益工具,但其适用《企业会计准则第 2 号——长期股权投资》。

《企业会计准则第 2 号——长期股权投资》中指出,企业持有的与在子公司、合营企业或联营企业中的权益相联系的衍生工具,适用本准则。风险投资机构、共同基金以及类似企业持有的、在初始确认时按照本准则的规定以公允价值计量且其变动计入当期损益的金融资产,投资性企业对不纳入合并财务报表的子公司的权益性投资,以及《企业会计准则第 2 号——长期股权投资》未予规范的其他权益性投资,适用本准则。此外,在后续计量时,投资方对联营企业的权益性投资,其中一部分通过风险投资机构、共同基金、信托公司或包括投连险基金在内的类似企业间接持有的,无论以上企业是否对这部分投资具有重大影响,投资方都可以按照本准则的有关规定，对间接持有的该部分投资选择以公允价值计量且其变动计入损益，并对其余部分采用权益法核算。

②准则联系：《企业会计准则第 9 号——职工薪酬》规定，职工薪酬，是指企业为获得职工提供的服务或解除劳动关系而给予的各种形式的报酬或补偿。由职工薪酬形成的企业收付现金、其他金融资产或自身权益工具的权利和义务，符合本准则金融工具的定义，但由于职工薪酬相关权利和义务的计量具有一定的特殊性，其会计处理适用《企业会计准则第 9 号——职工薪酬》。

③准则联系：《企业会计准则第 11 号——股份支付》规定，股份支付，是指企业为获取职工和其他方提供服务而授予权益工具或者承担以权益工具为基础确定的负债的交易。股份支付显然包含收付现金、其他金融资产或自身权益工具的权利或义务，但其业务处理应遵循《企业会计准则第 11 号——股份支付》。此外，按照规定，股份支付中属于本准则第八条范围的买入或卖出非金融项目的合同，适用本准则。

④准则联系：由于债务重组准则与金融工具相关准则存在交叉，导致实务应用中存在分歧，造成准则实施的随意性，因此，2019 年 5 月 16 日，财政部印发了修订后的《企业会计准则第 12 号——债务重组》，该准则第四条指出，"债务重组中涉及的债权、重组债权、债务、重组债务和其他金融工具的确认、计量和列报，适用《企业会计准则第 22 号——金融工具确认和计量》和《企业会计准则第 23 号——金融资产转移》"。

⑤准则联系：根据《企业会计准则第 13 号——或有事项》规定，或有事项，是指过去的交易或者事项形成的，其结果须由某些未来事项的发生或不发生才能决定的不确定事项。因清偿预计负债而获得补偿的权利，适用《企业会计准则第 13 号——或有事项》。例如，对于未决诉讼产生的预计负债，企业在依据法院判决的金额进行清偿后，因应收其他人赔偿款产生的收取现金的权利的确认与计量，适用《企业会计准则第 13 号——或有事项》。

⑥准则联系：企业在客户合同执行中会形成应收账款、合同资产、合同负债等合同权利和义务，此类合同权利和义务虽符合金融工具定义，但由《企业会计准则第 14 号——收入》规范。《企业会计准则第 14 号——收入》要求，按照该准则确认的合同资产的减值的计量和列报应当按照本准则和《企业会计准则第 37 号——金融工具列报》的规定进行处理。

⑦准则联系：购买方（或合并方）与出售方之间签订的，将在未来购买日（或合并日）形成《企业会计准则第 20 号——企业合并》规范的企业合并，且其期限不超过企业合并获得批准并完成交易所必须的合理期限的远期合同，符合本准则关于金融工具和衍生工具的定义，由《企业会计准则第 20 号——企业合并》规范，不适用本准则。

⑧准则联系：2018 年 12 月 7 日，财政部印发了修订后的《企业会计准则第 21 号——租赁》。由《企业会计准则第 21 号——租赁》规范的租赁权利和义务，

适用该准则。但下列情况除外：

1）企业作为出租人的，其应收融资租赁款的减值、终止确认的会计处理，适用本准则和《企业会计准则第23号——金融资产转移》。

2）为简化处理，承租人可以按照租赁资产的类别选择是否分拆合同包含的租赁和非租赁部分。但是，对于按照本准则应分拆的嵌入衍生工具，承租人不应将其与租赁部分合并进行会计处理。

3）融资租赁的变更未作为一项单独租赁进行会计处理的，假如变更在租赁开始日生效，该租赁会被分类为融资租赁的，出租人应当按照本准则关于修改或重新议定合同的规定进行会计处理。

4）售后租回交易中的资产转让不属于销售的，承租人应当继续确认被转让资产，同时确认一项与转让收入等额的金融负债，并按照本准则规定对该金融负债进行会计处理；出租人不确认被转让资产，但应当确认一项与转让收入等额的金融资产，并按照本准则规定对该金融资产进行会计处理。

⑨准则联系：具有相机分红特征的财务担保合同（Discretionary Participating Feature）按保险合同处理。具有相机分红特征的财务担保合同定义参见财政部2018年12月21日发布的《企业会计准则第×号——保险合同（修订）（征求意见稿）》第五条，"当签发保险合同的企业同时签发具有相机参与分红特征的投资合同，则其签发的具有相机分红特征的投资合同也适用本准则。具有相机分红特征的投资合同，是指赋予特定投资者合同权利以收取保证金额（支付时间和具体金额不由签发人相机决定）和附加金额（支付时间和具体金额由签发人相机决定）的金融工具。其中，附加金额预期将构成整个合同利益的重要组成部分，且基于特定合同组合或特定类型合同的回报、签发人所持有特定资产组合的已实现或未实现投资收益，或者签发该合同的企业全部或其一部分的损益。"

⑩财务担保合同可能有各种法律形式，包括担保、某些类型的信用证、信用违约合同或保险合同。目前，实务中发行方对财务担保合同有两种处理方式，即按照金融工具相关准则进行会计处理，或者按照保险合同相关准则进行会计处理（如融资性担保公司）。因此，本准则从实务角度出发，规定财务担保合同的发行方可做如下选择：

1）发行方之前明确表明将此类合同视作保险合同，并且已按照保险合同相关会计准则进行会计处理的，可以选择适用本准则或保险合同相关会计准则。该选择可以基于单项合同，但选择一经做出，不得撤销。

2）其他情况下，相关财务担保合同适用本准则。

第七条 本准则适用于下列贷款承诺[①]：

（一）企业指定为以公允价值计量且其变动计入当期损益的金融负债的贷款承诺。如果按照以往惯例，企业在贷款承诺产生后不久即出售其所产生资产，则同一类别的所有贷款承诺均应当适用本准则[②]。

(二)能够以现金或者通过交付或发行其他金融工具净额结算的贷款承诺。此类贷款承诺属于衍生工具。企业不得仅仅因为相关贷款将分期拨付（如按工程进度分期拨付的按揭建造贷款）而将该贷款承诺视为以净额结算③。

(三)以低于市场利率贷款的贷款承诺④。

所有贷款承诺均适用本准则关于终止确认的规定。企业作为贷款承诺发行方的，还适用本准则关于减值的规定⑤。

贷款承诺，是指按照预先规定的条款和条件提供信用的确定性承诺。

【注释】

①**准则由来**：IASB 曾就下列问题开展讨论：是否将贷款承诺作为以公允价值核算的衍生工具纳入本准则范围。之所以会提出这一问题，是因为在固定期间以特定利率发放贷款的承诺符合衍生工具的定义。事实上，它是向潜在借款人签出的一种期权，使之可以按特定利率取得贷款。为了简化贷款承诺的持有人和发行人的会计处理，IASB 决定将特定的贷款承诺（即除本条目规定的三种情况外）排除在本准则的范围之外。这一处理的结果是，主体将不再确认和计量市场利率或信用利差变动引起的贷款承诺的公允价值的变动。如果贷款承诺的持有人行使了获取贷款的权利，所取得的贷款的计量与上述方法一致，因为市场利率的变动不影响以摊余成本计量的贷款的计量。

②**编者语**：本准则允许企业将贷款承诺初始指定为以公允价值计量且其变动计入当期损益的金融负债。其原因在于，贷款承诺有可能在将来产生贷款资产，而企业若有自贷款产生后不久即将贷款资产出售的惯例，则形成的这笔贷款资产是出于交易性目的（等同于以净额结算贷款承诺）。那么如果向前追溯，则作出该贷款承诺也是出于交易性目的，因此将该贷款承诺进行公允价值指定。此外，应当注意，如果企业具有在贷款承诺产生的资产（即贷款资产）产生后不久将其出售的惯例，则企业只应对同一类的贷款承诺适用本准则，而不是对所有贷款承诺适用本准则。

③**编者语**：贷款承诺的风险敞口为利率风险或者信用风险，其公允价值会随利率或信用的波动而变化，对于能够以现金或者通过交付或发行其他金融工具净额结算的贷款承诺，此类贷款承诺属于衍生工具（金融负债），因此适用本准则。

④**编者语**：以低于市场利率贷款的贷款承诺，对于承诺方而言相当于签出了一项价内期权，须按本准则要求进行确认和计量。倘若贷款承诺的利率等于或者高于市场利率，则为一般的待执行合同。其计量方法详见本准则第二十一条规定。

⑤所有贷款承诺均适用于本准则的终止确认规定。此外，按照本准则第四十六条规定，企业发行的分类为以公允价值计量且其变动计入当期损益的金融负债以外的贷款承诺均适用本准则的减值规定。

第八条 对于能够以现金或其他金融工具净额结算，或者通过交换金融工具结算的买入或卖出非金融项目的合同①，除了企业按照预定的购买、销售或使用要求签订并持有旨在收取或交付非金融项目的合同②适用其他相关会计准则外，企业应当将该合同视同金融工具，适用本准则。

对于能够以现金或其他金融工具净额结算，或者通过交换金融工具结算的买入或卖出非金融项目的合同，即使企业按照预定的购买、销售或使用要求签订并持有旨在收取或交付非金融项目的合同的，企业也可以将该合同指定为以公允价值计量且其变动计入当期损益的金融资产或金融负债。企业只能在合同开始时做出该指定，并且必须能够通过该指定消除或显著减少会计错配。该指定一经做出，不得撤销③。

会计错配，是指当企业以不同的会计确认方法和计量属性，对在经济上相关的资产和负债进行确认或计量而产生利得或损失时，可能导致的会计确认和计量上的不一致④。

【注释】

①对于能够以现金或其他金融工具净额结算（即不交付非金融项目，而是根据双方合同权利义务的价值差额以现金或其他金融工具进行结算），或者通过交换金融工具的方式进行结算的买入或卖出非金融项目的合同，企业应当将该合同视同金融工具，适用本准则。但企业按照预定的购买、销售或使用要求签订并持有旨在收取或交付非金融项目的合同除外。

以现金或其他金融工具净额结算，或者通过交换金融工具结算的买入或卖出非金融项目的合同可能包括以下情况：

1）合同条款允许合同一方以现金或其他金融工具进行净额结算或通过交换金融工具结算。

2）合同条款没有明确规定，但是企业具有对类似合同以现金或其他金融工具进行净额结算或通过交换金融工具进行结算的惯例。

3）企业具有收到合同标的项目之后在短期内将其再次出售以从短期波动中获取利润的惯例。

4）作为合同标的的非金融项目易于转换为现金。

②符合上述2）或3）所述条件的合同并非企业按照预定的购买、出售或使用要求签订并持有、旨在收取或交付非金融项目的合同，因此属于本准则的范围。对于符合上述1）或4）所述条件的合同，企业应进行评估以确定其是否为按照预定的购买、出售或使用要求签订并持有、旨在收取或交付非金融项目的合同。例如，甲企业根据其预计使用需求签订了一份按固定价格购买100吨铜的远期合同。合同规定，甲企业在6个月后可以接受实物交割，或者根据铜的公允价值变动以支付或收取现金进行净额结算。本例中，如果甲企业打算通过接受实物交割来结算合同，并且对类似合同没有以现金进行净额结算，或者有接受铜的交

割但在交割后短时间内将其再次出售以从短期波动中获取利润的惯例，那么此合同属于按照预定的购买、销售或使用要求签订并持有、旨在收取或交付非金融项目的合同，应适用其他相应的会计准则。

③准则由来：如上所述，对于能够以现金或其他金融工具净额结算，按照预定的购买、销售或使用要求签订并持有，旨在收取或交付非金融项目的合同，如果不进行公允价值指定，它将被作为正常的销售或采购合同核算（"待执行合同"），从而被排除在本准则范围之外。但是，IASB指出，这样做的结果是，如果主体签订了衍生工具以对上述合同的公允价值变动进行套期，则将会产生会计错配。这是因为衍生工具公允价值的变动被计入损益，而上述合同公允价值的变动则没有被确认（除非是亏损合同）。

为了消除这一会计错配，企业可以采用套期会计（有关套期会计的内容详见《企业会计准则第24号——套期会计》），并指定（符合确定承诺的定义的）上述合同为公允价值套期中的被套期项目。这样做的结果是，上述合同将以公允价值计量，且其公允价值的变动将抵销衍生工具公允价值的变动（以有效套期部分为限）。但是，套期会计会带来较重的管理负担，并且往往产生的结果不如运用公允价值选择权有意义。因此，可以对其运用公允价值选择权，这样做消除了对存在自然抵销的公允价值风险敞口运用套期会计的需要，因此也消除了指定、追踪和分析套期有效性的相关负担。例如，某些公共事业企业通常会有大量需要进行交割的能源合同，这些合同属于企业按照预定的购买、销售或使用要求签订并持有旨在收取或交付非金融项目的合同。企业通常使用能源衍生工具对此类合同进行套期。通过选择将实物交割合同指定为以公允价值计量且其变动计入当期损益的金融资产或金融负债，将能够减少会计错配，从而无需采用套期会计。

本准则规定，企业只能在合同开始时做出该指定（这是因为在初始确认时企业并不知道金融工具的公允价值将会增加还是减少），并且必须能够通过该指定消除或显著减少会计错配。该指定一经做出，不得撤销。此项规定实际上限制了企业使用公允价值选择权而有方向性地将公允价值的变动确认为当期损益。

④会计错配造成的经济后果是扩大损益的波动性。而消除会计错配是运用公允价值选择权的依据之一（关于公允价值选择权的运用详见本准则第二十条、第二十二条及第二十六条等的规定）。会计错配的情形包括，如果不作出以公允价值计量且其变动计入损益的指定，某项金融资产的后续计量可能是以公允价值计量且其变动计入损益，而与之有经济联系的负债则以摊余成本进行后续计量（其公允价值变动不予确认）。在这种情况下，企业可得出结论认为，如果该项资产和负债同时以公允价值计量且其变动计入损益，则财务报表将能提供更相关的信息。例如，假定企业承担一项金融负债（总金额为100万元人民币，以摊余成本计量）并同时拥有一项与该金融负债风险成分相同但方向相反的金融资产（总金

额为 100 万元人民币，以公允价值计量且其变动计入当期损益），该金融资产和金融负债具有经济联系，则企业可在初始确认时将该金融负债指定为以公允价值计量且其变动计入当期损益，使金融资产和金融负债公允价值变动金额相同，方向相反，从而达到自然抵销的目的，避免了使用套期会计的复杂操作，消除或显著减少了会计错配。

第二章 金融工具的确认和终止确认

第九条 企业成为金融工具合同的一方时,应当确认一项金融资产或金融负债①②③。

【注释】

①企业确认金融资产或金融负债的常见情形如下:

1) 当企业成为金融工具合同的一方,并因此拥有收取现金的权利或承担支付现金的义务时,应将无条件的应收款项或应付款项确认为金融资产或金融负债。

2) 因买卖商品或劳务的确定承诺而将获得的资产或将承担的负债(根据《企业会计准则第24号——套期会计》,确定承诺是指在未来某特定日期或期间,以约定价格交换特定数量资源、具有法律约束力的协议),通常直到至少合同一方履约时才予以确认。例如,收到订单的企业通常不在承诺时确认一项资产(发出订单的企业也不在承诺时确认一项负债),而是直到所订购的商品或劳务已装运、交付或提供时才予以确认。若买卖非金融项目的确定承诺适用本准则,则该承诺的公允价值净额(若不为零)应在承诺日确认为一项资产或负债。此外,如果以前未确认的确定承诺被指定为公允价值套期中的被套期项目,在套期开始之后,归属于被套期风险的公允价值变动应当确认为一项资产或负债。有关确定承诺和被套期项目的具体规范详见《企业会计准则第24号——套期会计》。

3) 适用本准则的远期、期货或互换合同("固定换固定"情形除外),企业应在成为该类合同的一方时(承诺日而不是结算日),确认一项金融资产或金融负债。当企业成为该类合同的一方时,权利和义务的公允价值通常相等,因此该类合同在初始签订时公允价值净额通常为零。

4) 适用本准则的期权合同("固定换固定"情形除外),企业应在成为该期权合同的权利方时,确认一项金融资产;反之,企业应在成为该期权合同的义务方时,确认一项金融负债。

5) 当企业尚未成为合同一方时,即使企业有计划在未来交易,不管其发生的可能性有多大,都不是企业的金融资产或金融负债。

②企业应将本准则范围内的衍生工具合同形成的权利或义务确认为金融资产或金融负债。但是,如果衍生工具涉及金融资产转移,且导致该金融资产转移不

符合终止确认条件，则不应将其确认，否则会导致衍生工具形成的权利或义务被重复确认，参见《企业会计准则第 23 号——金融资产转移》第十一条【注释】。

③**准则联系**：企业成为金融工具合同一方时，应当确认一项金融资产、金融负债或权益工具，但分类为权益工具的金融工具不由本准则规范，适用《企业会计准则第 37 号——金融工具列报》。

第十条 对于以常规方式[①]购买或出售金融资产的，企业应当在交易日[②③]确认将收到的资产和为此将承担的负债或者在交易日终止确认已出售的资产，同时确认处置利得或损失以及应向买方收取的应收款项。

以常规方式购买或出售金融资产，是指企业按照合同规定购买或出售金融资产，并且该合同条款规定，企业应当根据通常由法规或市场惯例所确定的时间安排来交付金融资产。

【注释】

①证券交易所、银行间市场、外汇交易中心等市场发生的证券、外汇买卖交易，通常采用常规方式。

关于常规方式购买或出售金融资产需考虑如下特殊情况：

1) 对合同价值变动进行净额结算。

如果合同规定或允许对合同价值变动进行净额结算，该合同通常不是以常规方式购买或出售的合同，企业应将其作为衍生工具处理。

2) 没有已建立的市场。

如果没有已建立的市场可以交易某金融资产购买合同，该合同仍可以视为常规合同。本准则提到了要求"企业应当根据通常由法规或市场惯例所确定的时间安排来交付金融资产"的合同条款，该处的市场并不局限于正式的证券交易所或有组织的柜台交易市场，而是指金融资产通常交易的环境，该处的时间是指合理和通常要求合同各方完成交易以及准备和执行清算文件的期间。例如，私募发行金融工具的市场就是这样的一个市场。

3) 远期合同。

例如，甲公司签订了一项远期合同，在 3 个月后按 6 元/股购入 100 万股乙公司普通股。此合同与个人签订，并且不是在交易所交易的合同，要求甲公司接受股票的实物交割，并向合同的对方支付 600 万元的现金。乙公司的股票在活跃的公开市场上交易，其平均交易量为每天 10 万股。常规交割需要 3 天。

此远期合同不可能被看作是常规合同，必须作为衍生工具核算，因为 3 个月的交割期限远远超过了 3 天的市场惯例，所以它不是按照有关市场的规则或惯例所设定的方式进行结算。

4) 适用何种惯例作为结算条款。

如果企业的金融工具在多个活跃市场中交易，并且不同活跃市场中的结算条款也不同，在判断购买这些金融工具的合同是否是常规合同时，应适用购买实际发生所在市场的条款，而不必考虑其他市场中的条款。

例如，甲公司通过沪港通购买了腾讯控股（股票代码：00700）H股股票100万股，该交易采用T+2的结算方式，但香港联交所在香港本地通常采用T+0的结算方式，由于通过沪港通购买H股股票均采用T+2的结算方式，因此，甲公司的该交易属于常规交易的例外情形。

②IASB指出，常规方式购买或出售金融资产，应视情况分别使用**交易日会计**或**结算日会计**进行确认和终止确认。IFRS 9对于运用交易日或结算日会计确认和终止确认金融资产有专门的规定，但这些规定不适用于金融负债，IFRS 9并未包含任何有关金融负债适用交易日会计或结算日会计的专门规定。因此，金融负债应适用有关确认和终止确认的一般要求，即金融负债在主体成为一项金融工具合同条款中的一方之日予以确认，且该合同需属于下列两种情况之一：合同一方已经履约或该合同属于未从本准则范围中排除的衍生工具合同；当且仅当金融负债消除时（即当合同中规定的义务解除、取消或到期时），金融负债才能终止确认。

"交易日"是指主体承诺买入或者卖出金融资产的日期。交易日会计的处理原则包括：1）在交易日确认将于结算日取得的资产及承担的负债；2）在交易日终止确认将于结算日交付的金融资产，确认处置利得或损失，同时确认将于结算日向买方收取的款项。上述交易形成资产和负债的相关利息，通常应于结算日所有权转移后开始计提并确认。

"结算日"是指主体交付资产或收取资产的日期。结算日会计的处理原则包括：1）主体在收到资产之日确认该资产；2）主体在交付资产之日终止确认该资产，并确认处置利得或损失。在应用结算日会计时，对于交易日和结算日之间的期间内将获得的资产的公允价值变动，主体应采用与核算已获得资产相同的方法进行核算。换言之，对于以摊余成本计量的金融资产，不确认其公允价值的变动；对于分类为以公允价值计量且其变动计入当期损益的金融资产以及运用公允价值选择权指定为以公允价值计量且其变动计入当期损益的金融资产，其公允价值的变动计入当期损益；对于分类为以公允价值计量且其变动计入其他综合收益的金融资产以及指定为公允价值计量且其变动计入其他综合收益的非交易性权益工具投资，其公允价值的变动计入其他综合收益；3）在应用减值要求时，交易日应被视为初始确认日。

IASB指出，金融资产具有以下五个亚分类：（1）以摊余成本计量的金融资产；（2）分类为以公允价值计量且其变动计入其他综合收益的金融资产；（3）指定为以公允价值计量且其变动计入其他综合收益的金融资产；（4）分类为以公允价值计量且其变动计入当期损益的金融资产；（5）指定为以公允价值计量且其变动计入当期损益的金融资产。主体以常规方式购买或出售金融资产应视情况分别使用交易日会计或结算日会计进行确认或终止确认，主体应对上述同一亚分类的金融资产的所有购买和出售一贯地适用相同的方法。但是，**我国企业会计准则规定**，企业以常规方式买卖金融资产,只允许采用交易日会计进行确认和终止确认。

有关交易日会计与结算日会计的账务处理参见【例1-4】。

③**知识拓展**:目前,上海证券交易所和深圳证券交易所采用T+1的股票结算制度(即当日买进的股票于下一个交易日结算),香港地区采用T+0的股票结算制度(即交易成交当天结算,交易日与结算日一致),但沪港通采用T+2的股票结算制度。

【例1-4】扩展性案例:交易日会计与结算日会计的账务处理(我国企业对金融资产的核算仅适用交易日会计)。

(1)**交易日会计与结算日会计:金融资产的购买**。

20×8年12月20日,甲公司承诺以65万元人民币的银行存款购入一项金融资产,65万元为此金融资产在承诺日(交易日)的公允价值,交易成本可忽略不计。在20×8年12月31日(会计年度期末)和20×9年1月5日(结算日),该金融资产的公允价值分别为67万元和68万元人民币。该项金融资产在不同分类以及分别使用交易日和结算日会计两种情形下的账务处理如表1-6所示(不考虑该金融资产的损失准备或利息收入)。

表1-6　　　　交易日会计与结算日会计:金融资产的购买

项目	以摊余成本计量的金融资产	以公允价值计量且其变动计入其他综合收益的金融资产	以公允价值计量且其变动计入当期损益的金融资产	以公允价值计量且其变动计入其他综合收益的非交易性权益工具投资
交易日会计				
20×8年12月20日				
借:金融资产	650 000	650 000	650 000	650 000
贷:其他应付款*	650 000	650 000	650 000	650 000
20×8年12月31日				
借:金融资产	—	20 000	20 000	20 000
贷:其他综合收益	—	20 000	—	20 000
公允价值变动损益	—	—	20 000	—
20×9年1月5日				
借:金融资产	—	10 000	10 000	10 000
贷:其他综合收益	—	10 000	—	10 000
公允价值变动损益	—	—	10 000	—
借:其他应付款	650 000	650 000	650 000	650 000
贷:银行存款	650 000	650 000	650 000	650 000

续表

项目	结算日会计			
	以摊余成本计量的金融资产	以公允价值计量且其变动计入其他综合收益的金融资产	以公允价值计量且其变动计入当期损益的金融资产	以公允价值计量且其变动计入其他综合收益的非交易性权益工具投资
20×8年12月20日	不做账务处理			
20×8年12月31日				
借：金融资产	—	20 000	20 000	20 000
贷：其他综合收益	—	20 000	—	20 000
公允价值变动损益	—	—	20 000	—
20×9年1月5日				
借：金融资产	—	10 000	10 000	10 000
贷：其他综合收益	—	10 000	—	10 000
公允价值变动损益	—	—	10 000	—
借：金融资产	650 000	650 000	650 000	650 000
贷：银行存款	650 000	650 000	650 000	650 000

注：常规方式下，我国金融工具交易日和结算日之间时间一般比较短暂（例如，上海证券交易所股票一般为T+1结算方式），此处一般直接冲减银行存款等会计科目。

(2) 交易日会计与结算日会计：金融资产的出售。

20×8年12月20日（交易日）甲公司签订了一项合同，按现行公允价值66万元出售一项金融资产。该资产在一年前以65万元人民币取得，当前的账面余额为65万元。20×8年12月31日（会计年度期末）和20×9年1月5日（结算日），该金融资产的公允价值分别为68万元和69万元人民币。该项金融资产在不同分类以及分别使用交易日和结算日会计两种情形下的账务处理如表1-7所示（不考虑该金融资产的任何损失准备或利息收入）。

由于出售方确认公允价值变动的权利在交易日已经终止，因此即使企业采用结算日会计，按常规方式出售的金融资产的公允价值变动也不应计入交易日和结算日之间的财务报表中。

表1-7　　　　　　　交易日会计与结算日会计：金融资产的出售

交易日会计

项目	以摊余成本计量的金融资产	以公允价值计量且其变动计入其他综合收益的金融资产	以公允价值计量且其变动计入当期损益的金融资产	以公允价值计量且其变动计入其他综合收益的非交易性权益工具投资
20×8年12月20日				
借：其他应收款	660 000	660 000	660 000	660 000
贷：金融资产	650 000	650 000	650 000	650 000
投资收益	10 000	10 000	10 000	—
留存收益	—	—	—	10 000
20×8年12月31日	不做账务处理			
20×9年1月5日				
借：银行存款	660 000	660 000	660 000	660 000
贷：其他应收款	660 000	660 000	660 000	660 000

结算日会计

项目	以摊余成本计量的金融资产	以公允价值计量且其变动计入其他综合收益的金融资产	以公允价值计量且其变动计入当期损益的金融资产	以公允价值计量且其变动计入其他综合收益的非交易性权益工具投资
20×8年12月20日				
借：金融资产	—	10 000	10 000	10 000
贷：其他综合收益		10 000		10 000
公允价值变动损益			10 000	
20×8年12月31日	不做账务处理			
20×9年1月5日				
借：银行存款	660 000	660 000	660 000	660 000
贷：金融资产	650 000	660 000	660 000	660 000
投资收益	10 000	—	—	—
借：其他综合收益	—	10 000	—	10 000
贷：投资收益	—	10 000	—	—
留存收益	—	—	—	10 000

(3) 结算日会计：非现金金融资产的交换。

如果企业使用结算日会计核算金融资产的出售，在非现金金融资产交换过程中换入金融资产的公允价值的变动该如何计量应视情况而定。

如果企业将换入的金融资产归类为采用交易日会计核算的金融资产类别，则换入的金融资产应按照交易日会计的规定在交易日进行确认，在这种情况下，企业应按结算日换出金融资产的账面价值确认一项负债。

如果企业将换入的金融资产归类为采用结算日会计核算的金融资产类别，则对于以摊余成本计量的金融资产，其在交易日和结算日之间的公允价值变动不予确认；对于以公允价值计量的金融资产，其在交易日和结算日之间的公允价值变动应根据本准则第九章"利得和损失"的规定，适当地计入损益或其他综合收益。

例如，20×8年12月20日（交易日），甲企业签订了一项合同，出售以摊余成本计量的应收票据A以换入债券B，债券B分类为以公允价值计量且其变动计入当期损益的金融资产。应收票据A和债券B在12月20日的公允价值均为66万元，应收票据A的摊余成本为65万元。甲企业对分类为摊余成本计量的金融资产采用结算日会计核算，对分类为以公允价值计量且其变动计入当期损益的金融资产采用交易日会计核算。20×8年12月31日（会计年度期末），应收票据A的公允价值为65.8万元，债券B的公允价值为65.5万元。20×9年1月5日（结算日），应收票据A的公允价值为65.9万元，债券B的公允价值为65.3万元，甲企业应编制会计分录如下。

20×8年12月20日：
借：交易性金融资产——成本（债券B）　　660 000
　　贷：金融负债　　　　　　　　　　　　　　　660 000

20×8年12月31日：
借：公允价值变动损益　　　　　　　　　　　5 000
　　贷：交易性金融资产——公允价值变动（债券B）　5 000

20×9年1月5日：
借：公允价值变动损益　　　　　　　　　　　2 000
　　贷：交易性金融资产——公允价值变动（债券B）　2 000
借：金融负债　　　　　　　　　　　　　　660 000
　　贷：应收票据　　　　　　　　　　　　　　650 000
　　　　投资收益　　　　　　　　　　　　　　 10 000

第十一条 金融资产满足下列条件之一的，应当终止确认[①]：

（一）收取该金融资产现金流量的合同权利终止[②]。

（二）该金融资产已转移，且该转移满足《企业会计准则第23号——金融资产转移》关于金融资产终止确认的规定[③]。

本准则所称金融资产或金融负债终止确认，是指企业将之前确认的金融资产或金融负债从其资产负债表中予以转出④。

【注释】

①以下情形也会导致金融资产的终止确认：

1）合同的实质性修改。企业与交易对手修改或者重新议定合同而且构成实质性修改的，将导致企业终止确认原金融资产，同时按照修改后的条款确认一项新金融资产。

2）核销。本准则第四十三条规定，当企业合理预期不再能够全部或部分收回金融资产合同现金流量时，应当直接减记该金融资产的账面余额。这种减记构成相关金融资产的终止确认。

②例如，企业通过深圳证券交易所购入一项3年期债券，3年后债券到期时，企业收取该债券现金流量的合同权利终止，那么企业应当终止确认该金融资产；再如，企业购入一项期权，企业直到期权到期日仍未行权，那么企业在合同权利到期后应当终止确认该期权形成的金融资产。

③准则联系：金融资产转移未必终止确认，如将金融资产作为抵押物以获取借款（即抵押贷款）、将持有的金融资产背书转让，由于企业承担连带责任，企业保留了金融资产所有权上几乎所有风险和报酬，因此企业不应终止确认该金融资产，详见《企业会计准则第23号——金融资产转移》。

④准则由来：IAS 39 规范了应在何时终止确认金融资产的问题，但是对于如何应用、以何种顺序应用的规定并不清晰，例如，准则中关于被转移资产的风险和报酬在多大程度上已经转移才能判断终止确认是合理的，以及应如何估计风险和报酬等问题的规定并不明确。因此，IAS 39 中关于金融资产终止确认的要求在实务中并没有得到一贯的应用。

为了解决这些问题，2002年 IASB 发布的 IAS 39 修订建议的征求意见稿中建议了一种终止确认金融资产的方法，即金融资产的出让人应按其继续涉入程度继续确认该资产。继续涉入可能由两种方式产生：1）回购条款（如一项看涨期权、看跌期权或回购协议）；2）一项基于被转移资产价值的变化而支付或收取补偿的条款（如信用担保或现金净额结算选择权）。

很多征求意见稿的反馈意见者都同意 IAS 39 中现有的终止确认要求存在着不一致性，但是，出于理论和实务上的顾虑，他们对于建议的继续涉入法的支持很有限。很多反馈意见者表示，应当保留 IAS 39 中的基本方法，只删除不一致的内容。

最终，IASB 决定回到 IAS 39 中关于金融资产终止确认的规定上来，并且明确了这些规定应如何应用以及按何种顺序应用，同时指出，对于所有类型的交易，对风险和报酬转移的判断应先于对控制转移的判断。

第十二条 金融负债（或其一部分）的现时义务已经解除的①，企业应当终止确认该金融负债（或该部分金融负债）②。

【注释】

①出现以下两种情况之一时，金融负债（或其一部分）的现时义务已经解除：

1) 债务人通过履行义务（如偿付债权人）解除了金融负债（或其一部分）的现时义务。债务人通常使用现金、其他金融资产等方式偿债。

例如，20×9年5月1日，甲企业因从乙企业购买商品确认了一项应付账款450万元。按照合同约定，20×9年6月1日，甲企业向乙企业支付了银行存款450万元，甲企业的相关现时义务解除，因此，甲企业应将应付账款450万元予以终止确认。如果按合同约定，该笔应付账款应于20×9年6月1日、6月15日分两次等额清偿。那么，甲企业应在6月1日支付银行存款225万元时，终止确认应付账款225万元，在6月15日支付剩余的货款225万元时终止确认剩余的应付账款225万元。

2) 债务人通过法定程序（如法院裁定）或债权人（如债务豁免）合法解除债务人对金融负债（或其一部分）的主要责任。

②企业在判断金融负债现时义务的解除时应注意以下情形：

1) 企业将用于偿付金融负债的资产转入某个机构或设立信托，偿付债务的义务仍存在的，不应当终止确认该金融负债，也不能终止确认转出的资产。也就是说，虽然企业已为金融负债设立了"偿债基金"，但金融负债对应的债权人仍然拥有全额追索的权利时，不能认为企业的相关现时义务已解除，从而不能终止确认该金融负债。

2) 如果一项债务工具的发行人回购了该工具，那么即使该发行人是该工具的做市商或打算在近期将其再次出售，企业（发行人）也应当终止确认该债务工具。

第十三条 企业（借入方）与借出方之间签订协议，以承担新金融负债方式替换原金融负债，且新金融负债与原金融负债的合同条款实质上不同的①，企业应当终止确认原金融负债，同时确认一项新金融负债②。

企业对原金融负债（或其一部分）的合同条款作出实质性修改的，应当终止确认原金融负债，同时按照修改后的条款确认一项新金融负债③。

【注释】

①"实质上不同"是指按照新的合同条款，金融负债未来现金流量（包括支付和收取的任何费用）现值与原金融负债的剩余期间现金流量现值之间的差异至少相差10%。有关现值的计算均采用原金融负债的实际利率。

②根据IFRS 9，如果债务工具的替换或条款的修改构成终止确认，则发生的

所有成本或费用应确认为债务工具终止确认利得或损失的一部分；如果债务工具的替换或条款的修改不构成终止确认，则发生的所有成本或费用应调整该金融负债的账面余额，并在修改后金融负债的剩余期限内摊销。

③**准则联系**：为了保持与本准则的一致性，财政部于2019年5月16日印发了修订后的《企业会计准则第12号——债务重组》，根据规定，债务重组是指在不改变交易对手方的情况下，经债权人和债务人协定或法院裁定，就清偿债务的时间、金额或方式等重新达成协议的交易。债务重组涉及的债权和债务是指本准则规范的金融工具。债务重组一般包括下列方式，或下列一种以上方式的组合：1）债务人以资产清偿债务；2）债务人将债务转为权益工具；3）除第一项和第二项以外，采用调整债务本金、改变债务利息、变更还款期限等方式修改债权和债务的其他条款，形成重组债权和重组债务。

其中，采用修改其他条款方式进行债务重组的，债权人应当按照《企业会计准则第22号——金融工具确认和计量》的规定，确认和计量重组债权；债务人应当按照《企业会计准则第22号——金融工具确认和计量》和《企业会计准则第37号——金融工具列报》的规定，确认和计量重组债务。

第十四条 金融负债（或其一部分）终止确认的，企业应当将其账面价值与支付的对价（包括转出的非现金资产或承担的负债）之间的差额，计入当期损益①②③。

【注释】

①在某些情况下，债权人解除了债务人对金融负债的主要责任，但要求债务人提供担保（承诺在合同主要责任方拖欠时进行支付）的，债务人应当以其担保义务的公允价值为基础确认一项新的金融负债，并按支付的价款加上新金融负债公允价值之和与原金融负债账面价值的差额确认利得和损失。

②**实施指引**：金融负债终止确认时，企业应进行如下会计处理：

借：金融负债（账面价值）

　　贷：支付的对价（公允价值）

　　　　当期损益（或借方差额）

③**编者语**：对于指定为以公允价值计量且其变动计入当期损益的金融负债，由企业自身信用风险变动引起的公允价值变动应当计入其他综合收益，并在该金融负债终止确认时将其他综合收益转入留存收益。但是，如果按此处理会造成或扩大损益中的会计错配，企业应将该金融负债的全部利得或损失（包括企业自身信用风险变动的影响金额）计入当期损益，详见本准则第六十八条。

第十五条 企业回购金融负债①一部分的，应当按照继续确认部分和终止确认部分在回购日各自的公允价值占整体公允价值的比例，对该金融负债整体的账面价值进行分配。分配给终止确认部分的账面价值与支付的对价(包括转出的非现金资产或承担的负债)之间的差额,应当计入当期损益。

【注释】

①企业回购金融负债是指金融负债到期前发行人以一定的价格购回该金融负债的行为,有关企业回购一部分金融负债的账务处理参见【例1-5】。

【例1-5】企业回购一部分金融负债的账务处理。

20×8年10月1日,甲公司经批准在全国银行间债券市场公开发行100万元短期融资券,期限为1年,票面年利率为5%,到期一次还本付息,甲公司将其分类为交易性金融负债。假定不考虑发行短期融资券相关交易费用以及企业自身信用风险变动。20×8年12月31日,该债券的公允价值为101万元(不含利息)。20×9年6月30日,债券的公允价值为99万元(不含利息),当日,甲公司回购30%短期融资券,以银行存款支付对价29.7万元(不含利息)。20×9年9月30日,该短期融资券到期兑付完成。甲公司应进行的账务处理如下:

(1) 20×8年10月1日,发行短期融资券。

借:银行存款　　　　　　　　　　　　　　　1 000 000
　　贷:交易性金融负债　　　　　　　　　　　　　　1 000 000

(2) 20×8年12月31日,年末确认公允价值变动和利息费用。

借:公允价值变动损益　　　　　　　　　　　　10 000
　　贷:交易性金融负债　　　　　　　　　　　　　　10 000
借:财务费用(1 000 000×5%×3/12)　　　　　12 500
　　贷:应付利息　　　　　　　　　　　　　　　　　12 500

(3) 20×9年6月30日,回购30%短期融资券,甲公司应按照继续确认部分和终止确认部分在当日各自的公允价值占整体公允价值的比例,对该金融负债整体的账面价值进行分配。

继续确认部分账面价值=70%×1 010 000=707 000(元)

继续确认部分公允价值=70%×990 000=693 000(元)

终止确认部分账面价值=30%×1 010 000=303 000(元)

①确认继续确认部分公允价值变动。

借:交易性金融负债(707 000-693 000)　　　　14 000
　　贷:公允价值变动损益　　　　　　　　　　　　　14 000

②确认终止确认部分损益。

借:交易性金融负债　　　　　　　　　　　　　303 000
　　贷:银行存款　　　　　　　　　　　　　　　　　297 000
　　　　公允价值变动损益　　　　　　　　　　　　　6 000

(4) 20×9年9月30日,短期融资券到期。

借:财务费用(1 000 000×5%×6/12+1 000 000×70%×5%×3/12)
                 33 750
  贷:应付利息   33 750
借:交易性金融负债   693 000
  应付利息   46 250
  公允价值变动损益   7 000
  贷:银行存款   746 250

第三章 金融资产的分类

第十六条 企业应当根据其管理金融资产的业务模式和金融资产的合同现金流量特征，将金融资产划分为以下三类[①][②]：

（一）以摊余成本计量的金融资产。

（二）以公允价值计量且其变动计入其他综合收益的金融资产。

（三）以公允价值计量且其变动计入当期损益的金融资产。

企业管理金融资产的业务模式[③][④]，是指企业如何管理其金融资产以产生现金流量。业务模式决定企业所管理金融资产现金流量的来源是收取合同现金流量、出售金融资产还是两者兼有。企业管理金融资产的业务模式，应当以企业关键管理人员决定的对金融资产进行管理的特定业务目标为基础确定。企业确定管理金融资产的业务模式，应当以客观事实为依据，不得以按照合理预期不会发生的情况为基础确定。

金融资产的合同现金流量特征[⑤]，是指金融工具合同约定的、反映相关金融资产经济特征的现金流量属性。企业分类为本准则第十七条和第十八条规范的金融资产，其合同现金流量特征，应当与基本借贷安排相一致，即相关金融资产在特定日期产生的合同现金流量仅为对本金和以未偿付本金金额为基础的利息的支付，其中，本金是指金融资产在初始确认时的公允价值，本金金额可能因提前还款等原因在金融资产的存续期内发生变动；利息包括对货币时间价值、与特定时期未偿付本金金额相关的信用风险，以及其他基本借贷风险、成本和利润的对价。其中，货币时间价值是利息要素中仅因为时间流逝而提供对价的部分，不包括为所持有金融资产的其他风险或成本提供的对价，但货币时间价值因素有时可能存在修正。在货币时间价值要素存在修正的情况下，企业应当对相关修正进行评估，以确定其是否满足上述合同现金流量特征的要求。此外，金融资产包含可能导致其合同现金流量的时间分布或金额发生变更的合同条款（如包含提前还款特征）的，企业应当对相关条款进行评估（如评估提前还款特征的公允价值是否非常小），以确定其是否满足上述合同现金流量特征的要求[⑥]。

【注释】

①准则由来：

1）金融资产分类由"四分类"改为"三分类"

财政部 2006 年发布的原《企业会计准则第 22 号——金融工具确认和计量》

按照企业持有金融资产的意图和目的将金融资产划分为四类：以公允价值计量且其变动计入当期损益的金融资产、持有至到期投资、贷款和应收款项以及可供出售金融资产，原准则对金融工具的分类和计量过于复杂，主观性强，影响金融工具会计信息的可比性，自2008年全球金融危机后，这些问题凸显。2014年7月24日，IASB发布了IFRS 9，简化了金融资产的分类，对金融工具的分类和计量更具逻辑性。为切实解决我国企业相关会计实务问题、实现我国企业会计准则与国际财务报告准则的持续趋同，借鉴IFRS 9相关内容，结合我国实际情况，2017年，财政部发布了修订后的《企业会计准则第22号——金融工具确认和计量》（即本准则），简化了金融资产的分类。本准则按照企业管理金融资产的业务模式和合同现金流量特征，将金融资产划分为三类：以摊余成本计量的金融资产、以公允价值计量且其变动计入其他综合收益的金融资产和以公允价值计量且其变动计入当期损益的金融资产，取消了贷款和应收款项、持有至到期投资和可供出售金融资产三个原有分类，降低了金融工具会计的复杂性。

2）混合计量模式：以摊余成本计量和以公允价值计量。

IASB指出，一些报表使用者支持对所有金融资产均采用单一的公允价值计量模式。他们认为，公允价值计量模式相比于其他计量模式能够为他们提供与经济决策更为相关的信息，同时，对所有金融资产采用同一计量模式，可以促进财务报表列报和披露的一致性。然而，很多报表使用者（包括许多财务报表的编制者、审计师和监管人员）并不支持在利润表中确认非交易性金融资产或不以公允价值为基础进行管理的金融资产的公允价值变动，同时指出，在某些情况下，摊余成本能够为预测主体未来现金流量提供更为相关的信息。

IASB回应称，对所有金融资产均以公允价值计量并不是改进金融工具会计最恰当的方式。因此，2009年IASB发布的《金融工具的分类和计量》（征求意见稿）建议主体应将金融资产划分为两个主要计量类别：以摊余成本计量和以公允价值计量（即"混合计量模式"）。几乎所有反馈意见者都支持这一混合计量模式，因为这两种计量模式都可以为财务报表使用者提供特定情况下特定类型金融资产的有用信息。

3）IASB曾考虑并否决的其他分类方法。

第一，基于"为交易而持有"进行的分类：少数反馈意见者建议所有非"为交易而持有"的金融资产和金融负债都应采用摊余成本计量。然而，IASB认为，"为交易而持有"这一概念太过狭隘，况且不能以摊余成本计量的金融资产和金融负债也并非都是为交易而持有的。

第二，三分类法：一些反馈意见者建议保留原来的三分类法，即包括一个与IAS 39中可供出售类别相类似的第三类别。然而，IASB认为，该方法既不能显著改进金融资产的分类，也不能明显减少其复杂性。

第三，仅以业务模式为基础的分类：少数反馈意见者认为"合同现金流量特征"这一条件并不是必须的，分类应该仅基于主体管理金融资产的业务模式。然而，IASB 认为，仅基于主体如何管理其金融资产来决定分类将会对财务报表使用者产生误导信息，主体必须要考虑"合同现金流量特征"这一条件才能确保只有当摊余成本能够帮助主体预测未来现金流量时，才能以摊余成本计量。

第四，源生贷款法：IASB 最初考虑了只有主体发行的贷款才能以摊余成本计量的方法，IASB 认为相比购入的贷款，对于源生的金融资产，主体可能拥有更多关于未来合同现金流量和信用风险的信息。然而，由于一些主体在同一投资组合中同时管理源生的和购入的贷款，并且主体可以轻易地将"外购贷款"伪装成"源生贷款"，从而具有盈余管理的可能性，因此，IASB 最终否决了该方法。

②金融资产的分类一经确定，不得随意变更。只有在企业改变其管理金融资产的业务模式时（极其罕见），才可以按照本准则第六章"金融工具的重分类"的规定对所有受影响的相关金融资产进行重分类。

③企业在划分金融资产的分类时，应首先考虑"管理金融资产的业务模式"这一条件。企业在确定其管理金融资产的业务模式时，应当注意以下方面：

1）企业应当在金融资产组合的层次上确定管理金融资产的业务模式，而不必按照单个金融资产逐项确定业务模式。金融资产组合的层次应当反映企业管理该金融资产的层次。有些情况下，企业可能将金融资产组合分拆为更小的组合，以合理反映企业管理该金融资产的层次。例如，企业持有一项应收账款组合，以收取合同现金流量为目标管理该组合中的一部分应收账款，以出售为目标管理该组合中其他的应收账款。

2）一个企业可能会采用多个业务模式管理其金融资产，据此，企业无须在报告主体水平上确定金融资产的分类。例如，企业持有一组以收取合同现金流量为目标的投资组合，同时还持有另一组既以收取合同现金流量为目标又以出售该金融资产为目标的投资组合。

3）企业应当以关键管理人员决定的对金融资产进行管理的特定业务目标为基础，确定管理金融资产的业务模式。

准则联系：其中，"关键管理人员"是指《企业会计准则第 36 号——关联方披露》中定义的关键管理人员。

4）企业管理金融资产的业务模式并非企业自愿指定，而是一种客观事实，通常可以从企业为实现其目标而开展的特定活动中得以反映。企业应当考虑在业务模式评估日可获得的所有相关证据，此类相关证据包括但不限于：企业评价和向关键管理人员报告金融资产业绩的方式；影响金融资产业绩的风险，特别是管理此类风险的方式；相关业务管理人员获得报酬的方式（例如报酬是基于所管理金融资产的公允价值还是所收取的合同现金流量）等。

5）企业不得按照合理预期不会发生的情形为基础确定管理金融资产的业务模式。例如，企业持有一项贷款组合，如果企业预期仅会在压力情形下将其出售，且企业合理预期该压力情形不会发生，则该压力情形不得影响企业对管理该贷款组合的业务模式的评估。

6）如果金融资产实际现金流量的实现方式不同于评估业务模式时的预期（例如，如果企业出售的金融资产数量超出或少于在对金融资产进行分类时的预期），只要企业在评估业务模式时已经考虑了当时所有可获得的相关信息，这一差异不构成企业财务报表的前期差错（参见《企业会计准则第28号——会计政策、会计估计变更和差错更正》），也不改变企业在该业务模式下持有的剩余金融资产的分类。但是，企业在评估新的金融资产的业务模式时，应当考虑这些信息。

④企业管理金融资产的业务模式主要有以下三类：

1）以收取合同现金流量为目标的业务模式。

在以收取合同现金流量为目标的业务模式下，企业管理金融资产旨在通过在金融资产存续期内收取合同付款来实现现金流量，而不是通过持有并出售金融资产产生整体回报。

尽管企业持有金融资产是以收取合同现金流量为目标，但是企业无须将所有此类金融资产持有至到期。因此，即使企业出售金融资产或者预计未来会出售金融资产，此类金融资产的业务模式仍然可能是以收取合同现金流量为目标。企业在评估金融资产是否属于该业务模式时，应当考虑此前出售此类金融资产的原因、时间、频率和出售的价值，以及对未来出售的预期。但是，此前出售金融资产的事实只是为企业提供相关依据，而不能决定业务模式，因此不能孤立地进行考虑。企业必须基于此类出售的原因及出售当时存在的状况与当前状况的比较，来考虑此前出售的相关信息。

在以收取合同现金流量为目标的业务模式下，金融资产的信用质量影响着企业收取合同现金流量的能力。为减少因信用恶化所导致的潜在信用损失而进行的风险管理活动与以收取合同现金流量为目标的业务模式并不矛盾。因此，即使企业在金融资产的信用风险增加时为减少信用损失而将其出售，金融资产的业务模式仍然可能是以收取合同现金流量为目标的业务模式。

如果企业在金融资产到期日前出售金融资产，即使与信用风险管理活动无关，在出售只是偶然发生（即使价值重大），或者单独及汇总而言出售的价值非常小（即使频繁发生）的情况下，金融资产的业务模式仍然可能是以收取合同现金流量为目标。如果一个组合中发生的出售情况并非不频繁，并且此类出售的价值（单独或汇总而言）并不是非常小，则企业需要评估此类出售是否及如何能够与收取合同现金流量的目标保持一致。无论出售金融资产的要求是由第三方提出还是企业自行决定，均与该评估无关。如果企业能够解释出售的原因并且证明出售并不反映业务模式的改变，则出售频率或者出售价值在特定时期内增加不一定与以收取合同现金流量为目标的业务模式相矛盾。此外，如果出售发生在金融资产临近到期时，且出售所得接近待收取的剩余合同现金流量，金融资产的业务模式仍然可能是以收取合同现金流量为目标。

有关以收取合同现金流量为目标的业务模式的示例参见【例1-6】。

2）以收取合同现金流量和出售金融资产为目标的业务模式。

在同时以收取合同现金流量和出售金融资产为目标的业务模式下，收取合同现金流量和出售金融资产对于企业关键管理人员实现其管理目标而言都是不可或缺的。例如，企业的目标是满足日常流动性需求的同时维持特定的收益率，或将金融资产的存续期与相关金融负债的存续期进行匹配。

与以收取合同现金流量为目标的业务模式相比，此业务模式涉及的出售通常频率更高、金额更大。这是因为出售金融资产是此业务模式的目标之一，而非仅仅是附带性质的活动。在该业务模式下不存在出售金融资产的频率或者价值的明确界限，因为同时收取合同现金流量及出售金融资产是实现该目标不可分割的一部分。

有关以收取合同现金流量和出售金融资产为目标的业务模式的示例参见【例1-7】。

3）其他业务模式。

如果企业管理金融资产的业务模式不是以收取合同现金流量为目标，也不是以收取合同现金流量和出售金融资产为目标，那么企业管理该金融资产的业务模式是其他业务模式。例如，企业持有金融资产的目的是交易性的或者基于金融资产的公允价值作出决策并对其进行管理。在这种情况下，企业管理金融资产的目标是通过出售金融资产以实现现金流量。即使企业在持有金融资产的过程中会收取合同现金流量，企业管理金融资产的业务模式也不是以收取合同现金流量和出售金融资产为目标，因为收取合同现金流量对实现该业务模式目标来说只是附带性质的活动。

同样，对于本准则第二十二条（二）"以公允价值为基础对金融负债组合或金融资产和金融负债组合进行管理和业绩评价"中涉及的金融资产，企业重点关注其公允价值信息，利用公允价值信息来评估相关金融资产的业绩并进行决策。企业管理这些金融资产的业务模式，不是以收取合同现金流量为目标，也不是以收取合同现金流量和出售金融资产为目标。

⑤无论金融资产的法律形式是否为一项贷款，都可能是一项基本借贷安排（即符合本金加利息的合同现金流量特征）。企业应当使用金融资产的计价货币（计价货币是指合同双方在合同中规定的用来计算和清偿债权债务的货币）来评估金融资产的合同现金流量特征。此外，如果一项贷款具有完全追索权并有抵押品作为担保，该事实并不影响企业对其合同现金流量特征的评估。

企业对于金融资产的**合同现金流量特征**的判断需要注意以下几个方面：

1）金融资产的利息。

在基本借贷安排中，利息的构成要素中最重要的通常是货币时间价值和信用风险的对价。例如，甲银行有一项支付逆向浮动利率（即贷款利率与市场利率呈负相关关系）的贷款，则该贷款的利息金额不是以未偿付本金金额为基础的货币时间价值的对价，所以其不符合本金加利息的合同现金流量特征。又如，甲企业持有一项具有固定到期日的香港政府通胀挂钩债券,利率与香港最近六个月的通胀率(以综合消费物价指数为准)挂钩。该债权投资未利用杠杆,而且对合同的本金进行保护。利息的支付与非杠杆的通货膨胀指数挂钩,实质上将货币时间价值重设为当前水平,债券的利率反映的是考虑通胀影响的真实利率。因此,利息金额是以未偿付本金金额为基础的货币时间价值的对价。

利息还可包括与特定时期内持有的金融资产相关的其他基本借贷风险(如流动性风险)和成本(如管理费用)的对价。此外,利息也可包括与基本借贷安排相一致的利润率。在某些极端经济环境下,利息可能是负值。例如,金融资产的持有人在特定期间内为保证资金安全而支付费用,且支付的费用超过了持有人按照货币时间价值、信用风险及其他基本借贷风险和成本所收取的对价。

但是,如果金融资产合同中包含与基本借贷安排无关的合同现金流量风险敞口或波动性敞口(例如权益价格或商品价格变动敞口)的条款,则此类合同不符合本金加利息的合同现金流量特征。例如,甲企业持有一项可转换债券,每份债券面值为100元,自发行结束之日起满六个月后的第一个交易日起至可转债到期日止,每份债券可转换为10股发行方的普通股,则该债券不符合本金加利息的合同现金流量特征,因为其回报与发行人的权益价值挂钩。又如,如果贷款的利息支付金额与涉及债务人业绩的一些变量(如债务人的净利润)挂钩或者与权益指数挂钩,则该贷款也不符合本金加利息的合同现金流量特征。

2)修正的货币时间价值。

在某些情况下,货币的时间价值要素可能会作出修正。例如,合同约定金融资产的利率定期重设,但重设的频率与利率的期限并不匹配(如利率每月被重设为一年期利率),或者金融资产的利率定期重设为特定短期和长期利率的平均值。在货币时间价值要素存在修正的情况下,企业应当对相关修正进行评估,以确定金融资产是否符合本金加利息的合同现金流量特征。企业可以通过定性或者定量的方式进行评估并作出判断。如果企业经过简单分析即可清晰评估并作出判断,则企业可以通过定性方式进行评估而无需进行详细的定量分析。

修正的货币时间价值要素评估的目标,是确定未折现合同现金流量与假如未对货币时间价值要素进行修正的情形下未折现的合同现金流量(基准现金流量)之间的差异。假设一项金融资产包含每月重设为3年期利率的浮动利率条款,则企业每月应收的利息实际上反映了未来36个月货币时间价值的平均数,而非当月的货币时间价值(例如,如果在之后35个月的期间合同利率逐月提高,则各月货币时间价值的平均数将高于当月的货币时间价值)。也就是说,按合同计算的利息是对实际货币时间价值的修正。这种情况下企业可将该金融资产与具有相同合同条款和相同信用风险的、但浮动利率为每月重设为1个月利率的金融工具的合同现金流量(基准现金流量)进行比较。如果两个现金流量存在显著差异,那么该金融资产不符合本金加利息的合同现金流量特征。在进行上述评估时,企业必须考虑修正的货币时间价值在每一报告期间的影响以及在金融工具整个存续期内的累积影响。

在评估修正的货币时间价值时，企业应当考虑可能影响未来合同现金流量的因素。例如，企业持有一项5年期债券，该债券的浮动利率每3个月重设为5年期利率。企业评估当时的利率曲线发现5年期利率与3个月利率之间不存在显著差异，企业不得简单地得出结论认为其符合本金加利息的合同现金流量特征。企业应当同时考虑5年期利率与3个月利率之间的关系在债券存续期内会如何变化，是否可能导致债券存续期内未折现合同现金流量与未折现基准现金流量存在显著差异。但是，企业仅需要考虑合理的可能发生的情形，而无须考虑所有可能的情形。如果企业得出未折现合同现金流量与未折现基准现金流量存在显著差异的结论，则金融资产不符合本金加利息的合同现金流量特征，且不得以摊余成本进行后续计量或者以公允价值计量且其变动计入其他综合收益。

有时，出于宏观经济管理或产业政策考虑等原因，政府监管部门设定某些利率或利率调整等浮动区间。在此情形下，货币时间价值要素虽然有可能不单纯是时间流逝的对价，但如果利率所提供的对价与时间流逝大致相符且并未导致与基本借贷安排不一致的合同现金流量风险敞口或波动性敞口，那么具有该利率的金融资产应当视为符合本金加利息的合同现金流量特征。

3）导致合同现金流量的时间分布或金额变更的合同条款。

金融资产包含可能导致其合同现金流量的时间分布或金额发生变更的合同条款的（如包含提前还款特征），企业应当对相关条款进行评估（如评估提前还款特征的公允价值是否非常小），以确定该金融资产是否符合本金加利息的合同现金流量特征。在进行上述评估时，企业应当同时评估变更之前和之后可能产生的合同现金流量。企业还可评估导致合同现金流量的时间分布或金额变更的所有或有事项（即触发事件）的性质。尽管或有事项的性质本身并非评估合同现金流量是否仅为本金及利息付款额的决定性因素，但可作为一项指标进行考虑。例如，合同规定当债务人拖欠的款项达到特定金额时，利率将重设为较高利率；或者当指定的权益指数达到特定水平时，利率将重设为较高利率。在对上述两种金融资产的合同现金流量特征进行评估和比较时，考虑或有事项的性质可在一定程度上为评估其合同现金流量特征提供参考。考虑到根据累计拖欠的金额调整利率可能是为了反映信用风险的增加，而指定的权益指数变化与基本借贷安排无关，因此债务人拖欠的款项达到特定金额时利率上浮的情形更有可能符合本金加利息的合同现金流量特征。

通常情况下，下列涉及合同现金流量的时间分布或金额变更的合同条款，符合本金加利息的合同现金流量特征：

第一，浮动利率包含对货币时间价值、与特定时期未偿付本金金额相关的信用风险（对信用风险的对价可能仅在初始确认时确定，因此可能是固定的）、其他基本借贷风险、成本和利润的对价。

第二，合同条款允许发行人（即债务人）在到期前提前偿付债务，或者允许持有人（即债权人）在到期前将债务工具回售给发行人，而且这些提前偿付的金额实质上反映了尚未支付的本金及以未偿付本金金额为基础的利息，其中可能包括因提前终止合同而支付或收取的合理补偿。

第三，合同条款允许发行人或持有人延长债务工具的合同期限（即展期选择权），并且展期选择权条款导致展期期间的合同现金流量仅为对本金及以未偿付本金金额为基础的利息的支付，其中可能包含为合同展期而支付的合理的额外补偿。

对于企业以溢价或折价购入或源生的、且具有提前偿付特征的债务工具，如果同时满足下列条件，则其符合本金加利息的合同现金流量特征：

第一，企业按合同所载金额的溢价或折价取得或源生该金融资产；

第二，提前偿付金额实质上反映了合同面值和已计提但尚未支付的合同利息，其中可能包括因提前终止合同而支付或收取的合理补偿；

第三，在企业初始确认该金融资产时，提前偿付特征的公允价值非常小。

例如，甲企业向客户出售住房时以低于现行市场利率的利率向客户提供住房贷款作为营销激励。由于甲企业提供的利率低于市场利率，该贷款的初始入账价值将是合同面值的折价。根据合同约定，客户有权在合同到期前的任一时点以合同面值提前偿还该债务。对于客户来说该融资具有优势（利率低于市场利率），不太可能会选择提前偿付，导致该贷款提前偿付特征的公允价值非常小。在此情况下，该贷款符合本金加利息的合同现金流量特征。

有关合同现金流量特征的示例参见【例1-8】和【例1-9】。

4）合同挂钩工具。

在一些交易中，发行人可利用多个合同挂钩工具来安排向金融资产持有人付款的优先劣后顺序（分级）。对于某一分级的金融资产持有人来说，仅当发行人取得足够的现金流量以满足更优先级的支付时，此类工具的持有人才有权取得对本金和未偿付本金的利息的支付。当同时符合下列条件时，企业持有的某一分级的金融资产才符合本金加利息的合同现金流量特征：

第一，分级的合同条款（在未穿透基础资产的情况下），产生的现金流量仅为对本金和以未偿付本金金额为基础的利息的支付（如该分级的利率未与商品价格指数挂钩）。

第二，基础资产包含一个或多个符合本金加利息的合同现金流量特征的工具（以下称基础工具）。这里的基础资产，是指穿透到最底层的、源生现金流量而非过手现金流量的资产。

第三，该分级所承担的基础资产的信用风险，等于或小于基础资产本身的信用风险。例如，分级的信用评级等于或高于假设发行单一工具（不分级），该工具所得到的信用评级。

基础资产中除基础工具外，还可以有满足以下条件的其他工具：

第一，可以降低基础资产中基础工具现金流量波动性，并且当与基础工具相结合时，能够产生仅为对本金和以未偿付本金金额为基础的利息的支付的现金流量。例如，《企业会计准则第 23 号——金融资产转移》第二十二条所述企业为降低风险所持有的利率上下限期权；又如，中国银行间市场交易商协会推出的信用风险缓释工具（Credit Risk Mitigation）。

第二，可以协调各分级的合同现金流量与基础工具的现金流量，以解决两者在利率（例如，分级的合同现金流量基于固定利率，而基础工具现金流量基于浮动利率）、计价货币（包括通货膨胀因素）以及现金流量的时间分布上的差异。

在执行上述评估时，企业可能无须针对基础资产中的具体每一项工具进行详尽分析。但是，企业必须运用判断并进行充分的分析，以确定基础资产中的工具是否满足上述条件，同时参照下文关于仅构成极其微小影响的合同现金流量特征的指引。

如果某一分级的金融资产持有人在初始确认时无法按照上述条件进行评估，那么分级的金融资产应当分类为以公允价值计量且其变动计入当期损益的金融资产。如果在初始确认后基础资产可能发生变化，导致基础资产不满足上述条件的，那么分级的金融资产应当分类为以公允价值计量且其变动计入当期损益的金融资产。如果基础资产包含了有抵押物的工具但抵押物不满足上述对基础资产的要求条件，企业不应当考虑该抵押物的影响，除非企业购买分级金融资产的目的是控制抵押物。

某资产证券化信托计划向投资者发行合同挂钩工具（资产支持证券）。资产支持证券划分为两层，分别为优先级和次级，优先级证券的本息偿付次序优于次级证券。该资产支持证券的基础资产为一组住房抵押贷款，其现金流量仅为对本金和以未偿付本金金额为基础的利息的支付。优先级证券有明确的票面利率，而次级证券无明确的票面利率，次级证券的收益取决于基础资产的最终收益水平。该信托计划需将收到的贷款本金和利息优先支付给优先级证券持有人，待向优先级证券持有人按合同条款支付了相应的本金及收益后，才能将剩余的回收款支付给次级证券持有人。

从优先级资产支持证券持有人的角度看，其分级的合同现金流量符合基本借贷安排。因为优先级证券本身及其基础资产均符合本金加利息的合同现金流量特征，且优先级证券的信用风险不高于基础资产的信用风险。从次级资产支持证券持有人的角度看，其分级的合同现金流量不符合基本借贷安排。因为次级证券本身不符合本金加利息的合同现金流量特征，且次级证券持有人承担了高于基础资产的信用风险。

5）合同现金流量评估的其他特殊情形。

第一，某些金融资产的合同现金流量特征中包含杠杆因素导致的合同现金流量的变动性增加，不符合利息的经济特征。例如，期权、远期合同和互换合同等，均属于这种情况。因此，此类合同不符合本金加利息的合同现金流量特征，从而不得以摊余成本进行后续计量或者以公允价值计量且其变动计入其他综合收益。但是，如果衍生工具在分级合同中被用于降低基础资产中基础工具现金流量的波动性，则某一分级的金融资产可能符合本金加利息的合同现金流量特征。

第二，某些金融资产合同中使用本金和利息描述合同现金流量，但此类合同可能并不符合本金加利息的合同现金流量特征。如果金融资产代表对特定资产或现金流量的投资，则可能属于这种情况。

例如，某游乐园建设贷款合同规定，随着客流量变化，贷款合同的利息将随之变化，此合同产生了与基本借贷安排无关的合同现金流量风险敞口，因此该贷款合同不符合本金加利息的合同现金流量特征。

又如，某些合同使用本金和利息描述合同现金流量，但债权人的索偿要求仅限于债务人的特定资产或产生于特定资产的现金流量，此类合同可能不符合本金加利息的合同现金流量特征。然而，债权人的索偿要求仅限于债务人的特定资产或基于特定资产的现金流量并不一定会导致金融资产不符合本金加利息的合同现金流量特征。企业需要对特定的基础资产或其现金流量进行评估（即穿透），以确定待分类的金融资产是否符合本金加利息的合同现金流量特征。如果金融资产的合同条款产生了其他现金流量，或者以一种与代表本金和利息的支付不一致的方式限制了现金流量，则该金融资产不符合本金加利息的合同现金流量特征。

无论基础资产为金融资产或非金融资产，均不会影响合同现金流量评估。在某些情况下，企业可能无法了解基础资产的具体情况（如投资的具体组成、期限、条款等），因而无法对特定的基础资产或其现金流量进行评估，则企业无法确定待分类的金融资产是否符合本金加利息的合同现金流量特征。

第三，在一般的借款合同中，通常都会规定债权人持有的金融工具相对于债务人的其他债权人持有的工具的优先劣后顺序。对于劣后于其他工具的工具，如果债务人不付款构成违约，并且即使在债务人破产的情况下债权人也拥有收取本金及以未偿付本金金额为基础的利息的合同权利，则该工具可能符合本金加利息的合同现金流量特征。反之，如果次级特征以任何方式限制了合同现金流量或产生了任何形式的其他现金流量，则该工具不符合本金加利息的合同现金流量特征。例如，某企业持有一笔被列为普通债权的应收账款。如果其债务人还有一笔借款，且该借款存在抵押物，从而使得债务人破产时其贷款方可优先于普通债权人索偿（但并不影响一般债权人收取尚未支付的本金和其他应付金额的合同权利），则该应收账款也可能符合本金加利息的合同现金流量特征。

第四，如果合同现金流量特征仅对金融资产的合同现金流量构成极其微小的影响，则不会影响金融资产的分类。要作出此判断，企业必须考虑合同现金流量特征在每一会计期间的潜在影响以及在金融工具整个存续期内的累积影响。此外，如果合同现金流量特征（无论某一会计期间还是整个存续期）对合同现金流量的影响超过了极其微小的程度，企业应当进一步判断该现金流量特征是否是不现实的。如果现金流量特征仅在极端罕见、显著异常且几乎不可能的事件发生时才影响该工具的合同现金流量，那么该现金流量特征是不现实的。如果该现金流量特征不现实，则不影响金融资产的分类。

⑥**经济后果**：金融资产三分类消除了原金融工具确认和计量准则的复杂性，

有助于对财务报告的理解和使用。财政部2006年发布的原《企业会计准则第22号——金融工具确认和计量》将金融资产的计量属性与企业持有金融资产的意图和目的相结合,将金融资产分为四类(以公允价值计量且其变动计入当期损益的金融资产、持有至到期投资、贷款和应收款项、可供出售金融资产),本准则将金融资产的计量属性与企业管理金融资产的业务模式及其合同现金流量特征相结合,将金融资产分类由"四分类"改为"三分类"(以摊余成本计量的金融资产,以公允价值计量且其变动计入其他综合收益的金融资产,以公允价值计量且其变动计入当期损益的金融资产),通过这种方式,三分类消除了原准则中每一分类类别有关的大量规则,显著减少了复杂性。无论是以摊余成本还是公允价值计量的金融资产,准则都为之提供了一个清晰的理论基础,有助于使用者理解财务报告,并更好地评估未来现金流量的金额、时间以及不确定性。

增加了财务信息的可比性。企业管理金融资产的业务模式并非企业自愿指定,而是一种客观事实,通常可以从企业为实现其目标而开展的特定活动中得以反映,因此,企业管理金融资产业务模式的评估由企业实际如何管理金融资产所决定,这种评估方式能够有效减少企业的会计选择。因此,以相同方式管理的类似金融资产在会计上应以相同的方式进行分类,同一企业在不同报告期间以及不同企业在同一报告期间的财务报告差异将反映企业的经济实质差异,而非由会计选择差异所产生。

增强了财务信息的有用性。摊余成本和公允价值都可以为财务报表使用者提供特定情况下特定类型金融资产的有用信息。如果金融资产的计量属性与企业管理金融资产的业务模式和合同现金流量特征相符,财务报告将提供与企业未来现金流量的时间、金额及不确定性更相关的信息。

【例1-6】以收取合同现金流量为目标的业务模式。

以收取合同现金流量为目标的业务模式的示例及分析如表1-8所示。

表1-8　　　以收取合同现金流量为目标的业务模式的示例及分析

示例	分析
示例①: 甲企业持有一项3年期债券组合以收取其合同现金流量,且该债券组合的到期期限与甲企业的预期资金需求相匹配。 甲企业以最大限度减少信用损失为目标实施信用风险管理活动。此前,出售通常在金融资产的信用风险增加,以至于该资产不再符合甲企业书面投资策略所载的信用标准时发生。此外,由于未预期的资金需求,该类金融资产曾发生数次并不频繁的出售。 向关键管理人员提供的报告着重关注债券组合的信用风险和投资回报率。甲企业还同时监控金融资产的公允价值等其他信息。	虽然甲企业还从流动性的方面考虑金融资产的公允价值等其他信息,但甲企业的目标是持有金融资产以收取合同现金流量。如果资产的出售是为了应对资产信用风险的增加(例如,如果该资产不再符合甲企业书面投资策略所载的信用标准),则该出售并未与甲企业的目标相抵触。因未预期的资金需求(如在压力情景下)导致的不频繁出售也不与该目标存在矛盾(即使此类出售价值重大)。

续表

示例	分析
示例②： 甲企业购买了一项住房抵押贷款组合，且该组合中包含已发生信用减值的贷款。 如果贷款不能按时偿付，甲企业将通过各种方式尽可能实现合同现金流量，例如通过邮件、电话或其他方法与借款人联系催收。 同时，甲企业签订了一项利率互换合同，将贷款组合的利率由浮动利率转换为固定利率。	甲企业管理该住房抵押贷款组合的业务模式是以收取合同现金流量为目标。 即使部分贷款已发生信用减值，甲企业预期无法收回全部合同现金流量，也并不影响其业务模式。 此外，该企业签订利率互换合同只是企业风险管理策略的一部分，并不影响该贷款组合的业务模式。
示例③： 某城市商业银行向客户发放贷款，并随后向特定客户资产管理计划（结构化主体）出售，然后由特定客户资产管理计划向投资者发行资产支持证券。 该城市商业银行控制特定客户资产管理计划，并将其纳入合并财务报表范围。 该特定客户资产管理计划收取贷款的合同现金流量，并将现金流量转付给其投资者。 假定该特定客户资产管理计划未终止确认作为基础资产的贷款，因此该城市商业银行合并财务报表中继续确认此贷款。 注：资产证券化是把缺乏流动性，但具有未来现金流的应收账款等资产汇集起来，通过结构性重组，将其转变成可以在金融市场上出售和流通的证券，据以融通资金的过程。 在资产证券化实务中，母公司作为资产证券化的发起人，为了实现风险隔离，将金融资产转移给特殊目的载体，即结构化主体（Special Purpose Vehicle, SPV）。并由 SPV 向第三方投资者发行债务证券（通常被称为资产支持证券，即 Asset – Backed Security, ABS）来筹集资金，进而达成平滑金融资产现金流的目的。	从该城市商业银行合并财务报表角度来看，发放贷款的业务模式是持有该贷款以收取合同现金流量，因此应分类为以摊余成本计量的金融资产。 从该城市商业银行个别财务报表角度来看，发放贷款的业务模式不是收取合同现金流量，而是向结构化主体出售，因此应分类为以公允价值计量且其变动计入当期损益的金融资产。

示例	分析
示例④： 甲银行持有一项3年期债券组合，以在"压力情景"下（如银行挤兑风险）通过出售该金融资产来满足其流动性需求。除非出现该压力情景，否则甲银行并未预期出售该债券组合。 甲银行监控该债券组合的信用风险，且其管理该债券组合的业务模式是收取合同现金流量。甲银行基于该债券组合的利息收入和已实现的信用损失来评价资产的业绩。 然而，甲银行同时从流动性方面监控该债券组合的公允价值，以确保当甲银行在压力情景下需要出售该债券组合时，该债券组合所实现的现金流量足以满足甲银行的流动性需求。同时，甲银行定期进行价值非常小的出售以体现资产的流动性。	甲银行持有该债券组合的业务模式是以收取合同现金流量为目标。即使之前在压力情景下甲银行曾进行价值重大的出售以满足其流动性需求，也不违背上述业务模式。类似地，价值非常小的经常性出售活动也并不违背该业务模式。 相反，如果甲银行持有金融资产以满足其每日的流动性需求，且满足该目标涉及频繁的价值重大的出售，则甲银行持有金融资产的业务模式并非以收取合同现金流量为目标。类似地，如果监管机构要求甲银行定期出售金融资产以体现该金融资产具有流动性，并且所出售的资产价值重大，则甲银行的业务模式并非持有金融资产以收取合同现金流量。无论出售金融资产的要求是由第三方提出还是甲银行自行决定，均与该业务模式的分析无关。

【例1-7】以收取合同现金流量和出售金融资产为目标的业务模式。

以收取合同现金流量和出售金融资产为目标的业务模式的示例及分析如表1-9所示。

表1-9 以收取合同现金流量和出售金融资产为目标的业务模式的示例及分析

示例	分析
示例①： 甲企业预计在未来数年内存在资本支出。甲企业将超出计划资本支出部分的现金投资于不同期限的债券组合，而在有资本支出需要时出售该债券组合以提供资金。组合中许多债券的合同存续期均超过甲企业预计的资本支出期间。 甲企业将持有债券组合以收取合同现金流量，并将在机会出现时出售相应债券以投资于回报率更高的金融资产。 负责投资组合的经理的报酬基于该债券组合所产生的整体回报确定。	该业务模式是通过收取合同现金流量和出售金融资产来实现其目标。甲企业将根据情况变化决定是通过收取合同现金流量还是出售金融资产来使组合的回报最大化，直至产生对超出计划资本支出部分的现金的需求。

续表

示例	分析
示例②： 甲银行持有一项抵押贷款组合以满足其每日流动性需求。甲银行为了降低其管理流动性需求的成本，高度关注该抵押贷款组合的回报，包括收取的合同现金流量和出售抵押贷款的利得或损失。 因此，甲银行持有该金融资产的业务模式为收取合同现金流量和出售金融资产以进行再投资或更好地匹配其金融负债的存续期。此前，该策略曾导致频繁的抵押贷款出售活动，并且此类出售价值重大。甲银行预期此类活动在未来将会持续。	该业务模式的目标是使组合的回报最大化以满足每日的流动性需求，并且甲银行通过收取合同现金流量和出售金融资产来实现该目标。换言之，收取合同现金流量和出售金融资产对于实现业务模式的目标是不可或缺的。
示例③： 甲保险公司持有一项债券组合，该公司用债券组合的合同现金流量收入偿付到期的汽车保险合同负债，为偿付其汽车保险合同负债提供资金。为确保来自债券组合的合同现金流量足以偿付汽车保险合同负债，该公司定期进行重大的购买和出售债券的活动，以不断平衡其资产组合，并满足偿付汽车保险合同负债所需的现金流量。	甲保险公司持有该债券组合的目标为向汽车保险合同负债提供资金。为实现该目标，该公司收取到期的合同现金流量，并出售金融资产以维持资产组合的理想比例。因此，收取合同现金流量和出售金融资产对于实现业务模式的目标是不可或缺的。

【例1-8】合同现金流量仅为本金及以未偿付本金金额为基础的利息的支付。

合同现金流量仅为本金及以未偿付本金金额为基础的利息的支付示例及分析如表1-10所示。

表1-10　　合同现金流量仅为本金及以未偿付本金金额为基础的利息的支付的示例及分析

示例	分析
示例①： 某金融工具是一项具有固定到期日的浮动利率工具，其允许借款人在持续基础上选择市场利率。例如，在每一个利率重设日，借款人可以选择为3个月期间支付3个月的上海银行间拆放利率（SHIBOR），或为1个月期间支付1个月的SHIBOR。	只要金融工具存续期内支付的利息反映了对货币的时间价值、与该工具相关的信用风险及其他基本借贷风险和成本以及利润率的对价，合同现金流量就符合仅为本金及未偿付本金金额为基础的利息的支付。金融工具在存续期内对SHIBOR重设的事实本身并未导致该工具不符合上述条件。

续表

示例	分析
示例①： 某金融工具是一项具有固定到期日的浮动利率工具，其允许借款人在持续基础上选择市场利率。例如，在每一个利率重设日，借款人可以选择为3个月期间支付3个月的上海银行间拆放利率（SHIBOR），或为1个月期间支付1个月的SHIBOR。	但是，如果借款人能够选择支付1个月的利率，而该利率每3个月重设一次，则利率重设的频率与利率的期限错配。据此，货币的时间价值要素作出了修正。类似地，如果该金融资产的合同利率是以超出该金融资产剩余存续期的期限为基础（例如，如果一项5年期的工具支付浮动利率，该浮动利率定期重设但始终反映5年的到期期限），则货币的时间价值要素作出了修正。这是因为每一期间的应付利息与利息期间并不存在关联。 在该情况下，企业必须从定性或定量的角度，通过比较该金融资产的合同现金流量与在所有方面均和该金融资产相同且利率期限与利息期间相匹配的金融资产的合同现金流量进行评估，以确定现金流量是否仅为本金和以未偿付本金金额为基础的利息的支付。 例如，在评估一项3年期的支付浮动利率的债券时（浮动利率每6个月重设一次但始终反映3年的到期期限），企业应考虑在所有其他方面均与该金融资产相同、但利率每6个月重设为6个月利率的金融工具的合同现金流量。 对于借款人能够在出借人公布的多个利率之间进行选择的情况，例如，借款人可在出借人公布的1个月浮动利率与3个月浮动利率之间进行选择，适用相同的分析。
示例②： 甲企业购买了一项3年期、面值为1 000万元的附有利率上限的浮动利率债券，则该债券符合本金加利息的合同现金流量特征。	只要利息反映了对货币时间价值、与特定时期未偿付本金金额相关的信用风险，以及其他基本借贷风险、成本和利润的对价，则固定利率金融工具和浮动利率金融工具的合同现金流量都是对本金和以未偿付本金金额为基础的利息的支付额。 据此，将上述二者相结合的工具（例如，具有利率上限的债券）可产生仅为本金和以未偿付本金金额为基础的利息的支付的现金流量。该合同条款通过设定利率波动的限制（如利率的上下限）有可能减少现金流量的波动性，或者通过将固定利率变为浮动利率增加现金流量的波动性。 本例中，甲企业购入了一项附有利率上限的浮动利率债券，可以看作是固定利率和浮动利率相结合的工具。

续表

示例	分析
示例③: 某金融工具是一项具有完全追索权的贷款,并有一台汽车作为担保抵押品。	具有完全追索权的贷款存在抵押品这一事实本身并不影响对合同现金流量是否仅为本金及以未偿付本金金额为基础的利息的支付的判断。

【例1-9】合同现金流量并非仅为本金及以未偿付本金金额为基础的利息的支付。

合同现金流量并非仅为本金及以未偿付本金金额为基础的利息的支付的示例及分析如表1-11所示。

表1-11　合同现金流量并非仅为本金及以未偿付本金金额为基础的利息的支付的示例及分析

示例	分析
示例①: 甲企业持有一项可转换债券,每份债券的面值为100元,自发行结束之日起满六个月后的第一个交易日起至可转债到期日止,每份债券可转换为10股发行方的普通股,则该债券不符合本金加利息的合同现金流量特征,因为其回报与发行人的权益价值挂钩。	合同现金流量并非本金和以未偿付本金金额为基础的利息的支付,因为其反映的回报与基本借款安排不一致,即回报与发行人的权益价值挂钩。
示例②: 某金融工具是一项永续工具,按市场利率支付利息,发行人可自主决定在任一时点回购该工具,并向持有人支付面值和累计应付利息。 如果发行人无法保持后续偿付能力,可以不支付该工具利息,而且递延未付利息不产生额外的利息。	合同现金流量并非为本金和以未偿付本金金额为基础的利息的支付,这是因为发行人可能延迟支付利息,而这些递延利息金额并不产生额外利息。因此,利息金额不是以未偿付本金金额为基础的货币时间价值的对价。 但是,如果该工具的合同条款要求对递延利息的金额计息,则其可能符合本金加利息的合同现金流量特征。 需要注意的是,仅因为该工具是永续工具并不能判定其不符合本金加利息的合同现金流量特征。永续工具可视为具有连续性的多项展期选择权。如果利息支付具有强制性且必须永久性支付,则可能导致其符合本金加利息的合同现金流量特征。 同样,仅因为该工具可赎回并不能判定其不符合本金加利息的合同现金流量特征。即使赎回金额中包含因提前终止该工具而对持有人做出合理补偿的金额,其也有可能符合本金加利息的合同现金流量特征。

第十七条 金融资产同时满足下列条件的,应当分类为以摊余成本计量的金融资产[①]:

(一)企业管理该金融资产的业务模式是以收取合同现金流量为目标。

(二)该金融资产的合同条款规定,在特定日期产生的现金流量,仅为对本金和以未偿付本金金额为基础的利息的支付[②][③]。

【注释】

①2009年,IASB发布的《金融工具的分类和计量》(征求意见稿)曾建议,如果一项金融资产以反映已发生信用损失的折价购入,则其不能以摊余成本计量,因为:

1)主体不是为了收取合同现金流量而持有该金融资产;

2)以折价购入金融资产的投资者认为其实际的损失比购买价格反映出来的损失要小。因此,该金融资产产生了现金流量变动的风险敞口,而且该变动不是利息。

然而,几乎所有反馈意见者都不赞同"主体不是为了收取合同现金流量而持有该金融资产"这一说法,他们认为在某些情况下,主体可能购入该金融资产并将其作为非不良资产组合的一部分进行管理,且主体管理该金融资产组合的目标为持有金融资产以收取合同现金流量。

最终,IASB决定以反映已发生信用损失的折价购入的金融资产应适用准则中的一般分类方法,因此,当这些金融资产同时满足本条目两个条件时,应以摊余成本计量。

②例如,甲银行向企业客户发放一项固定利率贷款,在没有其他特殊安排的情况下,该贷款通常可能符合本金加利息的合同现金流量特征,如果甲银行管理该贷款的业务模式是以收取合同现金流量为目标,则该贷款可以分类为以摊余成本计量的金融资产。又如,普通债券的合同现金流量是到期收回本金及按约定利率在合同期间按时收取固定或浮动利息,在没有其他特殊安排的情况下,普通债券通常可能符合本金加利息的合同现金流量特征,如果企业管理该债券的业务模式是以收取合同现金流量为目标,则该债券可以分类为以摊余成本计量的金融资产。再如,企业正常商业往来形成的具有一定信用期限的应收账款,如果企业拟根据应收账款的合同现金流量收取现金,且不打算提前处置应收账款,则该应收账款可以分类为以摊余成本计量的金融资产。

编者语: 由于权益工具投资的合同现金流量特征不符合基本借贷安排(即在特定日期产生的现金流量,仅为对本金和以未偿付本金金额为基础的利息的支付),因此分类为以摊余成本计量的金融资产一般只包括债务工具,而不包括权益工具。

③实施指引:根据财政部在2019年4月30日发布的财会〔2019〕6号《关于修订印发2019年度一般企业财务报表格式的通知》中的一般企业财务报表格

式，分类为"以摊余成本计量的金融资产"涉及的报表项目主要有："货币资金""应收票据""应收账款""其他应收款""债权投资""长期应收款"。其中：

1）"应收票据"项目，反映资产负债表日以摊余成本计量的、企业因销售商品、提供服务等收到的商业汇票，包括银行承兑汇票和商业承兑汇票。该项目应根据"应收票据"科目的期末余额，减去"坏账准备"科目中相关坏账准备期末余额后的金额分析填列。

2）"应收账款"项目，反映资产负债表日以摊余成本计量的、企业因销售商品、提供服务等经营活动应收取的款项。该项目应根据"应收账款"科目的期末余额，减去"坏账准备"科目中相关坏账准备期末余额后的金额分析填列。

3）"其他应收款"项目，应根据"应收利息""应收股利""其他应收款"科目的期末余额合计数，减去"坏账准备"科目中相关坏账准备期末余额后的金额填列。其中的"应收利息"仅反映相关金融工具已到期可收取但于资产负债表日尚未收到的利息。基于实际利率法计提的金融工具的利息应包含在相应金融工具的账面余额中。

4）"债权投资"项目，反映资产负债表日企业以摊余成本计量的长期债权投资的期末账面价值。该项目应根据"债权投资"科目的相关明细科目期末余额，减去"债权投资减值准备"科目中相关减值准备的期末余额后的金额分析填列。自资产负债表日起一年内到期的长期债权投资的期末账面价值，在"一年内到期的非流动资产"项目反映。企业购入的以摊余成本计量的一年内到期的债权投资的期末账面价值，在"其他流动资产"项目反映。

对于分类为"以摊余成本计量的金融资产"，企业可以根据需要设置以下主要科目进行会计核算：

1）"银行存款"。本科目核算以摊余成本计量的、企业存入银行或其他金融机构的各种款项。

2）"其他货币资金"。本科目核算以摊余成本计量的、企业的银行汇票存款、银行本票存款、信用卡存款、信用证保证金存款、存出投资款、外埠存款等其他货币资金。

3）"买入返售金融资产"。本科目核算以摊余成本计量的、企业（金融）按返售协议约定先买入再按固定价格返售给卖出方的票据、证券、贷款等金融资产所融出的资金。

4）"应收票据"。本科目核算以摊余成本计量的、企业因销售商品、提供劳务等而收到的商业汇票，包括银行承兑汇票和商业承兑汇票。

5）"应收账款"。本科目核算以摊余成本计量的、企业因销售商品、提供劳务等日常活动应收取的款项。

6）"应收利息"。本科目核算企业发放的贷款、各类债权投资、存放中央银行款项、拆出资金、买入返售金融资产等应收取的利息。企业购入的一次还本付息的债权投资持有期间取得的利息，在"债权投资"科目核算。

7)"其他应收款"。本科目核算分类为以摊余成本计量的、企业除存出保证金、买入返售金融资产、应收票据、应收账款、预付账款、应收股利、应收利息、应收代位追偿款、应收分保账款、应收分保未到期责任准备金、应收分保保险责任准备金、长期应收款等经营活动以外的其他各种应收、暂付的款项。

8)"坏账准备"。本科目核算企业以摊余成本计量的应收款项等金融资产以预期信用损失为基础计提的损失准备。

9)"贷款"。本科目核算以摊余成本计量的、企业（银行）按规定发放的各种客户贷款，包括质押贷款、抵押贷款、保证贷款、信用贷款等。

10)"贷款损失准备"。本科目核算企业（银行）以摊余成本计量的贷款以预期信用损失为基础计提的损失准备。计提贷款损失准备的资产包括客户贷款、拆出资金、贴现资产、银团贷款、贸易融资、协议透支、信用卡透支、转贷款和垫款等。企业（保险）的保户质押贷款计提的减值准备，企业（典当）的质押贷款、抵押贷款计提的减值准备，也在本科目核算。

11)"债权投资"。本科目核算企业以摊余成本计量的债权投资的账面余额。本科目可按债权投资的类别和品种，分别"面值""利息调整""应计利息"等进行明细核算。

12)"债权投资减值准备"。本科目核算企业以摊余成本计量的债权投资以预期信用损失为基础计提的损失准备。

13)"信用减值损失"。本科目核算企业计提本准则要求的各项金融工具减值准备所形成的预期信用损失。

第十八条 金融资产同时符合下列条件的，应当分类为以公允价值计量且其变动计入其他综合收益的金融资产[1]：

（一）企业管理该金融资产的业务模式既以收取合同现金流量为目标又以出售该金融资产为目标。

（二）该金融资产的合同条款规定，在特定日期产生的现金流量，仅为对本金和以未偿付本金金额为基础的利息的支付[2][3]。

【注释】

[1]例如，浪潮电子信息产业股份有限公司（简称"浪潮信息"，股票代码000977）在销售中通常会给予客户一定期间的信用期。根据2018年11月28日浪潮信息发布的《关于办理应收账款无追索权保理业务的公告》，为了缩短应收账款回笼时间，加速资金周转，提高资金使用效率，减少应收账款余额，降低应收账款管理成本，改善资产负债结构及经营性现金流量状况，浪潮信息向银行等金融机构申请办理应收账款无追索权保理业务，累计发生额不超过30亿元。浪潮信息可以在需要时随时向银行出售应收账款，假定浪潮信息在历史上频繁向银行出售应收账款，且出售金额重大，上述出售满足金融资产终止确认的规定。

本例中，应收账款的业务模式符合"既以收取合同现金流量为目标又以出售该金融资产为目标"，且该应收账款符合本金加利息的合同现金流量特征，因此应当分类为以公允价值计量且其变动计入其他综合收益的金融资产，并在报表中的"应收款项融资"项目进行反映。

②**准则由来**：IFRS 9（2009年版）要求主体在对金融资产进行分类时需要评估其管理金融资产的业务模式。只有当主体管理金融资产的业务模式是持有金融资产以收取合同现金流量，同时其合同现金流量特征与基本借贷安排相一致，金融资产才能以摊余成本计量，所有其他金融资产均以公允价值计量且其变动计入当期损益。

大多数利益相关方一致赞成上述计量方式，但部分利益相关方表示，准则应包含第三种计量类别：以公允价值计量且其变动计入其他综合收益，理由如下：

1）以公允价值计量且其变动计入当期损益的计量方法在某些情况下并不能恰当反映同时以收取合同现金流量和出售为目标进行管理的金融资产的业绩情况，并且IFRS 9（2009年版）规定的"主体不是为收取合同现金流量而持有金融资产，就对金融资产以公允价值计量且将其变动计入当期损益"的分类方法过于僵化。

2）IFRS 9（2009版）中金融资产的分类与计量与《国际财务报告准则第17号——保险合同》（IFRS 17）中对保险合同负债的会计处理之间存在相互影响，可能会产生潜在的会计错配问题。

3）FASB对金融资产的分类和计量涉及三种类别：以摊余成本计量、以公允价值计量且其变动计入其他综合收益和以公允价值计量且其变动计入当期损益。

因此，IASB建议为"既以收取合同现金流量为目标又以出售为目标的金融资产"引入一种新的计量类别（第三种计量类别），即以公允价值计量且其变动计入其他综合收益。

IASB承认，第三种计量类别增加了IFRS 9的复杂性，并且看起来与IAS 39中可供出售的类别相似。但是，IASB指出，对特定的金融资产而言，以公允价值计量且其变动计入其他综合收益比以摊余成本计量或以公允价值计量且其变动计入当期损益更能反映金融资产的表现；并且，IFRS 9中以公允价值计量且其变动计入其他综合收益的计量类别与IAS 39中可供出售的类别在根本上是不同的。这是因为，首先，在IFRS 9现有分类结构（即对金融资产以其业务模式和合同现金流量特征为基础进行分类）的基础上，对特定的金融资产以公允价值计量且其变动计入其他综合收益具有清晰且合理的理论基础；与之相反，IAS 39中可供出售类别本质上是一个剩余的类别，在多数情况下是一种自由选择。其次，IFRS 9要求对以公允价值计量且其变动计入其他综合收益的金融资产和以摊余成本计量的金融资产采用同样的利息收入确认方法和减值方法，而IAS 39对不同计量类别采用不同的减值方法。因此，考虑到第三种计量类别为财务报表使用者提供了更加有用的信息，IASB认为，即使金融资产分类的复杂性由此增加也是合理的。

③**实施指引**：根据财政部在 2019 年 4 月 30 日发布的财会〔2019〕6 号《关于修订印发 2019 年度一般企业财务报表格式的通知》中的一般企业财务报表格式，分类为"以公允价值计量且其变动计入其他综合收益的金融资产"涉及的报表项目主要有："其他债权投资""应收款项融资"。其中：

1) "其他债权投资"，反映资产负债表日企业分类为以公允价值计量且其变动计入其他综合收益的长期债权投资的期末账面价值。该项目应根据"其他债权投资"科目的相关明细科目的期末余额分析填列。自资产负债表日起一年内到期的长期债权投资的期末账面价值，在"一年内到期的非流动资产"项目反映。企业购入的以公允价值计量且其变动计入其他综合收益的一年内到期的债权投资的期末账面价值，在"其他流动资产"项目反映。

2) "应收款项融资"，反映资产负债表日以公允价值计量且其变动计入其他综合收益的应收票据和应收账款等。

对于分类为"以公允价值计量且其变动计入其他综合收益的金融资产"，企业可以根据需要设置以下主要科目进行会计核算：

1) "其他债权投资"。本科目核算企业按照本条目分类为以公允价值计量且其变动计入其他综合收益的金融资产。本科目可按金融资产类别和品种，分别"成本""利息调整""公允价值变动"等进行明细核算。

2) "信用减值损失"。本科目核算企业计提本准则要求的各项金融工具减值准备所形成的预期信用损失。

3) "其他综合收益——信用减值准备"。本明细科目核算企业按照本条目分类为以公允价值计量且其变动计入其他综合收益的金融资产以预期信用损失为基础计提的损失准备。

第十九条 按照本准则第十七条分类为以摊余成本计量的金融资产和按照本准则第十八条分类为以公允价值计量且其变动计入其他综合收益的金融资产之外的金融资产，企业应当将其分类为以公允价值计量且其变动计入当期损益的金融资产[①②③]。

在初始确认时，企业可以将非交易性权益工具投资指定为以公允价值计量且其变动计入其他综合收益的金融资产[④⑤⑥]，并按照本准则第六十五条规定确认股利收入。该指定一经作出，不得撤销。企业在非同一控制下的企业合并中确认的或有对价构成金融资产的，该金融资产应当分类为以公允价值计量且其变动计入当期损益的金融资产，不得指定为以公允价值计量且其变动计入其他综合收益的金融资产[⑦]。

金融资产或金融负债满足下列条件之一的，表明企业持有该金融资产或承担该金融负债的目的是交易性的[⑧]：

（一）取得相关金融资产或承担相关金融负债的目的，主要是为了近期出售

· 58 ·

或回购⑨。

（二）相关金融资产或金融负债在初始确认时属于集中管理的可辨认金融工具组合的一部分，且有客观证据表明近期实际存在短期获利模式⑩。

（三）相关金融资产或金融负债属于衍生工具⑪。但符合财务担保合同定义的衍生工具以及被指定为有效套期工具的衍生工具除外。

【注释】

①准则由来：IASB 曾考虑是否应将以公允价值计量且其变动计入其他综合收益继续保留为剩余计量类别。IASB 承认，将以公允价值计量且其变动计入其他综合收益作为剩余计量类别有一定好处，因为主体可以更明确地区分以摊余成本计量类别和以公允价值计量且其变动计入当期损益类别的划分条件，换言之，先确定分类框架的两个"端点"（即以摊余成本计量类别和以公允价值计量且其变动计入当期损益类别），再将"中间"部分（即以公允价值计量且其变动计入其他综合收益类别）作为剩余计量类别的做法将较为容易。

然而，IASB 认为，剩余计量类别应能为划分至该类别的所有金融资产提供（特有的）有用信息。以摊余成本计量类别和以公允价值计量且其变动计入其他综合收益计量类别均提供了与摊余成本相关的信息，而该类信息只与在特定的业务模式（收取合同现金流量是实现该业务模式目标不可或缺的环节）下持有且其合同现金流量仅为本金和以未偿付本金金额为基础的利息的支付的金融资产相关。因此，IASB 认为，无论是将以摊余成本计量还是将以公允价值计量且其变动计入其他综合收益作为剩余计量类别都是不恰当的。

因此，IASB 建议将以公允价值计量且其变动计入当期损益的计量类别作为剩余计量类别。

②企业常见的下列投资产品通常应当分类为以公允价值计量且其变动计入当期损益的金融资产：

（1）股票。股票的合同现金流量源自收取被投资企业未来股利分配以及其清算时获得剩余收益的权利。由于股利及获得剩余收益的权利均不符合本准则关于本金和利息的定义，因此股票不符合本金加利息的合同现金流量特征。在不考虑本准则第十九条特殊指定的情况下，企业持有的股票应当分类为以公允价值计量且其变动计入当期损益的金融资产或按照《企业会计准则第2号——长期股权投资》确认为"长期股权投资"。

（2）基金。常见的股票型基金、债券型基金、货币基金或混合基金等，通常按照动态的方式来管理资产组合，投资者从该类投资中所取得的现金流量既包括投资期间基础资产产生的合同现金流量，也包括处置基础资产的现金流量。基金一般情况下不符合本金加利息的合同现金流量特征。企业持有的基金通常应当分类为以公允价值计量且其变动计入当期损益的金融资产。

（3）可转换债券。可转换债券除按一般债权类投资的特性到期收回本金、获取约定利息或收益外，还嵌入了一项转股权。通过嵌入衍生工具，企业获得的收益在基本借贷安排的基础上，会产生基于其他因素变动的不确定性。根据本准则规定，企业持有的可转换债券不再将转股权单独分拆，而是将可转换债券作为一个整体进行评估，由于可转换债券不符合本金加利息的合同现金流量特征，企业持有的可转换债券投资应当分类为以公允价值计量且其变动计入当期损益的金融资产。

③**实施指引**：根据财政部在 2019 年 4 月 30 日发布的财会〔2019〕6 号《关于修订印发 2019 年度一般企业财务报表格式的通知》中的一般企业财务报表格式，分类为"以公允价值计量且其变动计入当期损益的金融资产"涉及的报表项目主要有："交易性金融资产""衍生金融资产""其他非流动金融资产"。

"交易性金融资产"项目反映资产负债表日企业分类为以公允价值计量且其变动计入当期损益的金融资产，以及企业持有的指定为以公允价值计量且其变动计入当期损益的金融资产的期末账面价值。该项目应根据"交易性金融资产"科目的相关明细科目的期末余额分析填列。自资产负债表日起超过一年到期且预期持有超过一年的以公允价值计量且其变动计入当期损益的非流动金融资产的期末账面价值，在"其他非流动金融资产"项目反映。

对于分类为"以公允价值计量且其变动计入当期损益的金融资产"，企业可以根据需要设置以下主要科目进行会计核算：

1)"交易性金融资产"。本科目核算企业分类为以公允价值计量且其变动计入当期损益的金融资产。本科目可按金融资产的类别和品种，分别"成本""公允价值变动"等进行明细核算。企业持有的指定为以公允价值计量且其变动计入当期损益的金融资产可在本科目下单设"指定类"明细科目核算。

2)"衍生工具"。本科目核算企业衍生工具的公允价值及其变动形成的衍生金融资产或衍生金融负债。作为套期工具的衍生工具不在本科目核算。

④**准则由来**：IASB 认为，公允价值为财务报表使用者提供了关于权益工具投资最有用的信息。然而，IASB 注意到，在损益中列报某些权益工具投资的公允价值利得和损失，可能并不能反映企业的业绩，尤其是如果该企业为了非合同利益、而不是主要为了投资的价值增值而持有这些权益工具，例如，甲企业在某国销售产品时被要求持有该类权益工具投资。

IASB 还注意到，在对主体进行评估时，财务报表使用者经常要区分为交易而持有的权益工具投资的公允价值变动和投资回报之外的目的而持有的权益工具投资的公允价值变动。因此，IASB 认为在其他综合收益中单独列报某些投资的利得和损失，可以使财务报表使用者更容易识别并评价相关的公允价值变动。

因此，几乎所有反馈意见者都支持主体应作出不可撤销的选择认定这些特定权益工具投资，并在其他综合收益中确认其公允价值变动。

⑤权益工具投资一般不符合本金加利息的合同现金流量特征，因此应当分类为以公允价值计量且其变动计入当期损益的金融资产，或按照《企业会计准则第

2号——长期股权投资》确认为"长期股权投资"。然而在初始确认时，企业可以将非交易性权益工具投资指定为以公允价值计量且其变动计入其他综合收益的金融资产。企业投资其他上市公司股票或者非上市公司股权的都可能属于这种情形。不符合本条三个"交易性目的"条件的权益工具投资为非交易性权益工具投资，只有非交易性权益工具投资才可以进行该指定。

此处权益工具投资中的"权益工具"，是指对于工具发行方来说，满足《企业会计准则第37号——金融工具列报》中权益工具定义的工具。例如，普通股对于发行方而言，满足权益工具定义，对于投资方而言，属于权益工具投资。符合金融负债定义但是被分类为权益工具的特殊金融工具（包括可回售工具和发行方仅在清算时才有义务向另一方按比例交付其净资产的金融工具）本身并不符合权益工具的定义，因此从投资方的角度也就不符合指定为以公允价值计量且其变动计入其他综合收益的金融资产的条件。例如上证50ETF（开放式基金），基金持有人可将基金份额回售给基金，该基金发行的基金份额并不符合权益工具的定义（而是符合金融负债的定义，因为其不能无条件避免交付现金或其他金融资产），只是按照《企业会计准则第37号——金融工具列报》分类为权益工具的可回售工具。这种情况下，投资人持有的该基金份额，不能指定为以公允价值计量且其变动计入其他综合收益的金融资产，而应分类为以公允价值计量且其变动计入当期损益的金融资产。

⑥**实施指引**：根据财政部在2019年4月30日发布的财会〔2019〕6号《关于修订印发2019年度一般企业财务报表格式的通知》中的一般企业财务报表格式，指定为"以公允价值计量且其变动计入其他综合收益的金融资产"的非交易性权益工具投资涉及的报表项目主要有"其他权益工具投资"。

"其他权益工具投资"项目，反映资产负债表日企业指定为以公允价值计量且其变动计入其他综合收益的非交易性权益工具投资的期末账面价值。该项目应根据"其他权益工具投资"科目的期末余额填列。

对于指定为"以公允价值计量且其变动计入当期损益的金融资产"的非交易性权益工具投资，企业可以根据需要设置"其他权益工具投资"科目进行会计核算。

"其他权益工具投资"科目核算企业指定为以公允价值计量且其变动计入其他综合收益的非交易性权益工具投资。本科目可按其他权益工具投资的类别和品种，分别"成本""公允价值变动"等进行明细核算。

⑦**准则联系**：根据《国际会计准则第3号——企业合并》（IAS 3）和《企业会计准则讲解（2010）》，某些情况下，企业合并合同或协议中规定视未来或有事项的发生，购买方通过发行额外证券、支付额外现金或其他资产等方式追加合并对价，或者要求返还之前已经支付的对价，该种情况即涉及或有对价。或有对价变化或调整，应当区分以下情况进行会计处理：或有对价为权益性质的，不进行会计处理；或有对价为资产或负债性质的，按照企业会计准则有关规定处理，

如果属于本准则中的金融工具,应采用公允价值计量,公允价值变化产生的利得和损失应按准则规定计入当期损益或计入其他综合收益(**编者语**:《企业会计准则讲解(2010)》原文中此处为"资本公积",根据2014年1月26日发布的《企业会计准则第30号——财务报表列报》,此处应更改为"其他综合收益");如果不属于本准则中的金融工具,应按照《企业会计准则第13号——或有事项》或其他相应准则处理。

⑧交易通常反映活跃和频繁的买卖行为,因此为交易而持有金融工具的目的通常是从价格的短期波动或买卖价差中获利。

⑨例如,企业以赚取差价为目的从二级市场购入的股票、债券和基金等,或者发行人根据债务工具的公允价值变动计划在近期回购的、有公开市场报价的债务工具。

⑩在这种情况下,即使组合中有某个组成项目持有的期限稍长也不受影响。其中"金融工具组合"指金融资产组合或金融负债组合。

⑪例如,未作为套期工具的利率互换或外汇期权。

第二十条 在初始确认时,如果能够消除或显著减少会计错配①,企业可以将金融资产指定为以公允价值计量且其变动计入当期损益的金融资产②③。该指定一经作出,不得撤销④⑤。

【注释】

①准则由来:IAS 39 和 IFRS 9 均规定了一种混合计量模式,即一部分金融资产以公允价值计量,另一部分金融资产以摊余成本计量,同时,该模式要求特定类型金融资产的利得和损失在其他综合收益中确认,其他类型金融资产的利得和损失则在损益中确认。这种混合计量模式可能在对一项金融资产或一组金融资产的会计处理和对一项金融负债或一组金融负债的会计处理之间产生不一致(有时被称为"会计错配")。会计错配的概念包含两层含义:第一,企业拥有特定的金融资产和金融负债,企业对这些金融资产和金融负债的计量或者对其损益的确认是不一致的;第二,在这些金融资产和金融负债之间存在已观察到的经济联系。例如,一项金融负债可能被认为与一项金融资产存在经济联系,如当它们面临共同的信用风险时,这种风险产生可相互抵销的公允价值变动,或者企业以一项金融负债融资获得了一项金融资产的情况。

企业可以通过使用套期会计,或者承保人通过使用影子会计(Shadow Accounting,是保险公司特有的一种会计方法)来克服这种不一致。但是,IASB 认识到套期会计或影子会计等技术复杂,并且不能应对所有情况。会计错配产生于广泛的环境中,公允价值选择权可以有效地代替对公允价值风险敞口进行套期,从而能够减轻企业使用套期会计的相关负担。

②IAS 39 和 IFRS 9 对公允价值选择权规定的区别:

IAS 39 规定，如果满足以下三个条件中的一项及以上，主体在初始确认时具有将任何金融资产或金融负债指定为以公允价值计量且其变动计入当期损益的金融资产或金融负债的选择权：1）该指定可消除或显著减少确认或计量的不一致性（即"会计错配"），这种不一致可能源于以不同基础计量的金融资产或金融负债，或以不同基础确认的利得和损失；2）根据正式书面文件载明的主体风险管理或投资策略，主体以公允价值为基础对金融负债组合或金融资产和金融负债组合进行管理和业绩评价，并在内部以此为基础向关键管理人员报告；3）金融资产或金融负债包含一项或多项嵌入衍生工具，并满足本准则第二十六条的其他特定条件，且主体选择对混合合同进行整体指定。

然而，现 IFRS 9 规定：1）任何不以收取合同现金流量为目标的业务模式进行管理的金融资产应以公允价值计量；2）具有金融资产主合同的混合合同应作为整体进行分类，从而消除对嵌入衍生工具单独进行确认和会计处理的要求。

IASB 指出，IAS 39 中描述的后两个条件对于金融资产并不是必需的，现 IFRS 9 保留了 IAS 39 中描述的第一个条件，因为其减少了金融工具的不同计量属性所引起的一些例外情况。特别是，它消除了对存在自然抵销的公允价值风险敞口运用公允价值套期会计的需要，同时避免了当一些金融资产以摊余成本计量而相关的金融负债以公允价值计量时，由混合计量模式所带来的会计错配问题。

③准则联系：企业将一项金融资产或金融负债指定为以公允价值计量且其变动计入当期损益的决定类似于一项会计政策选择，但与会计政策选择不同的是，其并不要求对所有类似的交易一致应用。《企业会计准则第 28 号——会计政策、会计估计变更和差错更正》要求企业所选择的政策应能使财务报表提供更可靠且更相关的会计信息。

④编者语：在本准则及《企业会计准则第 24 号——套期会计》范围内，对金融资产或金融负债进行指定的情况总结如表 1-2 所示。

表 1-12　　　　　　　对金融资产或金融负债进行指定的情况

参考条目	指定对象	指定要求	指定时点
本准则第八条	能够以现金或其他金融工具净额结算，或者通过交换金融工具结算的买入或卖出非金融项目的合同	即使企业按照预定的购买、销售或使用要求签订并持有旨在收取或交付非金融项目的合同的，企业也可以将该合同指定为以公允价值计量且其变动计入当期损益的金融资产或金融负债。企业只能在合同开始时作出该指定，并且必须能够通过该指定消除或显著减少会计错配。该指定一经作出，不得撤销。	初始确认时

续表

参考条目	指定对象	指定要求	指定时点
本准则第十九条	非交易性权益工具投资	在初始确认时,企业可以将非交易性权益工具投资指定为以公允价值计量且其变动计入其他综合收益的金融资产。该指定一经作出,不得撤销。	初始确认时
本准则第二十条	金融资产	在初始确认时,如果能够消除或显著减少会计错配,企业可以将金融资产指定为以公允价值计量且其变动计入当期损益的金融资产。该指定一经作出,不得撤销。	初始确认时
本准则第二十二条	金融负债	在初始确认时,为了提供更相关的会计信息,企业可以将金融负债指定为以公允价值计量且其变动计入当期损益的金融负债。该指定一经作出,不得撤销。	初始确认时
本准则第二十六条	包含一项或多项嵌入衍生工具,且其主合同不属于本准则规范的资产的混合合同	企业可以将其整体指定为以公允价值计量且其变动计入当期损益的金融工具。该指定一经作出,不得撤销。	初始确认时
《企业会计准则第24号——套期会计》第三十四条	企业使用以公允价值计量且其变动计入当期损益的信用衍生工具管理信用风险敞口的金融工具(或其组成部分)	企业使用以公允价值计量且其变动计入当期损益的信用衍生工具管理金融工具(或其组成部分)的信用风险敞口时,可以在该金融工具(或其组成部分)初始确认时、后续计量中或尚未确认时,将其指定为以公允价值计量且其变动计入当期损益的金融工具。	初始确认时、后续计量中或尚未确认时

⑤金融资产的分类流程如图1-1所示。

```
┌─────────────────────────┐   ┌──────────┐   ┌──────────┐
│ 债务工具投资(包括混合合同) │   │ 衍生工具 │   │权益工具投资│
└───────────┬─────────────┘   └────┬─────┘   └─────┬────┘
            │                      │               │
            ▼                      │               ▼
┌─────────────────────────┐        │        ┌──────────────┐
│合同现金流量是否仅为对本金 │──否──▶│◀──是───│ 是否为交易性  │
│和以未偿付本金金额为基础的 │        │        └──────┬───────┘
│利息的支付                │        │               │否
└───────────┬─────────────┘        │               ▼
            │是                    │        ┌──────────────┐
            ▼                      │   ┌否──│是否指定为以公 │
┌─────────────────────────┐        │   │    │允价值计量且其 │
│业务模式1:以收取合同现金流│──其他──│   │    │变动计入其他综 │
│量为目标                  │  业务  │   │    │合收益        │
│业务模式2:既以收取合同现金│  模式  │   │    └──────┬───────┘
│流量为目标又以出售金融资产│        │   │           │是
│为目标                    │        │   │           │
└──┬──────────────────┬───┘        │   │           │
业务模式1         业务模式2         │   │           │
   ▼                 ▼              │   │           │
┌─────────────────────────┐        │   │           │
│  是否运用公允价值选择权  │──是───▶│   │           │
└──┬──────────────────┬───┘        │   │           │
   否                 否            │   │           │
   ▼                 ▼              ▼   ▼           ▼
┌──────┐  ┌──────────────┐  ┌──────────────┐ ┌──────────────┐
│以摊余 │  │以公允价值计量 │  │以公允价值计量 │ │以公允价值计量 │
│成本计 │  │且其变动计入其 │  │且其变动计入当 │ │且其变动计入其 │
│量的金 │  │他综合收益的金 │  │期损益的金融资 │ │他综合收益的非 │
│融资产 │  │融资产        │  │产            │ │交易性权益工具 │
│      │  │              │  │              │ │投资          │
└──────┘  └──────────────┘  └──────────────┘ └──────────────┘
```

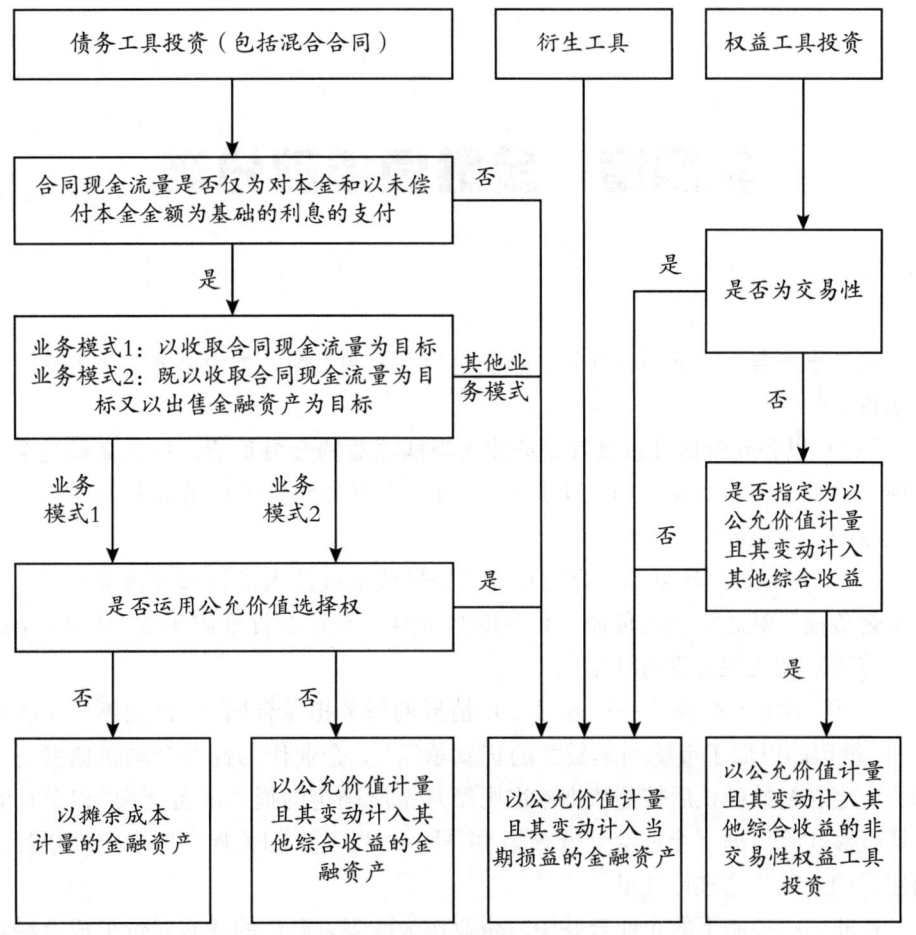

图 1-1　金融资产的分类流程

第四章 金融负债的分类

第二十一条 除下列各项外,企业应当将金融负债分类为以摊余成本计量的金融负债[①]:

(一)以公允价值计量且其变动计入当期损益的金融负债,包括交易性金融负债(含属于金融负债的衍生工具)[②]和指定为以公允价值计量且其变动计入当期损益的金融负债[③]。

(二)金融资产转移不符合终止确认条件或继续涉入被转移金融资产所形成的金融负债。对此类金融负债,企业应当按照《企业会计准则第23号——金融资产转移》相关规定进行计量[④]。

(三)不属于本条(一)或(二)情形的财务担保合同[⑤],以及不属于本条(一)情形的以低于市场利率贷款的贷款承诺[⑥]。企业作为此类金融负债发行方的,应当在初始确认后按照依据本准则第八章所确定的损失准备金额[⑦]以及初始确认金额扣除依据《企业会计准则第14号——收入》相关规定所确定的累计摊销额后的余额孰高进行计量[⑧]。

在非同一控制下的企业合并中,企业作为购买方确认的或有对价形成金融负债的,该金融负债应当按照以公允价值计量且其变动计入当期损益进行会计处理[⑨]。

【注释】

①准则由来:在IFRS 9关于金融资产分类的章节发布之后,IASB立即开展了广泛的外部调研活动,来收集对金融负债分类和计量的反馈意见,特别是,对于发行方自身信用风险所引起的金融负债的公允价值变动,应如何处理其带来的影响。

IASB收到的反馈意见认为:

1)因为主体通常不会实现金融负债中自身信用风险变动带来的影响,金融负债自身信用风险变动的影响不应该影响损益,除非该负债是为交易而持有的。

2)主体在如何分类和计量金融资产与金融负债方面保持对称不是必须的,通常也不会产生有用的信息。

3)摊余成本对于很多金融负债来说是最恰当的计量属性,因为其反映了发行人在正常商业过程中(即在持续经营基础上)支付合同金额的法定义务,而且在很多情况下，发行方将持有负债至到期并且支付合同金额。

4）即使对于有丰富估值经验的报表编制者来说，确定一项金融负债公允价值的变动中归因于信用风险变动的金额也是困难的。在现有的国际财务报告准则中，只要求对金融负债运用公允价值选择权的主体需要确定以上金额。如果将该要求扩大到更多的主体和更多的金融负债，则这些主体可能在确定该金额时面临重大困难，并可能为此付出巨大成本。

因此，IASB决定在IFRS 9中保留金融负债分类和计量方面几乎所有的原有要求。

②**准则联系**：若一项金融负债满足本准则第十九条所述"交易性目的"条件之一，表明企业承担该金融负债的目的是交易性的。

③**准则联系**：根据本准则第二十二条规定，若指定能消除或减少会计错配，或根据正式书面文件载明的企业风险管理或投资策略，以公允价值为基础对金融负债组合或金融资产和金融负债组合进行管理和业绩评价，并在企业内部以此为基础向关键管理人员报告，则企业可在初始确认时将金融负债指定为以公允价值计量且变动其计入当期损益的金融负债。例如，持有某结构化产品的主体通常以公允价值为基础向关键管理人员和投资者报告业绩，其承担的相关负债可以直接指定为以公允价值计量且其变动计入当期损益的金融负债。

④**准则联系**：金融资产转移不符合终止确认条件或继续涉入被转移金融资产可能形成金融负债，该类金融负债的确认详见《企业会计准则第23号——金融资产转移》第十七条至第十九条规定。

⑤根据本准则第六条规定，当担保企业与客户签订的需向发生损失的合同持有人赔付特定金额的担保合同生效时，除发行方之前明确表明将此类合同视作保险合同，并且已按照保险合同相关准则进行会计处理的情况外，企业需按照本准则及《企业会计准则第23号——金融资产转移》的规定确认一项属于金融负债的财务担保合同。

⑥**准则联系**：根据本准则第七条关于贷款承诺的规定，符合本准则第七条第（一）项、第（二）项规定的贷款承诺均为以公允价值计量且其变动计入当期损益的金融负债，即属于本条第（一）项中规定的情形。其中，本准则第七条第（一）项所述贷款承诺为指定为以公允价值计量且其变动计入当期损益的金融负债；本准则第七条第（二）项所述贷款承诺为衍生金融负债。

而本准则第七条第（三）项所述以低于市场利率贷款的贷款承诺，若不对其进行公允价值指定，则其不属于本条第（一）项的情形，其计量方法应遵循本条第（三）项中的规定。

⑦**准则联系**：根据本准则第四十六条规定，企业应当针对发行的适用本条第（三）项规定的财务担保合同和以低于市场利率贷款的贷款承诺，以预期信用损失为基础进行减值会计处理并确认损失准备。同时，本准则第五十一条规定，应用金融工具减值规定处理贷款承诺与财务担保合同时，将本企业成为作出不可撤

销承诺的一方之日作为初始确认日。

⑧**编者语**：对低于市场利率的贷款承诺而言，随着时间的推移，权利方行权可能性逐渐降低，企业根据《企业会计准则第14号——收入》对金融负债进行逐年摊销并确认收入；而损失准备金额的计量需参考本准则第八章关于金融工具减值的具体规定，以预期信用损失模型为基础进行处理。因此，出于会计谨慎性的考虑，对该类贷款承诺而言，应当按照损失准备金额与累计摊销后的余额孰高法进行计量。

按照本条所述"孰高法"计量的情况下，若损失准备金额高于累计摊销后的余额，则贷款承诺（金融负债）应以损失准备金额计量，根据损失准备金额与累计摊销后的余额的差值调高金融负债的账面价值；若损失准备金额低于累计摊销后的余额，则贷款承诺（金融负债）应以累计摊销后的余额计量，账面余额不作调整。

例如，甲企业于20×0年年初承诺未来3年以6%的固定利率向乙企业发放贷款，作出此项承诺后，甲企业向乙企业收取了30万元费用并将其确认为金融负债。假定此时的市场利率为8%。甲企业应当按照时间因素将30万元金融负债分期摊销并确认为收入（其他业务收入等）。20×0年年末，因乙企业信用风险增加，甲企业根据预期信用损失模型计算得到该贷款承诺产生的信用损失准备金额为26万元，而20×0年年末该金融负债的累计摊销后的余额为20万元，所以需要调增该金融负债6万元。

⑨**准则联系**：在非同一控制下的企业合并中，企业作为购买方确认的或有对价形成金融负债的，该金融负债应当按照以公允价值计量且其变动计入当期损益进行会计处理。

在处理企业合并形成的或有义务时，IASB和美国会计准则委员会（FASB）注意到，大部分或有义务都是金融工具，并且是衍生工具。报告主体广泛地运用这些工具，审计人员和估值专家也熟悉用估值技术来估计金融工具的公允价值。因此，双方认为，对于能够充分可靠确认的或有支付义务，购买方完全有能力运用估值技术估计或有支付义务的公允价值。

在考虑属于负债但不是衍生工具的或有支付的后续会计处理时，IASB和FASB认为，从概念上讲，所有或有支付的负债都应当采用相似的方法处理。因此，双方决定，不属于衍生工具的或有支付负债也应在合并日后按照公允价值进行重新计量。

第二十二条 在初始确认时，为了提供更相关的会计信息，企业可以将金融负债指定为以公允价值计量且其变动计入当期损益的金融负债，但该指定应当满足下列条件之一①：

（一）能够消除或显著减少会计错配②。

（二）根据正式书面文件载明的企业风险管理或投资策略，以公允价值为基础对金融负债组合或金融资产和金融负债组合进行管理和业绩评价,并在企业内部以此为基础向关键管理人员报告③④。

该指定一经作出,不得撤销⑤。

【注释】

①准则由来:IASB曾决定,允许主体在初始确认时,将任何金融工具以不可撤销的方式指定为以公允价值计量且其变动计入损益。但是,包括银行、证券公司、保险公司等在内的一些机构担心公允价值选择权可能会被不当使用。这些相关方担心:

1)主体可能对公允价值不可证实的金融资产或金融负债应用公允价值选择权。如果这些金融资产和金融负债的估值是主观确定的,不可证实,那么主体可能以不恰当的方式确定公允价值,从而影响损益。

2)使用公允价值选择权可能增加(而不是减少)损益的波动。

3)如果主体对金融负债应用公允价值选择权,可能导致主体由于其自身信用状况的变动而在损益中确认利得或损失。

作为对这些顾虑的回应,IASB决定允许主体仅在初始确认时将满足三个条件之一的金融工具以不可撤销的方式指定为以公允价值计量且其变动计入损益的金融工具:

1)这种指定消除或显著减少了计量或确认的不一致(有时被称为"会计错配"),如不做这种指定将会产生这种不一致;

2)根据书面记载的风险管理或投资策略,一组金融资产、金融负债,或者一组金融资产及金融负债,以公允价值为基础管理并评估其业绩;以及

3)一项金融工具包含满足特定条件的嵌入衍生工具。

在讨论金融负债分类和计量的过程中(详见本准则第二十一条【注释】①中所述),IASB考虑了是否有必要对金融负债运用公允价值选择权的合格条件进行改动。然而,IASB认为类似改动并无必要,因为如本准则第二十一条【注释】①中所述,IASB并没有改变金融负债的基础性分类和计量方法。因此,2010年10月,IASB决定,将以上三个合格条件并入IFRS 9。

②下述示例反映了在什么情况下对金融工具进行指定能够满足消除或显著减少会计错配的要求。

1)例如,根据本准则规定,有些金融资产被分类为以公允价值计量且其变动计入当期损益,但与之直接相关的金融负债却分类为以摊余成本计量,从而导致会计错配。如果将以上金融负债直接指定为以公允价值计量且其变动计入当期损益,那么这种会计错配就能得到极大的消除。

2)再如,企业拥有某些金融资产且承担某些金融负债,该金融资产和金融负债承担某种相同的风险(如利率风险),且各自的公允价值变动方向相反、趋于相互抵销。但是,其中只有部分金融资产或金融负债是以公允价值计量且其变

动计入当期损益,此时会出现会计错配,并且采用套期会计方法来消除该会计错配的成本较大或难以满足套期有效性要求。因此,如果将所有这些资产和负债均进行公允价值指定,可以消除或显著减少会计错配,并且该处理方法符合成本效益原则。

③准则由来:IASB指出,主体可通过以公允价值计量且其变动计入损益的方式管理及评价一组金融负债或一组金融资产和金融负债的业绩,从而提供更相关的信息。在该情况下,应着重关注主体管理和评价业绩的方式,而非主体金融工具的性质。

例如,如果符合本条第(二)项的原则,并且企业拥有共同承担一项或多项风险的金融资产和金融负债,而该等风险依照书面的资产和负债管理策略在公允价值基础上进行管理及评价,则企业可利用该条件将金融负债指定为以公允价值计量且其变动计入损益。例如,企业发行包含多项嵌入衍生工具的"结构性产品",并且通过使用衍生和非衍生金融工具的组合以公允价值为基础管理相应的风险。

如上所述,该条件取决于企业管理及评价一组金融工具业绩的方式。因此,基于该条件将金融负债指定为以公允价值计量且其变动计入损益的企业,应当对所有符合条件的集中进行管理和评价的金融负债均作出这一指定。

企业策略的书面文件无须详尽无遗,但应当能够足以说明符合本条第(二)项的规定。此类书面文件无须针对每一单独项目提供,但是在组合层面上可能需要提供。例如,如果经企业关键管理人员批准的部门业绩管理系统明确指出其业绩是在该基础上进行评价,则无须提供进一步的书面文件说明符合本条第(二)项的规定。

④准则联系:本准则第二十条规定,初始确认时,如果能够消除或显著减少会计错配,企业可以将金融资产指定为以公允价值计量且其变动计入当期损益。可见,本条第(二)项所述情况并非是对金融资产进行公允价值指定的依据,因为在决定金融资产的分类的业务模式中隐含了以公允价值为基础对金融资产进行管理的情形。

⑤经济后果:企业只能在合同开始时做出该指定,且该指定一经做出,不得撤销(即使造成会计错配的金融工具被终止确认)。此项规定实际上限制了企业可以使用公允价值选择权而有方向性地将公允价值的变动确认为当期损益以达到盈余管理的目的。

第五章 嵌入衍生工具

第二十三条 嵌入衍生工具,是指嵌入到非衍生工具(即主合同)中的衍生工具。嵌入衍生工具与主合同构成混合合同[1]。该嵌入衍生工具对混合合同的现金流量产生影响的方式,应当与单独存在的衍生工具类似,且该混合合同的全部或部分现金流量随特定利率、金融工具价格、商品价格、汇率、价格指数、费率指数、信用等级、信用指数或其他变量变动而变动,变量为非金融变量的,该变量不应与合同的任何一方存在特定关系[2]。

衍生工具如果附属于一项金融工具但根据合同规定可以独立于该金融工具进行转让,或者具有与该金融工具不同的交易对手方,则该衍生工具不是嵌入衍生工具,应当作为一项单独存在的衍生工具处理[3]。

【注释】

[1] 由主合同和嵌入衍生工具构成的混合合同分为两类:一类是主合同属于本准则规范的资产(即金融资产)的混合合同;另一类是主合同不属于本准则规范的资产的混合合同,包括主合同为金融负债、权益工具、非金融工具合同(如租赁合同、保险合同、服务合同等)的情形。

在混合合同中,嵌入衍生工具通常以具体合同条款体现。例如,甲企业作为承租人与乙企业签订了按承租资产收益率调整租金的5年期租赁合同。根据该合同,租金从第2年开始,根据前1年承租资产收益率进行调整。此例中,主合同是租赁合同,嵌入衍生工具体现为基于承租资产收益率的调整条款。以下为常见的、可体现嵌入衍生工具的合同条款:可转换公司债券中嵌入的股份转换选择权条款、与权益工具挂钩的本金或利息支付条款、与商品或其他非金融项目挂钩的本金或利息支付条款、看涨期权条款、看跌期权条款、提前还款权条款、信用违约支付条款等。

[2] 嵌入衍生工具对混合合同现金流量产生影响的方式,应当与单独存在的衍生工具类似,即混合合同的全部或部分现金流量(由于嵌入衍生工具的存在)随基础变量的变动而变动。具体内容详见本准则第五条对衍生工具的介绍。

[3] 衍生工具如果附属于一项金融工具,但根据合同规定可以独立于该金融工具进行转让,或者具有与该金融工具不同的交易对手方,则该衍生工具不是嵌入衍生工具,应当作为一项单独存在的衍生工具处理。例如,证监会于2006年发

布的《上市公司证券发行管理办法》规定,上市公司可以公开发行认股权和债券分离交易的可转换公司债券,即分离交易可转债。其附有一项认股权证,如果该认股权证能够独立于该债券进行转让,则该认股权证是一项独立存在的衍生工具,而不是嵌入衍生工具(即使该认股权证与债券的交易对于借款人是同一方)。举例而言,江西铜业股份有限公司于2008年9月18日发行了680 000万元(680万手)的分离交易可转债,按面值(100元人民币/张)平价发行;债券期限为8年;票面利率预设区间为1.00%~2.00%;每手公司分离交易可转债的最终认购人可以同时获得公司派发的259份认股权证;权证的存续期为自认股权证上市之日起24个月;行权期为权证存续期最后五个交易日;行权比例为4:1,即每4份认股权证代表1股公司发行的A股股票的认购权利;初始行权价格为15.44元/股。上述认股权证可以独立于该金融工具进行转让,应作为一项单独存在的衍生工具处理。

同样,如果某工具是衍生工具与其他非衍生工具"合成"或"拼成"的("合成工具"),那么其中的衍生工具不能视为嵌入衍生工具,而应作为单独存在的衍生工具处理。例如,某公司(记账本位币为人民币)有一项3年期美元债务工具投资和一项3年期外汇互换合同,两者放在一起创造了一项"合成"的3年期固定汇率债务工具投资。在这种情况下,"合成"工具中的外汇互换不应作为嵌入衍生工具处理,应该作为一项单独的衍生工具处理。

第二十四条 混合合同包含的主合同属于本准则规范的资产的,企业不应从该混合合同中分拆嵌入衍生工具,而应当将该混合合同作为一个整体适用本准则关于金融资产分类的相关规定。①②③

【注释】

①嵌入衍生工具的核算有两种模式,从混合合同中分拆或不分拆。若主合同为金融资产,则企业应当根据本准则第十六条对金融资产的分类原则,按照企业管理金融资产的业务模式和合同现金流量特征对该混合合同整体进行分类,由于嵌入衍生工具的存在,该混合合同整体的现金流量特征是否符合基本借贷安排,需要谨慎考虑该衍生工具对该混合合同现金流量特征的影响。

②准则由来:此前,IASB曾要求主体评估所有的合同(包括主合同为金融资产的混合合同与主合同并非本准则规范的资产的混合合同),以确定其是否含有一项或多项要求从主合同分离且作为独立衍生工具进行会计处理的嵌入衍生工具。

这种方法依赖于对嵌入衍生工具是否与主合同"紧密相关"的评估,而该评估是复杂性的一个主要来源。因为对某些持有复杂金融工具的主体而言,对嵌入衍生工具的搜寻和分析会显著增加遵循准则的成本。除此之外,如果准则既要求主体评估金融资产合同现金流量特征,又要进行"紧密相关"的分拆评估,那么就需要确定把哪类评估放在首位，这样会非常复杂并且在某些情况下可能无法操作。

如上所述，IASB 认为，将主合同为金融资产的混合合同的合同现金流量特征评估与"紧密相关"分拆的评估相结合会非常复杂，而且可能导致相反的结果（在某些情况下还可能无法操作）。所以，IASB 决定不对金融资产采取该种方法。

除此之外，允许将主合同为金融资产的混合合同进行分拆不利于财务报告使用者评估未来现金流量的金额、时间和不确定性。因为当一项金融资产被分拆时，该金融资产的组成部分将以不同的方式计量，并在财务报表中的不同部分列报，这样使得财务报告使用者难以对该金融资产形成整体的理解。

因此，只有对具有金融资产主合同的混合合同采用单一分类方法，才能解决以上矛盾，同时减少操作的复杂性。采用单一的分类方法可以确保分类的一致性，进而增加财务信息的可比性和可理解性。

③编者语：主合同为金融资产的混合合同不需分拆，与之不同的是，企业需要对主合同不属于本准则规范的资产的混合合同进行评估，以决定其是否需要分拆。除本条【注释】②中所述理由外，主合同为金融资产的混合合同不同于其他合同的处理方式还由其内在特征决定：

1）金融资产主合同和嵌入衍生工具之间不存在金融负债和权益工具的复杂区分，如本准则第二十五条【注释】②中所述，对于主合同不属于本准则规范的资产的混合合同而言，若混合合同的主合同为金融负债，而嵌入衍生工具的特征为权益工具特征，则混合合同应该分拆，因为其经济特征和风险不紧密相关。

2）与主合同为金融资产的混合合同不同，主合同为金融负债的混合合同存在处理自身信用风险的变动的问题，而分拆嵌入衍生工具较好地解决了这一问题。

3）如本条【注释】②中所述，对主合同为金融资产的混合合同不分拆，一方面确保了金融资产分类的一致性，从而增加了金融资产分类的可比性；另一方面减少了操作的复杂性，达到了简化实务的目的。

第二十五条 混合合同包含的主合同不属于本准则规范的资产，且同时符合下列条件的，企业应当从混合合同中分拆嵌入衍生工具，将其作为单独存在的衍生工具处理①：

（一）嵌入衍生工具的经济特征和风险与主合同的经济特征和风险不紧密相关。②

（二）与嵌入衍生工具具有相同条款的单独工具符合衍生工具的定义。

（三）该混合合同不是以公允价值计量且其变动计入当期损益进行会计处理。③

嵌入衍生工具从混合合同中分拆的，企业应当按照适用的会计准则规定，对混合合同的主合同进行会计处理。企业无法根据嵌入衍生工具的条款和条件对嵌入衍生工具的公允价值进行可靠计量的,该嵌入衍生工具的公允价值应当根据混合合同公允价值和主合同公允价值之间的差额确定。使用了上述方法后,该嵌入衍生工具在取得日或后续资产负债表日的公允价值仍然无法单独计量的,企业应当将该混合合同整体指定为以公允价值计量且其变动计入当期损益的金融工具。

【注释】

①根据本准则第二十三条【注释】①中的分类,此条规范的是主合同不属于本准则规范资产的混合合同的核算,即主合同可能为金融负债、权益工具、非金融工具合同(如租赁合同、保险合同、服务合同等)等情形的混合合同的核算。企业成为此类混合合同的一方时,应识别所有嵌入衍生工具,根据本条所列条款,评估其是否需要与主合同分拆,并且对于需与主合同分拆的嵌入衍生工具,在初始确认时以公允价值计量,并且后续以公允价值计量且其变动计入当期损益。

对嵌入衍生工具进行处理(即分拆主合同和嵌入衍生工具)的理论基础是,企业不应该仅仅通过将衍生工具嵌入一项非衍生金融工具或其他合同(如将商品远期合同嵌入一项债务工具)就能够规避衍生工具的确认和计量要求。为了使这些嵌入衍生工具的会计处理一致,所有嵌入并非以公允价值计量且其变动计入损益的金融工具中的衍生工具,都应当作为衍生工具单独核算。然而,作为方便实务操作的方法,如果一项嵌入衍生工具被认为与主合同紧密相关,则不需要将其单独分离。

通常,将单一混合合同中的多项嵌入衍生工具视为一项单独的复合嵌入衍生工具进行处理。然而,归类为权益的嵌入衍生工具应与归类为资产或负债的嵌入衍生工具分开核算。此外,如果某一混合合同拥有与不同风险敞口相关的多项嵌入衍生工具,并且这些衍生工具易于分拆且相互独立,则应当对它们分别进行核算。

②嵌入衍生工具经济特征和风险是否与主合同紧密相关。

如果主合同并非本准则范围内的资产,则企业对嵌入衍生工具进行会计处理时,应当合理地判断其与主合同的关系,根据其经济特征和风险是否与主合同的经济特征和风险紧密相关,并结合其他条件决定是否分拆。嵌入衍生工具的经济特征和风险与主合同的经济特征和风险不同的,应该对混合合同进行分拆。

企业判断嵌入衍生工具的经济特征和风险是否与主合同的经济特征和风险紧密相关时,应当重点关注以下两点:

第一,嵌入衍生工具与主合同的风险敞口是否相似。如果嵌入衍生工具与主合同的风险敞口不同,则嵌入衍生工具的经济特征和风险与主合同的经济特征和风险很可能不紧密相关。

第二,嵌入衍生工具是否可能会对混合合同的现金流量产生重大改变。如果嵌入衍生工具可能对混合合同的现金流量产生重大改变,则嵌入衍生工具的经济特征和风险与主合同的经济特征和风险很可能不紧密相关。

1) 下列情况下，嵌入衍生工具的经济特征和风险不与主合同紧密相关：

第一，主债务工具中嵌入看跌期权，使得持有人有权要求发行人以一定金额的现金或其他资产回购这项工具，其中现金或其他资产的金额随着某一权益工具或商品价格或指数的变动而变动，该看跌期权不与主债务工具紧密相关。例如，甲企业于20×0年1月2日以面值发行了1 000万元票面利率为2%、期限为5年的债券，债券持有人有权在第3年年初至到期日要求甲企业回购该债券，回购价格和甲企业自身权益工具价格挂钩，则该回售选择权不与主债务工具紧密相关。

第二，债务工具剩余期限展期的选择权或自动展期条款不与主债务工具紧密相关，除非在展期的同时将利率调整至与当前市场利率大致相当的水平。例如，甲企业通过股权质押获得了某银行质押贷款3 000万元，期限为3年，甲企业有权选择在期限届满时展期2年，展期利率维持原合同利率水平，则相当于甲企业获得了一项由银行签发的利率期权，则该债务工具展期的选择权不与主债务工具紧密相关。此外，企业发行了一项债务工具，且该债务工具的持有人向第三方签出针对该债务工具的看涨期权时，如果该期权行使后发行人可能被要求参与或协助债务工具的重新流通，则发行人应将此看涨期权视为债务工具的展期。

第三，嵌入在主债务工具或保险合同中且与权益挂钩的利息或本金支付额（即利息或本金金额与权益工具价值挂钩），不与主合同工具紧密相关，因为内含在主合同工具的风险与嵌入衍生工具中的风险不同。例如，甲企业向银行取得借款用于日常经营，合同商定，甲企业须偿还的利息水平根据甲企业自身权益工具价格确定，则利息的支付与权益挂钩，该利息支付条款不与主借款合同紧密相关。

第四，嵌入在主债务工具或保险合同中且与商品价格挂钩的利息或本金支付额（即利息或本金金额与商品价格挂钩），不与主合同工具紧密相关，因为内含在主合同工具的风险与嵌入衍生工具中的风险不同。例如，甲企业向银行取得借款用于修建新能源发电厂，合同商定，甲企业须偿还的利息水平根据新能源电价确定，则利息的支付与商品价格挂钩，该利息支付条款不与主借款合同紧密相关。

第五，嵌入在主债务工具或保险合同中的看涨期权、看跌期权或提前偿付选择权不与主合同工具紧密相关，除非在每一行权日，该期权的行权价大致等于主债务工具的摊余成本或主保险合同的账面价值，或者提前偿付选择权的行权价格包含了对债权人的补偿，且该补偿不应超过相当于主合同剩余存续期内的利息损失的现值。利息损失按提前偿付的本金乘以利率差计算。这里的利率差是指，如果债权人将提前偿付的本金再投资于与主合同相类似剩余期限和条件的工具，该工具的实际利率低于主合同实际利率的差。企业应当在按照《企业会计准则第37号——金融工具列报》分拆可转换债务工具的权益要素前，评估看涨期权或看跌期权是否与主债务工具紧密相关。

第六，嵌入在主债务工具中，允许一方（受益人）将特定基础资产的信用风险（受益人可能不实际拥有该项资产）转移给另一方（保证人）的信用衍生工具，不与主债务工具紧密相关。这种信用衍生工具让保证人在不直接拥有基础资产的情况下承担基础资产的相关信用风险。例如，甲企业向市场公开发行一项5年期债券，同时约定由乙保险公司承担全额的债券违约风险，乙保险公司每年获得一定的债券利息比例作为补偿，则嵌入在该债券中的信用违约互换不与主合同紧密相关。

2）下列情况下，嵌入衍生工具的经济特征和风险与主合同的经济特征和风险紧密相关：

第一，以利率或利率指数为标的，且能改变带息主债务合同或保险合同须支付或收取的利息额的嵌入衍生工具，与主合同紧密相关。除非混合合同的结算可能造成持有人不能收回几乎所有已确认投资，或者嵌入衍生工具可能使持有人在主合同上的初始报酬率至少加倍，并能够使回报率至少达到与主合同条款相同的合同的市场报酬率的两倍。

第二，嵌入利率下限或利率上限的债务合同或保险合同发行时，若该利率上限等于或高于市场利率，而利率下限等于或低于市场利率，并且该利率上限或下限与主合同之间不存在杠杆关系，那么该利率上限或下限与主合同紧密相关。同样，一项购买或出售某一资产（如某商品）的合同，如果设定了为该资产将支付或收取的价格上限和下限的条款，并且在开始时该价格上限和下限均为价外且与主合同之间没有杠杆关系，则该条款与主合同紧密相关。

第三，嵌入主债务工具（如双重货币债券）中的外币衍生工具使发行人以外币支付本金或利息，该嵌入外币衍生工具与主债务工具紧密相关。

知识拓展：双重货币债券是以一种货币付利息，另一种货币偿还本金的债券，前者货币通常是债券投资人所在国家的货币，后者则通常是美元或发行人所在国家的货币。投资人通常可获得较市场水平更高的票面利率，但也可能要承受一定的外汇风险，因此，双重货币债券通常配合外汇远期等使用。

第四，嵌入在属于保险合同或非金融工具合同的主合同中的外币衍生工具（例如购买或出售非金融项目的合同以外币标价），如果与主合同没有杠杆关系且不具有期权特征，并且规定以下述任何一种货币支付，则该外币衍生工具与主合同紧密相关：合同任一主要方的记账本位币；国际商业交往中通常用以对所获得或交付的相关商品或劳务进行标价的货币（例如对原油交易进行标价的美元）；在交易所处的经济环境中，买卖非金融项目的合同通常使用的货币（例如在当地的商业交易或对外贸易中使用的相对稳定以及流动性较好的货币）。例如，甲公司以人民币为记账本位币，而乙公司以欧元为记账本位币，甲公司和乙公司签订了一项在6个月后以1000美元买入原油的合同（原油主合同不属于本准则的范围，因为其签订和存续的目的是为了按企业预计的购入、卖出或使用需求交付非金融项目，并且企业并未按照本准则第二十六条不可撤销地将其指定为以公允价值计量且其变动计入损益），则按前述规定，该外币衍生工具与原油购销合同紧密相关。

第五，如果利息剥离或本金剥离最初是通过分离收取金融工具合同现金流量的权利形成的，而该金融工具本身不包括嵌入衍生工具，且不包含任何未在原主债务合同中列示的条款，则嵌入在利息剥离或本金剥离中的提前偿付选择权与主合同紧密相关。

知识拓展：本息分离债券（Separate Trading Registered Interest and Principal Securities，STRIPS），是美国财政部1985年为满足对零息债券的需求而设计的。本息分离债券是指债券发行后，把该债券的每笔利息支付和最终本金的偿还进行拆分，然后依据各笔现金流形成对应期限和面值的零息债券。零息债券（Zero-Coupon）是指以低于面值的折扣价出售，在债券存续期间不发生利息支付，到期一次性按面值进行偿还的债券。正如其名，零息债券不是周期性地支付息票利息，其利息体现为债券的价值随着时间越来越接近到期日而增加，在到期日，债券价值等于面值，按全部面值赎回，债券面值与发行价格之间的差额就是利息总额。目前我国债券市场上存在的贴现债券就属于零息债券。本息分离债券是债券的一种形式，属于债券一级市场的范畴，进入二级市场的都是分离出来的零息债券。

第六，主租赁合同的嵌入衍生工具，如果是下述三者之一，则该嵌入衍生工具与主合同紧密相关：与通货膨胀有关的指数（如消费品物价指数）挂钩的租赁付款额指数（假设该租赁不是杠杆租赁，且该指数与企业自身经济环境中的通货膨胀有关）；基于相关销售额的或有租金；基于变动利率的或有租金。

2018年12月7日，财政部印发了修订后的《企业会计准则第21号——租赁》。根据该准则规定，为简化处理，承租人可以按照租赁资产的类别选择是否分拆合同包含的租赁和非租赁部分。但是，对于按照本准则应分拆的嵌入衍生工具，承租人不应将其与租赁部分合并进行会计处理。因此，除上段所述三种情况外，应分拆主租赁合同中的嵌入衍生工具。

第七，嵌入在主金融工具或主保险合同中的投资联结特征（属于嵌入衍生工具），如果其以单位计价的付款额是以反映基金资产公允价值的当前单位价值计量的，则该投资连结特征与主金融工具或主保险合同紧密相关。投资连结特征是一项要求付款额以内部或外部的投资基金单位计价的合同条款。

知识拓展：1999年，我国开始出现投资连结保险（以下简称"投连险"），投连险是保险与投资挂钩的保险，是指一份保单在提供人寿保险时，在任何时刻的价值是根据其投资基金在当时的投资表现来决定的。投资连结保险均设置单独的投资账户，保险公司收到保险费后，按照事先约定，将保费的部分或全部投入投资账户，并转换为投资单位。投资单位是为了方便计算投资账户的价值而设计的计量单位。投资单位有一定的价格，保险公司根据保单项下的投资单位数和相应的投资单位价格计算其账户价值。例如，中国平安曾发行过投资连结保险产品"聚富年年投资连结保险"。

第八，嵌入在主保险合同中的衍生工具，如果与主保险合同互相依赖，使得企业无法单独计量该嵌入衍生工具，则该嵌入衍生工具与主保险合同紧密相关。

实务中企业可能持有或发行可回售工具（属于混合合同）。该金融工具的特征在于，持有人拥有将该金融工具回售给发行人以换取一定金额现金或其他金融资产的权利，其中，现金或其他金融资产的金额随着可能发生增减变动的权益指数或商品指数的变动而变动。除非发行人在初始确认时将该可回售工具指定为以公允价值计量且其变动计入当期损益的金融负债，否则，发行人应按本条的要求分拆嵌入衍生工具（即与权益工具等挂钩的本金支付），因为该嵌入衍生工具与主合同（债务工具）不紧密相关。但是，对于可随时回售以换取与企业净资产价值一定比例份额等值的现金的可回售工具（例如，开放式共同基金份额或某些投资联结产品），分拆嵌入衍生工具并对其各组成部分进行核算的结果是，发行人在报告期末以应付的赎回金额来计量混合合同，因此可以不分拆。

通常情况下，企业应当首先明确主合同的经济特征和风险。如果主合同没有明确的或事先确定的到期日，且代表了在某一企业净资产中的剩余利益，那么该主合同的经济特征和风险即为权益工具的经济特征和风险，而且嵌入衍生工具需要拥有和同一企业相关的权益特征才能视为与主合同紧密相关；如果主合同不是一项权益工具但符合金融工具的定义，那么该主合同的经济特征和风险即为债务工具的经济特征和风险。

其次，嵌入的非期权衍生工具（如嵌入的远期合同或互换合同），应基于标明或暗含的实质性条款将其从主合同中分拆，其在初始确认时的公允价值为零。以期权为基础的嵌入衍生工具（如嵌入的看跌期权、看涨期权、利率上限、利率下限或互换期权），应基于标明的期权特征的条款将其从主合同中分拆，主合同的初始账面金额即为分拆出嵌入衍生工具后的剩余金额。

此外，一项混合合同中的多项嵌入衍生工具通常应视同为一项工具处理。但是，归类为权益的嵌入衍生工具应与归类为资产或负债的嵌入衍生工具分开核算。此外，如果某混合合同嵌入了多项衍生工具而这些衍生工具又与不同的风险敞口相关，且这些嵌入衍生工具易于分离并相互独立，则这些嵌入衍生工具应分别进行核算。

关于嵌入衍生工具的重估。如前所述，企业在成为特定混合合同（即主合同不属于本准则规范的资产的混合合同）的一方时，应识别所有嵌入衍生工具，并根据本条所述规定评估其是否需要与主合同分拆。这一问题引发了以下讨论：企业在成为合同的一方之后，是否必须持续进行该项评估，以及在必要时以何种频率进行评估。

针对这一讨论，国际财务报告解释委员会（IFRIC）指出，要求主体重估所有的嵌入衍生工具可能任务非常繁重，因为这需要对市场条件以及其他影响嵌入衍生工具的因素进行持续监测，以确保及时识别环境的变化并相应修正会计处理要求。因此，IFRIC认为，只有当合同条款产生了显著变化，改变了合同本来要求的现金流量时，后续的重估才是必要的。

③根据本准则第二十六条规定，如果企业运用公允价值选择权对符合条件的混合合同进行公允价值指定，则消除了主合同和嵌入衍生工具之间计量方法的差异（均以公允价值进行初始和后续计量，达到了避免企业规避确认衍生工具的目的），因此不必对混合合同进行分拆。

【例1-10】利用倒轧法确定嵌入衍生工具的公允价值（以公司发行可转债为例）。

甲企业经批准于20×0年1月1日以50 000万元的价格（不考虑相关税费）发行面值总额为50 000万元的可转换公司债券。该可转换公司债券期限为5年，每年1月1日付息、票面年利率为4%，而与此债券发行条件相同（包括票面金额、期限、票面利率等）但不含转换权的普通债权的实际利率为6%。

已知利率为6%、期数为5期的普通年金现值系数为4.2124，利率为6%、期数为5期的复利现值系数为0.7473。20×0年1月1日发行可转换公司债券时应确认的权益成份的公允价值为多少万元？

可转换公司债券负债成份的公允价值 = 50 000 × 0.7473 + 50 000 × 4% × 4.2124 = 45 789.8（万元），则利用倒轧法，权益成份的公允价值 = 50 000 − 45 789.8 = 4 210.2（万元）。

甲企业应进行如下会计处理：

借：银行存款　　　　　　　　　　　　　　　　50 000
　　应付债券——利息调整　　　　　　　　　　 4 210.2
　　贷：应付债券——面值　　　　　　　　　　 50 000
　　　　其他权益工具　　　　　　　　　　　　 4 210.2

第二十六条 混合合同包含一项或多项嵌入衍生工具，且其主合同不属于本准则规范的资产的，企业可以将其整体指定为以公允价值计量且其变动计入当期损益的金融工具[①]。但下列情况除外[②]：

（一）嵌入衍生工具不会对混合合同的现金流量产生重大改变。

（二）在初次确定类似的混合合同是否需要分拆时，几乎不需分析就能明确其包含的嵌入衍生工具不应分拆。如嵌入贷款的提前还款权，允许持有人以接近摊余成本的金额提前偿还贷款，该提前还款权不需要分拆。

【注释】

①根据本准则第二十条【注释】②，对混合合同整体进行公允价值指定是运用公允价值选择权的情形之一。

IASB指出，对公允价值选择权最常见的使用之一，可能是包含几项嵌入衍生金融工具的结构化产品。那些结构化产品一般被用来和衍生工具进行套期，抵销它们所包含的所有（或几乎所有）风险，无论产生这些风险的嵌入衍生工具从会计处理目的出发是否可以单独核算。因此，结合本准则第八条【注释】③中所述的关于套期会计和公允价值选择权优劣的比较，对这些产品最简单的会计处理方法是应用公允价值选择权，使混合合同可以和用来套期的衍生工具一样以公允价值计量且其变动计入损益，以达到消除会计错配的目的。

此外，对拥有复杂金融工具的主体而言，对嵌入衍生工具的搜寻和分析会显著增加遵循准则的成本，但如果主体拥有以公允价值计量混合合同的选择权，就可以消除这种成本。对于这些复杂的工具，混合合同的公允价值与被要求分离的那些嵌入衍生金融工具的公允价值相比，可能明显易于计量，因此更加可靠。

②准则由来：如①所述，公允价值选择权的运用可以降低成本并且更加可靠。然而，如果对混合合同的公允价值选择权不加以限制，那么其可能被滥用，因为许多金融工具都包括一项或多项嵌入衍生工具。企业可能滥用公允价值选择权进行盈余管理。例如，企业发行的可回售债券，允许持有人提前回售债券，而该回售权利当前公允价值极低（即回售价格远低于摊余成本，持有人不太可能行权）。则嵌入的可回售条款并不会对混合合同的现金流量产生重大改变，企业应当将混合合同分类为以摊余成本计量的金融负债。若企业对混合合同整体运用公允价值选择权，则债券的计量基础将发生改变，由此会带来盈余管理的可能性。并且，如果允许对任何具有嵌入衍生工具的金融工具使用公允价值选择权，将使其他对公允价值选择权的限制（详见本准则第二十二条）失效。

反之，仅限在嵌入衍生工具必须被分离的情况下使用公允价值选择权，将不会显著降低执行成本，并且可能降低财务报表中计量的可靠性。

因此，准则寻求在减少执行成本和公允价值选择权可能被滥用的顾虑之间达到平衡，本条款详细说明了企业没有充分理由使用公允价值选择权代替对嵌入衍生工具进行评价的两种情况：一是嵌入衍生工具不会对混合合同的现金流量产生重大改变，二是在初次确定时几乎不需分析就能明确其包含的嵌入衍生工具不应分拆。

第六章 金融工具的重分类

第二十七条 企业改变其管理金融资产的业务模式时①，应当按照本准则的规定对所有受影响的相关金融资产进行重分类②③④。

企业对所有金融负债均不得进行重分类⑤。

【注释】

①企业管理金融资产业务模式的变更是一种极其罕见的情形。该变更源自企业外部或内部的变化，且能够对企业经营产生非常重要的影响，并能够向外部各方证实，最终由企业的高级管理层做出决策。因此，只有当企业开始或终止某项对其经营影响重大的活动时（如当企业收购、处置或终止某一业务线时），其管理金融资产的业务模式才会发生变更。

例如，甲公司持有一组拟在短期内出售的债券组合，甲公司近期收购了一家资产管理公司（乙公司），乙公司持有债券的业务模式是以收取合同现金流量为目标。甲公司决定，对债券组合的持有不再以出售为目标，而是将该组合与乙公司持有的其他债券一起管理，以收取合同现金流量为目标，则甲公司管理债券组合的业务模式发生了变更。再如，某银行决定终止其担保贷款业务，该业务线也不再接受新业务，并且该银行拟出售其拥有的担保贷款组合，则该银行管理其担保贷款的业务模式发生了变更。

需要注意的是，企业业务模式的变更必须在重分类日之前生效。重分类日，是指导致企业对金融资产进行重分类的业务模式发生变更后的首个报告期间的第一天。例如，某银行决定于20×8年11月25日终止其零售抵押贷款业务，则必须在20×9年1月1日（即下一个报告期间的首日）对所有受影响的金融资产进行重分类。在20×8年11月25日之后，其不应开展新的零售抵押贷款业务，或另外从事与之前零售抵押贷款业务模式相同的活动。

以下情形不属于业务模式变更：

第一，企业持有特定金融资产的意图改变。企业即使在市场状况发生重大变化的情况下改变对特定资产的持有意图，也不属于业务模式变更。

第二，金融资产特定市场暂时性消失从而暂时影响金融资产出售。

第三，金融资产在企业具有不同业务模式的各部门之间转移。

需要注意的是，如果企业管理金融资产的业务模式没有发生变更，而金融资产的条款发生变更但未导致终止确认的,不允许重分类。如果金融资产条款发生变更导致金融资产终止确认的,不涉及重分类问题,企业应当终止确认原金融资产,同时按照变更后的条款确认一项新金融资产。

②**编者语**:权益工具投资的合同现金流量特征一般不符合基本借贷安排,因此初始确认时不能将其分类为以摊余成本计量的金融资产,而只能分类为以公允价值计量且其变动计入当期损益的金融资产,或指定为以公允价值计量且其变动计入其他综合收益的金融资产,且一经指定,不得撤销,因此,所有转换和重分类的金融资产都是与债务工具有关的金融资产,而与权益工具无关。

③**准则由来**:2009年,IASB发布的《金融工具的分类和计量》(征求意见稿)建议,禁止在摊余成本和公允价值类别之间对金融资产重分类。但是,几乎所有的反馈意见者(包括大多数的报表使用者)都认为,禁止重分类是与基于主体如何管理其金融资产的分类方法不相符的。他们认为,在以主体管理金融资产的业务模式为基础的方法中,重分类能够为报表使用者提供有用、相关且可比的信息,因为它能确保财务报表如实反映出这些金融资产在报告日是如何被管理的。同时,大多数报表使用者指出,如果禁止重分类,报告的信息将不能反映金融资产未来现金流量的金额、时间和不确定性。

因此,IASB决定不再禁止在摊余成本和公允价值类别之间对金融资产重分类。

④**经济后果:财务信息的可比性**。企业一般将在一段时间内以一致的方式对金融工具进行会计处理,当且仅当企业的业务模式发生变更时,企业才能够且必须对金融资产进行重分类,由于金融资产的会计处理与企业的管理方式始终保持一致,因此按要求进行重分类增强了财务信息的可比性。

财务信息在评估企业未来现金流量方面的有用性。准则规定当且仅当业务模式发生改变时必须进行重分类,重分类要求将增加有用和相关的信息。重分类是基于企业管理金融资产的业务模式的改变而做出的,这将确保财务报表始终如实地反映出这些金融资产在报告日是如何被管理的,同时反映未来现金流量的金额、时间和不确定性。

⑤**准则由来**:IFRS 9要求在特定情况下主体对金融资产进行重分类,却禁止了主体对所有金融负债的重分类。IASB指出,一方面,由于金融资产和金融负债的分类和计量方法是不同的,因此,对重分类采用对称的要求是不必要且不恰当的;另一方面,尽管金融资产的重分类在近年来一直是一个有争议的话题,但IASB并未收到任何支持金融负债重分类的要求或观点。因此,IASB要求主体对所有金融负债均不得进行重分类。

第二十八条 企业发生下列情况的,不属于金融资产或金融负债的重分类:

(一)按照《企业会计准则第24号——套期会计》相关规定,某金融工具以前被指定并成为现金流量套期或境外经营净投资套期中的有效套期工具,但目前已不再满足运用该套期会计方法的条件。

（二）按照《企业会计准则第 24 号——套期会计》相关规定，某金融工具被指定并成为现金流量套期或境外经营净投资套期中的有效套期工具。

（三）按照《企业会计准则第 24 号——套期会计》相关规定，运用信用风险敞口公允价值选择权所引起的计量变动①。

【注释】

①编者语：因套期会计所产生的金融资产或金融负债的计量方法的改变，是出于风险管理目标以及消除会计错配而做出的，不属于本准则所称的"重分类"。

第二十九条 企业对金融资产进行重分类，应当自重分类日起采用未来适用法①进行相关会计处理，不得对以前已经确认的利得、损失（包括减值损失或利得）或利息进行追溯调整。

重分类日，是指导致企业对金融资产进行重分类的业务模式发生变更后的首个报告期间的第一天②。

【注释】

①准则联系：根据《企业会计准则第 28 号——会计政策、会计估计变更和差错更正》，"未来适用法"是指将变更后的会计政策应用于变更日及以后发生的交易或者事项，或者在会计估计变更当期和未来期间确认会计估计变更影响数的方法。

准则由来：IASB 曾考虑应该如何对重分类进行会计处理的问题，几乎所有的反馈意见者都认为，重分类应以未来适用法进行会计处理并加以充分的披露。IASB 指出，如果分类和重分类以管理金融资产的业务模式为基础，则分类应该一直反映报告日资产管理的业务模式，而追溯应用重分类将不能反映金融资产在之前的报告日是如何被管理的。

②准则由来：IASB 还考虑了重分类生效日期的问题。一些反馈意见者认为，一旦主体对管理相关金融工具的业务模式发生变更，就应立即在主体的财务报表中反映重分类，否则将会违背重分类的目标（即反映金融工具如何被管理）。但是，为防止主体通过选择重分类日期来进行盈余管理，IASB 决定重分类应该在下一报告期的期初生效。

对于我国企业来说，重分类日为业务模式发生变更的下一个季度会计期间的期初。例如，甲上市公司决定于 20×8 年 2 月 20 日改变其管理某金融资产的业务模式，则重分类日为 20×8 年 4 月 1 日；乙上市公司决定于 20×8 年 11 月 25 日改变其管理某金融资产的业务模式，则重分类日为 20×9 年 1 月 1 日。

第三十条 企业将一项以摊余成本计量的金融资产重分类为以公允价值计量且其变动计入当期损益的金融资产的，应当按照该资产在重分类日的公允价值进行计量。原账面价值与公允价值之间的差额计入当期损益[①]。

企业将一项以摊余成本计量的金融资产重分类为以公允价值计量且其变动计入其他综合收益的金融资产的，应当按照该金融资产在重分类日的公允价值进行计量。原账面价值与公允价值之间的差额计入其他综合收益。该金融资产重分类不影响其实际利率和预期信用损失的计量[②]。

【注释】

[①]该部分损益为未实现的利得和损失，因此，应计入公允价值变动损益。

[②]准则由来：IASB指出，该金融资产重分类不影响其实际利率、折价溢价的摊销以及预期信用损失的计量。摊余成本计量类别和以公允价值计量且其变动计入其他综合收益计量类别均要求在初始确认时确定实际利率（详见本准则第七章"金融工具的计量"）。同时，上述两种计量类别还要求以相同的方式应用减值方法（详见本准则第八章"金融工具的减值"）。因此，如果主体将金融资产在摊余成本计量类别与以公允价值计量且其变动计入其他综合收益计量类别两者之间进行重分类，则：

1) 利息收入的确认将保持不变，因为主体继续采用原实际利率。

2) 预期信用损失的计量将保持不变，因为上述两种计量类别均适用相同的减值方法。

如果金融资产从以摊余成本计量类别重分类至以公允价值计量且其变动计入其他综合收益计量类别，则自重分类日起相关的损失准备应予以终止确认（即不再作为对金融资产账面价值的调整），且应当按相同的金额确认一项计入其他综合收益的累计减值，并进行披露（详见本准则第三十一条）。

从以摊余成本计量类别重分类至以公允价值计量且其变动计入当期损益类别和以公允价值计量且其变动计入其他综合收益类别的账务处理参见【例1-11】情形1和情形2。

第三十一条 企业将一项以公允价值计量且其变动计入其他综合收益的金融资产重分类为以摊余成本计量的金融资产的，应当将之前计入其他综合收益的累计利得或损失转出，调整该金融资产在重分类日的公允价值[①]，并以调整后的金额作为新的账面价值，即视同该金融资产一直以摊余成本计量。该金融资产重分类不影响其实际利率和预期信用损失的计量。

企业将一项以公允价值计量且其变动计入其他综合收益的金融资产重分类为以公允价值计量且其变动计入当期损益的金融资产的，应当继续以公允价值计量该金融资产。同时，企业应当将之前计入其他综合收益的累计利得或损失从其他综合收益转入当期损益[②]。

【注释】

①根据《国际会计准则第1号——财务报表列报》（IAS 1）第7条的规定，重分类调整（Reclassification Adjustments，又可称为"循环"）指当期或以前期间在其他综合收益中确认的，且当期重新分类到损益中的金额。例如，分类为以公允价值计量且其变动计入其他综合收益的金融资产（债权投资）在处置时，前期计入其他综合收益的公允价值变动应转入损益。但是，指定为以公允价值计量且其变动计入其他综合收益的非交易性权益工具投资和设定受益计划的重新计量等并不产生重分类调整，相关利得和损失在其他综合收益中确认，在以后各期也不重分类为损益，而只能调整留存收益。有关非交易性权益工具投资的规定请参见本准则第三章"金融资产的分类"以及第七章"金融工具的计量"，有关设定受益计划重新计量的规定请参见《企业会计准则第9号——职工薪酬》。

根据本条目规定，企业将一项以公允价值计量且其变动计入其他综合收益的金融资产重分类为以摊余成本计量的金融资产的，应当将之前计入其他综合收益的累计利得或损失转出，调整该金融资产在重分类日的公允价值，IFRS 9 认为该调整不属于一项重分类调整。

编者语： 编者认为上述调整将会导致综合收益在利润表中的重复计量，详见《企业会计准则第24号——套期会计》第二十五条【注释】④。因此我们认为，重分类调整的定义应修改为：重分类调整指当期或以前期间在综合收益中确认的且当期重分类至资产、负债或损益中的金额，而非重分类调整则是指当期或以前期间在综合收益中确认的且当期重分类至其他权益项目（如留存收益）中的金额。

②之前计入其他综合收益的累计利得或损失应在重分类日作为一项重分类调整（详见 IAS 1），从权益重分类至损益。

从以公允价值计量且其变动计入其他综合收益类别重分类至以摊余成本计量类别和以公允价值计量且其变动计入当期损益类别的账务处理参见【例1-11】情形3和情形4。

第三十二条 企业将一项以公允价值计量且其变动计入当期损益的金融资产重分类为以摊余成本计量的金融资产的，应当以其在重分类日的公允价值作为新的账面余额。

企业将一项以公允价值计量且其变动计入当期损益的金融资产重分类为以公允价值计量且其变动计入其他综合收益的金融资产的，应当继续以公允价值计量该金融资产。

按照本条规定对金融资产重分类进行处理的，企业应当根据该金融资产在重分类日的公允价值确定其实际利率①。同时，企业应当自重分类日起对该金融资产适用本准则关于金融资产减值的相关规定，并将重分类日视为初始确认日。

【注释】

①**实施指引**：企业按照本条规定对金融资产进行重分类的，应进行如下会计处理：1) 根据该金融资产在重分类日的公允价值测算实际利率，进行折价或溢价的摊销（详见本准则第七章"金融工具的计量"）；2) 自重分类日起，根据预期信用损失模型对金融资产进行减值处理（详见本准则第八章"金融工具的减值"）。

从以公允价值计量且其变动计入当期损益类别重分类至以摊余成本计量类别和以公允价值计量且其变动计入其他综合收益类别的账务处理参见【例1-11】情形5和情形6。

【例1-11】

20×1年10月5日，甲银行以公允价值400 000元购入乙公司债券，该债券的票面利率与实际利率相等。20×1年12月31日甲银行变更了管理该债券的业务模式，该债券的公允价值为380 000元，重分类日为20×2年1月1日。为了简化目的，此处不列示确认利息收入的会计分录，假定不考虑其他因素。

情形1：从以摊余成本计量类别重新分类至以公允价值计量且其变动计入当期损益类别。

甲银行将该债券从以摊余成本计量类别重分类至以公允价值计量且其变动计入当期损益类别，重分类日，该债券应以公允价值计量，原账面价值与公允价值之间的差额计入当期损益。

20×2年1月1日，甲银行应进行如下账务处理：

借：交易性金融资产　　　　　　　　　　　　　380 000
　　公允价值变动损益　　　　　　　　　　　　 20 000
　　贷：债权投资——面值　　　　　　　　　　　400 000

情形2：从以摊余成本计量类别重分类至以公允价值计量且其变动计入其他综合收益类别。

甲银行将该债券从以摊余成本计量类别重分类至以公允价值计量且其变动计入其他综合收益类别，重分类日，该债券应以公允价值计量，原账面价值与公允价值之间的差额计入其他综合收益。该债券的实际利率和预期信用损失的计量均不受重分类的影响。

20×2年1月1日，甲银行应进行如下账务处理：

借：其他债权投资——成本　　　　　　　　　　400 000
　　其他综合收益　　　　　　　　　　　　　　 20 000
　　贷：债权投资——面值　　　　　　　　　　　400 000
　　　　其他债权投资——利息调整　　　　　　　 20 000

情形3：从以公允价值计量且其变动计入其他综合收益类别重分类至以摊余成本计量类别。

甲银行将该债券从以公允价值计量且其变动计入其他综合收益类别重分类至以摊余成本计量类别，重分类日，之前计入其他综合收益的累计利得或损失应从权益中转出，调整该债券在重分类日的公允价值，并以调整后的金额作为新的账面价值，视同该债券一直以摊余成本计量，其实际利率和预期信用损失的计量均不受重分类的影响。

20×2年1月1日，甲银行应进行如下账务处理：

借：债权投资——面值　　　　　　　　　　　　400 000
　　其他债权投资——公允价值变动　　　　　　 20 000
　　贷：其他债权投资——成本　　　　　　　　　　400 000
　　　　其他综合收益　　　　　　　　　　　　　　 20 000

情形4：从以公允价值计量且其变动计入其他综合收益类别重分类至以公允价值计量且其变动计入当期损益类别。

甲银行将该债券从以公允价值计量且其变动计入其他综合收益类别重分类至以公允价值计量且其变动计入当期损益类别，重分类日，该债券应当继续以公允价值计量，同时，之前计入其他综合收益的累计利得或损失应从其他综合收益转入当期损益。

20×2年1月1日，甲银行应进行如下账务处理：

借：交易性金融资产　　　　　　　　　　　　　380 000
　　其他债权投资——公允价值变动　　　　　　 20 000
　　贷：其他债权投资——成本　　　　　　　　　　400 000
借：公允价值变动损益　　　　　　　　　　　　 20 000
　　贷：其他综合收益　　　　　　　　　　　　　　 20 000

情形5：从以公允价值计量且其变动计入当期损益类别重分类至以摊余成本计量类别。

甲银行将该债券从以公允价值计量且其变动计入当期损益类别重分类至以摊余成本计量类别，重分类日，该债券的公允价值应作为新的账面余额，并基于该公允价值确定其实际利率。同时，甲银行应当自重分类日起的每个资产负债表日对该债券适用本准则关于金融资产减值的相关规定。

20×2年1月1日，甲银行应进行如下账务处理：

借：债权投资——面值　　　　　　　　　　　　400 000
　　贷：债权投资——利息调整　　　　　　　　　　 20 000
　　　　交易性金融资产　　　　　　　　　　　　　380 000

情形6：从以公允价值计量且其变动计入当期损益类别重分类至以公允价值计量且其变动计入其他综合收益类别。

甲银行将该债券从以公允价值计量且其变动计入当期损益类别重分类至以公允价值计量且其变动计入其他综合收益类别，重分类日，该债券应当继续以公允价值计量，并基于该公允价值确定其实际利率。同时，甲银行应当自重分类日起的每个资产负债表日对该债券适用本准则关于金融资产减值的相关规定。

20×2年1月1日,甲银行应进行如下账务处理:

借:其他债权投资——成本　　　　　　　　　　400 000
　　贷:其他债权投资——利息调整　　　　　　　　20 000
　　　　交易性金融资产　　　　　　　　　　　　380 000

第七章 金融工具的计量

第三十三条 企业初始确认金融资产或金融负债，应当按照公允价值计量[①]。对于以公允价值计量且其变动计入当期损益的金融资产和金融负债，相关交易费用应当直接计入当期损益；对于其他类别的金融资产或金融负债，相关交易费用应当计入初始确认金额[②]。但是，企业初始确认的应收账款未包含《企业会计准则第14号——收入》所定义的重大融资成分或根据《企业会计准则第14号——收入》规定不考虑不超过一年的合同中的融资成分的，应当按照该准则定义的交易价格进行初始计量[③]。

交易费用，是指可直接归属于购买、发行或处置金融工具的增量费用。增量费用是指企业没有发生购买、发行或处置相关金融工具的情形就不会发生的费用，包括支付给代理机构、咨询公司、券商、证券交易所、政府有关部门等的手续费、佣金、相关税费以及其他必要支出，不包括债券溢价、折价、融资费用、内部管理成本和持有成本等与交易不直接相关的费用。

【注释】

①**准则由来**：公允价值为权益工具和衍生工具投资提供了最相关的信息，因此对于初始确认的金融资产或金融负债，应按照公允价值计量。对于该工具产生的未来现金流量的时间、金额和不确定性，成本即使有也只能提供很少具有预测价值的信息，在许多情况下，公允价值与历史成本会有显著不同。但存在某些成本可能代表公允价值的情况，IASB决定针对这些情况提供额外的应用指南（详见本准则第四十四条）。

准则联系：对于金融资产或金融负债的初始确认存在例外情况（即在其初始确认时，没有按照公允价值计量）：《企业会计准则第20号——企业合并》第六条规定，对于同一控制下的企业合并，合并方在企业合并中取得的资产和负债，应当按照合并日在被合并方的账面价值计量。

②**准则联系**：对于其他类别的金融资产或金融负债，相关交易费用应当计入初始确认金额，作为实际利率调整的一部分。关于金融工具实际利率组成部分的讲解详见本准则第四十一条【注释】①。

③**准则联系**：2017年7月5日，财政部印发了修订后的《企业会计准则第14号——收入》，其中定义的交易价格是指企业因向客户转让商品而预期有权收

取的对价金额。企业应当按照分摊至各单项履约义务的交易价格计量收入。在确定交易价格时，企业应当考虑可变对价、合同中存在的重大融资成分、非现金对价、应付客户对价等因素的影响。

第三十四条 企业应当根据《企业会计准则第39号——公允价值计量》的规定，确定金融资产和金融负债在初始确认时的公允价值[①]。公允价值通常为相关金融资产或金融负债的交易价格[②]。金融资产或金融负债公允价值与交易价格存在差异的，企业应当区别下列情况进行处理：

（一）在初始确认时，金融资产或金融负债的公允价值依据相同资产或负债在活跃市场上的报价或者以仅使用可观察市场数据的估值技术确定的，企业应当将该公允价值与交易价格之间的差额确认为一项利得或损失[③]。

（二）在初始确认时，金融资产或金融负债的公允价值以其他方式确定的，企业应当将该公允价值与交易价格之间的差额递延。初始确认后，企业应当根据某一因素在相应会计期间的变动程度将该递延差额确认为相应会计期间的利得或损失。该因素应当仅限于市场参与者对该金融工具定价时将予考虑的因素，包括时间等。

【注释】

①准则联系：《企业会计准则第39号——公允价值计量》规定了公允价值如何确定的问题。企业应当将公允价值计量所使用的输入值划分为三个层次：第一层次输入值是在计量日能够取得的相同资产或负债在活跃市场上未经调整的报价（活跃市场，是指相关资产或负债的交易量和交易频率足以持续提供定价信息的市场）；第二层次输入值是除第一层次输入值外相关资产或负债直接或间接可观察的输入值；第三层次输入值是相关资产或负债的不可观察输入值。

公允价值计量结果所属的层次，由对公允价值计量整体而言具有重要意义的输入值所属的最低层次决定。企业应当在考虑相关资产或负债特征的基础上判断所使用的输入值是否重要。公允价值计量结果所属的层次，取决于估值技术的输入值，而不是估值技术本身。

可见，本条第（一）项中所述的金融工具公允价值是根据第一层次和第二层次的输入值确定的，而本条第（二）项中所述的金融工具公允价值是根据第三层次输入值确定的。

②金融工具在初始确认时的公允价值通常为交易价格（即所支付或收取的对价的公允价值）。但是，如果所支付或收取的对价（即交易价格）的一部分并不针对该金融工具，则企业应当对该项金融工具的公允价值进行计量。

③编者语：本条并未规定初始确认时金融资产或金融负债交易价格与公允价值之间由于存在价差而形成的利得或损失，是应该计入当期损益，还是应该根据资产类别计入其他综合收益等（如本准则第十八条分类为以公允价值计量且其变

动计入其他综合收益的金融资产的情形)。编者认为,交易价格与公允价值之间的价差应直接计入当期损益,而不是根据资产类别确定。

例如,企业购入以公允价值计量且其变动计入其他综合收益的金融资产,其交易价格和公允价值之间的价差也应当计入当期损益(公允价值变动损益),而不是其他综合收益。如果在初始确认时将交易价格和公允价值之间的价差计入其他综合收益,则根据此种方式进行初始计量和根据交易价格(而不是公允价值)进行初始计量会形成相同的结果(即对损益的影响相同),从而不能体现出金融资产或金融负债以公允价值进行初始计量的原则。

第三十五条 初始确认后,企业应当对不同类别的金融资产,分别以摊余成本、以公允价值计量且其变动计入其他综合收益或以公允价值计量且其变动计入当期损益进行后续计量[①②③]。

【注释】

①金融资产的后续计量与金融资产的分类密切相关。企业应当对不同类别的金融资产,分别以摊余成本、以公允价值计量且其变动计入其他综合收益或以公允价值计量且其变动计入当期损益进行后续计量。

需要注意的是,企业在对金融资产进行后续计量时,如果一项金融工具以前被确认为一项金融资产并以公允价值计量,而现在它的公允价值低于零,则企业应将其确认为一项负债。但对于主合同为金融资产的混合合同,即使整体公允价值可能低于零,企业应当始终将混合合同整体作为一项金融资产进行分类和计量。

②以摊余成本计量的金融资产的会计处理。

以摊余成本计量的金融资产的会计处理,其要素包括实际利率、构成实际利率组成部分的各项费用和摊余成本。各要素详细定义与组成参见本准则第三十八条。

关于以摊余成本计量的金融资产的具体会计处理详见【例1-12】。

③以公允价值进行后续计量的金融资产的会计处理。

对于以公允价值进行后续计量的金融资产,其公允价值变动形成的利得或损失,除与套期会计有关外(详见《企业会计准则第24号——套期会计》),应当按照下列规定处理:

1)以公允价值计量且其变动计入当期损益的金融资产的利得或损失,应当计入当期损益。

2)按照本准则第十八条分类为以公允价值计量且其变动计入其他综合收益的金融资产所产生的利得或损失,除减值损失或利得和汇兑损益外,均应当计入其他综合收益,直至该金融资产终止确认或被重分类。但是,采用实际利率法计算的该金融资产的利息应当计入当期损益。该类金融资产计入各期损益的金额应当与视同其一直按摊余成本计量而计入各期损益的金额相等。

该类金融资产终止确认时，之前计入其他综合收益的累计利得或损失应当从其他综合收益中转出，计入当期损益，属于重分类调整。

3) 对于指定为以公允价值计量且其变动计入其他综合收益的非交易性权益工具投资，除了获得的股利（属于投资成本收回部分的除外）计入当期损益外，其他相关的利得和损失（包括汇兑损益）均应计入其他综合收益，且后续不得转入当期损益。当其终止确认时，之前计入其他综合收益的累计利得或损失应当从其他综合收益中转出，计入留存收益。

关于以公允价值计量的金融资产的具体会计处理详见【例1-13】和【例1-14】。

【例1-12】分类为以摊余成本计量的金融资产后续计量。

20×0年1月1日，甲公司支付价款1 200万元（含交易费用）从上海证券交易所购入乙公司同日发行的5年期公司债券13 000份，债券票面价值总额为1 300万元，票面年利率为5%，于年末支付本年度债券利息（即每年利息为65万元），本金在债券到期时一次性偿还。合同约定，该债券的发行方在遇到特定情况时可以将债券赎回，且不需要为提前赎回支付额外款项。甲公司在购买该债券时，预计发行方不会提前赎回。甲公司根据其管理该债券的业务模式和该债券的合同现金流量特征，将该债券分类为以摊余成本计量的金融资产。

假定不考虑所得税、减值损失等因素，计算该债券的实际利率 r：

$65 \times (1+r)^{-1} + 65 \times (1+r)^{-2} + 65(1+r)^{-3} + 65 \times (1+r)^{-4} + (65+1\,300) \times (1+r)^{-5} = 1\,200$（万元）

计算得出 r = 6.87%（实务中可以通过插值法、Excel软件等方式计算）。

情形1：

根据表1-13中的数据，甲公司的有关账务处理如下：

表1-13 单位：万元

年度	期初摊余成本 (A)	实际利息收入 (B = A × 6.87%)	现金流入 (C)	期末摊余成本 (D = A + B - C)
20×0	1 200.00	82.44	65.00	1 217.44
20×1	1 217.44	83.64	65.00	1 236.08
20×2	1 236.08	84.92	65.00	1 256.00
20×3	1 256.00	86.29	65.00	1 277.29
20×4	1 277.29	87.71*	1 365.00	0

注：*1 300 + 65 - 1 277.29 = 87.71（万元）（尾数调整）。

(1) 20×0年1月1日，购入乙公司债券。

借：债权投资——成本　　　　　　　　　　　　　13 000 000
　　贷：银行存款　　　　　　　　　　　　　　　　　　12 000 000
　　　　债权投资——利息调整　　　　　　　　　　　　 1 000 000

(2) 20×0年12月31日，确认乙公司债券实际利息收入、收到债券利息。

借：应收利息　　　　　　　　　　　　　　　　　　650 000
　　债权投资——利息调整　　　　　　　　　　　　　174 400
　　贷：投资收益　　　　　　　　　　　　　　　　　　　824 400
借：银行存款　　　　　　　　　　　　　　　　　　650 000
　　贷：应收利息　　　　　　　　　　　　　　　　　　　650 000

(3) 20×1年12月31日，确认乙公司债券实际利息收入、收到债券利息。

借：应收利息　　　　　　　　　　　　　　　　　　650 000
　　债权投资——利息调整　　　　　　　　　　　　　186 400
　　贷：投资收益　　　　　　　　　　　　　　　　　　　836 400
借：银行存款　　　　　　　　　　　　　　　　　　650 000
　　贷：应收利息　　　　　　　　　　　　　　　　　　　650 000

(4) 20×2年12月31日，确认乙公司债券实际利息收入、收到债券利息。

借：应收利息　　　　　　　　　　　　　　　　　　650 000
　　债权投资——利息调整　　　　　　　　　　　　　199 200
　　贷：投资收益　　　　　　　　　　　　　　　　　　　849 200
借：银行存款　　　　　　　　　　　　　　　　　　650 000
　　贷：应收利息　　　　　　　　　　　　　　　　　　　650 000

(5) 20×3年12月31日，确认乙公司债券实际利息收入、收到债券利息。

借：应收利息　　　　　　　　　　　　　　　　　　650 000
　　债权投资——利息调整　　　　　　　　　　　　　212 900
　　贷：投资收益　　　　　　　　　　　　　　　　　　　862 900
借：银行存款　　　　　　　　　　　　　　　　　　650 000
　　贷：应收利息　　　　　　　　　　　　　　　　　　　650 000

(6) 20×4年12月31日，确认乙公司债券实际利息收入、收到债券利息和本金。

借：应收利息　　　　　　　　　　　　　　　　　　650 000
　　债权投资——利息调整　　　　　　　　　　　　　227 100
　　贷：投资收益　　　　　　　　　　　　　　　　　　　877 100
借：银行存款　　　　　　　　　　　　　　　　　　650 000
　　贷：应收利息　　　　　　　　　　　　　　　　　　　650 000
借：银行存款　　　　　　　　　　　　　　　　　 13 000 000
　　贷：债券投资——成本　　　　　　　　　　　　　　　13 000 000

情形2：

假定在20×2年1月1日，甲公司预计本金的一半（即650万元）将会在该年末收回，而其余的一半本金将于20×4年末付清。则甲公司应当调整20×2年初的摊余成本，计入当期损益；调整时采用最初确定的实际利率。据此，调整表1-13中相关数据后如表1-14所示。

表1-14　　　　　　　　　　　　　　　　　　　　　　　　单位：万元

年度	期初摊余成本 （A）	实际利息收入 （B = A×6.87%）	现金流入 （C）	期末摊余成本 （D = A + B − C）
20×0	1 200.00	82.44	65.00	1 217.44
20×1	1 217.44	83.64	65.00	1 236.08
20×2	1 256.65*	86.33	715.00	627.98
20×3	627.98	43.14	32.50**	638.62
20×4	638.62	43.88***	682.50	0.00

注：*（650 + 65）×（1 + 6.87%）$^{-1}$ + 32.5×（1 + 6.87%）$^{-2}$ +（650 + 32.5）×（1 + 6.87%）$^{-3}$ = 1 254（万元）。**650×5% = 32.50（万元）。***650 + 32.5 − 638.62 = 43.88（万元）（尾数调整）。

根据上述调整，甲公司的账务处理如下：

（1）20×2年1月1日，调整期初账面余额205 700（元）（12 566 500 − 12 360 800）。

　　借：债权投资——利息调整　　　　　　　　　　　　205 700
　　　　贷：投资收益　　　　　　　　　　　　　　　　　　205 700

（2）20×2年12月31日，确认实际利息、收回本金等。

　　借：应收利息　　　　　　　　　　　　　　　　　650 000
　　　　债权投资——利息调整　　　　　　　　　　　　213 300
　　　　贷：投资收益　　　　　　　　　　　　　　　　　　863 300
　　借：银行存款　　　　　　　　　　　　　　　　　650 000
　　　　贷：应收利息　　　　　　　　　　　　　　　　　　650 000
　　借：银行存款　　　　　　　　　　　　　　　　6 500 000
　　　　贷：债权投资——成本　　　　　　　　　　　　6 500 000

（3）20×3年12月31日，确认实际利息等。

　　借：应收利息　　　　　　　　　　　　　　　　　325 000
　　　　债权投资——利息调整　　　　　　　　　　　　106 400
　　　　贷：投资收益　　　　　　　　　　　　　　　　　　431 400
　　借：银行存款　　　　　　　　　　　　　　　　　325 000
　　　　贷：应收利息　　　　　　　　　　　　　　　　　　325 000

(4) 20×4年12月31日，确认实际利息、收回本金等。

借：应收利息　　　　　　　　　　　　　　　325 000
　　债权投资——利息调整　　　　　　　　　113 800
　　　贷：投资收益　　　　　　　　　　　　　　　　438 800
借：银行存款　　　　　　　　　　　　　　　325 000
　　　贷：应收利息　　　　　　　　　　　　　　　　325 000
借：银行存款　　　　　　　　　　　　　　6 500 000
　　　贷：债券投资——成本　　　　　　　　　　　6 500 000

情形3：

假定甲公司购买的乙公司债券不是分次付息，而是到期一次还本付息，且利息不以复利计算。此时，甲公司所购买乙公司债券的实际利率r计算如下：

$(65+65+65+65+65+1\,300)\times(1+r)^{-5}=1\,000$（万元）

由此计算得出 r = 6.25%。

据此，调整表1-13中相关数据后如表1-15所示。

表1-15　　　　　　　　　　　　　　　　　　　　　　　　单位：万元

年度	期初摊余成本 （A）	实际利息收入 （B = A×6.25%）	现金流入 （C）	期末摊余成本 （D = A + B − C）
20×0	1 200.00	75.00	0.00	1 275.00
20×1	1 275.00	79.69	0.00	1 354.69
20×2	1 354.69	84.67	0.00	1 439.36
20×3	1 439.36	89.96	0.00	1 529.32
20×4	1 529.32	95.68*	1 625.00	0

注：*1 300 + 325 − 1 529.32 = 95.68（万元）尾数调整。

根据表1-15中的数据，甲公司的有关账务处理如下：

(1) 20×0年1月1日，购入乙公司债券。

借：债权投资——成本　　　　　　　　　　13 000 000
　　　贷：银行存款　　　　　　　　　　　　　　　12 000 000
　　　　　债权投资——利息调整　　　　　　　　　1 000 000

(2) 20×0年12月31日，确认乙公司债券实际利息收入。

借：债权投资——应计利息　　　　　　　　　650 000
　　　　　　——利息调整　　　　　　　　　100 000
　　　贷：投资收益　　　　　　　　　　　　　　　　750 000

(3) 20×1年12月31日，确认乙公司债券实际利息收入。

借：债权投资——应计利息　　　　　　　　　650 000

——利息调整	146 900
贷：投资收益	796 900

（4）20×2年12月31日，确认乙公司债券实际利息收入。

借：债权投资——应计利息	650 000
——利息调整	249 600
贷：投资收益	846 700

（5）20×3年12月31日，确认乙公司债券实际利息收入。

借：债权投资——应计利息	650 000
——利息调整	207 500
贷：投资收益	899 600

（6）20×4年12月31日，确认乙公司债券实际利息收入、收回债券本金和票面利息。

借：债权投资——应计利息	650 000
——利息调整	306 800
贷：投资收益	956 800
借：银行存款	16 250 000
贷：债权投资——成本	13 000 000
——应计利息	3 250 000

【例1-13】分类为以公允价值计量且其变动计入其他综合收益的金融资产的计量。

20×0年1月1日，甲公司支付价款1 200万元（含交易费用）从上海证券交易所购入乙公司同日发行的5年期公司债券13 000份，债券票面价值总额为1 300万元，票面年利率为5%，于年末支付本年度债券利息（即每年利息为65万元），本金在债券到期时一次性偿还。合同约定，该债券的发行方在遇到特定情况时可以将债券赎回，且不需要为提前赎回支付额外款项。甲公司在购买该债券时，预计发行方不会提前赎回。甲公司根据其管理该债券的业务模式和该债券的合同现金流量特征，将该债券分类为以公允价值计量且其变动计入其他综合收益的金融资产。

其他资料如下：

（1）20×0年12月31日，乙公司债券的公允价值为1 200万元（不含利息）。
（2）20×1年12月31日，乙公司债券的公允价值为1 300万元（不含利息）。
（3）20×2年12月31日，乙公司债券的公允价值为1 250万元（不含利息）。
（4）20×3年12月31日，乙公司债券的公允价值为1 200万元（不含利息）。
（5）20×4年1月20日，通过上海证券交易所出售了乙公司债券12 500份，取得价款1 260万元。

假定不考虑所得税、减值等因素，计算该债券的实际利率r：

$65×(1+r)^{-1}+65×(1+r)^{-2}+65(1+r)^{-3}+65×(1+r)^{-4}+(65+1\,300)×(1+r)^{-5}=1\,200$（万元）

计算得出 r = 6.87%。

根据表 1-16 中的数据，甲公司的有关账务处理如下：

表 1-16   单位：万元

时间	期初摊余成本余额（A）	实际利息收入（B=A×6.87%）	现金流入（C）	期末摊余成本余额（D=A+B-C）	公允价值（E）	公允价值变动累计（F=E-D）	当期公允价值变动额（G=F-期初F）
20×0 年末	1 200	82.44	65	1 217.44	1 200	-17.44	-17.44
20×1 年末	1 217.44	83.64	65	1 236.08	1 300	63.92	81.36
20×2 年末	1 236.08	84.92	65	1 256	1 250	-6	-69.92
20×3 年末	1 256	86.29	65	1 277.29	1 200	-77.29	-71.29

（1）20×0 年 1 月 1 日，购入乙公司债券。

借：其他债权投资——成本　　　　　　　　　　　13 000 000
　　贷：银行存款　　　　　　　　　　　　　　　　12 000 000
　　　　其他债权投资——利息调整　　　　　　　　1 000 000

（2）20×0 年 12 月 31 日，确认债券实际利息收入、公允价值变动，收到债券利息。

借：应收利息　　　　　　　　　　　　　　　　　650 000
　　其他债权投资——利息调整　　　　　　　　　174 400
　　贷：投资收益　　　　　　　　　　　　　　　　824 400
借：银行存款　　　　　　　　　　　　　　　　　650 000
　　贷：应收利息　　　　　　　　　　　　　　　　650 000
借：其他综合收益——其他债权投资公允价值变动　174 400
　　贷：其他债权投资——公允价值变动　　　　　　174 400

（3）20×1 年 12 月 31 日，确认债券实际利息收入、公允价值变动，收到债券利息。

借：应收利息　　　　　　　　　　　　　　　　　650 000
　　其他债权投资——利息调整　　　　　　　　　186 400
　　贷：投资收益　　　　　　　　　　　　　　　　836 400
借：银行存款　　　　　　　　　　　　　　　　　650 000
　　贷：应收利息　　　　　　　　　　　　　　　　650 000
借：其他债权投资——公允价值变动　　　　　　　813 600
　　贷：其他综合收益——其他债权投资公允价值变动　813 600

(4) 20×2年12月31日，确认债券实际利息收入、公允价值变动，收到债券利息。

　　借：应收利息　　　　　　　　　　　　　　　　650 000
　　　　其他债权投资——利息调整　　　　　　　　199 200
　　　　贷：投资收益　　　　　　　　　　　　　　　　849 200
　　借：银行存款　　　　　　　　　　　　　　　　650 000
　　　　贷：应收利息　　　　　　　　　　　　　　　　650 000
　　借：其他综合收益——其他债权投资公允价值变动　699 200
　　　　贷：其他债权投资——公允价值变动　　　　　　699 200

(5) 20×3年12月31日，确认债券实际利息收入、公允价值变动，收到债券利息。

　　借：应收利息　　　　　　　　　　　　　　　　650 000
　　　　其他债权投资——利息调整　　　　　　　　212 900
　　　　贷：投资收益　　　　　　　　　　　　　　　　862 900
　　借：银行存款　　　　　　　　　　　　　　　　650 000
　　　　贷：应收利息　　　　　　　　　　　　　　　　650 000
　　借：其他综合收益——其他债权投资公允价值变动　712 900
　　　　贷：其他债权投资——公允价值变动　　　　　　712 900

(6) 20×4年1月20日，确认出售债券实现的损益。

　　借：银行存款　　　　　　　　　　　　　　　12 600 000
　　　　其他债权投资——利息调整　　　　　　　　227 100
　　　　　　　　　　——公允价值变动　　　　　　772 900
　　　　投资收益　　　　　　　　　　　　　　　　172 900
　　　　贷：其他债权投资——成本　　　　　　　　13 000 000
　　　　　　其他综合收益——其他债权投资公允价值变动　772 900

【例1-14】 指定为以公允价值计量且其变动计入其他综合收益的金融资产和分类为以公允价值计量且其变动计入当期损益的金融资产的后续计量。

20×0年4月6日，甲公司支付价款2 019万元（含交易费用1万元和已宣告发放现金股利18万元），购入乙公司发行的股票400万股，占乙公司有表决权股份的1%。甲公司将其指定为以公允价值计量且其变动计入其他综合收益的非交易性权益工具投资。

20×0年4月10日，甲公司收到乙公司发放的现金股利180 000元。

20×0年6月30日，该股票市价为每股5.4元。

20×0年12月31日，甲公司仍持有该股票；当日，该股票市价为每股5元。

20×1年5月9日，乙公司宣告发放股利200 000元。

20×1年5月13日，甲公司收到乙公司发放的现金股利。

20×1年5月20日，甲公司由于某特殊原因，以每股4.9元的价格将股票全部转让。

假定不考虑其他因素，甲公司的账务处理如下：

(1) 20×0年4月10日，购入股票。

借：应收股利　　　　　　　　　　　　　　　　　　　180 000
　　其他权益工具投资——成本　　　　　　　　　　20 010 000
　　贷：银行存款　　　　　　　　　　　　　　　　20 190 000

(2) 20×0年4月10日，收到现金股利。

借：银行存款　　　　　　　　　　　　　　　　　　　180 000
　　贷：应收股利　　　　　　　　　　　　　　　　　　180 000

(3) 20×0年6月30日，确认股票价格变动。

借：其他权益工具投资——公允价值变动　　　　　　1 590 000
　　贷：其他综合收益——其他权益工具投资公允价值变动　1 590 000

(4) 20×0年12月31日，确认股票价格变动。

借：其他综合收益——其他权益工具投资公允价值变动　1 600 000
　　贷：其他权益工具投资——公允价值变动　　　　　1 600 000

(5) 20×1年5月9日，确认应收现金股利。

借：应收股利　　　　　　　　　　　　　　　　　　　200 000
　　贷：投资收益　　　　　　　　　　　　　　　　　　200 000

(6) 20×1年5月13日，收到现金股利。

借：银行存款　　　　　　　　　　　　　　　　　　　200 000
　　贷：应收股利　　　　　　　　　　　　　　　　　　200 000

(7) 20×1年5月20日，出售股票。

借：盈余公积——法定盈余公积　　　　　　　　　　　　1 000
　　利润分配——未分配利润　　　　　　　　　　　　　9 000
　　贷：其他综合收益——其他权益工具投资公允价值变动　10 000
借：银行存款　　　　　　　　　　　　　　　　　　19 600 000
　　其他权益工具投资——公允价值变动　　　　　　　　10 000
　　盈余公积——法定盈余公积　　　　　　　　　　　　40 000
　　利润分配——未分配利润　　　　　　　　　　　　　360 000
　　贷：其他权益工具投资——成本　　　　　　　　20 010 000

如果甲公司根据其管理乙公司股票的业务模式和乙公司股票的合同现金流量特征，将乙公司股票分类为以公允价值计量且其变动计入当期损益的金融资产，且20×0年12月31日乙公司股票市价为每股4.8元，其他资料不变，则甲公司应作如下账务处理：

(1) 20×0年4月6日，购入股票。

借：应收股利　　　　　　　　　　　　　　　　　　　180 000

交易性金融资产——成本	20 000 000	
投资收益	10 000	
贷：银行存款		20 190 000

(2) 20×0年4月10日，收到现金股利。

借：银行存款	180 000	
贷：应收股利		180 000

(3) 20×0年6月30日，确认股票价格变动。

借：交易性金融资产——公允价值变动	1 590 000	
贷：公允价值变动损益		1 590 000

(4) 20×0年12月31日，确认股票价格变动。公允价值变动 = 400 × (4.8 − 5.4) = −240（万元）。

借：公允价值变动损益	2 400 000	
贷：交易性金融资产——公允价值变动		2 400 000

(5) 20×1年5月9日，确认应收现金股利。

借：应收股利	200 000	
贷：投资收益		200 000

(6) 20×1年5月13日，收到现金股利。

借：银行存款	200 000	
贷：应收股利		200 000

(7) 20×1年5月20日，出售股票。

借：银行存款	19 600 000	
交易性金融资产——公允价值变动	800 000	
贷：交易性金融资产——成本		20 000 000
投资收益		400 000

　　第三十六条　初始确认后，企业应当对不同类别的金融负债，分别以摊余成本、以公允价值计量且其变动计入当期损益或以本准则第二十一条规定的其他适当方法进行后续计量①②。

【注释】

　　①金融负债的计量方法。企业应当按照以下原则对金融负债进行后续计量：

　　1) 以公允价值计量且其变动计入当期损益的金融负债，应当按照公允价值进行后续计量。

　　2) 金融资产转移不符合终止确认条件或继续涉入被转移金融资产所形成的金融负债。对此类金融负债，企业应当按照《企业会计准则第23号——金融资产转移》相关规定进行计量。

　　3) 不属于指定为以公允价值计量且其变动计入当期损益的金融负债的财务

担保合同或没有指定为以公允价值计量且其变动计入当期损益并将以低于市场利率贷款的贷款承诺,企业作为此类金融负债发行方的,应当在初始确认后按照依据本准则第八章所确定的损失准备金额以及初始确认金额扣除依据《企业会计准则第 14 号——收入》相关规定所确定的累计摊销额后的余额孰高进行计量。

4)上述金融负债以外的金融负债,应当按摊余成本进行后续计量。

②对于金融负债自身信用风险的处理、信用风险变化影响的确定等问题详见本准则第六十八条【注释】;关于如何确定自身信用风险引起的公允价值变动的案例详见本准则第六十八条【例 1-32】。

【例 1-15】交易性金融负债。

20×0 年 7 月 1 日,甲公司经批准在全国银行间债券市场公开发行 10 亿元人民币短期融资券,期限为 1 年,票面年利率 6.42%,每张面值为 100 元,到期一次还本付息。所募集资金主要用于公司生产经营。甲公司将该短期融资券分类为交易性金融负债。假定不考虑发行短期融资券相关的交易费用以及公司自身信用风险变动。

20×0 年 12 月 31 日,该短期融资券市场价格每张 102 元(不含利息);20×1 年 6 月 30 日,该短期融资券到期。

据此,甲公司账务处理如下:(金额单位:万元)

(1) 20×0 年 7 月 1 日,发行短期融资券。

借:银行存款   100 000
　　贷:交易性金融负债   100 000

(2) 20×0 年 12 月 31 日,年末确认公允价值变动和财务费用。

借:公允价值变动损益   2 000
　　贷:交易性金融负债   2 000
借:财务费用   3 210
　　贷:应付利息   3 210

(3) 20×1 年 6 月 30 日,短期融资券到期。

借:财务费用   3 210
　　贷:应付利息   3 210
借:交易性金融负债   102 000
　　应付利息   6 420
　　贷:银行存款   106 420
　　　　公允价值变动损益   2 000

【例 1-16】以摊余成本后续计量的金融负债。

甲上市公司在上海证券交易所发行公司债券为建造厂房筹集资金。有关资料如下:

(1) 20×0年12月31日，委托某证券公司以1 200万元的价格发行3年期分期付息公司债券。该债券面值为1 300万元，票面年利率5%，实际年利率8%，每年付息一次，到期后按面值偿还。假定不考虑发行公司债券相关的交易费用。

(2) 厂房建造工程采用出包方式，于20×1年1月1日开始动工，发行债券所得款项当日全部支付给建造承包商，20×2年12月31日所建造厂房达到预定可使用状态。

(3) 假定各年度利息的实际支付日期均为下年度的1月10日；20×4年1月10日支付20×3年度利息，一并偿付面值。

(4) 所有款项均以银行存款支付。

据此，甲公司计算得出该债券在各年末的摊余成本、应付利息金额、当年应予资本化或费用化的利息金额、利息调整的本年摊销和年末余额。有关结果如表1-17和表1-18所示。

表1-17　　　　　　　　　　　　　　　　　　　　　　　　　　　单位：万元

时间		20×0年12月31日	20×1年12月31日	20×2年12月31日	20×3年12月31日
摊余成本	面值	1 300	1 300	1 300	1 300
	利息调整	-100	-69	-35.52	0
	合计	1 200	1 231	1 264.48	1 300

表1-18　　　　　　　　　　　　　　　　　　　　　　　　　　　单位：万元

时间	20×0年12月31日	20×1年12月31日	20×2年12月31日	20×3年12月31日
当年应予资本化或费用化的利息金额		96	98.48	100.52*
年末应付利息金额		65	65	65
"利息调整"本年摊销额		31	33.48	35.52*

注：*表示经尾数调整。

相关账务处理如下：

(1) 20×0年12月31日，发行债券。

借：银行存款　　　　　　　　　　　　　　　　　　　12 000 000
　　应付债券——利息调整　　　　　　　　　　　　　 1 000 000
　　贷：应付债券——面值　　　　　　　　　　　　　13 000 000

(2) 20×1年12月31日，确认和结转利息。

借：在建工程　　　　　　　　　　　　　　　　　　　　 960 000

贷：应付利息　　　　　　　　　　　　　　　　　650 000
　　应付债券——利息调整　　　　　　　　　　　310 000

(3) 20×2年1月10日，支付利息。
借：应付利息　　　　　　　　　　　　　　　　　650 000
　　贷：银行存款　　　　　　　　　　　　　　　650 000

(4) 20×2年12月31日，确认和结转利息。
借：在建工程　　　　　　　　　　　　　　　　　984 800
　　贷：应付利息　　　　　　　　　　　　　　　650 000
　　　　应付债券——利息调整　　　　　　　　　334 800

(5) 20×3年1月10日，支付利息。
借：应付利息　　　　　　　　　　　　　　　　　650 000
　　贷：银行存款　　　　　　　　　　　　　　　650 000

(6) 20×3年12月31日，确认和结转利息。
借：财务费用　　　　　　　　　　　　　　　　1 005 200
　　贷：应付利息　　　　　　　　　　　　　　　650 000
　　　　应付债券——利息调整　　　　　　　　　355 200

(7) 20×4年1月10日，债券到期兑付。
借：应付利息　　　　　　　　　　　　　　　　　650 000
　　应付债券——面值　　　　　　　　　　　　13 000 000
　　贷：银行存款　　　　　　　　　　　　　　13 650 000

第三十七条 金融资产或金融负债被指定为被套期项目的，企业应当根据《企业会计准则第24号——套期会计》规定进行后续计量[①]。

【注释】

①准则联系：被套期项目的后续计量详见《企业会计准则第24号——套期会计》规定。

第三十八条 金融资产或金融负债的摊余成本，应当以该金融资产或金融负债的初始确认金额经下列调整后的结果确定[①]：

（一）扣除已偿还的本金。

（二）加上或减去采用实际利率法将该初始确认金额与到期日金额之间的差额进行摊销形成的累计摊销额。

（三）扣除累计计提的损失准备（仅适用于金融资产）。

实际利率法，是指计算金融资产或金融负债的摊余成本以及将利息收入或财务费用分摊计入各会计期间的方法。

实际利率，是指将金融资产或金融负债在预计存续期[②]的估计未来现金流量，折现为该金融资产账面余额或该金融负债摊余成本所使用的利率[3]。在确定实际利率时，应当在考虑金融资产或金融负债所有合同条款（如提前还款、展期、看涨期权或其他类似期权等）的基础上估计预期现金流量，但不应当考虑预期信用损失[4]。

【注释】

①摊余成本＝初始确认金额－已偿还的本金＋/－累计摊销额－损失准备（损失准备金额仅限金融资产）

②实务中，有些合同可能有固定的期间，有些合同则可能没有（如无固定期间且合同各方可随时要求终止或变更的合同、定期自动续约的合同等）。企业应当确定合同存续期间，并在该期间内按照本准则规定对合同进行会计处理。注意，存续期不等同于合同期，合同期是合同条款的法律规定，而存续期要考虑展期、赎回等条款，通常按照条款进行估计。

③知识拓展：根据相关准则及我国实务惯例，以下对"账面余额""账面价值""摊余成本"等概念进行辨析。

账面余额：一般是指某账户的账面实际余额（一级科目余额），不扣除与该账户相关的备抵科目（如相关资产的累计折旧、减值准备等）；对于金融资产而言，按"债权投资"科目核算的以摊余成本计量的金融资产的账面余额为"面值""利息调整""应计利息"等二级科目的合计金额；按"其他债权投资"科目核算的以公允价值计量且其变动计入其他综合收益的金融资产的账面余额为"成本""利息调整"等二级科目的合计金额。

账面价值：一般是资产和负债在资产负债表中列报的价值。如固定资产的账面价值等于账面余额减去相应的累计折旧和固定资产减值准备后的价值。

摊余成本：初始确认金额－已偿还的本金＋/－累计摊销额－损失准备（损失准备金额仅限于金融资产）。

④准则由来：IASB经讨论指出，预期的信用损失不应当包括在现金流量的估计中，且折现率应当反映与被折现的现金流量固有的相一致的假设。因此，根据现金流量折现模型，对于购买或源生的未发生信用减值的金融资产，在计算其实际利率（注意，不是经信用调整的实际利率）时应使用账面余额而不是摊余成本（即不应考虑减值的影响）。

IASB曾提出一种方案，指出应在确定金融资产的实际利率时考虑初始预期的信用损失。这样做会使利息收入代表这些金融资产的经济收益，或者说是实际的回报。但反馈意见指出，在计算实际利率时考虑预期信用损失会给实务操作造成很大负担，具体包括：需要对所有金融工具估计全部的预期现金流量；需要对上述现金流量估计和应用经信用调整的实际利率；以及需要保留有关预期信用损失最初估计的信息。类似负担对开放的金融资产组合而言尤其严峻（即新金融工具随着时间不断被加入到投资组合中）。

为应对以上挑战，IASB 决定将初始预期信用损失的计量与分摊从实际利率（购买或源生的已发生信用减值的金融资产除外）的确定中割裂出来（即"割裂简化法"）。因此，主体将按原实际利率（即不针对初始预期信用损失进行调整）单独计量金融资产和损失准备。

注意，实际利率在合同开始时确定，且在合同期间不能改变，即使后期发生信用减值。但是，如果以摊余成本计量的金融资产在公允价值套期中作为被套期项目，则在终止公允价值套期会计时，企业可能需要重新计量债务工具的实际利率，详见《企业会计准则第 24 号——套期会计》第二十三条。

第三十九条 企业应当按照实际利率法确认利息收入[①]。利息收入应当根据金融资产账面余额乘以实际利率计算确定[②]，但下列情况除外：

（一）对于购入或源生的已发生信用减值的金融资产，企业应当自初始确认起，按照该金融资产的摊余成本和经信用调整的实际利率计算确定其利息收入[③]。

（二）对于购入或源生的未发生信用减值、但在后续期间成为已发生信用减值的金融资产，企业应当在后续期间，按照该金融资产的摊余成本和实际利率计算确定其利息收入[④]。企业按照上述规定对金融资产的摊余成本运用实际利率法计算利息收入的，若该金融工具在后续期间因其信用风险有所改善而不再存在信用减值，并且这一改善在客观上可与应用上述规定之后发生的某一事件相联系（如债务人的信用评级被上调），企业应当转按实际利率乘以该金融资产账面余额来计算确定利息收入[⑤]。

经信用调整的实际利率，是指将购入或源生的已发生信用减值的金融资产在预计存续期的估计未来现金流量，折现为该金融资产摊余成本的利率。在确定经信用调整的实际利率时，应当在考虑金融资产的所有合同条款（如提前还款、展期、看涨期权或其他类似期权等）以及初始预期信用损失的基础上估计预期现金流量[⑥]。

【注释】

①需要按照实际利率法确认利息收入的情况包括分类为以摊余成本计量的金融资产和以公允价值计量且其变动计入其他综合收益的金融资产，而分类为以公允价值计量且其变动计入当期损益的金融资产在实际收到利息时按利息金额确认利息收入并计入当期损益，不需按照实际利率法确定利息收入。

②该处实际上对"预期信用损失模型"（详见本准则第八章）中处于前两阶段的金融资产的利息收入如何确定的问题进行了规定。显然，处于前两阶段的金融资产并未发生信用减值，结合本准则第三十八条【注释】④，其利息收入应当根据账面余额（即不考虑减值的情况下）乘以实际利率计算确定，这实际上割裂了金融资产的利息收入和预期信用损失的确认（即"割裂简化法"）。

③准则由来：一般情况下，企业应使用未经预期信用损失调整的实际利率，

以金融资产的账面余额为基础计算利息收入。但是，IASB 指出，部分金融资产信用风险的增加过大，导致以金融资产账面余额为基础计算利息收入的做法虽能反映合同回报，但不再能够如实反映经济回报。

IASB 最终决定，如果金融资产在报告日已发生信用减值，主体应该改变利息收入的计算方法，不应再按照金融资产的账面余额计算利息，而应按照下一报告期间期初金融资产的摊余成本（即减去损失准备后的金额）计算利息。虽然以上决定实际上是在一个基于预期信用损失的模型中使用了"已发生损失"标准，但这是必要的，因为此举保留了对利息收入的如实反映。

因此，此类金融资产按照摊余成本（即考虑预期信用损失）和实际利率计算确定其利息收入。

④IASB 指出，处于此阶段的金融资产是报告日已发生信用减值的金融资产的一个子集。因此，应按照规定，使用摊余成本和实际利率计算确定其利息收入。

⑤若购入或源生的未发生信用减值、但在后续期间成为已发生信用减值的金融资产，在后续期间因其信用风险有所改善而不再存在信用减值，则其信用减值可以转回。实际上，此时回到了"预期信用损失模型"的前两阶段，应根据账面余额乘以实际利率计算确定其利息收入。

IASB 指出，主体应按照与确认信用风险不利变化相一致的方式确认信用风险的有利变化（即该模型应具有对称性），但这些有利变化的转回应仅限于之前被确认的不利变化。而转回有利变化显然会产生盈余管理的可能（虽然是有限的）。

⑥对于购买或源生的在初始确认时已发生信用减值的金融资产，在计算经信用调整的实际利率时，企业需要将初始的预期信用损失纳入预计现金流量，并将其折现为金融资产的摊余成本以获取经信用调整的实际利率。其原因正如 IFRS 9 中所指出的，如果某一金融资产以较大的折价取得，则其信用损失已经发生，并已反映在价格上。如果企业在计算实际利率时并不考虑这样的信用损失，那么它确认的利息收入要高于内含在所支付的价格中的信息。

【例 1-17】经信用调整的实际利率的确定。

20×0 年 1 月 1 日，甲公司以人民币 741 万元购入乙公司 5 年期公司债券 1 000 万元，该债券的票面年利率为 5%。此前，作为发行方的乙公司已面临重大财务困难。计算该债券经信用调整的实际利率。

甲公司预计之后 5 年每年年末能收到 30 万元的利息，2×24 年年末能够收到 700 万元的本金。这些估计已经考虑了初期信用损失和未来的信用损失。则该债券的经信用调整的实际利率满足以下公式：

$$741 = \sum_{i=1}^{5} \frac{30}{(1+r)^i} + \frac{700}{(1+r)^5}$$

可得经信用调整的实际利率 r=3%

第四十条 当对金融资产预期未来现金流量具有不利影响的一项或多项事件发生时，该金融资产成为已发生信用减值的金融资产。金融资产已发生信用减值的证据包括下列可观察信息：

（一）发行方或债务人发生重大财务困难；

（二）债务人违反合同，如偿付利息或本金违约或逾期等；

（三）债权人出于与债务人财务困难有关的经济或合同考虑，给予债务人在任何其他情况下都不会作出的让步；

（四）债务人很可能破产或进行其他财务重组；

（五）发行方或债务人财务困难导致该金融资产的活跃市场消失；

（六）以大幅折扣购买或源生一项金融资产，该折扣反映了发生信用损失的事实。

金融资产发生信用减值有可能是多个事件的共同作用所致，未必是可单独识别的事件所致[①]。

【注释】

①有关金融资产减值的规定详见本准则第八章。

第四十一条 合同各方之间支付或收取的、属于实际利率或经信用调整的实际利率组成部分的各项费用、交易费用及溢价或折价等，应当在确定实际利率或经信用调整的实际利率时予以考虑[①]。

企业通常能够可靠估计金融工具（或一组类似金融工具）的现金流量和预计存续期。在极少数情况下，金融工具（或一组金融工具）的估计未来现金流量或预计存续期无法可靠估计的，企业在计算确定其实际利率（或经信用调整的实际利率）时，应当基于该金融工具在整个合同期内的合同现金流量[②]。

【注释】

①在确定实际利率时需要考虑的因素如下。

1）构成金融工具实际利率组成部分的各项费用包括：

企业形成或取得某项金融资产而收取的必不可少的费用。例如评估借款人财务状况，评估并记录各类担保、担保物和其他担保安排，议定金融工具的合同条款，编制和处理相关文件，达成交易等相关活动而收取的补偿。

企业收取的发放贷款的承诺费用。若贷款承诺不以公允价值计量，且企业很可能签订相关借款协议，此费用可视为企业持续涉入取得金融工具的过程而获得的补偿。如果该贷款承诺到期前未发放相关贷款，企业应当在到期日将承诺费用确认为收入。

企业发行以摊余成本计量的金融负债而支付的必不可少的费用。企业应当区分构成相关金融负债实际利率组成部分的必不可少的费用和涉及提供服务（如投资管理服务）的交易费用。

2) 不构成金融工具实际利率组成部分的各项费用包括：

企业为贷款提供服务而收取的费用。

企业收取的发放贷款承诺的费用。前提是贷款承诺不以公允价值计量，且企业签订相关借款协议的可能性较小。

企业因组织银团贷款而收取的费用，且企业自身不保留该贷款的任何一部分（或者虽然保留该贷款的一部分但采用与其他贷款参与者针对类似风险使用的实际利率相同的实际利率）。

3) 企业对于不构成金融工具实际利率组成部分的各项费用，应当按照《企业会计准则第 14 号——收入》进行会计处理。

4) 企业通常应当在金融工具的预计存续期内，对实际利率计算中包括的各项费用、支付或收取的贴息、交易费用及溢价或折价进行摊销。但如果上述各项涉及更短的期间，企业应当在这一更短期间内进行摊销。在某些情况下，如果与上述各项相关的变量在该金融工具预计到期日前按市场利率重新定价，那么摊销期间应为截至下一个重新定价日的期间。

②企业通常能够可靠估计金融工具（或一组类似金融工具）的现金流量和预计存续期。在极少数情况下存在例外。例如，浮动利率贷款和通货膨胀率连结债券的现金流量一般不能可靠估计；而永续债或可回售工具等的预计存续期不能可靠估计（存续期不等同于合同期。合同期是合同条款的法律规定，而存续期要考虑展期、赎回等条款，通常按照条款进行估计）。

第四十二条 企业与交易对手方修改或重新议定合同，未导致金融资产终止确认，但导致合同现金流量发生变化的，应当重新计算该金融资产的账面余额，并将相关利得或损失计入当期损益①。重新计算的该金融资产的账面余额，应当根据将重新议定或修改的合同现金流量按金融资产的原实际利率（或者购买或源生的已发生信用减值的金融资产的经信用调整的实际利率）或按《企业会计准则第 24 号——套期会计》第二十三条规定的重新计算的实际利率（如适用）折现的现值确定②。对于修改或重新议定合同所产生的所有成本或费用，企业应当调整修改后的金融资产账面价值，并在修改后金融资产的剩余期限内进行摊销③。

【注释】

①准则由来：IASB 指出，根据"割裂简化法"，主体将用实际利率乘以账面余额（即不包括损失准备调整的金额）来计算利息收入。如果合同修改时不调整账面余额，将导致利息收入和损失准备增加。因此，如果主体修改了合同现金流量，则相应地应调整金融资产的账面余额，并将修改利得或损失计入损益。除了

购入或源生的已发生信用减值的金融资产,新的账面余额将体现以原实际利率折现未来合同现金流量的现值。

②按照本准则第三十八条【注释】④,实际利率在合同开始时确定,且在合同期间不能改变(即使后期发生信用减值)。从会计处理角度来看,修改但未终止确认的金融工具并非新的金融工具,因此计量账面余额时应沿用相同的原实际利率,企业应当按照原实际利率(或者购买或源生的已发生信用减值的金融资产的经信用调整的实际利率)对合同现金流量进行折现,以得到金融资产的账面余额。

③编者语:本条规定,要根据修改或重新议定合同所产生的所有成本或费用对金融资产账面价值进行调整。但企业调整金融资产账面价值必定会改变最开始测算的合同实际利率。这与本准则第三十八条【注释】④所述的"实际利率在合同开始时确定,且在合同期间不能改变(即使后期发生信用减值)"的情形相违背。因此,应如何对调整后的摊余成本进行摊销仍待商榷。

第四十三条 企业不再合理预期金融资产合同现金流量能够全部或部分收回的,应当直接减记该金融资产的账面余额。这种减记构成相关金融资产的终止确认①。

【注释】

①准则联系:按本准则第十一条金融资产终止确认规定,本条实际上属于"收取该金融资产现金流量的合同权利终止"的情形,应该终止确认相关金融资产。

第四十四条 企业对权益工具的投资和与此类投资相联系的合同应当以公允价值计量①。但在有限情况下,如果用以确定公允价值的近期信息不足,或者公允价值的可能估计金额分布范围很广,而成本代表了该范围内对公允价值的最佳估计的,该成本可代表其在该分布范围内对公允价值的恰当估计②。

企业应当利用初始确认日后可获得的关于被投资方业绩和经营的所有信息,判断成本能否代表公允价值。存在下列情形(包含但不限于)之一的,可能表明成本不代表相关金融资产的公允价值,企业应当对其公允价值进行估值③:

(一)与预算、计划或阶段性目标相比,被投资方业绩发生重大变化。
(二)对被投资方技术产品实现阶段性目标的预期发生变化。
(三)被投资方的权益、产品或潜在产品的市场发生重大变化。
(四)全球经济或被投资方经营所处的经济环境发生重大变化。
(五)被投资方可比企业的业绩或整体市场所显示的估值结果发生重大变化。
(六)被投资方的内部问题,如欺诈、商业纠纷、诉讼、管理或战略变化。
(七)被投资方权益发生了外部交易并有客观证据,包括发行新股等被投方发生的交易和第三方之间转让被投资方权益工具的交易等。

【注释】
①企业对权益工具的投资和与此类投资相联系的合同应当以公允价值计量,因为成本无法提供关于权益工具所产生的未来现金流量的有用信息。

②准则由来:此条规定了以公允价值计量权益工具投资的例外情况。之所以产生此类例外情况,是因为在某些情况下,公允价值计量对于权益工具缺乏可靠性。鉴于可获得的可靠信息的缺乏,任何公允价值计量都需要大量的管理层判断,或者是不可能的。因此,以公允价值计量这种权益工具将会降低可比性。此时,成本可以作为公允价值的恰当估计。

③本条所列的清单并非详尽无遗。企业应当使用在初始确认日之后可获得的有关被投资方业绩和经营状况的所有信息。如果存在任何上述的相关因素,则可能表明成本并不代表公允价值。在该情况下,企业必须以公允价值计量。

第四十五条 权益工具投资或合同存在报价的,企业不应当将成本作为对其公允价值的最佳估计[①]。

【注释】
①准则联系:《企业会计准则第39号——公允价值计量》规定了公允价值如何确定的问题。企业应当将公允价值计量所使用的输入值划分为三个层次:第一层次输入值是在计量日能够取得的相同资产或负债在活跃市场上未经调整的报价(活跃市场,是指相关资产或负债的交易量和交易频率足以持续提供定价信息的市场);第二层次输入值是除第一层次输入值外相关资产或负债直接或间接可观察的输入值;第三层次输入值是相关资产或负债的不可观察输入值。

若权益工具投资或合同存在报价,即企业至少可以通过前两层输入值估计其公允价值的,企业不应将成本作为对其公允价值的最佳估计。

第八章 金融工具的减值

第四十六条 企业应当按照本准则规定，以预期信用损失为基础，对下列项目进行减值会计处理并确认损失准备[①]：

（一）按照本准则第十七条分类为以摊余成本计量的金融资产和按照本准则第十八条分类为以公允价值计量且其变动计入其他综合收益的金融资产[②]。

（二）租赁应收款[③]。

（三）合同资产[④]。合同资产是指《企业会计准则第14号——收入》定义的合同资产。

（四）企业发行的分类为以公允价值计量且其变动计入当期损益的金融负债以外的贷款承诺[⑤]和适用本准则第二十一条（三）规定的财务担保合同。

损失准备，是指针对按照本准则第十七条计量的金融资产、租赁应收款和合同资产的预期信用损失计提的准备，按照本准则第十八条计量的金融资产的累计减值金额以及针对贷款承诺和财务担保合同的预期信用损失计提的准备。

【注释】

①**准则由来**：本准则第八章主要规范了涉及信用风险敞口的金融工具的减值问题。IAS 39之前采用"已发生损失法"对金融工具的减值进行会计处理，该方法造成主体在信用损失事件发生之前的期间多计利息收入，推迟确认信用损失，并且由于减值方法众多，导致"已发生损失法"过于复杂。对于以摊余成本计量的金融资产和以公允价值计量且其变动计入其他综合收益的债务工具而言，投资者在了解收取未来合同现金流量的可能性时，信用风险变动的影响较其他变动（如市场利率变动）更具相关性，原因在于上述两种资产的业务模式中都包含收取合同现金流量。为了如实反映预期信用损失的经济后果，减值模型应当向财务报表的使用者提供有关主体未来现金流量的金额、时间及不确定性的相关信息，同时确保主体报告的金额具有可比性、及时性和可理解性。这也是引入"预期信用损失法"的目的。

本准则规定，企业采用预期信用损失法对金融工具的减值进行会计处理，有关预期信用损失法的介绍详见本准则第四十六条。本准则减值的范围主要包括本准则第十七条和第十八条规定的两类金融资产，它们均符合基本借贷安排；此外，也包括具有类似信用风险特征的合同资产、租赁应收款、符合上述规定条件的贷款承诺以及财务担保合同等。

但是，权益类投资均不遵循本准则减值规定。例如，符合金融资产定义的长期股权投资的减值处理遵循《企业会计准则第8号——资产减值》的规定；又如，指定为以公允价值计量且其变动计入其他综合收益的非交易性权益工具投资（即"其他权益工具投资"）无需减值，因为其公允价值变动未来将转入留存收益，而不影响损益。此外，以公允价值计量且其变动计入当期损益的金融资产（含指定类）也无需进行减值处理，因其公允价值变动包含了减值因素。

以上各项目适用本准则进行减值处理的理由如下：

1）以摊余成本计量的金融资产（包括应收账款等）：该类金融资产是受到预期信用损失影响的主要金融资产类别。

应收账款是企业无条件收取客户合同对价的权利。企业应当对应收账款采用预期信用损失法。在实务中应用减值规定时，应收账款通常在逾期时才确认信用损失，但是企业在应收账款逾期之前确认损失准备可以提高财务报告质量。

2）以公允价值计量且其变动计入其他综合收益的金融资产：该类金融资产的目标是向财务报表的使用者同时提供公允价值和摊余成本的信息。因此，该类资产确认和计量预期信用损失的规定应与以摊余成本计量资产的规定相同。

3）企业签出以公允价值计量且其变动计入当期损益以外的贷款承诺以及适用本准则第二十一条（三）规定的财务担保合同：贷款承诺和财务担保合同（资产负债表外风险敞口）的预期信用损失类似于具有相同风险敞口的资产负债表项目（贷款等）的预期信用损失。两者唯一不同的是后者借款人已提取贷款，而前者尚未提取。在实务中，贷款承诺和财务担保合同通常使用与贷款和其他资产负债表表内项目相同的信用风险管理方法和信息系统。

4）租赁应收款：租赁应收款的计量类似于以摊余成本计量的金融资产，但是两者在应用实际利率法时，确定折现率的方法有所不同。此外，租赁合同的现金流量可能包括其他金融工具中所没有的或有租金等特点。可变租金会导致现金流和折现率的差异，但是这些差异不足以采用不同的减值模型，因此将租赁应收款纳入本准则减值规定的范围。

5）合同资产：在《企业会计准则第14号——收入》中，合同资产有明确的会计处理规定，虽然合同资产的初始确认不属于本准则规定的范围，但是合同资产的信用风险类似于应收账款，因此将合同资产纳入本准则减值规定的范围。

编者语：《〈企业会计准则第14号——收入〉应用指南》指出，合同资产的减值或减值的转回，应记入"资产减值损失"科目；但是，根据《〈企业会计准则第22号——金融工具确认和计量〉应用指南》，合同资产的减值或减值的转回，应记入"信用减值损失"科目。编者认为，合同资产减值的规定应按照本准则的规定进行会计处理，所以应当采用"信用减值损失"科目进行相应调整。

②**经济后果**：对以摊余成本计量的金融资产和以公允价值计量且其变动计入其他综合收益的金融资产应用单一减值模型将提高相似经济特征资产计入损益金

额的可比性。此外，与应用不同减值模型相比，在实务操作中应用单一减值模型对于财务报表使用者和编制者而言更简单。

③租赁应收款，包括应收经营租赁款和应收融资租赁款。根据财政部2019年发布的《企业会计准则第21号——租赁》规定，出租人对应收融资租赁款进行初始计量时，应当以租赁投资净额作为应收融资租赁款的入账价值。租赁投资净额为未担保余值和租赁期开始日尚未收到的租赁收款额按照租赁内含利率折现的现值之和。

④根据《企业会计准则第14号——收入》的规定，"合同资产"是指企业已向客户转让商品而有权收取对价的权利，且该权利取决于时间流逝之外的其他因素。如企业向客户销售两项可明确区分的商品，企业因已交付其中一项商品而有权收取款项，但收取该款项还取决于企业交付另一项商品的，企业应当将该收款权利确认为合同资产。

⑤本条目所指的贷款承诺，包括低于市场利率贷款的贷款承诺以及初始计量不适用于本准则的贷款承诺，也就是除本准则第七条第（一）项和第（二）项以外的贷款承诺。

第四十七条 预期信用损失①，是指以发生违约的风险②为权重的金融工具信用损失的加权平均值。

信用损失，是指企业按照原实际利率折现的、根据合同应收的所有合同现金流量与预期收取的所有现金流量之间的差额，即全部现金短缺的现值。其中，对于企业购买或源生的已发生信用减值的金融资产，应按照该金融资产经信用调整的实际利率折现。由于预期信用损失考虑付款的金额和时间分布，因此即使企业预计可以全额收款但收款时间晚于合同规定的到期期限，也会产生信用损失。

在估计现金流量时，企业应当考虑金融工具在整个预计存续期的所有合同条款（如提前还款、展期、看涨期权或其他类似期权等）。企业所考虑的现金流量应当包括出售所持担保品获得的现金流量，以及属于合同条款组成部分的其他信用增级③所产生的现金流量④。

企业通常能够可靠估计金融工具的预计存续期。在极少数情况下，金融工具预计存续期无法可靠估计的，企业在计算确定预期信用损失时，应当基于该金融工具的剩余合同期间⑤⑥。

【注释】

①根据预期信用损失法，金融工具发生信用减值的过程分为三个阶段，对于不同阶段的金融工具的减值应用不同的会计处理方法。

1）第一阶段：信用风险自初始确认后未显著增加

对于处于该阶段的金融工具，企业应当按照未来12个月的预期信用损失计量损失准备，并按其账面余额（即未扣除减值准备）和实际利率计算利息收入

(若该工具为金融资产，下同)。

2）第二阶段：信用风险自初始确认后已显著增加但尚未发生信用减值

对于处于该阶段的金融工具，企业应当按照该工具整个存续期的预期信用损失计量损失准备，并按其账面余额和实际利率计算利息收入。

3）第三阶段：初始确认后发生信用减值

对于处于该阶段的金融工具，企业应当按照该工具整个存续期的预期信用损失计量损失准备，但对利息收入的计算不同于处于前两阶段的金融资产。对于已发生信用减值的金融资产，企业应当按其摊余成本（账面余额减已计提减值准备，也即账面价值）和实际利率计算利息收入。

注意，上述三阶段的划分，适用于购买或源生时未发生信用减值的金融工具。对于购买或源生时已发生信用减值的金融资产，企业应当仅将初始确认后整个存续期内预期信用损失的变动确认为损失准备，并按其摊余成本和经信用调整的实际利率计算利息收入。

②准则由来：根据IFRS 9，对于本条目中的"违约的风险"一词，有些反馈者将其理解为"违约率"（即违约的概率）：在评估违约风险是否显著增加时，要求使用一种系统的方法来确定"违约率"。该要求需要对金融工具明确计算和存储整个存续期的违约率曲线，以比较初始确认时所确定的预计存续期内的违约概率和该工具在资产负债表日所确定的预计存续期内的违约概率。

但是IASB的意图并非如此。使用"违约率"旨在体现发生违约风险的概念。具体违约率可以用来评估违约风险，但违约率仅仅是信用分析的一个方面，这一方法并不全面，因为信用分析是一项多因素的整体分析。在进行该分析时，主体的数据可获取程度各不相同，包括特定因素是否相关、该特定因素与其他因素（取决于产品类型）相比的权重、金融工具的特征、客户以及地理区域。为了避免错误的理解，同时为了增强模型的可操作性，降低实施成本，IASB将"违约发生概率"一词改为"违约发生风险"。

在实务中，虽然发生违约的风险从概念上看并不等同于发生违约的概率，但是实际衡量预期信用损失时，发生违约的风险可以理解为发生违约的概率，详见【例1-23】。

③知识拓展："信用增级"又称"信用增进"，是指在金融工具的发行过程中，为了降低产品的风险，获得更多流动性，得到更多投资者的认可，通过发起机构内部或由第三方担保公司来提高金融工具信用等级的行为，其目的是提高目标企业的履约能力或降低其履约风险，如信用保险、信用担保、信用保理等。信用增级分为内部信用增级和外部信用增级。内部信用增级是指证券发行人不依靠第三方，而是通过自身采取的任何手段，从而为金融工具可能发生的损失提供保证；外部信用增级是通过与金融工具发行机构和投资者均无利益关系的第三方提供的信用增级工具。在《企业会计准则第23号——金融资产转移》第十三条中的保留的次级权益是一种内部信用增级。

一般来说，信用增级与信用评级挂钩，以标准普尔评级为例，如果金融资产信用增级为7%（即可以补偿不超过该金融资产7%的损失），则该类资产的信用评级为AAA；如果金融资产信用增级为4%，则该类资产的信用评级为AA；如果金融资产信用增级为3%，则该类资产的信用评级为A；如果金融资产信用增级为2%，则该类资产的信用评级为BBB。

④为达到计量预期信用损失的目的，企业对预期现金流缺口的估计应当反映源自担保品或其他信用增级的预期现金流量（即使该现金流的预期发生时间超过了合同期限），前提是该担保物或信用增级属于金融工具合同条款的一部分，且企业尚未将其在资产负债表中确认。无论该抵债是否很可能发生，企业对被担保金融工具的预期现金流缺口估计，应当反映源自担保物的预期现金流的金额（减去取得和出售该担保物的成本）和时间，即预期现金流量的估计应考虑担保品用于抵债的概率以及由此产生的现金流量。因此，该估计应包括超出合同到期期限的源自担保品变现的预期现金流量。对于所有因抵债而获得的担保物，企业均不应将其独立于被担保金融工具单独确认为一项资产，除非该担保物满足本准则或其他企业会计准则规定的资产确认标准。担保品的例题详见【例1-18】。

⑤准则由来：本条目介绍了预期信用损失法。该方法与过去规定的、根据实际已发生减值损失确认减值准备的方法有着根本性的不同。在该方法下，减值准备的计提不以减值的实际发生为前提，而是以未来可能的违约事件造成的损失的期望值来计量当前（资产负债表日）应当确认的减值准备。

2013年《国际财务报告准则第9号——金融工具减值（征求意见稿）》以分层法为基础引入预期信用损失法，要求企业：1）如果金融工具的信用质量自初始确认后显著下降（或信用风险显著增加），则按整个存续期预期信用损失的金额计量预期信用损失；2）对所有其他金融工具按照12个月预期信用损失的金额计量预期信用损失。这一模型消除了估计所有金融工具的全部预期现金流量的操作挑战，而仅限于对自初始确认后信用风险显著增加的金融工具确认整个存续期预期信用损失。

⑥经济后果：根据IFRS 9，预期信用损失法能够提高财务报告质量，因为：1）财务报表将明确区分金融工具初始确认后信用风险是否显著增加；2）金融资产整个存续期内将至少按12个月的预期信用损失金额确认为损失准备，因此减少了按照IAS 39中规定产生的利润的系统性高估；3）如果初始确认后信用风险显著增加，则按照整个存续期预期信用损失的金额确认为损失准备，从而及时确认预期信用损失，提高了财务报表信息的及时性；4）预期信用损失报告的金额将更好地反映金融工具的实际回报，并对信用风险变化迅速作出反应。

【例1-18】担保物对预期信用损失的影响。

丙公司为甲公司在深圳证券交易所上市的子公司。甲公司以丙公司的股权作为质押物，从乙银行借入一笔5年期股权质押贷款，贷款质押率（贷款本金对股权公允价值的比率）为60%。该笔贷款在该股权的担保顺序上排在第一位。在初始确认时，乙银行认为该贷款不属于本准则所定义的源生的已发生信用减值的贷款。

自初始确认后，由于宏观经济环境趋差，甲公司的收入和营业利润下降。此外，市场预计监管部门对甲公司所属行业的监管要求可能趋于严格，因而可能进一步对甲公司的收入和营业利润产生负面影响。上述变化可能对甲公司的运营产生重大且持续的负面影响。

由于上述近期最新情况以及预计会出现的不利经济状况，乙银行预计甲公司的自由现金流量将下降到按合同偿还贷款可能非常紧张的程度。同时，乙银行估计，如果甲公司的现金流量状况进一步恶化，将可能致使对该公司的贷款无法按合同规定按时偿还，即发生逾期。

此外，由于资本市场情况恶化，丙公司的股价连续下跌，甲公司的该股权质押贷款的抵押率已升至80%。

本例中，在资产负债表日，乙银行不能认为对甲公司的贷款只具有较低的信用风险。因此，乙银行应当按照本准则第四十八条规定，不考虑其持有担保物的影响，评估甲公司的信用风险自初始确认后是否显著增加。乙银行评估发现，现金流量此时即使出现微小恶化都可能导致甲公司无法按合同规定按时还款，因此该贷款在资产负债表日具有高信用风险。所以，乙银行认为，该贷款的信用风险（即违约的风险）自初始确认后已显著增加。因而该银行对甲公司的贷款确认了整个存续期内的预期信用损失。

尽管乙银行对该贷款确认了整个存续期内的预期信用损失，但是乙银行对预期信用损失的计量应当反映预期自担保物上收回的金额，因此该贷款的预期信用损失可能较小。

第四十八条 除了按照本准则第五十七条和第六十三条的相关规定计量金融工具损失准备的情形以外[①]，企业应当在每个资产负债表日评估相关金融工具的信用风险自初始确认后是否已显著增加，并按照下列情形分别计量其损失准备、确认预期信用损失及其变动[②]：

（一）如果该金融工具的信用风险自初始确认后已显著增加，企业应当按照相当于该金融工具整个存续期内预期信用损失的金额计量其损失准备。无论企业评估信用损失的基础是单项金融工具还是金融工具组合，由此形成的损失准备的增加或转回金额，应当作为减值损失或利得计入当期损益[③]。

（二）如果该金融工具的信用风险自初始确认后并未显著增加，企业应当按照相当于该金融工具未来12个月内预期信用损失的金额计量其损失准备，无论企业评估信用损失的基础是单项金融工具还是金融工具组合，由此形成的损失准备的增加或转回金额，应当作为减值损失或利得计入当期损益[④]。

未来12个月内预期信用损失，是指因资产负债表日后12个月内（若金融工具的预计存续期少于 12 个月，则为预计存续期）可能发生的金融工具违约事件而导致的预期信用损失，是整个存续期预期信用损失的一部分。

企业在进行相关评估时，应当考虑所有合理且有依据的信息，包括前瞻性信息[5]。为确保自金融工具初始确认后信用风险显著增加即确认整个存续期预期信用损失，企业在一些情况下应当以组合为基础[6]考虑评估信用风险是否显著增加。整个存续期预期信用损失，是指因金融工具整个预计存续期内所有可能发生的违约事件而导致的预期信用损失[7]。

【注释】

①准则联系：本准则第五十七条判断该金融工具是否为购买或源生的已发生信用减值的金融资产；本准则第六十三条判断应收款项、合同资产和租赁应收款的实务简化方法是否适用。

②图 1-2 说明了如何处理金融工具的减值。

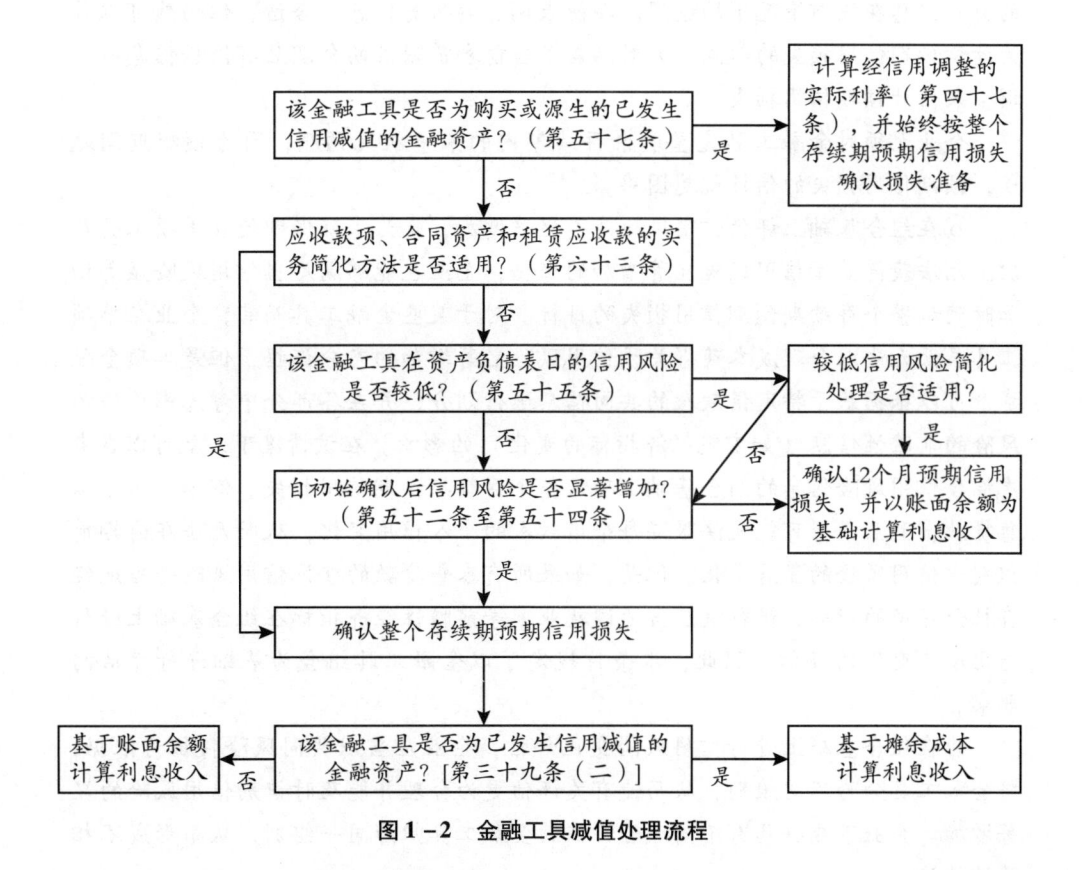

图 1-2 金融工具减值处理流程

③一般而言，在金融资产发生信用减值或者实际发生违约前信用风险将显著增加。对于贷款承诺，企业应考虑该贷款承诺涉及的贷款发生违约风险的变化。

对于财务担保合同，企业则应考虑合同中特定债务人的违约风险的变化。

④"12个月内预期信用损失"是指因资产负债表日后12个月内（若金融工具的预计存续期少于12个月则为更短的存续期间）可能发生的违约事件而导致的金融工具在整个存续期内现金流缺口的加权平均现值，而非发生在12个月内的现金流缺口的加权平均现值。例如，企业预计一项剩余存续期为5年的债务工具在未来12个月内将发生债务重组，重组将对该工具整个存续期内的合同现金流量进行调整，则所有合同现金流量的调整（无论归属在哪个期间）都属于计算12个月内预期信用损失的考虑范围。

⑤对于合理且有依据的信息，根据IFRS 9，历史信息是计量预期信用损失的重要基础。但是，如果对未来状况的预测与过往信息不一致，则主体应使用以合理成本获得的、合理且有依据的信息调整历史信息，从而反映当前可观察数据和对未来状况的预测。

在一些情况下，合理且有依据的最佳信息可能是未调整的历史信息，这取决于该信息的性质以及其相对于资产负债表日进行计算的时间，但不能认为未调整的历史信息在任何情况下均适用。即使未调整的历史信息不合适，但仍然可以作为计量预期信用损失的起点，并对涵盖了当前和前瞻性的合理且有依据信息进行调整来估计预期信用损失。

企业无须对金融工具完整剩余存续期内的未来状况预测，因为预测期间越长，预期信用损失的估计就越困难。

⑥在组合基础上评估信用风险是否显著增加，是为了确保即使在单项工具层次上无法获得关于信用风险显著增加的证据，企业也能够满足当信用风险显著增加时确认整个存续期预期信用损失的目标。对于某些金融工具而言，企业在单项工具层面无法以合理成本获得关于信用风险显著增加的充分证据，但是单项金融资产可以根据基于特定借款人的共同信息进行划分，并在各部分中考虑影响违约风险的前瞻性信息（如宏观经济指标的变化）的影响。在该情况下，就可以在考虑综合信用风险信息的组合基础上确认整个存续期预期信用损失。例如，对于零售贷款，商业银行可能无法跟踪每个借款人的个人信用变化，从而无法在逾期前识别出信用风险的显著变化。但是，如果所有零售贷款的整体信用风险受当地经济社会环境的影响，银行就应当通过就业率等前瞻性经济指标在组合基础上进行信用风险变化的评估。因此，本条目规定了以金融工具组合为基础进行评估的要求。

为在组合基础上进行信用风险变化评估，企业应当以共同风险特征为依据，将金融工具分为不同组别，从而使有关评估更为合理并能及时识别信用风险的显著增加。企业不应将具有不同风险特征的金融工具归为同一组别，从而形成不相关的结论。

企业可能采用的共同信用风险特征包括：1) 金融工具类型；2) 信用风险评级；3) 担保物类型；4) 初始确认日期；5) 剩余合同期限；6) 借款人所处行

业；7）借款人所处地理位置；8）担保品相对于金融资产的价值，并对发生违约率构成影响。

企业为评估信用风险变化而确定的金融工具组合，可能会随着单项资产层面以及组合层面的信用风险相关信息的可获得性的变化而变化。例如，如果由于企业信息系统的建设，过去无法获得的个人信用的变化信息现在变为可获得信息，企业就应当将以组合为基础的评估变更为以单项工具为基础的评估。对于在单项基础上还是组合基础上评估信用风险是否显著增加的判断，详见【例1-19】。

⑦**准则由来**：新的金融工具减值模型仅就初始确认后信用风险已显著增加的金融工具确认整个存续期预期信用损失，消除了估计所有金融工具的全部预期现金流量的操作挑战。这一模型既反映了交易的潜在经济实质，同时也减少了操作复杂性。具体体现在：1）其反映了初始预期的信用风险变化产生的经济损失；2）其避免过早确认预期信用损失；3）对信用风险显著增加的金融工具确认整个存续期预期信用损失更易于操作，因为这些金融工具有更多可用的数据；4）本规定对整个存续期预期信用损失的确认更及时、更具前瞻性。

对于信用风险未显著增加的金融工具，IASB考虑如何计量预期信用损失是最符合成本效益原则的，同时也认可需要对主体可能使用的任何估计技术进行重大判断，因此，主体应按照12个月预期信用损失的金额计量损失准备。这是一种简化操作，是达到如实反映交易经济实质和实施成本之间恰当平衡的一项实用解决方案。这一操作允许财务报表编制者利用目前已有的信息系统，从而降低实施成本。此外，对于信用风险未显著增加的金融工具，财务报表使用者认为12个月是估计预期信用损失的合理期间。

不论金融工具是基于单项基础还是组合基础，在信用风险显著增加时，都应当确定该金融工具整个存续期的预期信用损失。如果无法识别单项金融工具信用风险是否显著增加，那么企业可以从组合层面上使用合理且有依据的信息确定组合中同质部分的信用风险是否已显著增加，从而达到确认所有信用风险显著增加的目的。

然而，金融工具的分组不应仅仅在组合基础上计量预期信用损失，而忽略了组合内单项金融工具信用风险的显著增加。随着时间的推移，最终结果的不确定性会逐渐消失，组合中金融工具的违约风险将出现差异，直至金融工具违约或全部收回。因此，分组的恰当水平会随着时间推移而发生变化，从而反映所有的信用风险显著增加。如果存在某一更小组合更适合于确认整个存续期预期信用损失，企业就不应在比该组合范围更大的基础上对金融工具分组。

【例1-19】在单项基础以及组合基础上应对信用风险变化。

甲银行为全国性商业银行，它在东、中、西部三个不同地区经营个人住房按揭贷款，发放的抵押贷款涉及多种贷款抵押率和不同的收入阶层。根据中国人民银行发布的《个人住房贷款管理办法》的规定，客户需要提供各种相关信息，例如：1）有关借款人家庭稳定的经济收入的证明；2）符合规定的购买住房合同意向书、协议或其他批准文件；3）抵押物或质物清单、权属证明以及有处分权人同意抵押或质押的证明；有权部门出具的抵押物估价证明；保证人同意提供担保的书面文件和保证人资信证明；4）身份证件；5）贷款人要求提供的其他文件或资料。

甲银行的个人住房按揭贷款审批标准以信用评分为基础。对于信用评分在"正常"以上的贷款申请，甲银行认为借款人有能力按合同规定履行偿还贷款的义务，其信用状况是"可接受的"，因而将批准对其发放贷款。甲银行确定初始确认时的违约风险同样以信用评分为基础。

在资产负债表日，甲银行认为其开展个人住房按揭贷款业务的所有地区的经济状况均将显著恶化，预计就业形势可能趋于严峻，而住宅房产的价值也将下跌，进而导致贷款抵押率上升，因而预期抵押贷款组合的违约率将上升。

①单项评估：

在东部地区，甲银行按月使用自动化行为评分流程对每笔个人住房按揭贷款进行信用评估。该信用评分模型基于以下参数：

1）当前和历史的逾期情况；
2）客户从事的职业以及客户的经济收入是否稳定；
3）客户的信用状况（通过中国人民银行征信系统）；
4）贷款抵押率指标；
5）客户在甲银行其他金融工具上的还款表现；
6）贷款金额（按揭成数）、利率、贷款还款方式；
7）个人住房按揭贷款自发放起的已存续时间。

对于贷款抵押率指标，甲银行通过重估房产价值的自动化程序对其定期更新。重估房产价值所用的信息包括近期房产评估报告及销售信息以及其他各种能以合理成本获得的、合理且有依据的前瞻性信息。而甲银行的历史数据显示，住宅房产的价值与抵押贷款违约率之间具有显著的相关性。即，当住宅房产的价值下跌时，客户没有强烈的经济动机按期偿付贷款，违约风险将上升。

根据行为评分模型中的贷款抵押率指标的影响，甲银行可以针对住宅房产价值的预期下滑所导致的违约风险增加，对行为评分进行调整。即使对于到期时（以及超出12个月后）有重大偿付义务的一次还本贷款，甲银行仍然可以针对住宅房产价值的下降对行为评分进行调整。贷款抵押率指标高的抵押贷款对于住宅房产价值的变化更为敏感，因此，如果行为评分变差，甲银行能够在抵押贷款逾期之前，识别出自初始确认后个别客户的信用风险显著增加。信用风险显著增加时，应按整个存续期预期信用损失确认损失准备。甲银行使用贷款抵押率指标估计损失的严重程度即违约损失率（Loss Given Default，LGD）来计量损失准备。在其他情况相同时，贷款抵押率指标越高，预期信用损失越大。

如果无法更新行为评分以反映住宅房产价值的预期下滑，即无法进行单项评估时，甲银行将利用无须付出不当成本或努力即可获得的合理且有依据的信息进行组合评估，以确定自初始确认后信用风险显著增加的贷款，并对这些贷款确认整个存续期预期信用损失。

②组合评估：

在中部地区和西部地区，甲银行不具备上述自动化评分能力。因此，为了管理信用风险，甲银行通过逾期状态跟踪违约风险。甲银行对逾期30日以上的所有贷款，按整个存续期内的预期信用损失确认损失准备。尽管甲银行将逾期信息作为唯一的借款人特有信息，但为了评估是否应对逾期不超过30日的贷款确认整个存续期内的预期信用损失，甲银行仍会考虑其他能以合理成本获得的、合理且有依据的前瞻性信息，以评估是否应对逾期不超过30天的贷款确认整个存续期预期信用损失，根据本准则第五十三条的规定，该评估流程是必要的。

1）中部地区。

中部地区有一个主要依赖原煤生产的大型煤矿。甲银行注意到，由于国际煤价下降、该地区严格落实环境政策以及该煤矿产能下降，煤矿出口量逐年显著下滑，该煤矿越来越多的生产作业单位前往其他煤矿甚至海外矿场承揽业务。该煤矿已宣布将逐步关闭部分矿区，并积极实施减员增效等措施。考虑到预期就业形势的影响，尽管该地区的相关个人住房按揭贷款客户在资产负债表日并未逾期，但甲银行认为，其客户中属于该煤矿员工或与煤矿经营状况关系密切的公司员工的，其抵押贷款的违约风险已经显著增加。因此，甲银行使用贷款申请流程中收集的部分信息，根据客户所在的行业对抵押贷款组合进行细分，以识别与该煤矿相关的客户。

对于上述贷款，甲银行按整个存续期内的信用损失确认损失准备，而对于该地区的其他贷款则按12个月内的预期信用损失确认损失准备。上述处理不适用根据单项评估确定的信用风险显著增加的抵押贷款，例如逾期30日以上的贷款。对这些贷款，甲银行仍按照整个存续期内的预期信用损失确认损失准备。

对于上述与该煤矿相关的借款人新发放的贷款，由于其信用风险在自初始确认后并无显著增加，因此甲银行仅按12个月内的预期信用损失确认损失准备。但由于预期部分矿区将逐步关闭，就此类贷款中的一部分而言，其信用风险可能在初始确认后不久即显著增加。

2）西部地区。

西部地区经济增速较慢，预计在该地区抵押贷款的整个存续期内利率将逐渐上升，因此甲银行预计有发生违约的风险，进而信用风险将增加。甲银行发现，利率上升是导致该地区抵押贷款未来发生违约的一项主要原因，尤其对于浮动利率贷款更是如此。历史数据显示，利率上升的幅度与浮动利率贷款组合中信用风险显著增加的贷款比例具有相关性。当前，利率上升了150个基点。根据历史信息，甲银行估计在这一涨幅下，15%的浮动利率抵押贷款组合的信用风险将会显著增加。因此，甲银行对这一浮动利率贷款组合确认其整个存续期内的预期信用损失,而对其余贷款组合按 12 个月内的预期信用损失确认损失准备。

同样地,上述处理不适用根据单项评估确定的信用风险显著增加的抵押贷款,例如逾期 30 日以上的贷款。对这些贷款,甲银行仍按照整个存续期内的预期信用损失确认损失准备。

【例 1-20】 信用风险显著增加。

乙银行为从事房地产开发的甲公司提供一项贷款。在发放该笔贷款时,与其他具有相似信用风险的发行人相比,甲公司的杠杆率较高,但乙银行预计甲公司在该贷款的存续期内能够履行贷款合同的规定。同时乙银行预计:在该工具存续期内,甲公司所属房地产行业能够产生稳定的收入和现金流量;但在提高现有业务毛利率的能力方面,房地产行业仍然存在一定商业风险。

在初始确认时,乙银行考虑了该工具在初始确认时的信用风险水平,由于该贷款不符合本准则对已发生信用减值的金融资产的定义,因此判断其不属于源生的已发生信用减值的贷款。

自初始确认后,由于当年房价受到国家宏观调控,房地产行业的总体销售情况下滑,甲公司的收入和现金流量低于其经营计划和乙银行的预计。尽管甲公司已采取措施(例如增加对商品房库存的清理),但其销售情况仍未达到预期水平。甲公司以高价竞拍土地。为保证流动性,甲公司提用了另一项循环信贷额度用于竞拍,导致其杠杆率进一步升高。因此,甲公司目前(即乙银行的资产负债表日)已处于对乙银行的贷款违约的边缘。

乙银行在资产负债表日对甲公司进行了总体信用风险评估,全面考虑了自初始确认后,所有与信用风险增加程度的评估相关的、以合理成本即可获得的、合理且有依据的信息。这些信息包括以下因素:

1)乙银行预计房价调控以及中国人民银行上调基准利率将使得近期房价及销售情况持续恶化,并对甲公司现金流量和去杠杆的能力进一步产生负面影响。

2)甲公司从乙银行取得贷款发生违约的可能性越来越大,有可能导致重组贷款或者修改该贷款合同。

3)乙银行评估发现,甲公司所发行的债券的交易价格已下降,且新取得的贷款的信用利差已提高,这反映了其信用风险已经增加。通过进一步与甲公司同行业其他公司的情况进行比较,乙银行发现甲公司所发行的债券价格的下跌及其贷款信用利差的提高,很可能是由于甲公司特有的因素造成的。

4)乙银行根据反映信用风险增加的可获得信息,重新评估了该贷款的内部风险评级。

本例中,按照本准则第四十八条的规定,乙银行对甲公司的贷款自初始确认后信用风险已显著增加。因此,乙银行对该贷款确认了整个存续期内的预期信用损失。

乙银行调整了对甲公司贷款的内部风险评级。是否调整风险评级这一行动本身,并不是确定自初始确认后信用风险是否显著增加的决定性因素。即使乙银行尚未调整该贷款的内部风险评级,仍然会得出上述结论。

【例 1-21】与最高初始信用风险比较,以确认信用风险是否显著增加。

甲银行按照中国人民银行 2017 年修订的《汽车贷款管理办法》,发放合同条款和条件相似的两种汽车贷款组合。甲银行为了发放上述贷款,制定了基于内部信用评级系统的贷款审批政策。甲银行的内部信用评级系统综合考虑借款人的信贷档案、贷款担保情况以及其他因素,并在贷款发放时给每笔贷款评定内部信用风险级别。该信用评级结果采用了国际通用的十级评级,即从 1(最低级)到 10(最高级),违约风险随着信用风险级别增加而呈指数级升高。例如,信用风险评级为 1 级和 2 级的贷款之间信用风险绝对值的差异,小于信用风险评级为 2 级和 3 级的贷款之间信用风险绝对值的差异。

两种贷款组合中的贷款组合 1 仅发放给具有相似内部信用风险级别的现有银行客户。而且在初始确认时,考虑到银行现有客户的信用历史以及客户对甲银行其他产品的偿付行为等因素,该类别所有贷款均评级为 2 级或 3 级。甲银行决定,贷款组合 1 在初始确认时能接受的最高内部信用风险评级为 3 级。贷款组合 2 仅发放给对汽车贷款广告有反馈的客户,而且在初始确认时,这些客户的内部信用风险评级在 3 级到 7 级之间。甲银行从不发放内部信用风险评级高于 7 级的汽车贷款。

分析:为了评估信用风险是否已显著增加,甲银行认定贷款组合 1 中的所有贷款均具有相似的初始信用风险。考虑到其内部信用风险评级的特点,甲银行认为该组合中的贷款从 2 级上升到 3 级并不代表信用风险显著增加,但任何上升到高于 4 级的贷款即为信用风险显著增加。这意味着在评估自初始确认后信用风险的变化时,甲银行无需了解该贷款组合中每笔贷款的初始信用风险评级。对于贷款组合 1,仅需确定其在资产负债表日是否高于 4 级,即可决定其信用风险是否显著增加。

对于贷款组合 2,如果以是否超过内部信用风险评级的 7 级作为信用风险自初始确认后是否显著增加的标准,则这一标准是不恰当的。因为,尽管甲银行从不发放内部信用风险评级高于 7 级的汽车贷款,但是组合 2 中贷款的初始确认的信用风险不像组合 1 贷款那样足够相似,因此不能适用对组合 1 所用的方法。由于组合 2 中贷款的初始信用质量差别较大,甲银行不能简单地通过将在资产负债表日的信用风险与初始确认时的最差信用质量进行比较(如将组合 2 中贷款的内部信用风险评级与内部风险评级的 7 级进行比较)以确定信用风险是否已显著增加。例如,如果组合 2 中某笔贷款的初始信用风险评级为 3 级,当其内部信用风险评级变为 6 级时,该笔贷款的信用风险即为显著增加,无需等待其变为 7 级。

【例 1-22】 信用风险未显著增加。

甲公司是乙集团的母公司,乙集团(在赣州市注册)从事有色金属行业,该行业具有周期性。丙银行向甲公司发放了一笔贷款。在发放该贷款时,由于预期该行业的国内需求将进一步增长,丙银行认为:该行业的总体前景看好;但考虑到原料价格的波动性,以及该行业在经营周期中所处的位置,预计销量会有所下降。

此外,甲公司以往一直致力于扩大经营规模,不断收购相关行业公司的多数股份实现外部增长。因此,乙集团结构复杂并且一直在发生变化。投资者很难对乙集团的预期绩效进行准确分析并对甲公司在控股公司层面可用的现金流量进行预测。在丙银行向甲公司发放贷款时,尽管甲公司的债权人普遍认为其杠杆率尚处于可接受的程度,但由于甲公司有部分融资即将到期,债权人仍然担心甲公司为其现有债务开展再融资的能力。此外,债权人还担心甲公司是否有能力继续使用其从子公司分得的股息来支付当前债务的利息。

在丙银行发放贷款时,基于对该贷款预计存续期内的预测,甲公司的杠杆率与其他的具有相似信用风险的银行客户的杠杆率基本一致,且甲公司的偿债能力较强。丙银行运用其自有的内部评级方法确定对甲公司贷款的信用风险,得到该贷款的内部信用评级。该内部评级结果以历史、当前和前瞻性信息为基础,旨在反映贷款在存续期内的信用风险。在初始确认时,丙银行认为:由于该贷款具有一定投机因素,因此属于高信用风险贷款,并认为甲公司受不确定因素(如对乙集团产生现金流量的不确定性预期)的影响可能导致违约。但是,该贷款尚不属于购入或源生的已发生信用减值的金融资产。

在丙银行的资产负债表日之前,甲公司发布公告,由于市场条件持续恶化,乙集团的 6 家重要子公司中的 3 家销量锐减,但根据对有色金属行业周期的预期,这些子公司的销售情况预计将在今后数月中得到显著改善。乙集团的另外 3 家子公司的销量稳定。此外,甲公司还公告宣布,将进行公司重组以整合各子公司。这次公司重组将提高为现有债务进行再融资的灵活性,并提升子公司向甲公司支付股息的能力。

本例中,尽管预计市场条件会持续恶化,但是按照本准则第四十八条规定,丙银行认为对甲公司贷款的信用风险自初始确认后并无显著增加。原因如下:

①尽管当前销量下降,但丙银行在初始确认时已预计到这一情况。与丙银行在初始确认时的预期相比,这一因素尚未导致更负面的变化。此外,丙银行也预计,在接下来的数月中乙集团的经营状况将有所改善。

②考虑到子公司层面对现有债务进行再融资的灵活性得以提高,并且子公司向甲公司支付股息的能力提高,丙银行认为这次公司重组将导致信用提升。不过,丙银行对甲公司在控股公司层面对现有债务进行再融资的能力仍然存在一些担心。

③丙银行内部负责跟踪甲公司信用风险的部门认为,各种最新进展尚不足以

证明需要变更对甲公司贷款的内部信用风险级别。

因此，丙银行未对该贷款按整个存续期预期信用损失确认损失准备，但对12个月内预期信用损失的计量进行了更新。

【例1-23】明确运用"违约率"法计量12个月预期信用损失。

1. 单项情形：

甲银行发放了一笔500万元的5年期分期还本贷款。考虑到对具有相似信用风险的其他金融工具的预期、借款人的信用风险以及未来12个月的经济形势前景，甲银行估计初始确认时，该贷款在后续12个月内的违约概率为1%。此外，为确定自初始确认后信用风险是否已显著增加，甲银行还认定未来12个月的违约概率变动合理近似于整个存续期的违约概率变动。

分析：在初始确认后首个资产负债表日（在该贷款最终还款到期日之前），甲银行预计未来12个月的违约概率无变化，因此认为自初始确认后信用风险并无显著增加。甲银行预计，如果该贷款违约，将会损失账面余额的20%（即违约损失率为20%）。

甲银行按照未来12个月的违约概率1%计量未来12个月的预期信用损失，并据此相应确认损失准备。因此，在该资产负债表日，12个月内的预期信用损失为10 000元（5 000 000×1%×20%）。

2. 组合情形：

乙银行购入了10笔5年期、到期一次还本的贷款组合，其中每笔贷款为50万元（即总计500万元），该组合平均12个月的违约概率为1%。乙银行认为由于该贷款组合仅在12个月以后才出现重大偿还义务，因此在确定自初始确认后信用风险是否显著增加时，考虑12个月的违约概率变动并不恰当。因此，乙银行在资产负债表日使用整个存续期的违约概率，以确定自初始确认后该组合的信用风险是否显著增加。

乙银行认为自初始确认后该组合的信用风险未显著增加，并估计该组合的平均违约损失率为20%。乙银行认为基于组合计量损失准备是适当的。在资产负债表日，12个月的违约概率仍为1%。

乙银行基于组合，以12个月的平均违约概率1%，计算12个月预期信用损失的损失准备。因此，在该资产负债表日，12个月内的预期信用损失为10 000元（10×500 000×1%×20%）。

【例1-24】基于损失率法计量12个月预期信用损失。

甲银行发放了200笔一次还本贷款，账面金额为5 000 000元。甲银行根据初始确认时的相同信用风险特征，将其贷款组合细分为两个不同的借款人组。第一组由100笔单笔账面金额为20 000元的贷款组成，账面金额合计为2 000 000元。第二组由100笔单笔账面金额为30 000元的贷款组成，账面金额合计为

3 000 000 元。假设该交易不存在交易费用，贷款合同中也不含期权（提前还款权或赎回权），不考虑溢价或折价、贴息支付等费用。

甲银行基于损失率法分别计算两组贷款的预期信用损失。为了确定损失率，甲银行考虑了其历史违约情况以及不同类型贷款的损失经验。此外，甲银行还考虑了前瞻性信息，使用当前经济状况更新历史信息，以及对未来经济状况所作的合理且有依据的预测。从历史数据来看，对于每组总体 100 笔贷款，第一组有 4 笔违约，损失率为 3%；第二组有 2 笔违约，历史损失率为 1.5%，则两组贷款历史损失率计算如表 1-9 所示。

表 1-19　　　　　　　　　两组贷款历史损失率计算　　　　　　　　　单位：元

组别	贷款数	违约估计的单笔账面金额	违约估计的账面金额合计	历史年均违约数	估计发生违约的账面金额合计	预期信用损失	损失率
	①	②	③=①×②	④	⑤=②×④	⑥	⑦=⑥÷③
第一组	100	20 000	2 000 000	4	80 000	60 000	3.0%
第二组	100	30 000	3 000 000	2	60 000	45 000	1.5%

在资产负债表日，甲银行预计未来 12 个月的违约率相比历史数据将上升。于是，甲银行预计未来 12 个月内，第一组贷款将有 5 笔违约，第二组贷款将有 3 笔违约。此外，单笔观察信用损失的现值预计与历史数据保持一致。根据预计的贷款存续期，甲银行认定违约率的预期上升并不代表贷款组合自初始确认后的信用风险显著增加。根据其预测，甲银行对两组 100 笔贷款计算 12 个月预期信用损失的损失准备分别为 75 000 元和 67 500 元。该结果与第一年第一组 3.75% 和第二组 2.25% 的损失率保持一致。对于第一组和第二组年内新发放的且自初始确认后信用风险无显著增加的贷款，甲银行分别使用 3.75% 和 2.25% 的损失率，计算 12 个月预期信用损失（见表 1-20）。

表 1-20　　　　　　　两组贷款预计未来 12 个月的损失率计算　　　　　　单位：元

组别	贷款数	违约估计的单笔账面金额	违约估计的账面金额合计	历史年均违约数	估计发生违约的账面金额合计	预期信用损失	损失率
	①	②	③=①×②	④	⑤=②×④	⑥	⑦=⑥÷③
第一组	100	20 000	2 000 000	5	100 000	75 000	3.75%
第二组	100	30 000	3 000 000	3	90 000	67 500	2.25%

第四十九条　对于按照本准则第十八条分类为以公允价值计量且其变动计入其他综合收益的金融资产，企业应当在其他综合收益中确认其损失准备，并将减

值利得或损失计入当期损益①,且不应减少该金融资产在资产负债表中列示的账面价值②③。

【注释】

①"减值利得或损失"是指根据预期信用损失法将金融工具的减值(含转回)计入当期损益的利得或损失。减值利得或损失计入当期损益的会计处理详见【例1-25】。

②编者语:对于以公允价值计量且其变动计入其他综合收益的金融资产,由于其账面价值已经按公允价值(含减值)计量并计入其他综合收益,其减值处理的实质是将信用减值所产生的累积效应由"其他综合收益"转入"信用减值损失",所以该类资产的减值处理不会减少其账面价值,详见【例1-25】。

③准则由来:以公允价值计量且其变动计入其他综合收益的金融资产计量类别的目标是向财务报表的使用者同时提供基于公允价值和摊余成本的信息。为了实现这一目标,企业应按照适用于以摊余成本计量的金融资产的规定计算利息收入和减值利得或损失。信用风险的评估应基于管理层对收取合同现金流量的考量,而非市场参与者对公允价值的计量。因此,以摊余成本计量的金融资产确认和计量预期信用损失的规定,同样适用于以公允价值计量且其变动计入其他综合收益的金融资产。对上述两类金融资产应用单一减值模型将提高具有类似经济特征资产计入损益金额的可比性。此外,对财务报表使用者和编制者而言,应用单一减值模型更简单。但是,该类资产的损失准备应计入其他综合收益(信用减值准备),而非减少资产负债表中列示金融资产的账面价值。

第五十条 企业在前一会计期间已经按照相当于金融工具整个存续期内预期信用损失的金额计量了损失准备①,但在当期资产负债表日,该金融工具已不再属于自初始确认后信用风险显著增加的情形的,企业应当在当期资产负债表日按照相当于未来12个月内预期信用损失的金额计量该金融工具的损失准备,由此形成的损失准备的转回金额应当作为减值利得计入当期损益②。

【注释】

①准则联系:在应用本条目时,需同时考虑根据本准则第五十七条的规定,即购买或源生的已发生信用减值的金融资产不适用于本条目,因为这类金融资产始终按照整个存续期预期信用损失确认损失准备,如果初始确认后信用风险改善,企业会确认减值利得来反映预期现金流量的增加,而不是按照相当于未来12个月内预期信用损失的金额计量该金融工具的损失准备。

②准则由来:根据IFRS 9,主体应按照与确认信用风险不利变化相一致的方式确认信用风险的有利变化(即该模型应具有对称性),但这些有利变化的转回应当以之前被确认的不利变化为限。按照一般模型,如果已确认整个存续期预期

信用损失的金融工具的信用风险随后改善,即不再满足确认整个存续期预期信用损失的规定,那么企业应当按照12个月预期信用损失的金额计量损失准备,并将产生的减值利得计入损益。这表明企业对信用损失的预期已恢复至初始确认的时点。本条目的会计处理详见【例1-25】。

对于恢复到以相当于12个月预期信用损失的金额计量损失准备,企业不应该应用比确认整个存续期预期信用损失更严格的标准,因为应用更严格的标准降低了信息的有用性、中立性以及预期信用损失的如实反映。相较于解决潜在盈余管理,有用性、中立性以及如实反映预期信用损失更为重要。此外,应用更严格的标准也会阻碍对存续期预期信用损失的确认。因此,该模型应对确认和终止确认存续期预期信用损失保持对称,这取决于资产负债表日信用风险自初始确认后是否显著增加。这一做法与基于信用风险变化的模型的目标保持一致,并且能够如实反映经济实质。

【例1-25】以公允价值计量且其变动计入其他综合收益的债务工具。

甲公司于20×7年12月21日通过上海证券交易所购入一项公允价值为700万元的债务工具,分类为以公允价值计量且其变动计入其他综合收益的金融资产。该工具合同期限为10年,年利率为7%,假定实际利率也为7%。初始确认时,甲公司已经确定其不属于购入或源生的已发生信用减值的金融资产。

20×7年12月31日,由于债务人经营状况恶化,且债务人杠杆率大幅上升,该债务工具的公允价值跌至600万元。甲公司认为,该工具的信用风险自初始确认后已显著增加,应按整个存续期预期信用损失计量损失准备,损失准备金额为100万元。为简化起见,本例不考虑利息收入。

20×8年12月31日,债务人通过债务重组等方式降低了杠杆率,经营状况逐渐好转,该债务工具的公允价值回升至660万元。甲公司认为,改为12个月内预期信用损失计量损失准备,损失准备金额为30万元。

20×9年1月12日,甲公司决定以当日的公允价值650万元出售该债务工具。

甲公司相关账务处理如下:

①20×7年12月21日购入该工具时:

借:其他债权投资——成本　　　　　　　　　　7 000 000
　　贷:银行存款　　　　　　　　　　　　　　　　7 000 000

②20×7年12月31日:

借:其他综合收益——其他债权投资公允价值变动　1 000 000
　　贷:其他债权投资——公允价值变动　　　　　　1 000 000

借:信用减值损失　　　　　　　　　　　　　　1 000 000
　　贷:其他综合收益——信用减值准备　　　　　　1 000 000

同时,甲公司在其20×7年年度财务报表中披露了该工具的累计减值100万元。

③20×8年12月31日：

借：其他债权投资——公允价值变动　　　　　　　　600 000
　　贷：其他综合收益——其他债权投资公允价值变动　　　600 000
借：其他综合收益——信用减值准备　　　　　　　　700 000
　　贷：信用减值损失　　　　　　　　　　　　　　　　700 000

同时，甲公司在其20×8年度财务报表中披露了该工具的累计减值30万元，即在原累计减值的基础上转回70万元。

④20×9年1月12日：

借：银行存款　　　　　　　　　　　　　　　　　6 500 000
　　投资收益　　　　　　　　　　　　　　　　　　200 000
　　其他综合收益——信用减值准备　　　　　　　　300 000
　　其他债权投资——公允价值变动　　　　　　　　400 000
　　贷：其他综合收益——其他债权投资公允价值变动　　400 000
　　　　其他债权投资——成本　　　　　　　　　　　7 000 000

第五十一条 对于贷款承诺和财务担保合同，企业在应用金融工具减值规定时，应当将本企业成为做出不可撤销承诺的一方之日①作为初始确认日。

【注释】

①对于贷款承诺和财务担保合同，由于其在资产负债表日可能尚未在资产负债表中确认，或者在确认前已经对企业形成信用风险敞口，因此其初始确认日的定义不同于其他金融工具，而应当是该企业做出的不可撤销承诺的生效日。这里的初始确认日不一定是承诺日，因为企业做出承诺后，该承诺可能需要履行一定的程序或者满足一定的条件才能生效。

第五十二条 企业在评估金融工具的信用风险自初始确认后是否已显著增加时，应当考虑金融工具预计存续期内发生违约风险的变化，而不是预期信用损失金额的变化①。企业应当通过比较金融工具在资产负债表日发生违约的风险与在初始确认日发生违约的风险，以确定金融工具预计存续期内发生违约风险的变化情况②③④。

在为确定是否发生违约风险而对违约进行界定时，企业所采用的界定标准，应当与其内部针对相关金融工具的信用风险管理目标保持一致，并考虑财务限制条款⑤等其他定性指标⑥。

【注释】

①在考虑金融工具预计存续期内发生违约风险的变化时，企业应当通过比较金融工具在初始确认时所确定的预计存续期内的违约概率和该工具在资产负债表

日所确定的预计存续期内的违约概率,来判定金融工具信用风险是否显著增加。这里的违约概率,是指通过某一时点所确定的未来期间发生违约的概率,而不是在该时点发生违约的概率。通常,在金融资产发生信用减值或者违约之前,信用风险都将显著增加。因此,企业在评估金融工具自初始确认后信用风险是否显著增加时,不能基于在资产负债表日金融资产发生违约的证据。企业应当以此口径理解本条目所说的"资产负债表日发生违约的风险"和"初始确认日发生违约的风险"。

②对于具有类似风险的金融工具而言,工具的存续期越长,发生违约的风险就越高。例如,与预计存续期为5年的债券相比,预计存续期为10年的同级债券发生违约的风险更高。因为预计存续期与违约风险之间的复杂关系,企业在对信用风险的变化进行评估时,不能简单地比较违约风险随时间推移的绝对变化。又如,如果一项预计存续期为10年的金融工具在初始确认时确定的违约概率为10%,5年后预计存续期仅剩5年,确定的违约概率仍为10%,则可能表明其信用风险已经增加。因为一般而言,在信用风险不变的情况下,金融工具的存续期越长,则违约概率越高。随着存续期的消减,违约概率一般也会逐渐降低,对于分期偿还的贷款尤其如此。但是,对仅在临近到期日才具有重大付款义务的金融工具而言,发生违约的概率不一定随时间的推移而降低,例如,银行发放的到期一次还本付息的贷款。

③根据IFRS 9,为了使减值模型更易于操作,针对何时确认整个存续期预期信用损失,主体可以采用交易对手评估的方式,即如果资产负债表日对手方的信用风险达到某一特定等级,主体应对同一对手方的所有金融工具确认整个存续期预期信用损失。在更全面地考虑客户信用风险的基础上,该方法评估信用风险与减值规定相一致。对手方信用风险可以整体评估,具体方法详见【例1-26】。但是进行整体评估的前提,是该评估满足确认存续期预期信用损失的规定,且其结果应与分别进行单项评估的结果没有差别。

④准则由来:在2013年《减值征求意见稿》中,IASB提议使用金融工具的违约风险来决定初始确认后信用风险是否增加。违约风险应当体现金融工具的信用风险,在衡量信用风险时主体不需要全面估计预期信用损失。同时,在评估何时确认整个存续期预期信用损失时,主体仅应考虑信用风险变化(即违约发生风险),而非预期信用损失金额的变化,因为在评估信用风险时,违约风险是最相关的因素。此外,主体仅跟踪违约风险使模型更具可操作性,也更贴近主体的信用风险管理实务。

何时确认整个存续期预期信用损失的规定应当清晰,因此,对不同金融工具违约风险变动的显著性评估应取决于初始确认时的信用风险和金融工具的剩余期限,这将与信用风险结构以及金融工具定价保持一致,并将提高对具有不同期限和不同初始信用风险的金融工具的规定的可比性。如果主体没有被要求同时考虑初始信用风险和到期时间,那么评估会有利于低信用风险的短期金融工具,不利于高信用风险的长期金融工具。此外,不考虑期限结构也可能导致在评估中违约发生风险仅由于时间流逝而发生变化。因此,对标准的评估不应仅因为接近到期日而改变。

⑤**知识拓展**:财务限制条款又称财务约定事项,是在借贷协议中规定借款人必须向贷款人定期报告其财务状况,并遵守某些测定其财务状况的指标。制定财务限制条款是为了防止公司的财务状况出现恶化。

在不同的借贷协议中,财务限制条款不完全相同。财务限制条款主要有:

1)提供决算表和财务信息。

2)保持最低资产净值。该条款要求借款人扣除其各项负债之后,借款人保持一定的全部资产净值。这个金额是指,假使借款人将其全部资产按照账面价值出售并偿付了全部负债之后所应剩下的金额。

3)流动比率条款。用以测定借款人是否有足够的流动资金来支付其流动债务,而不必动用其长期资本来还债。

4)限制分派股息条款。目的是限制借款人分派给其各类股东的利润数额。

⑥实务中,一些企业以逾期达到一定天数作为违约的标准。企业可以根据所处环境和债务工具特点对构成违约的逾期天数做出定义,但是,如果一项金融工具逾期超过(含)90日,则企业应当推定该金融工具已发生违约,除非企业有合理且有依据的信息,表明以更长的逾期时间作为违约标准更为恰当。企业应当对所有相关金融工具一致地适用上述关于违约的规定,除非有证据表明对特定金融工具采用不同的违约标准更为恰当。

根据IFRS 9,为使"违约"的定义更加明晰,以及特别指出对属于12个月预期信用损失范围内金融工具的影响,IASB决定纳入一项可推翻假定,除非主体有合理且有依据的信息支持更为延迟的违约标准,否则逾期超过90天就视为违约。IASB还强调,主体在适当时应考虑违约的定性指标(例如金融工具包含可导致违约事件的违约条款),澄清主体应采用与相关金融工具的信用风险管理实务一致的违约定义,并在各个时期一致应用。IASB将这一可推翻假定作为"后防线",确保在应用该模型时确定信用风险显著增加的金融工具在总体上更一致。可推翻假定的目的并非将违约事件延期至金融资产逾期90天,而是确保主体即使没有合理且有依据的信息也可以在这一时点之后确认违约。在大多数情况下,逾期90天最符合现行实务和监管要求。

【例1-26】通过交易对手方评估信用风险。

在甲银行的信用评级体系中,1代表信用风险级别最低,10代表信用风险级别最高,违约风险随着信用风险级别增加而呈指数级上升。20×0年,甲银行向乙公司发放了一笔5 000万元的8年期贷款,当时乙公司的内部信用风险评级为3级。20×6年,乙公司的内部信用风险评级变为5级,甲银行又向其发放了一笔3 000万元的5年期贷款。20×7年,由于市场竞争激烈,导致乙公司市场份额下降，进而导致其收入锐减。因此甲银行认为，乙公司履行还贷义务的能力显著下降，并将其内部信用风险评级调为7级。

在信用风险管理中，甲银行从交易对手角度对信用风险进行评估，认为乙公司的信用风险显著增加。尽管甲银行未对乙公司的每笔贷款的自初始确认后的信用风险变化进行单项评估，但是从交易对手方层面评估信用风险并对乙公司发放的所有贷款确认整个存续期预期信用损失，仍然符合本准则关于金融工具减值规定的目标。因为，即使从最后一笔贷款发放之后（20×7年）乙公司达到历史以来最高的信用风险状态，其信用风险也已显著增加。甲银行开展的从交易对手方层面进行评估的结果，与对每笔贷款的信用风险变化进行单项评估的结果保持一致。

本例中，假定，尽管乙公司的内部信用风险评级最近被降级，但是甲银行又在20×8年又向其发放了一笔4 000万元的5年期贷款，并考虑了发放日更高的信用风险。尽管乙公司的信用风险（基于交易对手方的评估）此前被评估为显著增加，但不会导致对新发贷款确认整个存续期预期信用损失，这是因为新贷款的信用风险自初始确认后并无显著增加。如果甲银行仅从交易对手方层面评估信用风险，而忽略该信用风险变化的结论是否适用于提供给同一客户的所有单项金融工具，则不符合本准则关于金融工具减值规定的目标。

第五十三条 企业通常应当在金融工具逾期前[①]确认该工具整个存续期预期信用损失。企业在确定信用风险自初始确认后是否显著增加时，企业无须付出不必要的额外成本或努力即可获得合理且有依据的前瞻性信息的，不得仅依赖逾期信息来确定信用风险自初始确认后是否显著增加；企业必须付出不必要的额外成本或努力才可获得合理且有依据的逾期信息以外的单独或汇总的前瞻性信息的，可以采用逾期信息来确定信用风险自初始确认后是否显著增加[②]。

无论企业采用何种方式评估信用风险是否显著增加，通常情况下，如果逾期超过30日，则表明金融工具的信用风险已经显著增加。除非企业在无须付出不必要的额外成本或努力的情况下即可获得合理且有依据的信息，证明即使逾期超过30日，信用风险自初始确认后仍未显著增加。如果企业在合同付款逾期超过30日前已确定信用风险显著增加，则应当按照整个存续期的预期信用损失确认损失准备[③]。

如果交易对手方未按合同规定时间支付约定的款项，则表明该金融资产发生逾期[④]。

【注释】

①逾期是金融工具信用风险显著增加的常见结果。因此，逾期可能被作为信用风险显著增加的标志。但是，信用风险显著增加作为逾期的主要原因，通常先于逾期发生。企业只有在难以获得前瞻性信息，从而无法在逾期发生前确定信用

风险显著增加的情况下,才能以逾期的发生来确定信用风险的显著增加。换言之,企业应尽可能在逾期发生前确定信用风险的显著增加。

②在确定金融工具的信用风险水平时,企业应当考虑以合理成本即可获得的、可能影响金融工具信用风险的、合理且有依据的信息。合理成本即无须付出不必要的额外成本或努力。如果以合理成本即可获得合理且有依据的前瞻性信息,企业在确定信用风险是否显著增加时,不得仅依赖逾期信息。然而,如果以合理成本无法获得逾期信息以外的前瞻性信息,企业可采用逾期信息来确定信用风险是否显著增加。

企业在评估企业信用风险变化中可能需要考虑的因素包括(下述内容并未涵盖所有情况):

1)信用风险变化所导致的内部价格指标的显著变化。例如,同一金融工具或具有相同条款及相同交易对手的类似金融工具,在最近期间发行时的信用利差相对于过去发行时的变化。

2)若现有金融工具在资产负债表日作为新金融工具源生或发行,该金融工具的利率或其他条款将发生的显著变化(如更严格的合同条款、增加抵押品或担保物或者更高的收益率等)。

3)同一金融工具或具有相同预计存续期的类似金融工具的信用风险的外部市场指标的显著变化。这些指标包括信用利差、针对借款人的信用违约互换价格、金融资产的公允价值小于其摊余成本的时间长短和程度、与借款人相关的其他市场信息(如借款人的债务工具或权益工具的价格变动)。

4)金融工具外部信用评级实际或预期的显著变化。

5)对借款人实际或预期的内部信用评级下调。如果内部信用评级可与外部评级相对应或可通过违约调查予以证实,则更为可靠。

6)预期将导致借款人履行其偿债义务的能力发生显著变化的业务、财务或外部经济状况的不利变化。例如,实际或预期的利率上升,实际或预期的失业率显著上升。

7)借款人经营成果实际或预期的显著变化。例如,借款人收入或毛利率下降、经营风险增加、营运资金短缺、资产质量下降、杠杆率上升、流动比率下降、管理出现问题、业务范围或组织结构变更(如某些业务分部终止经营)。

8)同一借款人发行的其他金融工具的信用风险显著增加。

9)借款人所处的监管、经济或技术环境的显著不利变化。例如,技术变革导致对借款人产品的需求下降。

10)作为债务抵押的担保物价值或第三方提供的担保或信用增级质量的显著变化。这些变化预期将降低借款人按合同规定期限还款的经济动机或者影响违约概率。例如,如果房价下降导致担保物价值下跌,则借款人可能会有更大动机违约抵押贷款。

11)借款人的股东或其他关联方所提供的担保质量的显著变化。

12）预期将降低借款人按合同约定期限还款的经济动机的显著变化。例如，母公司或其他关联公司能够提供的财务支持减少，或者信用增级质量的显著变化。关于信用增级的质量变化，企业应当考虑担保人的财务状况，次级权益预计能否吸收预期信用损失等。

13）借款合同的预期变更，包括预计违反合同的行为可能导致的合同义务的免除或修订、给予免息期、利率跳升、要求追加抵押品或担保或者对金融工具的合同框架做出其他变更。

14）借款人预期表现和还款行为的显著变化。例如，一组贷款资产中延期还款的数量或金额增加、接近授信额度或每月最低还款额的信用卡持有人的预期数量增加。

15）企业对金融工具信用管理方法的变化。例如，企业信用风险管理实务预计将变得更为积极或者对该金融工具更加侧重，包括更密切地监控或更紧密地控制有关金融工具、对借款人实施特别干预。

16）逾期信息。

在某些情形下，企业通过获得的定性和非统计定量信息，而无须统计模型或信用评级流程处理有关信息，就可以确定金融工具的信用风险是否已显著增加。但在另一些情形下，企业可能需要考虑源自统计模型或信用评级流程的信息。如果下列两种类型的信息均是相关的，企业可以同时基于下列两种类型的信息执行评估：1）内部评级流程并未取得的定性因素；2）资产负债表日的特定内部评级类别，并考虑初始确认时的信用风险特征。

③根据IFRS 9，逾期超过30天是可推翻假设，不是确认整个存续期预期信用损失的绝对指标，而是利用前瞻性信息（包括组合层次上的宏观经济因素）确认整个存续期预期信用损失的最近参考时间点。无论企业采用何种方式评估信用风险是否显著增加，如果合同付款逾期超过（含）30日，则通常可以推定金融资产的信用风险显著增加，除非企业以合理成本即可获得合理且有依据的信息证明，即使逾期超过30日，信用风险仍未显著增加。这是因为逾期30天可能不适用于所有类型产品或地区的指标。为了能够推翻该假定，企业需要通过合理且有依据的信息来证明信用风险未显著增加。而且，企业不需要对金融工具逐个推翻该假定，当企业有信息表明对特定产品、区域或客户类型而言，逾期超过30天不代表信用风险显著增加时，企业可推翻该假定。例如，如果未能及时付款是由于管理上的疏忽而并非借款人本身的财务困难所致。又如，根据企业能够获得的历史统计数据表明，发生违约的风险显著增加与逾期超过30日之间不存在相关性，但是与逾期超过60日之间存在相关性。

企业通常应当在金融工具逾期前确认整个存续期内的预期信用损失，因此，如果企业在逾期超过30日前可以确定信用风险显著增加，那么不得适用上述推定。类似地，企业不得将相关金融资产发生信用减值的时点作为其信用风险显著增加并确认整个存续期预期信用损失的时点，也不得将企业内部标准构成违约的时点作为信用风险显著增加并确认整个存续期预期信用损失的时点。企业确定信用风险显著增加的时点应当早于实际发生减值的时点，这是"预期信用损失法"的应有之义。

④准则由来：IASB 在 2013 年《减值征求意见稿》中提议主体在评估初始确认后信用风险增加时，可以考虑违约或逾期信息以及其他更前瞻性信息。为了对确定初始确认后信用风险增加程度的规定进行补充，以及确保其应用不会涉及已发生损失概念，IASB 提议了一项可推翻假定，即金融资产逾期超过 30 天时，金融工具信用风险显著增加，并应确认整个存续期预期信用损失。运用可推翻假定会识别金融资产已发生信用减值或发生实际违约之前的信用风险显著增加，并使得识别信用风险显著增加与追踪和评估这些信用风险增加的成本达到适当平衡，这一结果与现行信用风险管理实务（即考虑逾期信息）基本一致。并且在实务中，逾期超过 30 天的金融工具和 12 个月违约率显著增加之间通常相关。

可推翻假定不是确认整个存续期预期信用损失时点的绝对指标，而是在确定信用风险何时已显著增加时起到辅助作用。理论上，企业应当在金融资产逾期前识别信用风险的显著增加。如果企业有合理且有依据的信息证明即使逾期超过 30 日，信用风险仍未显著增加，则企业能够推翻该假定。

第五十四条 企业在评估金融工具的信用风险自初始确认后是否已显著增加时，应当考虑违约风险的相对变化，而非违约风险变动的绝对值。在同一后续资产负债表日，对于违约风险变动的绝对值相同的两项金融资产，初始确认时违约风险较低的金融工具比初始确认时违约风险较高的金融工具的信用风险变化更为显著[①]。

【注释】

①自初始确认后信用风险变化的显著性取决于初始确认时发生违约的风险。因此，就绝对金额计量的给定的违约风险变化而言，初始确认时发生违约风险较低的金融工具与初始确认时发生违约风险较高的金融工具相比，其信用风险变化将更为显著。例如，甲企业分别持有乙、丙公司的两组应收账款，乙公司和丙公司无任何经济往来。应收账款发生违约的风险可以理解为发生违约的概率。乙公司应收账款的违约概率是 1%，丙公司应收账款的违约概率是 10%，由于乙、丙公司所处行业发生变化，两个公司不能偿还应收账款的违约概率均增加了 5%。根据本条目的规定，计算乙公司违约风险的相对变化为 500%，丙公司违约风险的相对变化仅为 50%，因此可以得出乙公司的信用风险变化更为显著的结论。

第五十五条 企业确定金融工具在资产负债表日只具有较低的信用风险[①][②]的，可以假设[③]该金融工具的信用风险自初始确认后并未显著增加。如果金融工具的违约风险较低，借款人在短期内履行其合同现金流量义务的能力很强，并且即便较长时期内经济形势和经营环境存在不利变化但未必一定降低借款人履行其合同现金流量义务的能力，该金融工具被视为具有较低的信用风险[4][5]。

【注释】

①准则由来：根据 IFRS 9，对资产负债表日较低信用风险的金融工具使用该条目的规则进行减值处理的原因主要包括以下两个方面：一方面，该类金融资产质量较高，不是确认存续期预期信用损失最关注的金融工具，所以为了减少实务操作成本使模型更符合成本效益原则，对该类金融工具使用了简化处理；另一方面，该条目提到的减值简化方法对确认时点及预期信用损失金额的影响最小，即使存续期预期信用损失的确认时间晚于非简化方法下该损失的确认时间，情况也是如此。

此外，企业使用该低信用风险简化方法时为"可以"而非"要求"的原因是，在该准则的制定中，IASB 对较低信用风险简化减值处理的提议，虽然大多数反馈意见者支持这种简化方法，但是有些反馈意见者建议对较低信用风险的含义及其应用作出澄清。还有些反馈意见者认为较低信用风险简化方法除了需要评估信用风险变化，还需要评估报告日的绝对信用风险，反而会增加操作复杂性。IASB 综合上述反馈意见，决定保留"低信用风险简化方法"，但主体对该方法的使用具有选择权。

②"金融工具在资产负债表日只具有较低信用风险"简称"低信用风险"，是指金融工具的违约风险较低，借款人在短期内有很强的能力履行其合同现金流量义务，且在较长时期内，即使经济和商业状况存在不利变化，借款人履行其合同现金流量义务的能力也未必会降低。例如，企业在具有较高信用评级的商业银行（如我国四大国有商业银行）的定期存款可能被视为具有较低的信用风险。然而，在确定金融工具是否具有较低信用风险时，要尤其注意以下三个方面。

1）确定金融工具是否具有较低信用风险时，金融工具不能仅因其担保物的价值较高而被视为具有较低的信用风险。这是因为担保是借款人未履行其合同现金流量义务情况下才会触发的对企业权益的保护机制，它并不能体现企业短期内履行其合同现金流量义务的能力，也不是对较长时间内履行其合同现金流量义务的体现和保证。例如，某些民营上市公司的控股股东以其股权作为质押获得了某银行的股权质押贷款，即使贷款抵押率（贷款对担保物价值的比率）较低，该银行也不能仅因此就将该贷款划分为"低信用风险"类别。

2）确定金融工具是否具有较低信用风险时，也不能仅因为其与其他金融工具相比违约风险较低，或者相对于企业所处的地区的信用风险水平而言风险相对较低，而被视为具有较低的信用风险。例如，某城市商业银行在 A 省发放的贷款的信用风险水平低于该省信用风险平均水平，该银行不可以仅仅因为这个原因将该类贷款划分为"低信用风险"类别。

3）为确定金融工具是否具有较低的信用风险，企业可以利用与全球公认的低信用风险定义相一致的，并考虑所评估的风险和金融工具的类型的内部信用风险评级或其他方法。如果一项金融工具具有"投资级"以上的外部信用评级，则该工具可能被视为具有较低信用风险。例如，某企业从市场购买了标准普尔AAA信用评级的债券，该企业可以将该债券划分为"低信用风险"类别。但是，金融工具无须具备"投资级"以上的外部评级才能被视为具有较低的信用风险。企业应当从市场参与者的角度并考虑金融工具的所有条款和条件来确定金融工具是否具有较低的信用风险。

③较低信用风险的金融资产减值简化处理方法的意图是减少操作复杂性，有助于处理金融工具减值时在成本和效益之间达到恰当的平衡，企业对该方法的使用由企业作出选择。

④如果某金融工具在上一风险评估日（资产负债表日或者初始确认日）被视为具有较低信用风险，而在当前资产负债表日不被视为具有较低信用风险，此时企业不能仅因为这一事实就判定其信用风险显著增加，而仍应当根据本准则第四十八条通过比较该工具初始确认时的信用风险和当前资产负债表日的信用风险做出判定。

⑤**准则联系**：本准则两次提及金融工具减值的简化方法，一是本条目所涉及的较低信用风险的简化方法，二是本准则第六十三条所涉及的应收账款、合同资产和租赁应收款的减值简化处理。

【例1-27】较低信用风险简化处理的具体情形及其处理方法。

甲公司是一家注册地点在深圳罗湖区的外贸型公司，乙公司购买了甲公司公开发行的债券，该债券是甲公司唯一的债务。根据该债券募集合同的规定，甲公司不能进一步举债。

初始确认时，乙公司认为债券的违约风险较低，并且甲公司在短期内具有较强的偿债能力；长期来看，经济形势和经营环境存在发生不利变化的可能，但未必一定导致甲公司偿付该债券能力的降低。此外，乙公司对该债券的内部信用评级等同于国际信用评级的投资级。

在报告日，乙公司担忧该债券信用风险，因为甲公司营业额面临国际贸易摩擦的持续压力，这种压力有可能导致甲公司经营活动现金流量下降。因为乙公司仅为甲公司的债券投资人，仅能依赖公开的年报和中期报告，无法取得进一步的非公开信用风险信息，因此乙公司根据甲公司发布的公告与其他公开信息（包括评级机构发布的消息和新闻中提到的相关信息）对该债券的内部信用评级进行了重新评估，并认为该债券不再等同于外部信用评级中的投资级债券，原因如下：

1. 甲公司的最新季报显示，其营业收入同比下降30%，营业利润同比下降18%。

2. 评级机构对于甲公司的盈利预告做出负面反应，并对其信用级别进行复核以确定是否需要将其由投资级降至非投资级。然而，在报告日，外部信用风险评级保持不变。

3. 该债券的价格显著下跌，导致到期收益率增高。乙公司认为，该债券价格的下跌是由甲公司信用风险增加引起的，因为市场环境并未改变（如基准利率、流动性等未发生变化），与其同行业企业所发行债券的价格比较可知，该债券价格的下跌可能是甲公司特有因素所导致的，而不是其他一般信用风险指标（如基准利率变动）导致的。

在报告日，乙公司使用所有以合理成本即可获得合理且有依据的信息，评估该债券是否属于低信用风险。尽管甲公司目前尚能履行合同义务进行偿付，但其所处的不利经济形势和经营环境导致了重大不确定因素，增加了该债券的违约风险。鉴于上述原因，乙公司认为，该债券在报告日不再属于只具有较低信用风险的金融资产。因此，乙公司决定评估该债券自初始确认后信用风险是否已显著增加。经过评估，乙公司认为，该债券的信用风险自初始确认后已显著增加，应按整个存续期预期信用损失确认损失准备。

第五十六条 企业与交易对手方修改或重新议定合同①，未导致金融资产终止确认，但导致合同现金流量发生变化的，企业在评估相关金融工具的信用风险是否已经显著增加时，应当将基于变更后的合同条款在资产负债表日发生违约的风险与基于原合同条款在初始确认时发生违约的风险进行比较②③④⑤。

【注释】

①准则联系：企业在判断与其交易对手修改或重新议定金融资产合同是否导致原金融资产终止确认时，应当根据本准则第十一条进行处理。如果合同的修改导致现有金融资产终止确认，企业应当确认一项新的金融资产，并按照本准则第四十八条进行减值处理；如果合同的修改未导致金融资产终止确认，而导致合同现金流量的时间和金额发生了变化，那么企业应当按照本条目规定进行处理。

②如果金融资产的合同现金流量被修改或重新议定但并未导致终止确认，企业应当基于以合理成本即可获得合理且有依据的信息，来评估该金融资产自初始确认（初始确认日不因合同的修改而变化）后信用风险是否已显著增加。根据评估结果在12个月或整个存续期预期信用损失间进行选择，而不得将该资产直接假定为具有较低的信用风险，之后相关的会计减值计量与未修改合同的减值处理方法一致。所有合理且有依据的信息包括历史信息、前瞻性信息以及对金融资产预计存续期内信用风险的评估信息（包括与导致修改的情形有关的信息）。其中不再满足确认整个存续期预期信用损失标准的信息可包括根据修改后的合同条款最新与及时的付款表现的历史记录。通常情况下，债务人需要在一段时期内持续展现出良好的付款行为，才能被视为信用风险已经降低。例如，对于客户漏掉某笔付款或未全额付清付款，这一历史记录通常不能简单地因为依照修改后的合同条款及时做出的一次付款行为而消除。

③**实施指引**：企业与交易对手方修改或重新议定合同，未导致金融资产终止确认，但导致合同现金流量发生变化的，或者企业修正了对合同现金流量的估计的，应当重新计算该金融资产的账面余额，并将相关利得或损失计入当期损益。重新计算的该金融资产的账面余额，应当根据将重新议定或修改的合同现金流量按金融资产的原实际利率（或者购买或源生的已发生信用减值的金融资产应按经信用调整的实际利率）折现的现值确定。对于修改或重新议定合同所产生的所有成本或费用，企业应当调整修改后的金融资产账面价值，并在修改后金融资产的剩余期限内摊销。

④**准则联系**：如果合同修改形成新金融资产，企业应当将合同修改日作为新金融资产的初始确认日。通常情况下，在该金融资产符合本准则第四十八条关于确认整个存续期内预期信用损失的规定之前，企业应当按照12个月内预期信用损失的金额计量其减值准备。但是，在某些特殊情况下，在合同双方做出导致原金融资产终止确认的合同修改后，可能出现表明修改后的新资产在初始确认时已发生信用减值的证据，从而使该金融资产成为源生已发生信用减值的资产。例如，如果对不良资产做出修改或重新议定从而导致原金融资产终止确认，则可能会出现初始确认时已发生信用减值的证据。在该情况下，修改可能会产生一项在初始确认时已发生信用减值的新金融资产。

⑤**准则由来**：根据IFRS 9，该条目在制定时对于该条目的使用范围——是否适用于所有的金融工具存在争议，在征求意见中有些反馈意见者提议将该规定限于对已发生信用减值的资产的修改或出于信用风险管理目的进行的修改，因为他们认为该规定不能体现出由于信用风险管理无关的商业原因或其他原因而进行修改的经济实质。一方面，IASB之前在制定IFRS 7时，已经考虑过识别合同现金流修改和重新议定的原因，然而在反馈意见中发现，已发生信用减值的资产的修改目的在实务中很难确定（即难以判断其是否出于商业原因或信用风险管理原因）；另一方面，IASB还指出，即便能够清晰识别修改的目的是出于商业原因，但金融工具合同条款中的任何变动都将对初始确认后该金融工具的信用风险产生间接影响，并将影响损失准备的计量；此外，辨别修改的目的以及辨别修改在多大程度上与信用风险有关都存在种种困难，这都会创造人为操纵的机会。因此，IASB不再要求对金融工具合同条款修改或重新议定的原因进行识别。

【**例1-28**】修改或重新议定合同的具体情形及其处理方法。

甲公司购买一笔5年期债券，按合同面值到期一次偿还本金，合同面值为3 000万元，利率10%，按年付息。假定实际利率为10%。第一个会计期间（简称"第一期"）期末，由于自初始确认后信用风险无显著增加，甲公司按12个月内预期信用损失确认损失准备，损失准备余额为50万元。

在第二期期末，甲公司确定该债券自初始确认后的信用风险已显著增加，因此对该笔债券确认整个存续期内的预期信用损失，损失准备余额为80万元。

在第三期期末，由于债券发行公司出现重大财务困难，甲公司修改了该笔债券的合同条款和现金流量，将该笔债券的合同期限延长了一年。因此在修改日（第三期期末），该笔债券的剩余期限为三年。本次修改并未导致甲公司终止确认该债券。

由于进行了上述修改，甲公司根据该债券的初始实际利率10%，重新计算修改后的合同现金流量的现值作为该金融资产的账面余额，并将重新计算的账面余额与修改前的账面余额之间的差额确认为合同变更利得或损失。在本例中假定，甲公司确认了修改损失100万元，账面余额降为2 900万元。

在考虑修改后的合同现金流量的基础上，甲公司重新计算了损失准备，并评估了是否应继续对该债券按整个存续期内预期信用损失计量损失准备。甲公司将当前信用风险（基于修改后的现金流量）与初始确认时的信用风险（基于初始未修改的现金流量）进行比较，认为信用风险已显著增加，因此继续按整个存续期内的预期信用损失计量损失准备。在资产负债表日，该债券按照整个存续期内的预期信用损失计量的损失准备余额为150万元。

甲公司对于上述合同现金流量修改的相关计算如表1-21所示。

表1-21　　　　　　　　　　　　　　　　　　　　　　　　　单位：万元

期间	期初账面余额 (A)	减值损失/利得 (B)	修改损失/利得 (C)	利息收入 (D = A×10%)	现金流量 (E)	期末账面余额 (F = A + C + D - E)	损失准备 (G)	期末摊余成本 (H = F - G)
1	3 000	(50)	—	300	300	3 000	50	2 950
2	3 000	(30)	—	300	300	3 000	80	2 920
3	3 000	(70)	(100)	300	300	2 900	150	2 750

注：括号内的金额代表损失。

在后续资产负债表日，甲公司按照本准则第五十六条规定，将该债券初始确认时的信用风险（基于初始未修改的现金流量）与资产负债表日的信用风险（基于修改后的现金流量）进行比较，以评估信用风险是否显著增加。

修改债券合同再过两个期间之后（第五期），与修改日的预期相比，债券发行人的实际业绩明显好于其经营计划，而且所属行业的前景好于此前预测。通过使用以合理成本即可获得合理且有依据的信息进行评估，甲公司发现该债券的整体信用风险和在整个存续期内的违约风险率都下降了，因此甲公司在第五期期末调整了借款人的内部信用评级。

考虑到这一情况，甲公司对该债券信用状况进行了重新评估，并确定该债券的信用风险已经下降，与初始确认时的信用风险相比已无显著增加。因此，甲公司重新按 12 个月内预期信用损失计量该债券的损失准备。

第五十七条 对于购买或源生的已发生信用减值的金融资产，企业应当在资产负债表日仅将自初始确认后整个存续期内预期信用损失的累计变动确认为损失准备①。在每个资产负债表日，企业应当将整个存续期内预期信用损失的变动金额作为减值损失或利得计入当期损益②。即使该资产负债表日确定的整个存续期内预期信用损失小于初始确认时估计现金流量所反映的预期信用损失的金额，企业也应当将预期信用损失的有利变动确认为减值利得③。

【注释】

①**准则由来**：为了及时提供信用风险变动及其导致经济损失的有用信息，对于购买或源生的已发生信用减值的金融资产，IASB 选择了一种更为谨慎的处理方法，即主体在资产负债表日应当确认该金融资产自初始确认后在整个存续期的预期信用损失，无需对金融资产的信用风险是否显著增加进行评估。

②**编者语**：根据该条目的规则，对于购买或源生已发生信用减值的金融资产，其信用损失累计变动金额应为该金融资产账面余额扣减预期未来现金流贴现值，即使该金额为负，仍需确认为减值利得。而对于购买或源生未发生信用减值的金融资产，其预期信用损失一般不可能出现金额为负的情形。

③**准则由来**：对于购买或源生已发生信用减值的金融资产，在征求意见中，有些意见反馈者倾向于使用总额法对该类金融资产进行确认，即对购买或源生已发生信用减值的金融资产在初始确认时计提减值准备，以方便之后信用风险相比于初始确认降低时进行价值还原。但是，IASB 认为所购买或源生已发生信用减值的金融资产以公允价值进行初始确认，如果对损失金额进行还原就会导致金融资产的账面余额在初始确认时超过公允价值，所以对于购买或源生已发生信用减值的金融资产不能使用总额法进行计量。

【例 1-29】购买或源生的已发生信用减值金融资产具体情形及其处理方法。

20×3 年 12 月 31 日，甲公司购买了乙公司发放一笔 5 年的债券，本金为 8 000 万元，年利率 5%，每年 12 月 31 日付息，20×8 年 12 月 31 日还本。假设不考虑交易费用，该债券的实际利率为 5%，且甲公司对其购买的债券以摊余成本计量。

20×4 年 12 月 31 日，乙公司按约支付利息。甲公司评估认为该债券信用风险自初始确认以来未显著增加，并计算其未来 12 个月预期信用损失为 120 万元。

20×5 年 12 月 31 日，乙公司按约支付利息。甲公司评估认为该债券信用风险自初始确认以来已经显著增加，并计算剩余存续期预期信用损失为 400 万元。

20×6 年 6 月 30 日，甲公司了解到乙公司面临重大财务困难，认定该债券已发生减值。同日，甲公司计算剩余存续期预期信用损失为 900 万元。

20×6年12月31日，乙公司未按约支付利息。甲公司计算剩余存续期预期信用损失为2 000万元。

20×7年6月30日，甲公司计算剩余存续期预期信用损失为3 200万元，并以5 000万元价格将该债券所有风险和报酬转让给丙资产管理公司。

根据所掌握情况，丙资产管理公司将该债券认定为已发生信用减值的金融资产，并预计该债券的未来现金流量如表1-22所示。

表1-22   单位：元

日期	金额
20×8年12月31日	40 000 000
20×9年6月30日	14 900 000

根据以上数据，丙资产管理公司计算该债券经信用调整的实际利率为5.888% $[40\,000\,000/(1+r)^3 + 14\,900\,000/(1+r)^4 = 50\,000\,000]$，计算得r = 2.902%，为半年利率，年利率为5.888% $[(1+r)^2 - 1]$。丙资产管理公司以摊余成本计量该债券，其账面价值摊余过程如表1-23所示。

表1-23   单位：元

日期	计提利息期限（年）	应计利息	还款	摊余成本
20×7年6月30日	—	—	—	50 000 000
20×7年12月31日	0.5	1 451 000	—	51 451 000
20×8年12月31日	1	3 029 435	-40 000 000	14 480 435
20×9年6月30日	0.5	419 565*	-14 900 000	—

注：*尾数调整：419 565 = 14 900 000 - 14 480 435，14 480 435为最后一期摊余成本。

20×7年12月31日，丙资产管理公司对该债券回收金额和回收时间的预期未发生改变（即预期信用损失变动为零）。

20×8年12月31日，丙资产管理公司实际收到乙公司还款4 000万元，对该债券后续回收金额和回收时间的预期未发生改变。

20×9年6月30日，丙资产管理公司实际收到乙公司还款1 600万元，债券合同终止。

根据上述资料，相关账务处理如下（不考虑税费影响）：

1. 甲公司

（1）20×3年12月31日，购买债券：

借：债权投资　　　　　　　　　　　　　　　　　80 000 000
　　贷：银行存款　　　　　　　　　　　　　　　　　　80 000 000

(2) 20×4年12月31日，确认利息收入和收到的利息：

利息收入 = 账面余额 × 实际利率 = 8000 × 5% = 400（万元）

借：应收利息	4 000 000
贷：投资收益	4 000 000
借：银行存款	4 000 000
贷：应收利息	4 000 000

计提减值准备：

借：信用减值损失	1 200 000
贷：债权投资减值准备	1 200 000

(3) 20×5年12月31日，确认利息收入和收到的利息：

借：应收利息	4 000 000
贷：投资收益	4 000 000
借：银行存款	4 000 000
贷：应收利息	4 000 000

补提减值准备：

借：信用减值损失	2 800 000
贷：债权投资减值准备	2 800 000

(4) 20×6年6月30日，确认实际减值前利息收入：

利息收入 = 账面余额 × 实际利率 = $80\,000\,000 \times [(1+5\%)^{0.5} - 1]$ = 1 975 606（元）

借：应收利息	1 975 606
贷：投资收益	1 975 606

补提减值准备：

借：信用减值损失	5 000 000
贷：债权投资减值准备	5 000 000

(5) 20×6年12月31日，确认实际减值后利息收入：

利息收入 = 摊余成本 × 实际利率 = $(80\,000\,000 + 1\,975\,606 - 9\,000\,000) \times [(1+5\%)^{0.5} - 1]$ = 1 802 138（元）

借：应收利息	1 802 138
贷：投资收益	1 802 138

补提减值准备：

借：信用减值损失	11 000 000
贷：债权投资减值准备	11 000 000

(6) 20×7年6月30日，确认利息收入：

利息收入 = 摊余成本 × 实际利率 = $(80\,000\,000 + 1\,975\,606 + 1\,802\,138 - 20\,000\,000) \times [(1+5\%)^{0.5} - 1]$ = 1 574 996（元）

借：应收利息	1 574 996

贷：投资收益	1 574 996

补提减值准备：

借：信用减值损失	12 000 000
贷：债权投资减值准备	12 000 000

终止确认债券：

借：银行存款	50 000 000
债权投资减值准备	32 000 000
投资收益	3 352 740
贷：债权投资	80 000 000
应收利息	5 352 740

2. 丙资产管理公司。

(1) 20×7年6月30日，确认购入债券：

借：债权投资——本金	50 000 000
贷：银行存款	50 000 000

(2) 20×7年12月31日，确认利息收入：

借：债权投资——应计利息	1 451 000
贷：利息收入	1 451 000

(3) 20×8年12月31日，确认利息收入：

借：债权投资——应计利息	3 029 435
贷：利息收入	3 029 435

确认收到的还款：

借：银行存款	40 000 000
贷：债权投资——本金	5 519 565
——应计利息	4 480 435

(4) 20×9年6月30日，确认利息收入：

借：债权投资——应计利息	419 565
贷：利息收入	419 565

确认收到的还款，终止确认债券：

借：银行存款	16 000 000
贷：债权投资——本金	14 480 435
——应计利息	419 565
信用减值损失（利得）	1 100 000

第五十八条 企业计量金融工具预期信用损失的方法应当反映下列各项要素：

（一）通过评价一系列可能的结果而确定的无偏概率加权平均金额[①]。

（二）货币时间价值[②]。

（三）在资产负债表日无须付出不必要的额外成本或努力即可获得的有关过去事项、当前状况以及未来经济状况预测的合理且有依据的信息③④。

【注释】

①企业估计预期信用损失的目的，并非是对最坏情形或最好情形的估计，而是始终反映发生信用损失的可能性以及不发生信用损失的可能性，即使最可能发生的结果是不存在任何信用损失。实务中，减值估计无须涉及复杂的分析，某些情况下运用相对简单的模型就足够了。例如，一大组具有共同风险特征的金融工具的平均信用损失，可以是概率加权金额的合理估计值。在其他情况下，则很可能需要识别具体列明特定结果的现金流量金额和时间，以及各种结果估计概率的情景。总之在这些情况下，预期信用损失应当至少反映发生信用损失和不发生信用损失两种可能结果。

对于整个存续期预期信用损失，企业应当估计金融工具在其预计存续期内发生违约的风险；对于12个月预期信用损失，企业应当估计金融工具在报告日后12个月内（若金融工具的预计存续期少于12个月，则为更短的期间）发生违约将导致的整个存续期现金短缺在考虑违约率后的加权金额，是整个存续期预期信用损失的一部分。因此，12个月预期信用损失不是预测在未来12个月内将发生的现金短缺，而是在资产负债表日后12个月内（若金融工具的预计存续期少于12个月，则为更短的期间）发生违约将导致的整个存续期现金短缺的概率加权金额。

②"货币时间价值"是指企业应当采用相关金融工具初始确认时确定的实际利率或其近似值，将现金流缺口折现为资产负债表日的现值，而不是预计违约日或其他日期的现值。该处理从概念上而言与摊余成本的计量相一致。如果金融工具具有浮动利率，那么企业应当采用当前实际利率（即最近一次利率重设后的实际利率）对现金流缺口进行折现。

对于购买或源生已发生信用减值的金融资产，企业应当采用在初始确认时确定的经信用调整的实际利率（即购买或源生时将减值后的预计未来现金流量折现为摊余成本的利率）。对于租赁应收款，企业应当采用按照《企业会计准则第21号——租赁》计量租赁应收款所使用的相同折现率进行折现。对于贷款承诺，企业应当采用在确认源自贷款承诺的金融资产时将应用的实际利率或其近似值进行折现，这是由于根据应用减值的要求，履行贷款承诺后所确认的金融资产应作为该承诺的延续而非一项新金融工具处理。对于无法确定实际利率的财务担保合同或贷款承诺，企业应当采用反映对货币时间价值的当前市场评估及该现金流量特有风险的折现率进行折现。

③"合理且有依据的信息"是指在报告日无须付出不必要的额外成本或努力便可合理获得的信息，包括有关过去事项、当前状况及未来经济状况预测的信息。出于财务报告目的可获得的信息，将被视为无须付出额外成本或努力便可获

得的信息。如何获取合理且有依据的信息应注意以下五个方面。

1）企业无须考虑对金融工具整个预计存续期内未来状况的预测。估计预期信用损失需要运用的判断程度取决于具体信息的可获取性，预测的时间跨度越长，具体信息的可获取性将越低，而估计预期信用损失需要运用的判断程度就越高。估计预期信用损失并不要求对未来期间作出具体估计——对于此类期间，企业可根据源自可获得的具体信息的预测进行推断。

2）企业无须完整地搜寻所有信息，但应当考虑无须付出额外成本或努力便可获得的、与估计预期信用损失（包括预期提前偿付的影响）相关的所有合理且有依据的信息。所使用的信息应包括特定借款人的因素、一般经济状况以及在报告日对当前状况及相关状况预测方向的评估。企业可同时使用内部（企业特定的）及外部各类来源的数据。可能的数据来源包括内部历史信用损失经验、内部评级、其他企业的信用损失经验以及外部评级、报告和统计数据。如果没有企业特定的数据来源或此类数据不够充分，那么企业可使用同行业内对类似金融工具（或一组类似金融工具）的经验数据。

3）历史信息是计量预期信用损失的重要基础。企业应当基于当前可观察的数据对历史数据（如，信用损失经验）作出调整，以反映并未影响历史数据所属期间的当前状况及未来预测状况的影响，并消除了与未来合同现金流量不相关的历史期间状况的影响。在某些情况下，最佳的合理且有依据的信息应该是未经调整的历史信息（取决于与报告日存在的情况及所考虑的金融工具特征相比，历史信息的性质及其计算时间）。预期信用损失变动的估计应当反映各期间之间相关可观察数据的变化（例如，失业率、房价、商品价格、付款状况或可能表明金融工具或一组金融工具发生信用损失的其他因素的变化及此类变化的重要程度）并与这些变化保持一致方向。企业应当定期复核用于估计预期信用损失的方法和假设，以减少估计值与实际信用损失之间的差异。

4）在利用历史信用损失经验来估计预期信用损失时，重要的是关于历史信用损失率的信息对相关的资产组别应用，而该资产组别的定义方式与观察到该历史信用损失率的资产组别的定义方式相一致。因此，资产组合分组所使用的方法应当反映当前状况的相关可观察数据。此外，还应当使现有分组的每组金融资产均能够与具有类似风险特征的每组金融资产的历史信用损失的信息相关。

5）预期信用损失反映企业自身对信用损失的预期。但是，在考虑无须付出额外成本或努力便可获得的所有合理且有依据的信息来估计预期信用损失时，企业应当同时考虑关于特定金融工具或类似金融工具信用风险的可观察的市场信息。

④准则联系：本准则第六十条对本条目第（一）项给出了具体规范；本条目【注释】③对于"合理且有依据的信息"的解释也适用于本准则第四十八条最后一段中的"合理且有依据的信息"。

第五十九条 对于适用本准则有关金融工具减值规定的各类金融工具，企业应当按照下列方法确定其信用损失：

（一）对于金融资产，信用损失应为企业应收取的合同现金流量与预期收取的现金流量之间差额的现值[①]。

（二）对于租赁应收款项，信用损失应为企业应收取的合同现金流量与预期收取的现金流量之间差额的现值。其中，用于确定预期信用损失的现金流量，应与按照《企业会计准则第21号——租赁》用于计量租赁应收款项的现金流量保持一致[②]。

（三）对于未提用的贷款承诺，信用损失应为在贷款承诺持有人提用相应贷款的情况下，企业应收取的合同现金流量与预期收取的现金流量之间差额的现值。企业对贷款承诺预期信用损失的估计，应当与其对该贷款承诺提用情况的预期保持一致[③]。

（四）对于财务担保合同，信用损失应为企业就该合同持有人发生的信用损失向其作出赔付的预计付款额，减去企业预期向该合同持有人、债务人或任何其他方收取的金额之间差额的现值[④]。

（五）对于资产负债表日已发生信用减值但并非购买或源生已发生信用减值的金融资产，信用损失应为该金融资产账面余额与按原实际利率折现的估计未来现金流量的现值之间的差额[⑤⑥⑦⑧]。

【注释】

①本条目第（一）项所指的金融资产，主要指按照本准则第十七条分类为以摊余成本计量的金融资产和按照本准则第十八条分类为以公允价值计量且其变动计入其他综合收益的金融资产，且该金融资产属于购买或源生未发生信用减值的金融资产，并处于金融工具减值模型的第一或第二阶段。

②租赁应收款项与以摊余成本计量的金融资产类似，采用的减值计量方法为企业应收取的合同现金流量与预期收取的现金流量之间差额的现值。该部分计量现值的折现率应采用《企业会计准则第21号——租赁》计量租赁应收款所使用的折现率。

③对于未提用的贷款承诺，信用损失应为下列两者差额的现值：1）如果贷款承诺的持有人提用相应贷款，企业应收的合同现金流量；2）如果持有人提用相应贷款，企业预期收取的现金流量。企业对贷款承诺预期信用损失的估计，应当基于对该贷款承诺提用情况的预期。企业在估计12个月的预期信用损失时，应当考虑预计将在资产负债表日后12个月内提用的贷款承诺部分；而在估计整个存续期预期信用损失时，企业应当考虑预计将在贷款承诺整个存续期内提用的贷款承诺部分。该部分计量现值的折现率应采用反映对货币时间价值的当前市场评估及该现金流量特有风险的折现率。

④对于财务担保合同，只有当债务人按照所担保的金融工具合同条款发生违

约时，企业才需要进行赔付。因此，财务担保合同的信用损失是企业就合同持有人发生的信用损失向其做出赔付的预期付款额，减去企业预期向该合同持有人、债务人或其他方收取的金额的差额的现值。该部分计量现值的折现率应采用反映对货币时间价值的当前市场评估及该现金流量特有风险的折现率。

⑤对于购买或源生时未发生信用减值，但在后续资产负债表日发生信用减值的金融资产，企业在计量其预期信用损失时，应当基于该金融资产的账面余额与按该金融资产原实际利率折现的预计未来现金流量的现值之间的差额。该部分计量现值的折现率应当是其初始确认时确定的实际利率或其近似值。

⑥**编者语**：对于购买或源生未发生信用减值的金融资产，其减值模型的第三阶段和前两个阶段的实质区别是：1) 前两个阶段以账面余额（未扣除减值准备）为基础确认利息收入，由于第三阶段已发生信用减值，出于会计谨慎性考虑，第三阶段以摊余成本（扣除减值准备）为基础确认利息收入；2) 前两个阶段的信用损失的估计采用了现金缺口现值法，第三阶段采用了倒轧法，即信用损失为该金融资产账面余额与按原实际利率折现的估计未来现金流量的现值之间的差额。

⑦**实施指引**：在遵循本准则第五十八条规定（金融工具预期信用损失计量方法应反映的要素）的前提下，企业可运用简便方法计量预期信用损失。例如，对于应收账款的预期信用损失，企业可参照历史信用损失经验，编制应收账款逾期天数与违约损失率对照表，逾期天数与违约损失率对照表的应用详见【例1-31】。

如果企业的历史经验表明不同客户群体发生损失的情况存在显著差异，那么企业应当对客户群体进行适当的分组，并在分组基础上运用上述简便方法。企业可用于对资产进行分组的标准可能包括：地理区域、产品类型、客户评级、担保物以及客户类型（如批发和零售客户）。

⑧**准则联系**：用于确定租赁应收款项预期信用损失的现金流量，应与按照《企业会计准则第21号——租赁》用于计量的现金流量保持一致。企业购买或源生的已发生信用减值的金融资产的折现率，应当采用在初始确认时确定的经信用调整的实际利率，参见本准则第四十七条。

第六十条 企业应当以概率加权平均为基础对预期信用损失进行计量。企业对预期信用损失的计量应当反映发生信用损失的各种可能性，但不必识别所有可能的情形[①②]。

【注释】

①企业对预期信用损失的估计，是概率加权的结果，应当始终反映发生信用损失的可能性以及不发生信用损失的可能性，即使发生信用损失的可能性很小，而不是仅对最坏或最好的情形做出估计。

②实施指引：实务中，这一要求可能并不需要企业开展复杂的分析。在某些情形下，运用相对简单的模型就可能足以满足上述要求，而不需要使用大量具体的情景模拟。例如，一个较大的具有共同风险特征的金融工具组合（如小额贷款）的平均信用损失，可能是概率加权金额的合理估计值。而在其他情形下，企业可能需要识别关于现金流量金额、时间分布以及各种结果估计概率的具体数值。在这种情形下，预期信用损失应当至少反映发生信用损失和不发生信用损失两种可能情况（即企业需要估计发生信用损失的概率和金额）。

第六十一条 在计量预期信用损失时，企业需考虑的最长期限为企业面临信用风险的最长合同期限（包括考虑续约选择权），而不是更长期间，即使该期间与业务实践相一致[①]。

【注释】

①估计预期信用损失的期间是指相关金融工具可能发生的现金流缺口所属的期间。本条目指出企业计量预期信用损失的最长期限应当为企业面临信用风险的最长合同期限（包括由于续约选择权可能延续的合同期限）。对于贷款承诺和财务担保合同，计量预期信用损失的最长期限应当为企业承担提供信贷或财务担保的现时义务的最长合同期限。

第六十二条 如果金融工具同时包含贷款和未提用的承诺，且企业根据合同规定要求还款或取消未提用承诺的能力并未将企业面临信用损失的期间限定在合同通知期内的，企业对于此类金融工具（仅限于此类金融工具）确认预期信用损失的期间，应当为其面临信用风险且无法用信用风险管理措施予以缓释的期间，即使该期间超过了最长合同期限[①②]。

【注释】

①准则由来：该条目是IASB基于反馈意见做出的特殊规定。

在减值征求意见过程中，反馈意见者提出对某些贷款承诺预期信用损失的估计应基于金融工具的预期行为期限，而非合同承诺的期限，理由如下：

1) 合同期限与出于信用风险管理和监管目的对风险敞口的处理方式相矛盾；
2) 合同期限可能导致对该类合同的风险敞口计提的准备不足；
3) 合同期限可能导致进行估计的基础，即实际损失经验并不存在。

此外，反馈意见者尤其担心对以组合方式进行管理的某些类型的贷款承诺使用合同期限，对这些承诺主体常常在损失事件发生前无法撤回承诺并将信用损失风险敞口限制在其授信期内，如信用卡和透支贷款等的循环授信。对这类授信而言，在整个预期行为期限内估计金融工具的预期信用损失能够更加如实地反映信用风险敞口。

反馈意见者还指出，这些循环授信没有固定的期限或偿还模式，且允许借款人灵活决定提取贷款的频率。这类授信可以被视为未提取的贷款承诺和已提取的贷款资产的组合。通常，根据合同规定，出借人可在临时通知或不予以通知的情况下取消授信，并要求偿还该授信下任何已提取的余额，同时撤销任何尚未提取的承诺。此外，由于风险敞口期限可能短至1天，从概念上来说无须确认这些授信中未提取部分的预期信用损失。

在实务中出借人通常继续提供这类金融工具的授信期，并且只有当可观察到的贷款信用风险显著增加时才撤销授信。IASB指出，对该类授信，设定合同期限通常出于保护性原因，而并非作为正常信用风险管理流程的一部分积极主动的执行期限。反馈意见者还指出，除非信用风险增加，否则出于商业原因，这些未提取的贷款承诺很难撤销。因此从经济角度而言，要求偿还贷款并撤销未提取承诺的合同权利未必能防止主体在合同通知期限以外遭受信用损失。

基于以上原因，IASB决定：对于同时包含贷款和未使用承诺成分的金融工具，如果主体根据合同要求偿还贷款和撤销未使用承诺的权利并未将主体面临的信用损失敞口限于合同通知期内，主体应当在面临信用风险，且预期不能通过信用风险管理活动缓释该信用风险的期间内估计贷款提取行为，即使该期限超过了最长合同期限。当确定主体的金融工具面临信用风险的期限时，该主体应考虑类似金融工具的相关历史信息和经验等因素。预期信用损失的计量应考虑一旦敞口的信用风险增加时所采取的信用风险管理活动，例如减少或撤销未使用的额度。

例如，对于信用卡持卡人，银行可以最短提前1天通知撤销循环信用额度，但在实务中，银行只有当持卡人出现违约后才会撤销授信额度，而此时对于阻止全部或部分预期信用损失的发生而言可能已经太迟。因此银行不可能以1天的通知期作为估计预期信用损失的期间。

②实施指引：该条目所指的金融工具由于其性质、管理方式以及关于信用风险显著增加的信息的可获得性，通常同时具备下列特征：

1）不具有固定的存续期或还款结构，且通常具有较短的合同取消期；

2）出借方依照合同规定取消该合同的能力，无法在该金融工具的一般日常管理中实施，而只有当企业（出借方）已获悉在授信额度层面的信用风险增加后，才可能取消该合同；

3）企业在组合基础上对该金融工具进行管理。

【例1-30】金融工具同时包含贷款和未提用的承诺具体情形及其处理方法。

甲银行设有信用卡业务，设有为期一天的通知期。甲银行有权按合同规定在通知期结束后取消该信用卡（包括已提用部分和未提用部分），但甲银行在该工具的日常管理中从未行使过这种取消信用卡的合同权利。只有当甲银行通过风险监控发现某单个客户信用风险增加时，才取消其信用额度。因此，甲银行认为，取消信用卡的合同权利无法将信用损失敞口限制在合同通知期内。

为管理信用风险，甲银行把客户合同现金流量视为一个整体进行评估。在资产负债表日，甲银行不对单个客户的已提用和未提用余额基于风险管理目的进行区分。甲银行以此为基础对该组合进行管理，并基于信用额度整体计量预期信用损失。

在资产负债表日，该信用卡组合的未偿还余额为7亿元，未提用额度为3亿元。甲银行在资产负债表日对预计信用额度面临信用风险的期间进行估计，进而以此为基础确定该组合的预计存续期。此估计工作中的具体考虑因素包括：

(1) 类似信用卡组合面临信用风险的期间。

(2) 类似金融工具出现相关违约所用的时间。

(3) 由于类似金融工具信用风险增加而采取信用风险管理措施的以往事件，例如减少或取消未提用信用额度。

根据以上信息，甲银行估计该信用卡组合的预计存续期为36个月。

在资产负债表日，甲银行对自初始确认后该组合的信用风险变化进行评估，做出以下判断：

(1) 该信用卡组合中有40%的客户的信用风险自初始确认后已显著增加。

(2) 在未提用额度3亿元中，有1亿元未提用额度的信用风险自初始确认后已显著增加。

(3) 在未偿还余额7亿元中，应确认整个预计存续期内的预期信用损失的未偿还余额为3亿元。

(4) 在信用风险自初始确认后已显著增加的1亿元未提用额度中，根据甲银行基于历史数据的估计（包括考虑信用风险显著增加的客户对信用的需求更加迫切），客户预计后续36个月（该信用卡组合的预计存续期）内将从这1亿元额度中实际提用6 000万元。

(5) 在信用风险自初始确认后未显著增加2亿元未提用额度中，根据甲银行基于历史数据估计（包括考虑信用风险未显著增加的客户对信用的需求不太迫切），客户预计后续12个月内将从这2亿元额度中实际提用5 000万元。

分析：

在按照本准则第六十二条规定对预期信用损失进行计量时，甲银行按照本准则第五十九条【注释】③的规定，考虑了该组合预计存续期内（36个月）的额度预计提用情况，并估计了客户违约时该组合的预计未偿还余额。

根据其信用风险模型，甲银行认为：

(1) 应当确认整个存续期内预期信用损失的信用卡额度违约风险敞口3.6亿万元（其中，应确认整个预计存续期内的预期信用损失的未偿还余额3亿元，加上预计后续36个月内将从信用风险自初始确认后已显著增加的未提用额度1亿元中实际提用6 000万元）。

(2) 应确认12个月内预期信用损失的信用卡额度违约风险敞口为4.5亿元（其中，应确认12个月内预期信用损失的未偿还余额=7−3=4亿元，加上信用风险自初始确认后未显著增加未提用额度 2 亿元中预计后续 12 个月内将提用的 5 000 万元）。

甲银行通过上述过程确定了违约风险敞口和预计存续期，并以此为基础计算该信用卡组合的整个存续期内预期信用损失和 12 个月内预期信用损失。

甲银行基于信用额度整体计量预期信用损失，因此无法单独识别未提用承诺部分的预期信用损失和贷款部分的预期信用损失。甲银行在其资产负债表中，将未提用承诺部分的预期信用损失与贷款部分的损失准备一并确认。如果合并列示的预期信用损失超出了金融资产的账面余额，对于超过部分，应列示为预计负债。如果甲银行基于未提用承诺和贷款分别计量预期信用损失，那么未提用承诺部分的预期信用损失应在资产负债表中列示为预计负债。

第六十三条 对于下列各项目，企业应当始终按照相当于整个存续期内预期信用损失的金额计量其损失准备：

（一）由《企业会计准则第 14 号——收入》规范的交易形成的应收款项或合同资产，且符合下列条件之一：

1. 该项目未包含《企业会计准则第 14 号——收入》所定义的重大融资成分[①]，或企业根据《企业会计准则第 14 号——收入》规定不考虑不超过一年的合同中的融资成分。

2. 该项目包含《企业会计准则第 14 号——收入》所定义的重大融资成分，同时企业作出会计政策选择，按照相当于整个存续期内预期信用损失的金额计量损失准备。企业应当将该会计政策选择适用于所有此类应收款项和合同资产，但可对应收款项类和合同资产类分别作出会计政策选择。

（二）由《企业会计准则第 21 号——租赁》规范的交易形成的租赁应收款，同时企业作出会计政策选择，按照相当于整个存续期内预期信用损失的金额计量损失准备。企业应当将该会计政策选择适用于所有租赁应收款，但可对应收融资租赁款和应收经营租赁款分别作出会计政策选择。

在适用本条规定时，企业可对应收款项、合同资产和租赁应收款分别选择减值会计政策[②③④]。

【注释】

①根据 IFRS 15，如果客户合同各方通过在合同中明确（或者以隐含的方式）约定的付款时间为客户或主体就转让商品的交易提供了重大融资利益，则合同中即包含了重大融资成分。

②实施指引：本条目的简化处理包括两个部分：一部分是企业没有选择权的简化处理；另一部分是企业具有选择权的简化处理。企业对于《企业会计准则第 14 号——收入》所规定的、不含重大融资成分（包括根据该准则不考虑不超过一年的合同中融资成分的情况）的应收款项和合同资产，应当始终按照整个存续

期内预期信用损失的金额计量其损失准备（企业对这种简化处理没有选择权）。但是，对于包含重大融资成分的应收款项、合同资产和《企业会计准则第21号——租赁》规范的租赁应收款（包括应收融资租赁款和应收经营租赁款），本准则允许企业分别作出会计政策选择，企业可以选择始终按照相当于整个存续期内预期信用损失的金额计量其损失准备。

③**准则由来**：IASB同意对于没有重大融资成分的应收账款、合同资产或租赁应收款，主体按照相当于整个存续期内预期信用损失的金额计量其损失准备有以下两方面的原因：一方面，因为大多数没有重大融资成分的应收账款、合同资产或租赁应收款期限在一年以内，因此存续期预期信用损失和12个月预期信用损失相同或十分相近；另一方面，在征求意见中，意见反馈者表示对没有重大融资成分的应收账款、合同资产或租赁应收款，主体应用基于预期信用损失的减值模型时不会面临重大的操作困难，尽管采用这种减值模型会改变实务，但能够将前瞻性信息纳入现行方法中。

④**经济后果**：对包含重大融资成分的应收款项、合同资产和《企业会计准则第21号——租赁》规范的租赁应收款，允许企业在全面应用减值模型或简化方法（对从初始确认直至终止确认始终按照存续期预期信用损失的金额确认损失准备）之间作出选择。企业对应收账款、合同资产和租赁应收款采用选择权将降低可比性，但是对于不具备完善的信用风险管理系统的企业而言，这将减轻实务中对信用风险变化进行跟踪的顾虑，而操作上的困难比可比性更重要。

【**例 1 – 31**】应收款项、合同资产和租赁应收款简化处理具体情形及其处理方法。

甲公司是一家注册地点在厦门的制造业企业，经营业务单一且固定。20×9年，甲公司应收账款合计为2 000万元，考虑到客户群由众多小客户构成，甲公司根据代表偿付能力的客户共同风险特征对应收账款进行分类。上述应收账款不包含重大融资成分。甲公司对上述应收账款始终按整个存续期内的预期信用损失计量损失准备。

甲公司使用逾期天数与违约损失率对照表确定该应收账款组合的预期信用损失。对照表以此类应收账款预计存续期的历史违约损失率为基础，并根据前瞻性估计予以调整。在每个资产负债表日，甲公司都将分析前瞻性估计的变动，并据此对历史违约损失率进行调整。公司预测下一年的经济形势将恶化。

甲公司的逾期天数与违约损失率对照表估计如表1-24所示。

表1-24

逾期天数	未逾期	逾期1~30日	逾期31~60日	逾期61~90日	逾期>90日
违约损失率（%）	0.80	2.30	4.20	7.80	11.80

来自众多小客户的应收账款合计 20 000 000 元,根据逾期天数违约损失率计算其预期信用损失如表 1–25 所示。

表 1–25　　　　　　　　　　　　　　　　　　　　　　　　　　单位:元

逾期天数	账面余额(A)	违约损失率(B)(%)	按整个存续期间内预期信用损失确认的损失准备（账面余额×整个存续期预期信用损失率）(C = A × B)
未逾期	10 000 000	0.80	80 000
逾期 1~30 日	3 000 000	2.30	69 000
逾期 31~60 日	4 000 000	4.20	168 000
逾期 61~90 日	2 000 000	7.80	156 000
逾期 >90 日	1 000 000	11.80	118 000
合计	20 000 000	—	591 000

第九章 利得和损失

第六十四条 企业应当将以公允价值计量的金融资产或金融负债的利得或损失计入当期损益①，除非该金融资产或金融负债属于下列情形之一：

（一）属于《企业会计准则第 24 号——套期会计》规定的套期关系的一部分。

（二）是一项对非交易性权益工具的投资，且企业已按照本准则第十九条规定将其指定为以公允价值计量且其变动计入其他综合收益的金融资产。

（三）是一项被指定为以公允价值计量且其变动计入当期损益的金融负债，且按照本准则第六十八条规定，该负债由企业自身信用风险变动引起其公允价值变动应当计入其他综合收益。

（四）是一项按照本准则第十八条分类为以公允价值计量且其变动计入其他综合收益的金融资产，且企业根据本准则第七十一条规定，其减值损失或利得和汇兑损益之外的公允价值变动计入其他综合收益。

【注释】

①编者语：我国企业会计准则并未对金融工具中的外币折算问题作详细阐述，根据 IFRS 9 和《国际会计准则第 21 号——汇率变动的影响》（IAS 21），并结合《企业会计准则第 22 号——金融工具确认和计量》和《企业会计准则第 19 号——外币折算》，编者在本章结尾处新增"本章补充专题：金融工具中的外币折算问题"，以对该问题进行详细分析，并给出相应案例。

第六十五条 企业只有在同时符合下列条件时，才能确认股利收入并计入当期损益①：

（一）企业收取股利的权利已经确立；
（二）与股利相关的经济利益很可能流入企业；
（三）股利的金额能够可靠计量。

【注释】

①准则由来：2009 年，IASB 发布的《金融工具的分类和计量》（征求意见稿）曾建议，以公允价值计量且其变动计入其他综合收益的权益工具投资的股

利，也应在其他综合收益中确认。几乎所有的反馈意见者都反对这一建议，他们认为，股利是收入的一种形式，应按照 IFRS 15 在损益中列报，并且指出，这些权益工具投资有时是以发行债务工具为资金来源的，而债务工具的利息支出是在损益中确认的，因此，在其他综合收益列报股利将导致"错配"。一些上市投资基金声称，如果股利收入不在损益中列报，那么财务报表对于他们的投资者来说将变得毫无意义。IASB 同意这些主张。

IASB 注意到，该方法可能会给主体管理层带来盈余管理的机会，因为股利可能代表了投资的返还，而不是投资回报。因此，IASB 决定，明显代表投资成本部分收回的股利，不在损益中确认（即清算性股利不应计入当期损益）。然而，在 IASB 看来，这些盈余管理机会是有限的，因为有能力对投资的股利政策加以控制或重大影响的主体不会按照 IFRS 9 核算这些投资，而会将其作为其他科目（如长期股权投资）核算。

第六十六条 以摊余成本计量且不属于任何套期关系的一部分的金融资产所产生的利得或损失，应当在终止确认、按照本准则规定重分类、按照实际利率法摊销或按照本准则规定确认减值时[1]，计入当期损益。如果企业将以摊余成本计量的金融资产重分类为其他类别，应当根据本准则第三十条规定处理其利得或损失[2]。

以摊余成本计量且不属于任何套期关系的一部分的金融负债所产生的利得或损失，应当在终止确认时计入当期损益或在按照实际利率法摊销时计入相关期间损益。

【注释】

[1] 准则联系：金融资产终止确认的相关规范请参见本准则第十一条，以摊余成本计量的金融资产重分类的相关规范请参见本准则第三十条，以摊余成本计量的金融资产按照实际利率法摊销的相关规范请参见本准则第三十八条，以摊余成本计量的金融资产减值的相关规范请参见本准则第八章"金融工具的减值"。

[2] 准则联系：以摊余成本计量的金融资产重分类为其他类别的相关账务处理详见本准则第六章【例 1-11】情形 1 与情形 2。

第六十七条 属于套期关系中被套期项目的金融资产或金融负债所产生的利得或损失，应当按照《企业会计准则第 24 号——套期会计》相关规定进行处理[1]。

【注释】

[1] 金融资产和金融负债何时作为套期关系中被套期项目，详见《企业会计准则第 24 号——套期会计》第九条至第十四条的规定。

第六十八条 企业根据本准则第二十二条和第二十六条规定将金融负债指定为以公允价值计量且其变动计入当期损益的金融负债的，该金融负债所产生的利得或损失应当按照下列规定进行处理[①]：

（一）由企业自身信用风险变动引起的该金融负债公允价值的变动金额，应当计入其他综合收益；

（二）该金融负债的其他公允价值变动计入当期损益[②]。

按照本条（一）规定对该金融负债的自身信用风险变动的影响进行处理会造成或扩大损益中的会计错配的[③④]，企业应当将该金融负债的全部利得或损失（包括企业自身信用风险变动的影响金额）计入当期损益。

该金融负债终止确认时，之前计入其他综合收益的累计利得或损失应当从其他综合收益中转出，计入留存收益。

【注释】

①指定为以公允价值计量且其变动计入当期损益的金融负债自身信用风险变动的会计处理。

1）信用风险的含义。

信用风险，是指金融工具的一方不履行义务，造成另一方发生财务损失的风险。金融负债信用风险引起的公允价值变动与金融负债发行人未能履行特定金融负债义务的风险相关，这一风险未必与发行人的特定信用状况相关。例如，企业发行一项担保负债和一项无担保负债（假定这两项负债的其他条件完全相同），虽然上述两项负债是由同一个企业发行的，但其信用风险却不同。担保负债的信用风险低于无担保负债的信用风险且有可能几乎为零。

需要注意的是，信用风险不同于与特定资产相关的业绩风险。特定资产相关的业绩风险与企业未能履行特定义务的风险无关，而是与单项或一组金融资产的业绩较差或完全不履约的风险有关。例如，以下两种情况与特定资产的业绩风险有关：第一，具有投资连结特征的负债，合同规定应付给投资者的金额将基于特定资产的业绩情况确定。该投资连结特征对负债公允价值的影响即为与特定资产相关的业绩风险，而非信用风险。第二，具有以下特征的结构化主体所发行的负债：该结构化主体在法律上是独立的，其资产受破产隔离的保护，唯一的受益者是投资者；该主体未发生任何其他交易，且该主体的资产也无法用作抵押；仅当受破产隔离保护的资产产生现金流量时，该主体才承担向其投资者支付一定金额的义务。这种情况下，负债的公允价值变动主要反映资产的公允价值变动。此类资产的业绩情况对负债公允价值的影响即为与特定资产相关的业绩风险，而不是信用风险。

2）自身信用风险变动影响的确定。

一般情况下，企业应当从金融负债的公允价值变动金额中扣除由于市场风险因素引起的市场风险变化所导致的公允价值变动金额，来确定由企业自身信用风险变动引起的公允价值变动金额。市场风险因素包括基准利率变动、其他企业（或结构化主体）的金融工具价格变动、商品价格变动、外汇汇率变动，以及价格指数或利率指数变动等。如果企业认为有其他方法能够更公允地计量由信用风险引起的公允价值变动金额，可使用其他方法。

如果计量上述市场风险的唯一变量是可观察基准利率，对于信用风险变动引起的金融负债的公允价值变动金额，企业可以按下列步骤估计：首先，运用该金融负债的期初公允价值和期初合同现金流量计算出内含报酬率。从该内含报酬率中减去期初可观察基准利率，得到与该金融负债特定相关的部分。其次，计算出该金融负债期末合同现金流量的现值。使用的折现率为以下两者之和：期末可观察基准利率；内含报酬率中与该金融负债特定相关的利率部分。该现值代表企业信用风险不变情况下，该负债期末应当具有的公允价值。最后，该金融负债的期末公允价值与上述计算出的金融负债期末合同现金流量的现值之间的差额，即为信用风险变动引起的金融负债的公允价值变动金额。

在运用以上方法时，假设除信用风险和利率风险之外的因素所导致的该金融负债公允价值变动金额不重大。如果金融负债中包含嵌入衍生工具，则在计算信用风险变动引起的金融负债的公允价值变动金额时，应扣除嵌入衍生工具的公允价值变动金额。

此外，与所有公允价值计量一样，企业用于确定由金融负债信用风险变动引起的金融负债公允价值变动的计量方法，必须最大限度地使用相关的可观察输入值，尽可能少使用不可观察输入值。

有关企业自身信用风险引起的公允价值变动的确定参见【例1-32】。

3）企业根据本准则规定将金融负债指定为以公允价值计量且其变动计入当期损益的金融负债的，该金融负债所产生的利得或损失应当按照下列规定进行处理：

由企业自身信用风险变动引起的该金融负债公允价值的变动金额，应当计入其他综合收益；该金融负债的其他公允价值变动计入当期损益。按照上述规定对该金融负债的自身信用风险变动的影响进行处理会造成或扩大损益中的会计错配的，企业应当将该金融负债的全部利得或损失（包括企业自身信用风险变动的影响金额）计入当期损益。

在该金融负债终止确认时，之前计入其他综合收益的累计利得或损失应当从其他综合收益中转出，计入留存收益，不属于"重分类调整"（参见本准则第三十一条【注释】①）。

②编者语：根据本条目，指定为以公允价值计量且其变动计入当期损益的金融负债所产生的公允价值变动原因包括自身信用风险和市场利率等因素，其中自身信用风险变动引起的公允价值变动一般计入不可重分类调整的其他综合收益（扩大会计错配的情形除外），市场利率波动等原因引起的公允价值变动计入当期损益。

③准则由来：IAS 39 要求，如果主体将一项金融负债采用公允价值选择权进行指定，则主体应在损益中列报全部公允价值变动。然而，许多报表使用者和其他方指出，在相当长的时间内，金融负债的自身信用风险变动不应该影响损益，除非该金融负债是交易性的，这是因为除交易性金融负债，主体通常不会实现金融负债的自身信用风险变动的影响。因此，IASB 建议，应当在其他综合收益中列报金融负债的自身信用风险变动的影响，并建议适用于所有采用公允价值选择权进行指定的金融负债。

但是，IASB 考虑了这样的处理是否会在某些限定情况下造成或扩大损益中的会计错配的情况。IASB 承认，如果一个主体持有大量的以公允价值计量且其变动计入当期损益的金融资产投资组合，并且这些金融资产的公允价值变动与采用公允价值选择权进行指定的金融负债的自身信用风险变动的影响之间存在经济关系，则可能会出现造成或扩大损益中的会计错配的情况。由于金融资产公允价值的全部变动都在损益中列报，但金融负债公允价值变动只有一部分在损益中列报，而由金融负债的自身信用风险变动引起的公允价值变动部分在其他综合收益中列报，因此产生了会计错配。为了解决可能的错配，IASB 提出当金融负债的自身信用风险变动的影响在其他综合收益中列报会造成或扩大损益中的会计错配时，主体应将该金融负债的全部公允价值变动都在损益中列报。

因此，企业在将某项金融负债指定为以公允价值计量且其变动计入当期损益的金融负债时，必须判断在其他综合收益中列报该金融负债的自身信用风险变动的影响是否将造成或扩大损益中的会计错配。为了作出该判断，企业必须评估该金融负债的自身信用风险变动的影响预期是否将被损益中另一项以公允价值计量且其变动计入当期损益的金融资产的公允价值变动所抵销，该预期必须以该金融负债的特征与另一金融资产的特征之间存在的经济关系为基础。

IASB 指出，会计错配的认定应在金融负债的初始确认时进行，且不得被重新评估。在实务中，主体无须在同一时间确认造成会计错配的所有金融资产和金融负债，只要其余的交易预期会发生，合理的递延是允许的。主体必须运用一贯的方法来判断在其他综合收益中列报金融负债的自身信用风险变动的影响是否将造成或扩大损益中的会计错配，但是，如果被指定为以公允价值计量且其变动计入当期损益的金融负债的特征与其他金融工具的特征之间存在不同的经济关系，则主体可运用不同的方法。《企业会计准则第 37 号——金融工具列报》要求企业在财务报表附注中就其作出该判断时所采用的方法提供定性披露。

在其他综合收益中列报金融负债的自身信用风险变动的影响将造成或扩大损益中的会计错配的情况参见【例 1-33】。

④会计错配不会仅由于企业用于确定金融负债的自身信用风险变动的影响的计量方法而产生，只有在金融负债的自身信用风险变动的影响预期将被另一项金融工具的公允价值变动所抵销时，才会造成或扩大损益中的会计错配。仅因计量方法（即企业未将金融负债的自身信用风险变动的影响与其公允价值的若干其他

变动进行区分）导致的会计错配不会影响按本条目的要求所作出的判断。例如，企业可能未将金融负债的自身信用风险变动与流动性风险的变化区分开来，如果企业在其他综合收益中列报上述两者的综合影响，则可能会造成会计错配，这是因为企业金融资产的公允价值计量可能包含流动性风险的变化，而此类金融资产的全部公允价值变动在损益中列报。但是，由于该会计错配是因计量不够精确所致，因此并不影响按本条目的要求所作出的判断。

【例1-32】指定为以公允价值计量且其变动计入当期损益的金融负债自身信用风险变动引起的公允价值变动的确定。

20×0年1月1日，企业平价发行了一笔十年期债券，面值为150 000元人民币，年固定票面利率为8%，该利率与具有类似特征的债券的市场利率保持一致。企业使用中国人民银行基准贷款利率（简称"央行基准利率"）作为可观察（基准）利率。在债券开始日，央行基准利率为5%。

在第一年末：（1）央行基准利率降至4.75%。（2）债券的公允价值为153 811，实际利率为7.6%。假定企业收益曲线是水平的，利率的所有变动都来自收益曲线的平行移动，且央行基准利率的变动是唯一与市场条件相关的变动。

首先，企业利用负债期初可观察的市场价格和合同现金流量计算负债期初的内含报酬率。企业应从该内含报酬率中扣除在期初观察到的（基准）利率，以得出该内含报酬率中特定于金融工具的部分。可知该债券内含报酬率为8%。由于央行基准利率为5%，内含报酬率中该工具特有的组成部分为3%（与自身信用风险相关的部分）。

其次，企业利用负债期末的合同现金流量以及等于下列二者之和的折现率：①期末观察到的（基准）利率；及②根据之前确定的内含报酬率中特定于金融工具的部分，来计算与负债相关的现金流量的现值。期末该金融资产的合同现金流量如下：①利息：第二年到第十年期间每年为12 000元。②本金：第十年末为150 000元。用于计算债券现值的折现率是7.75%，等于期末的央行基准利率4.75%加上该金融工具特有的组成部分3%。通过上述计算得出债券的现值为152 545元。

负债的期末可观察的市场价格与以上确定的现值金额之间的差额，即为并非由可观察的（基准）利率变动引起的公允价值变动。该金额应按规定在其他综合收益中列报。期末负债的市场价格为153 811元。因此，企业在其他综合收益中列报1 266元（153 811 - 152 545），即并非归属于由市场因素引起的市场风险所导致的债券公允价值增加的金额。

【例1-33】在其他综合收益中列报金融负债的自身信用风险变动的影响将造成或扩大损益中的会计错配的情况。

甲城市商业银行向客户提供3年期按揭贷款100万元，同时，通过在市场上发行条款（例如，未偿金额、还款安排、期限和币种）匹配的100万元3年期债券来为该贷款进行融资。按揭贷款的合同条款允许客户通过在市场上按公允价值购买相应的债券并交付给银行来提前偿付其贷款，每1万元贷款可以选择按100份对应的债券（每份债券面值100元）进行偿付。由于合同给予借款人提前偿付权，因此该贷款应分类为以公允价值计量且其变动计入当期损益的金融资产，为消除会计错配，与之相关的债券被指定为以公允价值计量且其变动计入当期损益的金融负债。在这种情况下，如果债券的信用质量下降从而导致债券的公允价值下跌，同时按揭贷款客户以公允价值购买并向银行交付相应债券以提前偿付按揭贷款，则甲银行贷款资产的公允价值也将下降。因此，该金融负债（债券）信用风险变化的影响将在损益中被一项金融资产（按揭贷款）公允价值的相应变动所抵销。如果在其他综合收益中列报该负债信用风险变化的影响，则将导致损益中的会计错配。因此，甲银行需要在损益中列报该负债的所有公允价值变动（包括该负债信用风险变化的影响）。

在本例中，由于按揭贷款客户具有通过以公允价值购买债券并向银行交付该债券来提前偿付贷款的合同权利，因此，该银行的负债信用风险变化的影响与金融资产的公允价值变动之间存在合同上的联系，从而产生了会计错配。但是，在某些情况下，即使不存在合同上的联系，也可能会发生会计错配。

第六十九条 企业根据本准则第十九条规定将非交易性权益工具投资指定为以公允价值计量且其变动计入其他综合收益的金融资产的，当该金融资产终止确认时，之前计入其他综合收益的累计利得或损失应当从其他综合收益中转出，计入留存收益[①②]。

【注释】

①对本准则范围内的权益工具投资，若既不是为交易而持有也不是购买方在非同一控制的企业合并中确认的或有对价，企业在初始确认时，可以作出不可撤销的选择，将其公允价值的后续变动在其他综合收益中列报，这种选择以逐项工具（即逐项股份）为基础。在其他综合收益中列报的金额后续不得转入损益，不属于"重分类调整"（"循环"）（参见本准则第三十一条【注释】①），但是，企业可在权益内部转移累计利得或损失，即转入留存收益。同时，此类投资的股利应根据本准则第六十五条的规定计入当期损益，除非该股利明确代表投资成本的部分收回。此外，由于此类投资为非货币性项目，因此，在其他综合收益中列报的利得或损失包括所有相关外汇组成部分。

②准则由来：2009年，IASB发布《金融工具的分类和计量》（征求意见稿）后，许多反馈意见者，包括许多报表使用者，并不支持禁止将指定为以公允价值计量且其变动计入其他综合收益的非交易性权益工具投资的公允价值变动在权益工具投资终止确认时转入损益（"循环"）的建议。这些反馈意见者支持在未实

现和已实现的利得和损失之间保持不同的做法（即将未实现的利得和损失计入其他综合收益，而将已实现的利得和损失转入损益），并认为一个主体的业绩应该包括所有已实现的利得和损失。然而，IASB 的结论是，这些投资利得或损失应该一次性确认，因此，在其他综合收益确认利得和损失并随后将其转入损益是不恰当的。此外，IASB 指出，将利得和损失循环计入损益，将产生类似于 IAS 39 中可供出售金融资产这一分类的情况，而且将会产生评估该权益工具投资减值的要求，这样并不会显著改善或降低金融工具会计的复杂性。因此，IASB 决定，当指定为以公允价值计量且其变动计入其他综合收益的非交易性权益工具终止确认时，禁止将其累计利得和损失循环计入损益。

第七十条 指定为以公允价值计量且其变动计入当期损益的金融负债的财务担保合同和不可撤销贷款承诺所产生的全部利得或损失，应当计入当期损益[1][2]。

【注释】

[1]编者语：与本章第六十八条的规定不同，财务担保合同和不可撤销的贷款承诺的公允价值变动包括自身信用风险，由于该部分自身信用风险变动引起的公允价值变动是可以实现的，所以一并计入当期损益，而不要求确认为其他综合收益。

[2]准则由来：2010 年 IASB 发布的《自身信用风险》征求意见稿的反馈意见者指出，贷款承诺和财务担保合同可能满足衍生工具的定义，或者从经济角度来看与衍生工具非常相似，因此，其公允价值变动应始终在损益中列报。IASB 赞同这些反馈意见者的观点，并决定所有采用公允价值选择权进行指定的财务担保合同和不可撤销贷款承诺的全部公允价值变动都应在损益中列报。

第七十一条 按照本准则第十八条分类为以公允价值计量且其变动计入其他综合收益的金融资产所产生的所有利得或损失，除减值损失或利得和汇兑损益之外，均应当计入其他综合收益，直至该金融资产终止确认或被重分类。但是，采用实际利率法计算的该金融资产的利息应当计入当期损益。该金融资产计入各期损益的金额应当与视同其一直按摊余成本计量而计入各期损益的金额相等[1]。

该金融资产终止确认时，之前计入其他综合收益的累计利得或损失应当从其他综合收益中转出，计入当期损益[2]。

企业将该金融资产重分类为其他类别金融资产的，应当根据本准则第三十一条规定，对之前计入其他综合收益的累计利得或损失进行相应处理。

【注释】

[1]实施指引：以公允价值计量且其变动计入其他综合收益的金融资产所产生的折价或溢价的摊销记入"投资收益"科目，产生的汇兑差额记入"财务费用"

或"汇兑损益"科目，其他部分记入"其他综合收益"科目。

②在该情形下，之前计入其他综合收益的累计利得或损失应作为一项"重分类调整"（参见本准则第三十一条【注释】①），从权益重分类至损益。

本章补充专题：金融工具中的外币折算问题

我国金融工具相关准则未对涉及金融工具的境外经营外币财务报表折算、外币项目折算以及以外币计价的分类为以公允价值计量且其变动计入其他综合收益的金融资产汇兑差额的分拆做出明确规定，以下将参考 IFRS 9，并结合《企业会计准则第 22 号——金融工具确认和计量》和《企业会计准则第 19 号——外币折算》对该问题进行阐述。

一、境外经营外币财务报表折算

境外经营是指企业在境外的子公司、合营企业、联营企业、分支机构，在境内的子公司、合营企业、联营企业、分支机构，采用不同于企业记账本位币的，也视同境外经营。《企业会计准则第 19 号——外币折算》指出，企业对境外经营的财务报表进行折算时，应当遵循下列规定：

第一，资产负债表中的资产和负债项目，采用资产负债表日的即期汇率折算，所有者权益项目除"未分配利润"项目外，其他项目采用发生时的即期汇率折算；

第二，利润表中的收入和费用项目，采用交易发生日的即期汇率折算；也可以采用按照系统合理的方法确定的、与交易发生日即期汇率近似的汇率折算。

按照上述折算产生的外币财务报表折算差额，在资产负债表中所有者权益项目下单独列示（其他综合收益）。

当某公司存在境外经营子公司时，境外经营的个别财务报表中金融工具的会计处理遵循《企业会计准则第 22 号——金融工具确认和计量》，而将境外经营子公司的财务报表合并入母公司的财务报表时所进行的折算遵循《企业会计准则第 19 号——外币折算》。

涉及金融工具的境外经营子公司财务报表折算的会计处理参见【例 1-34】。

二、外币项目折算

《企业会计准则第 19 号——外币折算》指出，货币性项目是指企业持有的货币资金和将以固定或可确定的金额收取的资产或者偿付的负债；非货币性项目是指货币性项目以外的项目。企业在资产负债表日，应当按照下列规定对外币货币性项目和外币非货币性项目进行处理：

第一，外币货币性项目，采用资产负债表日即期汇率折算。因资产负债表日即期汇率与初始确认时或前一资产负债表日即期汇率不同而产生的汇兑差额，计入当期损益（根据 IFRS 9，在现金流量套期、境外经营净投资套期、或对指定为以公允价值计量且其变动计入其他综合收益的公允价值套期中，被指定为套期工具的货币性项目除外）；

第二，以历史成本计量的外币非货币性项目，仍采用交易发生日的即期汇率折算，不改变其记账本位币的金额。

但是，《企业会计准则第 19 号——外币折算》并未对以公允价值计量的外币非货币性项目的折算作出规定，根据 IAS 21，以公允价值计量的外币非货币性项目，采用公允价值计量日的即期汇率折算。

对于涉及金融工具的外币项目折算，下面将分别从资产负债表和损益两个方面进行阐述如何对《企业会计准则第 22 号——金融工具确认和计量》和《企业会计准则第 19 号——外币折算》进行运用。

(1) 资产负债表。

一般而言，在按照《企业会计准则第 22 号——金融工具确认和计量》核算按外币计价的资产负债表项目时，首先，需要确定该金融资产或金融负债是采用摊余成本计量还是公允价值计量，然后，按照《企业会计准则第 19 号——外币折算》的上述规定使用资产负债表日即期汇率、交易发生日的即期汇率或公允价值计量日的即期汇率将外币金额折算为记账本位币。具体而言，对于外币货币性项目（如大多数的债务工具），无论该金融资产或金融负债是按照摊余成本计量还是公允价值计量，外币金额均应采用资产负债表日的即期汇率折算；对于外币非货币性项目（如大多数的权益工具），如果该项目按照历史成本法计量（例如长期股权投资——子公司），则外币金额应采用交易发生日的即期汇率折算，如果该非货币性项目按照公允价值计量（例如交易性金融资产），则外币金额应采用公允价值计量日的即期汇率折算。

有一种例外情况，如果金融资产或金融负债按照《企业会计准则第 24 号——套期会计》被指定为对汇率风险敞口进行公允价值套期中的被套期项目，则此被套期项目应根据汇率的变动进行重新计量，即外币金额应采用公允价值计量日的即期汇率确认，即使该项目在其他情况下可能按照《企业会计准则第 19 号——外币折算》采用交易发生日的即期汇率确认。这项例外适用于采用历史成本计量且作为对汇率风险敞口进行套期中被套期项目的外币非货币性项目。

(2) 损益。

将金融资产或金融负债的账面余额变动确认为损益取决于许多因素，其中包括：该变动是汇兑差额还是账面余额的其他变动，该变动是货币性项目还是非货币性项目产生的，有关资产或负债是否被指定为对汇率风险敞口的现金流量套期，以及该变动是否来自于对境外经营财务报表的折算。

对于货币性项目，因资产负债表日即期汇率与初始确认时或前一资产负债表日即期汇率不同而产生的汇兑差额，均应按照《企业会计准则第19号——外币折算》计入当期损益，除非此货币性项目被指定为对极可能发生的预期外币交易的现金流量套期，而在这种情形下，此货币性项目应适用现金流量套期关于利得和损失的确认要求（详见《企业会计准则第24号——套期会计》）。资产负债表中货币性项目的所有其他变动，均应按照《企业会计准则第22号——金融工具确认和计量》确认为损益或其他综合收益。例如，虽然企业将分类为以公允价值计量且其变动计入其他综合收益的金融资产的利得和损失确认为其他综合收益，但是企业还是应将与汇率变动有关的账面余额的变动确认为损益。

对于非货币性项目，其账面余额的任何变动均应按照《企业会计准则第22号——金融工具确认和计量》确认为损益或其他综合收益，例如，对于按照本准则第十九条指定为以公允价值计量且其变动计入其他综合收益的金融资产的非交易性权益工具投资，其账面余额的总体变动，包括汇率变动的影响，均应列示在其他综合收益中。再如，对按照本准则被分类为以公允价值计量且其变动计入当期损益的非货币性项目（一般为股权投资），其账面余额的总体变动，包括汇率变动的影响，均应列示在公允价值变动损益中。如果此非货币性项目被指定为对未确认的确定承诺或极可能发生的预期外币交易的现金流量套期，则应适用现金流量套期关于利得和损失的确认要求（详见《企业会计准则第24号——套期会计》）。

当金融资产或金融负债的账面余额变动的一部分确认为其他综合收益，而另一部分确认为当期损益时，为了确定应确认为损益或其他综合收益的利得或损失，企业不能将这两部分相互抵销。例如，如果以公允价值计量且其变动计入其他综合收益的外币债券的外币摊余成本增加从而产生了应确认为当期损益的利得，同时其外币公允价值下降从而产生了应确认为其他综合收益的损失，企业不能将这部分利得和损失相互抵销。

三、以外币计价的分类为以公允价值计量且其变动计入其他综合收益的金融资产汇兑差额与其他综合收益的分拆

分类为以公允价值计量且其变动计入其他综合收益的金融资产属于货币性项目，因此，企业应按照《企业会计准则第19号——外币折算》的规定将与汇率波动有关的账面余额变动确认为当期损益，同时按照《企业会计准则第22号——金融工具确认和计量》将账面余额的其他变动确认为其他综合收益。被确认计入其他综合收益的累计利得或损失是以记账本位币计量的该金融资产的摊余成本与公允价值之间的差额。

以外币计价的分类为以公允价值计量且其变动计入其他综合收益的金融资产汇兑差额与其他综合收益的分拆的会计处理参见【例1-35】。

【例1-34】 涉及金融工具的境外经营财务报表折算的会计处理。

甲公司在我国注册成立,其记账本位币为人民币(根据《企业会计准则第19号——外币折算》,记账本位币是指企业经营所处的主要经济环境中的货币),乙公司为甲公司在美国设立的子公司,其记账本位币为美元。乙公司持有符合《企业会计准则第22号——金融工具确认和计量》定义的为交易而持有的债务工具,并将其分类为以公允价值计量且其变动计入当期损益的金融资产。

在乙公司20×0年的个别财务报表上,该债务工具的公允价值和账面价值为100万美元,甲公司根据报告期末的汇率(1:6.6)在合并财务报表上将该资产的账面价值折算成人民币660万元(100万美元×6.6)。

20×1年末,该债务工具的公允价值增加到110万美元,乙公司在资产负债表中将其确认为110万美元,并将10万美元的公允价值变动在损益中确认。当年年末汇率由1:6.6上升到1:6.7,从而,该债务工具折算为人民币的公允价值由660万元增加到737万元(110万美元×6.7),因此,甲公司在合并财务报表中将该债务工具确认为737万元人民币。

甲公司采用即期汇率对乙公司的利润表进行折算。由于公允价值的利得在当年获得,甲公司采用平均汇率作为实际汇率的近似值[(6.6+6.7)/2=6.65]。在这种情况下,尽管甲公司为交易而持有的资产的公允价值增加了77万元人民币(737-660),但是按照《企业会计准则第19号——外币折算》的规定,甲公司在其合并利润表中只能确认其中的66.5万元人民币(10万美元×6.65),由此导致的汇兑差额,即该债务工具公允价值的剩余增加部分10.5万元人民币(77-66.5)应按照《企业会计准则第19号——外币折算》,在对该境外经营净投资处置之前,累积计入其他综合收益。

【例1-35】 涉及以外币计价的分类为以公允价值计量且其变动计入其他综合收益的金融资产汇兑差额与其他综合收益的分拆的会计处理。

20×1年1月1日,甲公司从二级市场以8 730 000美元购入一项以美元标价的债券,该债券还有四年到期,债券面值总额为10 000 000美元,以6%的票面利率按年付息(10 000 000×6%=600 000美元/年),实际利率为10%。甲公司将该债券分类为以公允价值计量且其变动计入其他综合收益的金融资产,因此将其利得和损失确认为其他综合收益。甲公司的记账本位币为人民币,当日美元对人民币的汇率为1:6.4,因此该债券的账面余额为55 872 000元人民币(8 730 000美元×6.4)。甲公司应做如下会计处理:

借:其他债权投资——成本　　　　　　　　　64 000 000
　　贷:其他债权投资——利息调整　　　　　　8 128 000
　　　　银行存款　　　　　　　　　　　　　55 872 000

20×1年12月31日,美元升值,美元对人民币汇率为1:6.6。该债券的公允价值为9 100 000美元,即60 060 000元人民币(9 100 000美元×6.6);摊余成本为 9 003 000 美元（8 730 000 + 8 730 000 × 10% - 10 000 000 × 6%），即 59 419 800 元人民币（9 003 000 美元 × 6.6）。在这种情况下，确认为其他综合收益以及累积计入其他综合收益的累计利得或损失等于 20×1 年 12 月 31 日的公允价值和摊余成本的差额，即 640 200 元人民币（60 060 000 - 59 419 800）。

20×1 年 12 月 31 日，甲公司收到债券利息 600 000 美元，即 3 960 000 元人民币（600 000 美元 × 6.6）。根据实际利率法确定的利息收入为 873 000 美元（8 730 000 × 10%），当年美元对人民币的平均汇率为 1:6.5（本例假设使用的平均汇率是适用于当年计提利息收入的即期汇率的可靠近似值），因此，甲公司列报的投资收益为 5 674 500 元人民币（873 000 美元 × 6.5），包括对初始折价的摊销增加值 1 774 500 元人民币[（873 000 - 600 000）美元 × 6.5]，当年利息收款的汇兑利得为 60 000 元人民币[600 000 美元 ×（6.6 - 6.5）]。相应地，确认为损益的债券汇兑差额为 1 773 300 元人民币（59 419 800 - 55 872 000 - 1 774 500）。甲公司应做如下会计处理：

借：应收利息　　　　　　　　　　　　　　　　3 960 000
　　其他债权投资——利息调整（1 774 500 + 1 773 300）　　3 547 800
　　　贷：投资收益（3 960 000 + 1 774 500 - 60 000）　　5 674 500
　　　　　汇兑损益（60 000 + 1 773 300）　　　　　1 833 300
借：其他债权投资——公允价值变动　　　　　　　　640 200
　　　贷：其他综合收益　　　　　　　　　　　　　640 200
借：银行存款　　　　　　　　　　　　　　　　3 960 000
　　　贷：应收利息　　　　　　　　　　　　　　3 960 000

20×2 年 12 月 31 日，美元继续升值，美元对人民币汇率为 1:6.8。该债券的公允价值为 9 300 000 美元，即 63 240 000 元人民币（9 300 000 美元 × 6.8）；该债券的摊余成本为 9 303 300 美元（9 003 000 + 9 003 000 × 10% - 10 000 000 × 6%），即 63 262 440 元人民币（9 303 300 美元 × 6.8）。累积计入其他综合收益的累计利得或损失等于 20×2 年 12 月 31 日的公允价值和摊余成本的差额，即 -22 440 元人民币（63 240 000 - 63 262 440）。因此，确认为其他综合收益的金额等于 20×2 年末与 20×1 年末的累积变动差额 662 640 元人民币（22 440 + 640 200）。

20×2 年 12 月 31 日，甲公司收到债券利息 600 000 美元，即 4 080 000 元人民币（600 000 美元 × 6.8）。根据实际利率法确定的利息收入为 900 300 美元（9 003 000 × 10%），当年的美元对人民币平均汇率为 1:6.7（本例假设使用的平均汇率是适用于当年计提利息收入的即期汇率的可靠近似值），因此，甲公司列报的投资收益为 6 032 010 元人民币（900 300 美元 × 6.7），包括对初始折价的摊销增加值 2 012 010 元人民币[（900 300 - 600 000）美元 × 6.7]，当年利息收款的汇兑利得为 60 000 元人民币[600 000 美元 ×（6.6 - 6.5）]。相应地，确认为损益的债券汇兑差额为 1 830 630 元人民币（63 262 440 - 59 419 800 -

2 012 010)。

> 借：应收利息 4 080 000
> 其他债权投资——利息调整（2 012 010 + 1 830 630）
> 3 842 640
> 贷：投资收益（4 080 000 + 2 012 010 − 60 000） 6 032 010
> 汇兑损益（60 000 + 1 830 630） 1 890 630
> 借：其他综合收益 662 640
> 贷：其他债权投资——公允价值变动 662 640
> 借：银行存款 4 080 000
> 贷：应收利息 4 080 000

第十章 衔接规定

第七十二条 本准则施行日之前的金融工具确认和计量与本准则要求不一致的,企业应当追溯调整,但本准则第七十三条至第八十三条另有规定的除外。在本准则施行日已经终止确认的项目不适用本准则[1]。

【注释】

[1]企业追溯调整金融工具确认和计量的有关程序参见《企业会计准则第28号——会计政策、会计估计变更和差错更正》。

第七十三条 在本准则施行日,企业应当按照本准则的规定对金融工具进行分类和计量(含减值),涉及前期比较财务报表数据与本准则要求不一致的,无须调整[1]。金融工具原账面价值和在本准则施行日的新账面价值之间的差额,应当计入本准则施行日所在年度报告期间的期初留存收益或其他综合收益[2]。同时,企业应当按照《企业会计准则第37号——金融工具列报》的相关规定在附注中进行披露。企业如果调整前期比较财务报表数据,应当能够以前期的事实和情况为依据,且比较数据应当反映本准则的所有要求。

【注释】

[1]对于金融工具分类、计量和减值的条目的变动,无须调整前期比较财务报表数据。

[2]金融工具账面价值的调整不影响当期损益。

第七十四条 在本准则施行日,企业应当以该日的既有事实和情况为基础,根据本准则第十七条(一)或第十八条(一)的相关规定评估其管理金融资产的业务模式是以收取合同现金流量为目标,还是以既收取合同现金流量又出售金融资产为目标,并据此确定金融资产的分类,进行追溯调整,无须考虑企业之前的业务模式[1]。

【注释】

[1]有关金融资产业务模式的讲解详见本准则第十七条和第十八条中的【注释】。

第七十五条 在本准则施行日，企业在考虑具有本准则第十六条所述修正的货币时间价值要素的金融资产的合同现金流量特征时，需要对特定货币时间价值要素修正进行评估的，该评估应当以该金融资产初始确认时存在的事实和情况为基础[①]。该评估不切实可行的，企业不应考虑本准则关于货币时间价值要素修正的规定。

【注释】

①在某些情况下，货币的时间价值要素可能会作出修正。例如，合同约定金融资产的利率定期重设，但重设的频率与利率的期限并不匹配（如利率每月被重设为一年期利率），或者金融资产的利率定期重设为特定短期和长期利率的平均值。在货币时间价值要素存在修正的情况下，企业应当对相关修正进行评估，以确定金融资产是否符合本金加利息的合同现金流量特征。企业可以通过定性或者定量的方式进行评估并作出判断。如果企业经过简单分析即可清晰评估并作出判断，则企业可以通过定性方式进行评估而无需进行详细的定量分析。

企业应当以该金融资产初始确认时存在的事实和情况为基础，对存在修正的货币时间价值要素的金融资产的合同现金流量进行评估，其具体操作详见本准则第十六条【注释】⑤。

第七十六条 在本准则施行日，企业在考虑具有本准则第十六条所述提前还款特征的金融资产的合同现金流量特征时，需要对该提前还款特征的公允价值是否非常小进行评估的，该评估应当以该金融资产初始确认时存在的事实和情况为基础[①]。该评估不切实可行的，企业不应考虑本准则关于提前还款特征例外情形的规定。

【注释】

①通常情况下，下列涉及合同现金流量的时间分布或金额变更的合同条款，符合本金加利息的合同现金流量特征：合同条款允许发行人（即债务人）在到期前提前偿付债务，或者允许持有人（即债权人）在到期前将债务工具回售给发行人，而且这些提前偿付的金额实质上反映了尚未支付的本金及以未偿付本金金额为基础的利息，其中可能包括因提前终止合同而支付或收取的合理补偿。

对于企业以溢价或折价购入或源生的、且具有提前偿付特征的债务工具，如果同时满足下列条件，则其符合本金加利息的合同现金流量特征：

1) 企业按合同所载金额的溢价或折价取得或源生该金融资产；

2) 提前偿付金额实质上反映了合同面值和已计提但尚未支付的合同利息，其中可能包括因提前终止合同而支付或收取的合理补偿；

3) 在企业初始确认该金融资产时，提前偿付特征的公允价值非常小。

企业应当以该金融资产初始确认时存在的事实和情况为基础，对附有提前还款特征的金融资产的合同现金流量进行评估，其具体操作详见本准则第十六条【注释】⑤。

第七十七条 在本准则施行日，企业存在根据本准则相关规定应当以公允价值计量的混合合同但之前未以公允价值计量的，该混合合同在前期比较财务报表期末的公允价值应当等于其各组成部分在前期比较财务报表期末公允价值之和①。在本准则施行日，企业应当将整个混合合同在该日的公允价值与该混合合同各组成部分在该日的公允价值之和之间的差额，计入本准则施行日所在报告期间的期初留存收益或其他综合收益。

【注释】

①准则由来：IASB 指出，对于混合合同，主体之前可能并没有整体性地确认混合合同的公允价值，而且主体在不使用后见之明的情况下将无法拥有追溯确定公允价值所需的必要信息。但是，为了应用 IFRS 7 的披露要求，主体已经被要求同时对嵌入衍生工具和主合同分别计算公允价值。因此，在可比期间内，IFRS 9 要求用嵌入衍生工具和主合同的公允价值之和作为整个混合合同公允价值的近似值。

第七十八条 在本准则施行日，企业应当以该日的既有事实和情况为基础，根据本准则的相关规定，对相关金融资产进行指定或撤销指定，并追溯调整①：

（一）在本准则施行日，企业可以根据本准则第二十条规定，将满足条件的金融资产指定为以公允价值计量且其变动计入当期损益的金融资产。但企业之前指定为以公允价值计量且其变动计入当期损益的金融资产，不满足本准则第二十条规定的指定条件的，应当解除之前做出的指定；之前指定为以公允价值计量且其变动计入当期损益的金融资产继续满足本准则第二十条规定的指定条件的，企业可以选择继续指定或撤销之前的指定。

（二）在本准则施行日，企业可以根据本准则第十九条规定，将非交易性权益工具投资指定为以公允价值计量且其变动计入其他综合收益的金融资产。

【注释】

①IASB 指出，当主体首次运用新的分类和计量规定时：1）允许主体重新考虑对金融资产和金融负债的公允价值选择权的选择；也就是说，即使会计错配在首次执行日之前已存在，仍然允许主体选择采用公允价值选择权；或即使会计错配继续存在，仍然允许主体撤销对公允价值选择权的选择；2）如果会计错配在首次执行日已不存在，要求主体撤销对金融资产和金融负债的公允价值选择权的选择。

第七十九条 在本准则施行日，企业应当以该日的既有事实和情况为基础，根据本准则的相关规定，对相关金融负债进行指定或撤销指定，并追溯调整：

（一）在本准则施行日，为了消除或显著减少会计错配，企业可以根据本准则第二十二条（一）的规定，将金融负债指定为以公允价值计量且其变动计入当期损益的金融负债。

（二）企业之前初始确认金融负债时，为了消除或显著减少会计错配，已将该金融负债指定为以公允价值计量且其变动计入当期损益的金融负债，但在本准则施行日不再满足本准则规定的指定条件的，企业应当撤销之前的指定；该金融负债在本准则施行日仍然满足本准则规定的指定条件的，企业可以选择继续指定或撤销之前的指定[①]。

【注释】

①此条为金融负债的指定或撤销指定的规定。

在本准则施行日，企业存在根据本准则规定将金融负债指定为以公允价值计量且其变动计入当期损益的金融负债，并且按照本准则规定将由企业自身信用风险变动引起的该金融负债公允价值的变动金额计入其他综合收益的，企业应当以该日的既有事实和情况为基础，判断按照上述规定处理是否会造成或扩大损益的会计错配，进而确定是否应当将该金融负债的全部利得或损失（包括企业自身信用风险变动的影响金额）计入当期损益，并按照上述结果追溯调整。

第八十条 在本准则施行日，企业按照本准则规定对相关金融资产或金融负债以摊余成本进行计量、应用实际利率法追溯调整[①]不切实可行的，应当按照以下原则进行处理：

（一）以金融资产或金融负债在前期比较财务报表期末的公允价值，作为企业调整前期比较财务报表数据时该金融资产的账面余额或该金融负债的摊余成本；

（二）以金融资产或金融负债在本准则施行日的公允价值，作为该金融资产在本准则施行日的新账面余额或该金融负债的新摊余成本。

【注释】

①本准则第七十二条规定，本准则施行日之前的金融工具确认和计量与本准则要求不一致的，企业应当追溯调整。本条规定了分类为以摊余成本计量的金融资产或金融负债应用实际利率法追溯调整不切实可行的例外情况的会计处理。

第八十一条 在本准则施行日，对于之前以成本计量的、在活跃市场中没有报价且其公允价值不能可靠计量的权益工具投资或与该权益工具挂钩并须通过交付该工具进行结算的衍生金融资产，企业应当以其在本准则施行日的公允价值计量。原账面价值与公允价值之间的差额，应当计入本准则施行日所在报告期间的期初留存收益或其他综合收益[①]。

在本准则施行日，对于之前以成本计量的、与在活跃市场中没有报价的权益工具挂钩并须通过交付该权益工具进行结算的衍生金融负债，企业应当以其在本准则施行日的公允价值计量。原账面价值与公允价值之间的差额，应当计入本准则施行日所在报告期间的期初留存收益。

【注释】

①本准则第四十四条规定，企业对权益工具的投资和与此类投资相联系的合同应当以公允价值计量。但在有限情况下，如果用以确定公允价值的近期信息不足，或者公允价值的可能估计金额分布范围很广，而成本代表了该范围内对公允价值的最佳估计的，该成本可代表其在该分布范围内对公允价值的恰当估计。

第八十二条 在本准则施行日，企业存在根据本准则第二十二条规定将金融负债指定为以公允价值计量且其变动计入当期损益的金融负债，并且按照本准则第六十八条（一）规定将由企业自身信用风险变动引起的该金融负债公允价值的变动金额计入其他综合收益的，企业应当以该日的既有事实和情况为基础，判断按照上述规定处理是否会造成或扩大损益的会计错配，进而确定是否应当将该金融负债的全部利得或损失（包括企业自身信用风险变动的影响金额）计入当期损益，并按照上述结果追溯调整[①]。

【注释】

①本准则第七十九条规定，在本准则施行日，企业应当以该日的既有事实和情况为基础，根据本准则的相关规定，对相关金融负债进行指定或撤销指定，并追溯调整。

第八十三条 在本准则施行日，企业按照本准则计量金融工具减值的，应当使用无须付出不必要的额外成本或努力即可获得的合理且有依据的信息，确定金融工具在初始确认日的信用风险[①]，并将该信用风险与本准则施行日的信用风险进行比较。

在确定自初始确认后信用风险是否显著增加时，企业可以应用本准则第五十五条的规定根据其是否具有较低的信用风险进行判断，或者应用本准则第五十三条第二段的规定根据相关金融资产逾期是否超过30日进行判断。企业在本准则施行日必须付出不必要的额外成本或努力才可获得合理且有依据的信息的，企业在该金融工具终止确认前的所有资产负债表日的损失准备应当等于其整个存续期的预期信用损失。

【注释】

① IASB 指出，获得初始确认时的信用风险数据可能非常困难，因为主体一般不会保留有关初始信用风险的信息。此外，由于主体之前并未被要求出于会计目的确认或披露预期信用损失，所以在确认及计量前期的预期信用损失时存在使用后见之明的风险。

第十一章 附 则

第八十四条 本准则自2018年1月1日起施行。①

【注释】

①在境内外同时上市的企业以及在境外上市并采用国际财务报告准则或企业会计准则编制财务报告的企业，自2018年1月1日起施行；其他境内上市企业自2019年1月1日起施行；执行企业会计准则的非上市企业自2021年1月1日起施行。同时，鼓励企业提前执行。执行本准则的企业，不再执行财政部于2006年2月15日印发的《财政部关于印发〈企业会计准则第1号——存货〉等38项具体准则的通知》（财会〔2006〕3号）中的《企业会计准则第22号——金融工具确认和计量》。

执行本准则的企业，应当同时执行财政部2017年修订印发的《企业会计准则第23号——金融资产转移》（财会〔2017〕8号）和《企业会计准则第24号——套期会计》（财会〔2017〕9号）。

第二部分 企业会计准则第 23 号
——金融资产转移

第一章 总 则

第一条 为了规范金融资产[①]（包括单项或一组类似金融资产）转移和终止确认的会计处理，根据《企业会计准则——基本准则》，制定本准则[②③]。

【注释】
①本准则中的"金融资产"一词既可能指一项金融资产或其部分，也可能指一组类似金融资产或其部分。一组类似金融资产通常指金融资产的合同现金流量在金额和时间分布上相似并且具有相似的风险特征，如合同条款类似、到期期限接近的一组住房抵押贷款等。

②图2-1说明了本准则对应条目如何判断金融资产是否应予以终止确认、继续确认以及在多大程度上继续确认。

③**准则由来**：IAS 39仅强调何时终止确认金融资产的概念，但是对于何时以何种顺序运用这些概念并没有清晰规定，例如，对于被转移资产的风险和报酬在多大程度上已经转移才能合理地判断终止确认，以及如何估计风险和报酬等问题。因此，有关金融资产终止确认的要求并没有在实务中得到一致的应用。此外，在某些情况下（如信用担保）的规定也不够清晰。

为了解决这些问题，IASB在2002年建议金融资产的出让人应按其继续涉入程度继续确认该资产。继续涉入可能由两种方式产生：1）回购条款（如一项看涨期权、看跌期权或远期回购协议）；2）一项基于被转移资产价值的变化而支付或收取补偿的条款（如信用担保或现金净额结算选择权）。该方法的目的是通过消除互相冲突的概念，建立一种明确的、一致的和可操作的终止确认方法，并在资产负债表中提高了披露有关出让资产继续涉入的透明度。

第二条 金融资产转移，是指企业[①]（转出方）将金融资产（或其现金流量）让与或交付给该金融资产发行方之外的另一方（转入方）。

金融资产终止确认，是指企业将之前确认的金融资产从其资产负债表中予以转出[②]。

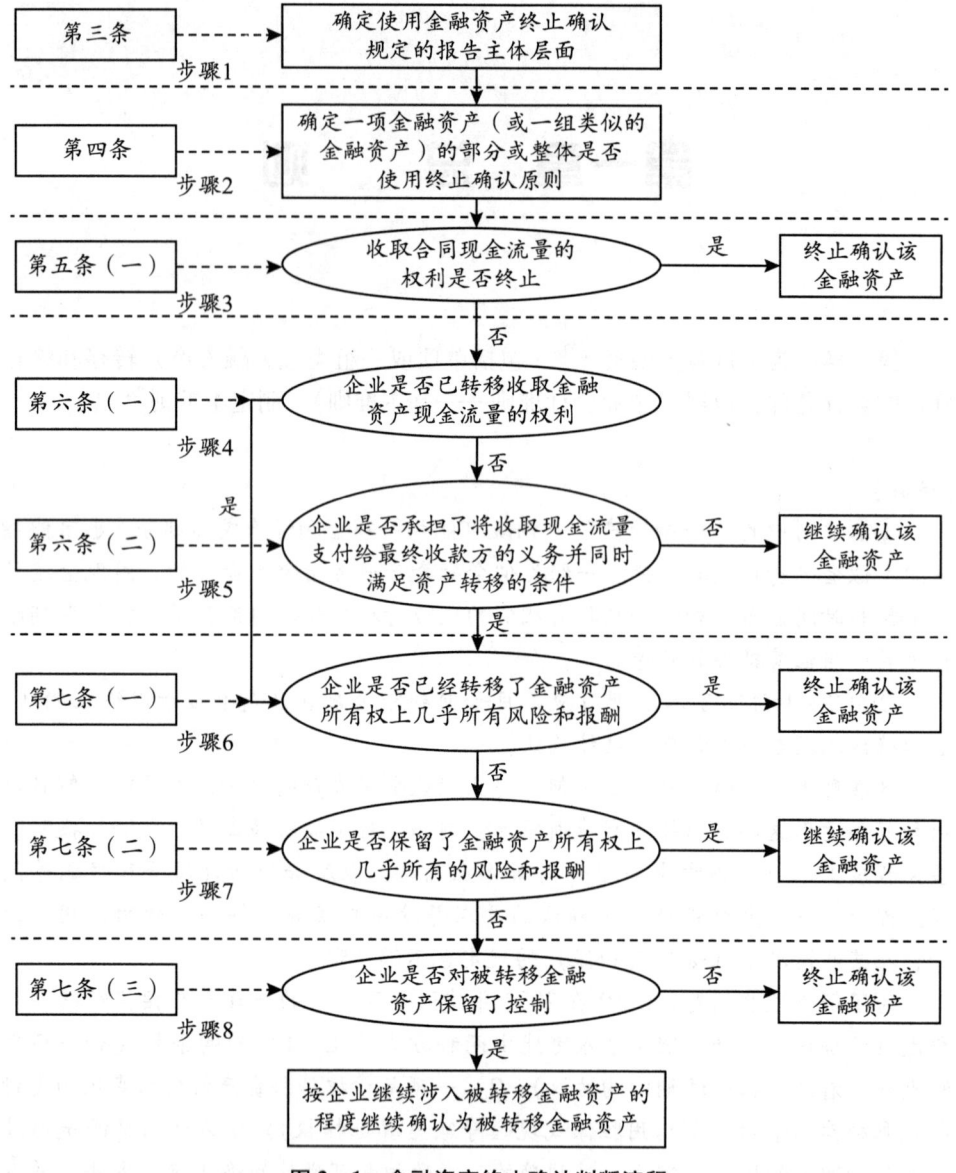

```
┌─────────┐       ┌──────────────────────┐
│ 第三条  │------>│ 确定使用金融资产终止确认 │
└─────────┘ 步骤1  │   规定的报告主体层面    │
                  └──────────────────────┘

┌─────────┐       ┌──────────────────────┐
│ 第四条  │------>│ 确定一项金融资产(或一组类似的│
└─────────┘ 步骤2  │ 金融资产)的部分或整体是否 │
                  │     使用终止确认原则     │
                  └──────────────────────┘

┌──────────┐      ╱收取合同现金流量的╲  是   ┌─────────┐
│第五条(一)│----->│   权利是否终止    │----->│终止确认该│
└──────────┘步骤3  ╲                  ╱      │ 金融资产 │
                          │否                └─────────┘
                          ▼
┌──────────┐      ╱企业是否已转移收取金融╲
│第六条(一)│----->│  资产现金流量的权利    │
└──────────┘步骤4  ╲                      ╱
                          │否
                          ▼
       是         ╱企业是否承担了将收取现金流量╲ 否  ┌─────────┐
┌──────────┐     │ 支付给最终收款方的义务并同时 │--->│继续确认该│
│第六条(二)│---->│    满足资产转移的条件       │    │ 金融资产 │
└──────────┘步骤5 ╲                            ╱    └─────────┘
                          │是
                          ▼
┌──────────┐      ╱企业是否已经转移了金融资产╲ 是  ┌─────────┐
│第七条(一)│----->│  所有权上几乎所有风险和报酬 │--->│终止确认该│
└──────────┘步骤6  ╲                          ╱    │ 金融资产 │
                          │否                      └─────────┘
                          ▼
┌──────────┐      ╱企业是否保留了金融资产所有权上╲ 是 ┌─────────┐
│第七条(二)│----->│    几乎所有的风险和报酬       │-->│继续确认该│
└──────────┘步骤7  ╲                              ╱   │ 金融资产 │
                          │否                         └─────────┘
                          ▼
┌──────────┐      ╱企业是否对被转移金融╲ 否  ┌─────────┐
│第七条(三)│----->│  资产保留了控制     │--->│终止确认该│
└──────────┘步骤8  ╲                    ╱    │ 金融资产 │
                          │是                 └─────────┘
                          ▼
                  ┌──────────────────────┐
                  │ 按企业继续涉入被转移金融资产的│
                  │ 程度继续确认为被转移金融资产 │
                  └──────────────────────┘
```

图 2-1 金融资产终止确认判断流程

【注释】

①在应用本准则时，金融资产的发起人可以是企业，也可以是一个包括子公司的集团，该集团的子公司已经获得了该金融资产并将其现金流量转移给了不相关的第三方投资者。具体说明详见本准则第三条。

②准则联系：金融资产终止确认的判断条件详见《企业会计准则第22号——金融工具的确认和计量》第十一条。

第三条 企业对金融资产转入方具有控制权的，除在该企业个别财务报表基础上应用本准则外,在编制合并财务报表时,还应当按照《企业会计准则第33号——合并财务报表》的规定合并所有纳入合并范围的子公司(含结构化主体[1]),并在合并财务报表层面应用本准则[2]。

【注释】

[1]**知识拓展**：根据《企业会计准则第41号——在其他主体中权益的披露》的规定,"结构化主体"是指在确定其控制方时没有将表决权或类似权利作为决定因素而设计的主体。针对这类结构化主体,在判断是否构成控制,以及是否纳入合并财务报表时,不能单纯按照出资比例来进行判断,而是应该按照《企业会计准则第33号——合并财务报表》中对"控制"的定义来判断该结构化主体是否应纳入合并范围。

在资产证券化实务中,母公司作为资产证券化的发起人,为了实现风险隔离,将金融资产转移给被称作特殊目的主体(Special Purpose Vehicle,SPV)的新建立公司(即结构化主体)。并由SPV向第三方投资者发行证券(通常被称为资产支持证券,即Asset-Backed Security,ABS)来筹集资产支持型资金,进而达成平滑金融资产现金流的目的。

[2]本准则在判断金融资产转移的终止确认、继续确认处理时从两个层面应用,一个是个别财务报表,一个是合并财务报表。在个别财务报表视为金融资产转移的情形,可能不适用于合并财务报表。例如母公司将持有的应收款项转移给所控制的结构化主体,虽然母公司个别财务报表视为终止确认该金融资产,但是在合并报表层面不一定视为终止确认,应根据结构化主体对应收款项的处置情况进行进一步判断。若结构化主体尚未向集团外部的第三方投资者发行该证券,虽然从法律角度看,母公司已将金融资产转移到结构化主体,两者之间实现了风险隔离。但是在合并财务报表层面,该金融资产的风险仍然存在,只有当结构化主体向集团外部的第三方投资者发行证券时,才视为终止确认。

第二章 金融资产终止确认的一般原则

第四条 金融资产的一部分满足下列条件之一的,企业应当将终止确认的规定适用于该金融资产部分,除此之外,企业应当将终止确认的规定适用于该金融资产整体[①]:

(一)该金融资产部分仅包括金融资产所产生的特定可辨认现金流量。如企业就某债务工具与转入方签订一项利息剥离合同,合同规定转入方有权获得该债务工具利息现金流量,但无权获得该债务工具本金现金流量,终止确认的规定适用于该债务工具的利息现金流量[②]。

(二)该金融资产部分仅包括与该金融资产所产生的全部现金流量完全成比例的现金流量部分。如企业就某债务工具与转入方签订转让合同,合同规定转入方拥有获得该债务工具全部现金流量一定比例的权利,终止确认的规定适用于该债务工具全部现金流量一定比例的部分[③]。

(三)该金融资产部分仅包括与该金融资产所产生的特定可辨认现金流量完全成比例的现金流量部分。如企业就某债务工具与转入方签订转让合同,合同规定转入方拥有获得该债务工具利息现金流量一定比例的权利,终止确认的规定适用于该债务工具利息现金流量一定比例的部分[④]。

企业发生满足本条(二)或(三)条件的金融资产转移,且存在一个以上转入方的,只要企业转移的份额与金融资产全部现金流量或特定可辨认现金流量完全成比例即可,不要求每个转入方均持有成比例的份额[⑤⑥]。

【注释】

①例如,甲企业转移了公允价值为500万元人民币的一组类似特征的贷款组合,约定向乙公司支付贷款组合预期所产生的现金流量某一期间的200万元人民币,假定首先需要偿还的200万元人民币(不区分本息),甲企业保留了取得剩余现金流量的次级权益。因为最初200万元人民币的现金流量既可能来自贷款本金也可能来自利息,且无法辨认来自贷款组合中的哪些贷款,所以不是特定可辨认的现金流量,也不是该金融资产所产生的全部或部分现金流量的完全成比例的份额。在这种情况下,甲企业不能将终止确认的相关规定适用于该金融资产200万元人民币的部分,而应当适用于该金融资产的整体。

又如,企业转移了一组应收款项产生的现金流量90%的权利,同时提供了一项担保以补偿转入方可能遭受的信用损失,最高担保额为应收款项本金金额的9%。在这种情况下,由于存在担保,在发生信用损失的情况下,企业可能需要向转入方支付部分企业保留的且已经收到的10%现金流量(次级权益),以补偿对方就90%现金流量所遭受的损失,补偿金额上限为最高担保额。这一担保导致该组应收款项下实际合同现金流量的分布并非按90%及10%完全成比例分配,因此终止确认的相关规定适用于该组金融资产的整体。次级权益的概念详见本准则第十三条【注释】⑪。

②对于特定可辨认现金流量的说明,本条目以利息剥离合同为例。如企业就某债务工具与转入方签订利息剥离合同,由于该合同将债务工具的本金现金流量和利息现金流量分开,两种现金流量的金额是可辨认的,因此利息剥离合同下的本金现金流量和利息现金流量均为特定可辨认现金流量。

③例如,甲企业就某债务工具与转入方签订转让合同,合同规定转入方拥有获得该债务工具全部现金流量(包括本金现金流量和利息现金流量)90%份额的权利,则该债务工具全部现金流量的90%就是债务工具全部现金流量完全成比例的现金流量部分,并适用于终止确认的规定。

④特定可辨认现金流量完全成比例的现金流量部分,综合了"特定可辨认现金流量"与"全部现金流量完全成比例"两种情形,如甲企业就某债务工具与转入方签订转让合同(如利息剥离合同),合同规定转入方拥有获得该债务工具利息现金流量90%份额的权利,则该债务工具利息现金流量的90%就是债务工具特定可辨认现金流量完全成比例的现金流量部分,并适用于终止确认的规定。

⑤如果转入方不止一个,即使各转入方对金融资产享有的现金流量比例不满足全部现金流量完全成比例或特定可辨认现金流量完全成比例的条件,只要转出方所转移的份额与金融资产的全部现金流量或特定可辨认现金流量完全成比例即可,不要求每一转入方均持有成比例的现金流量份额。例如,甲企业将所持有的划分为以摊余成本计量的金融资产(债权投资)所产生的全部现金流量的60%份额转让给多个转入方,通过利息剥离合同,部分转入方主要获得该份额中的利息部分,其他转入方主要获得该份额中的本金部分。尽管各转入方获得现金流量的份额不成比例,但是,甲企业转出的现金流量份额与该金融资产的整体现金流量成比例,所以该例题符合金融资产部分终止确认的条件。

⑥准则由来:对于何时应终止确认金融资产的一部分,IAS 39 没有给出指南。因此IASB决定在 IFRS 9 中纳入指南以阐明这一问题。IASB决定,只有当金融资产的转出部分不包含任何与保留部分相关的风险和报酬时,主体才能对该部分金融资产运用终止确认原则。

第五条 金融资产满足下列条件之一的,应当终止确认①:
(一)收取该金融资产现金流量的合同权利终止②。
(二)该金融资产已转移,且该转移满足本准则关于终止确认的规定③。

【注释】

①企业在确定适用金融资产终止确认规定的报告主体层面（合并财务报表层面或个别财务报表层面）以及对象（金融资产整体或部分）后，即可开始判断是否对金融资产进行终止确认。

②收取金融资产现金流量的合同权利已经终止的，企业应当终止确认该金融资产。多数情况下，金融资产的终止确认符合条件（一）。如一项由客户合同产生的应收账款在约定期限内企业收到了全部款项，或者在看涨期权合同到期时期权权利方未行使期权权利（在到期日该期权为重大价外期权）。由于收取金融资产现金流量的合同权利终止，企业应终止确认金融资产。此外，条件（一）的确认不属于本准则规范的范围。

③条件（二）属于本准则规范范围。若收取金融资产现金流量的合同权利没有终止，企业应当判断是否转移了金融资产，并根据金融资产转移的判断标准确定是否应当终止确认被转移金融资产。本准则规定了金融资产转移的三种情形：1）终止确认被转移金融资产；2）继续确认被转移金融资产；3）继续涉入被转移金融资产。符合上述第一种情形的金融资产应当遵循本准则的规定终止确认。

金融资产的转移是否符合终止确认的条件不会因为转移方式而不同：无论是直接转移给投资者，还是通过需合并的特殊目的主体或信托取得金融资产再向集团外部的第三方投资者转移这些金融资产的一部分。

第三章 金融资产转移的情形及其终止确认

第六条 金融资产转移，包括下列两种情形：

（一）企业将收取金融资产现金流量的合同权利转移给其他方[①]。

（二）企业保留了收取金融资产现金流量的合同权利，但承担了将收取的该现金流量支付给一个或多个最终收款方的合同义务，且同时满足下列条件[②]：

1. 企业只有从该金融资产收到对等的现金流量时，才有义务将其支付给最终收款方。企业提供短期垫付款，但有权全额收回该垫付款并按照市场利率计收利息的[③]，视同满足本条件[④]。

2. 转让合同规定禁止企业出售或抵押该金融资产，但企业可以将其作为向最终收款方支付现金流量义务的保证[⑤]。

3. 企业有义务将代表最终收款方收取的所有现金流量及时划转给最终收款方，且无重大延误[⑥]。企业无权将该现金流量进行再投资，但在收款日和最终收款方要求的划转日之间的短暂结算期内，将所收到的现金流量进行现金或现金等价物投资[⑦]，并且按照合同约定将此类投资的收益支付给最终收款方的，视同满足本条件[⑧]。

【注释】

①金融资产转移的情形（一）是指企业将收取金融资产现金流量的合同权利转移给其他方，通常表现为金融资产的合法出售或者金融资产现金流量权利的合法转移。实务中常见的情形有应收票据背书转让、债券出售等。在这些情形下，转入方拥有获取被转移金融资产所有未来现金流量的权利，转出方应进一步判断金融资产风险和报酬的转移情况来确定是否应当终止确认被转移金融资产。

②金融资产转移的情形（二）通常被称为"过手安排"。在某些金融资产转移的交易中，转出方在出售金融资产后，会继续作为收款服务方或收款代理人的角色，收取金融资产的现金流量，再转交给转入方或最终收款方。这种金融资产转移情形常见于资产证券化业务，详见【例1】。又如，在某些情况下，银行可能负责收取所转移贷款的本金和利息，并最终向收益权持有者支付这笔转移贷款的本金和利息，同时收取相应服务费。这项业务符合本情形。在这种情况下，如果同时满足情形（二）中的三个条件和本准则第七条中有关终止确认的规定，

则该金融资产符合终止确认的条件。若情形（二）中的三个条件有一个或多个条件未被满足，被转移金融资产应予以继续确认。

③短期垫付款会出现在某些资产证券化业务中，如由于被转移金融资产的实际收款日期与向最终收款方付款的日期不同而导致款项缺口的情况，转出方需要提供短期垫付款项。在这种情况下，当且仅当转出方有权全额收回该短期垫付款并按照市场利率就该垫款计收利息，才能视同满足这一条件。在有转出方短期垫付安排的资产证券化业务中，如果转出方收回该垫款的权利仅优先于次级 ABS 持有人（即转出方）、但劣后于优先级 ABS 持有人（即转入方），或者转出方不计收利息的，均不能满足这一条件。

④例如，在一项资产证券化交易中，按照交易协议规定，为了确保在收取基础资产款项发生延误时能够按协议规定向 ABS 的持有者付款，转出方在设立 SPV 时需要向 SPV 提供现金或其他资产以建立流动性储备（即提供了垫付款项），被动用的流动性储备只能通过提留基础资产后续产生现金流量的方式收回。假设转出方合并该 SPV，在该种情况下，由于转出方出资设立了流动性储备，在发生收款延误时，转出方仍须向最终收款方支付尚未从基础资产收取的款项。如果出现基础资产后续产生的现金流量不足的情况，此时转出方没有收回垫款的权利，该交易不满足条件 1。类似地，如果资产证券化协议规定转出方承担或实际承担了在需要时向 SPV 提供现金借款的确定承诺，即使该借款只能通过提留基础资产后续产生现金流的方式收回，但是该资产证券化交易也不满足条件 1。

如果 SPV 的流动性储备不是由转出方预提或承诺提供的，而是来自基础资产产生的现金流量或者由 ABS 的第三方次级权益持有者提供的，且转出方不控制（即不需合并）该 SPV，此时 SPV 是转入方。由于转出方仅向 SPV 支付从被转移金融资产取得现金流量，这种流动性储备安排满足条件 1 的情形。

⑤企业不能出售该项金融资产，也不能以该项金融资产作为质押品对外进行担保，表明转出方不再拥有出售或处置被转移金融资产的权利。但是，由于企业负有向最终收款方支付该项金融资产所产生的现金流量的义务，该项金融资产可以作为企业如期向最终收款方支付现金流量的保证。

⑥在通常情况下，如果根据合同条款，企业自代为收取现金流量之日起至最终划转给最终收款方的期间超过三个月，则视为有重大延误。此时，该过手安排不满足条件 3，因此这一安排不构成金融资产转移。

⑦条件 3 同时对转出方在收款日至向最终收款方支付日的短暂结算期间内将收取的现金流量再投资作出了限制，将转出方为了最终收款人利益而进行的投资严格地限定为现金或现金等价物投资。在这种情况下，现金和现金等价物应当符合《企业会计准则第 31 号——现金流量表》中的定义，且不允许转出方在这些现金或现金等价物投资中保留任何投资收益，所有的投资收益必须支付给最终收款方。例如，如果按照某过手安排，合同条款允许企业将代为最终收款方收取的现金流量投资于不满足现金和现金等价物定义的某些理财产品或货币市场基金等

产品，则该过手安排不满足本条件，进而不能按照金融资产转移进行后续判断和会计处理。

⑧**准则由来**：对于主体保留了收取一项金融资产产生的现金流量的合同权利但承担了向其他主体支付这些现金流量的合同义务的合同化安排（"过手安排"），IASB提供了该安排终止确认合适范围的明确指南。当主体达成一项转交其从金融资产中所获得的现金流量的安排，并且该安排符合特定条件时，主体并不拥有这项金融资产以及对应的负债。在这种情况下，主体更像一个现金流量最终收款人的代理人，而非金融资产的所有者。因此，在满足这些条件时，即使主体可能继续从该金融资产获得现金流量，该安排也应作为一项转移处理并终止确认。同理，在不满足这些条件时，主体则更像该金融资产的所有者，因此应继续确认该金融资产。此处所指的金融资产既可以指金融资产的整体，也可以指金融资产的一部分。

上述特定条件是指本条目情形（二）中的三个条件。这三个条件遵循了资产和负债的定义。条件1表明转出方没有承担相关负债，因为转出方没有支付现金的现时义务；条件2和条件3表明转出方没有涉入被转移资产的风险和报酬，因为转出方不能控制与被转移资产有关的未来经济利益。很多证券化工具可能因为不符合三项条件的一项或多项条件，或者因为企业实质保留了所有权上几乎所有的风险和报酬，而不符合终止确认的条件。

【例2-1】 满足金融资产转移情形的资产证券化业务。

20×9年1月1日，甲企业持有其客户乙公司的一组应收账款，金额为1 000万元人民币，账期为3个月。为了增强该组应收账款的流动性，甲企业与丙银行签订一项保理合同。合同约定甲企业通过设立SPV向丙银行发行该组应收账款的ABS，并收到丙银行提供的银行存款980万元。合同同时约定3个月后（即20×9年3月31日）ABS到期时，甲企业须向丙银行归还1 000万元。如若甲企业在收款日和20×9年3月31日之间的短暂结算期内提前收到乙公司归还的应收账款，并使用该应收账款产生的现金流量进行现金或现金等价物投资产生收益，该收益归丙银行所有。此外，合同约定一项限制性条款：甲企业不得将其持有的1 000万元乙公司应收账款向除丙银行以外的第三方出售或抵押。在ABS到期之前，甲企业须向其SPV提供1 000万元以建立流动性储备。

20×9年3月31日，该组应收账款尚未收回，但是按照合同约定，甲企业仍需通过SPV的流动性储备向丙银行归还1 000万元。

20×9年4月30日，甲企业收回乙公司所欠应收账款1 000万元，同时收到丙银行因甲企业提供的流动性储备而计提的垫付款利息5万元。

本例中，丙银行提供的保理服务相当于一项应收账款的贴现业务，丙银行实质上并没有与乙公司直接接触，乙公司也不知道甲企业与丙银行签订的保理合同。而甲银行作为中间人保留了收取乙公司应收账款现金流量的权利，同时承担了将收取的该现金流量支付给丙银行的合同义务。此外，合同条款满足本条目（二）的条件2和条件3，实际发生短期垫付款的情形也满足本条目（二）的条件1。由于三个条件均得到满足，该保理服务视为金融资产转移。

第七条 企业在发生金融资产转移时，应当评估其保留金融资产所有权上的风险和报酬的程度，并分别下列情形处理[①②]：

（一）企业转移了金融资产所有权上几乎所有风险和报酬[③]的，应当终止确认该金融资产，并将转移中产生或保留的权利和义务单独确认为资产或负债[④]。

（二）企业保留了金融资产所有权上几乎所有风险和报酬的，应当继续确认该金融资产。

（三）企业既没有转移也没有保留金融资产所有权上几乎所有风险和报酬的（即除本条（一）、（二）之外的其他情形），应当根据其是否保留了对金融资产的控制[⑤]，分别下列情形处理：

1. 企业未保留对该金融资产控制的，应当终止确认该金融资产，并将转移中产生或保留的权利和义务单独确认为资产或负债。

2. 企业保留了对该金融资产控制的，应当按照其继续涉入被转移金融资产的程度继续确认有关金融资产，并相应确认相关负债。

继续涉入被转移金融资产的程度，是指企业承担的被转移金融资产价值变动风险或报酬的程度。

【注释】

①企业转移收取现金流量的合同权利或者通过符合条件的过手安排方式转移金融资产的，应根据本准则规定进一步对被转移金融资产进行风险和报酬转移分析，以判断是否应终止确认被转移金融资产。

②准则由来：为了解决何时、以何种顺序运用终止确认金融资产概念的问题，根据IFRS 9，对于所有类型的交易，对风险和报酬转移的评价应先于对控制转移的评价。

为确保会计处理能反映转出方拥有的与被转移金融资产有关的权利和义务，需要对资产及相关负债的会计处理予以考虑。如果企业实质保留了金融资产的几乎所有风险和报酬（例如，以固定价格回购的远期交易），一般不需要对该金融资产进行会计处理，因为企业保留了被转移资产产生的利得和损失的向上和向下的风险敞口。因此企业应继续整体确认该金融资产，并将取得的收入确认为负债。此外，企业应继续确认金融资产所产生的所有收益以及相关负债产生的所有费用。

如果企业既没有实质保留也没有转移金融资产的几乎所有风险和报酬，但保留了对该金融资产的控制，则金融资产的转出方应按其继续涉入程度继续确认该资产。继续涉入可能有两种方式：1）回购条款（如一项看涨期权、看跌期权或远期回购协议）；2）一项基于被转移资产价值的变化而支付或收取补偿的条款（如信用担保或现金净额结算选择权）。与全部终止确认的处理方式相比，这种处理方式更好地反映了转出方对资产风险和报酬继续保留的风险敞口，这一风险敞口不仅与资产整体无关，而且被限制为一定的金额。

③在判断"几乎所有风险和报酬"时，企业应当考虑金融资产的具体特征。需要考虑的风险类型通常包括利率风险、信用风险、外汇风险、逾期未付风险、提前偿付风险（或报酬）以及权益价格风险等。

④在终止确认的情况下，转移中产生或保留的权利和义务单独确认为资产或负债，说明企业并没有转移金融资产的全部风险和报酬。例如，甲企业向乙企业出售股票，同时签订看涨期权合约，甲企业有权回购该金融资产，该期权为重大价外期权，且作为权利方，甲企业行使该期权的可能性很小，意味着甲企业转移了金融资产所有权上几乎所有风险和报酬，满足金融资产的终止条件。此时，甲企业应将该看涨期权这一衍生工具单独确认为一项金融资产。又如，甲企业向乙企业出售股票，同时向乙企业签出一项看跌期权，该期权也为重大价外期权，且作为权利方，乙企业行使该期权的可能性很小，也意味着甲企业转移了金融资产所有权上几乎所有风险和报酬，满足金融资产的终止条件。此时，甲企业应将看跌期权这一衍生工具单独确认为一项金融负债。

⑤准则联系：本准则此处所述的"控制"概念与《企业会计准则第33号——合并财务报表》中的"控制"概念相比，在适用场景和判断条件上都有所不同。《企业会计准则第33号——合并财务报表》中的"控制"是指投资方拥有对被投资方的权力，通过参与被投资方的相关活动而享有可变回报，并且有能力运用对被投资方的权力影响其回报金额。按照本准则规定，企业在判断是否保留了对被转移金融资产的控制时，应当重点关注转入方出售被转移金融资产的实际能力。如果转入方有实际能力单方面决定将转入的金融资产整体出售给与其不相关的第三方，且没有额外条件对此项出售加以限制，则表明企业作为转出方未保留对被转移金融资产的控制；在其他情况下，则应视为企业保留了对金融资产的控制。

第八条 企业在评估金融资产所有权上风险和报酬的转移程度时，应当比较转移前后其所承担的该金融资产未来净现金流量金额及其时间分布变动的风险①。

企业承担的金融资产未来净现金流量现值变动的风险没有因转移而发生显著变化的，表明该企业仍保留了金融资产所有权上几乎所有风险和报酬。如将贷款整体转移并对该贷款可能发生的所有损失进行全额补偿②，或者出售一项金融资产但约定以固定价格或者售价加上出借人回报的价格回购③。

企业承担的金融资产未来净现金流量现值变动的风险相对于金融资产的未来净现金流量现值的全部变动风险不再显著的，表明该企业已经转移了金融资产所有权上几乎所有风险和报酬。如无条件出售金融资产④，或者出售金融资产且仅保留以其在回购时的公允价值进行回购的选择权⑤。

　　企业通常不需要通过计算即可判断其是否转移或保留了金融资产所有权上几乎所有风险和报酬⑥。在其他情况下，企业需要通过计算评估是否已经转移了金融资产所有权上几乎所有风险和报酬的，在计算和比较金融资产未来现金流量净现值的变动时，应当考虑所有合理、可能的现金流量变动，对于更可能发生的结果赋予更高的权重，并采用适当的市场利率作为折现率⑦⑧。

【注释】

　　①金融资产转移后企业承担的未来净现金流量现值变动的风险占转移前变动风险的比例，并不等同于企业保留的现金流量金额占全部现金流量金额的比例，说明企业不应通过现金流量转移的绝对数来判断金融资产所有权上风险和报酬的转移程度。例如，甲银行持有一组分类为"关注"的贷款（我国商业银行贷款的分类详见本准则第九条【注释】③），由于甲银行担心该组贷款的损失率进一步提高，甲银行与乙资产管理公司签订一项资产证券化协议，协议规定乙公司向外部第三方发行 ABS，与此同时甲银行保留一项该 ABS 的次级权益，这一次级权益占整个 ABS 的 5%。在本例中，次级 ABS 向优先级 ABS 提供了信用增级，而使得基础资产未来现金流量在优先级和次级之间不再是完全成比例分配。一旦基础资产后续产生的未来现金流量不足，转移后企业承担的次级 ABS 对应的未来净现金流量现值变动的风险将远大于转移前全部变动风险的 5%。

　　②企业将短期应收款项或信贷资产整体出售符合金融资产转移的条件。但由于企业出售金融资产时做出承诺，当已转移的金融资产将来发生信用损失时，由企业（出售方）进行全额补偿。在这种情况下，企业保留了该金融资产所有权上几乎所有的风险和报酬，因此不应当终止确认所出售的金融资产，而且不需要通过计算判断。【例2-2】和【例2-3】的第3种情形将进一步说明为什么不需要通过计算判断。

　　③企业出售金融资产并与转入方签订回购协议，协议规定企业将按照固定价格或是按照原售价加上合理的资金成本向转入方回购原被转移金融资产，或者与售出的金融资产相同或实质上相同的金融资产。例如，买断式回购、质押式回购交易卖出债券等。例如，甲企业将持有的政府债券到银行贴现。贴现协议约定在政府债券到期时，甲企业按照票面金额及利息之和回购该政府债券。由于回购价格固定，该项交易视为甲企业抵押借款，甲企业应当继续确认其持有的政府债券。

　　④企业出售金融资产时，如果根据与购买方之间的协议约定，在任何时候（包括所出售金融资产的现金流量逾期未收回时）购买方均不能够向企业进行追偿，企业也不承担任何未来损失，此时，企业可以认定几乎所有的风险和报酬已经转移，应当终止确认该金融资产。例如，甲企业持有乙企业的一组应收账款。由于甲企业现金流出现问题，甲企业与丙银行签订一项保理融资服务协议。协议

约定丙银行向甲企业折价购入该组应收账款，同时承担该组应收账款的全部坏账风险。本例中，甲企业与丙银行签订了无追索权的应收账款保理协议。如果该公司的应收账款产生坏账，丙银行不能向甲企业追偿，甲企业不承担该组应收账款的任何损失，因此甲企业应当终止确认该组应收账款。

⑤例如，企业通过与转入方签订协议，按一定价格向转入方出售了其持有的某上市公司股票，同时约定在一定期间内企业再将该股票购回，回购价为回购日该股票的公允价值。此时，股票发生的公允价值变动由转入方承担，因此可以认定企业已经转移了该股票所有权上几乎所有的风险和报酬，应当终止确认该股票。

⑥在通常情况下，通过分析金融资产转移协议中的条款，企业就可以比较容易地判断是否转移或保留了金融资产所有权上几乎所有的风险和报酬，而不需要通过计算确定。实务中，无条件出售股票和债券，或者是未附背书的买断式票据贴现，一般情况下视为几乎转移了金融资产所有权上几乎所有风险和报酬。例如，甲企业通过上海证券交易所大宗交易平台出售了其所持有的某上市公司股票（被划分为交易性金融资产），股票出售时即转移了该金融资产所有权上几乎所有的风险和报酬，因此应当终止确认。

⑦在实务操作中，可通过分析金融资产转移协议中的条款和现金流量分布实际情况（例如将超额服务费等纳入考虑），计算确定金融资产转移前后所承担的未来现金流量现值变动情况，且实践中存在多种可行的计算方法。在某些情况下，企业需要通过计算现金流量现值变动概率加权的标准差或平均差判断是否转移或保留了金融资产所有权上几乎所有风险和报酬。【例2-2】和【例2-3】说明了这两种常用的方法。企业可以根据具体情况选用合适的计算方法并在附注中进行说明，计算方法一经确定，不得随意变更。

⑧**准则由来**：IASB认为应通过比较主体在转移前后对被转移资产净现金流量金额和时间变化的风险敞口，来评价风险和报酬的转移。如果主体承受的风险敞口在现值的基础上没有发生重大变化，那么可以认为主体保留了几乎所有的风险和报酬，此时主体应该继续确认该金融资产。

【例2-2】用平均差计算现金流量现值变动概率加权。

甲企业向不存在关联方关系的乙公司出售剩余期限为60天、总金额为100万元人民币的短期应收账款组合。根据历史经验，此类应收账款的平均损失率为2.5%。

为了判断其保留的该短期应收账款组合所有权上的风险和报酬的程度，甲企业对应收账款组合的未来现金流量设定了5种不同的合理且可能发生的假设情景进行分析，估计每种情景下的现金流量现值和发生概率，甲企业采用现值变动的绝对值与发生概率的乘积来衡量风险变动程度，计算得出转移前甲企业面临该应收账款组合的现金流量变动总额，即未来现金流量现值预计变动敞口，如表2-1所示。

表2-1　　　　　　　　　　　　　　　　　　　　　　　　　　　　单位：元

假设情形	未来现金流量现值 ①	发生概率 ②	概率加权 ③=①×②	现值变动 ④=①-∑③	现值变动概率加权 ⑤=②×④	预计变动 ⑥
低损失	990 000	18.00%	178 200	17 800	3 204	3 204
正常损失	975 000	40.00%	390 000	2 800	1 120	1 120
正常损失和提前还款	970 000	30.00%	291 000	-2 200	-660	660
严重损失	950 000	7.00%	66 500	-22 200	-1 554	1 554
非常严重损失	930 000	5.00%	46 500	-42 200	-2 110	2 110
合计		100%	972 200	-46 000		8 648

采用类似的方法可以计算出转移后甲企业面临该应收账款组合的预期现金流量变动情况，如表2-2、表2-3、表2-4所示。

1) 如果假设甲企业承诺为应收账款组合最先发生的、不超过应收款总金额1.2%损失的部分提供担保，且该交易被认定为金融资产转移，结果如表2-2所示。

表2-2　　　　　　　　　　　　　　　　　　　　　　　　　　　　单位：元

假设情形	未来现金流量现值 ①	发生概率 ②	概率加权 ③=①×②	现值变动 ④=①-∑③	现值变动概率加权 ⑤=②×④	预计变动 ⑥
低损失	10 000	18.00%	1 800	-1 640	-295.2	295.2
正常损失	12 000	40.00%	4 800	360	144	144
正常损失和提前还款	12 000	30.00%	3 600	360	108	108
严重损失	12 000	7.00%	840	360	25.2	25.2
非常严重损失	12 000	5.00%	600	360	18	18
合计		100%	11 640	-200		590.4

根据上述计算，转移后甲企业承受的相对变动为6.83%（590.4÷8 648），表明甲企业已经转移了该应收账款组合所有权上几乎所有的风险和报酬，应当终止确认该应收账款组合。

2) 假设甲企业承诺为应收账款组合最先发生的、不超过应收款总金额3%

损失的部分提供担保,且该交易被认定为金融资产转移,结果如表 2-3 所示。

表 2-3   单位:元

假设情形	未来现金流量现值 ①	发生概率 ②	概率加权 ③=①×②	现值变动 ④=①-∑③	现值变动概率加权 ⑤=②×④	预计变动 ⑥
低损失	10 000	18.00%	1 800	-14 400	-2 592	2 592
正常损失	25 000	40.00%	10 000	600	240	240
正常损失和提前还款	30 000	30.00%	9 000	5 600	1 680	1 680
严重损失	30 000	7.00%	2 100	5 600	392	392
非常严重损失	30 000	5.00%	1 500	5 600	280	280
合计		100%	24 400	3 000		5 184

根据上述计算,转移后甲企业承受的相对变动为 59.94%(5 184÷8 648),表明甲企业既没有转移也没有保留该组应收账款所有权上几乎所有风险和报酬,应当进一步判断其是否保留了对金融资产的控制来确定是否应终止确认该组应收账款。

3)假设甲企业承诺为应收账款组合全部损失的部分提供担保,且该交易被认定为金融资产转移,结果如表 2-4 所示。

表 2-4   单位:元

假设情形	未来现金流量现值 ①	发生概率 ②	概率加权 ③=①×②	现值变动 ④=①-∑③	现值变动概率加权 ⑤=②×④	预计变动 ⑥
低损失	10 000	18.00%	1 800	-17 800	-3 204	3 204
正常损失	25 000	40.00%	10 000	-2 800	-1 120	1 120
正常损失和提前还款	30 000	30.00%	9 000	2 200	660	660
严重损失	50 000	7.00%	3 500	22 200	1 554	1 554
非常严重损失	70 000	5.00%	3 500	42 200	2 110	2 110
合计		100%	27 800	46 000		8 648

根据上述计算,转移后甲企业承受的相对变动为 8 648÷8 648=100.00%,

表明甲企业完全保留了该应收账款组合所有权上几乎所有的风险和报酬，应当继续确认该应收账款组合。通过计算结果可知，这种情形并不需要通过计算判断企业是否保留了该金融资产所有权上几乎所有的风险和报酬。

【例2-3】用标准差计算现金流量现值变动概率加权。

承【例2-2】，甲企业改用现值变动的标准差来衡量风险变动程度，计算得出转移前甲企业面临该应收账款组合的现金流量变动总额，即未来现金流量现值预计变动敞口，如表2-5所示。用现值变动概率加权合计185 160 000的平方根衡量转移前甲企业承担的该组应收账款的风险敞口为13 607.35元。

表2-5　　　　　　　　　　　　　　　　　　　　　　　　　　单位：元

假设情形	未来现金流量现值 ①	发生概率 ②	概率加权 ③=①×②	现值变动 ④=①-$\sum$③	现值变动概率加权 ⑤=②×④^2
低损失	990 000	18.00%	178 200	17 800	57 031 200
正常损失	975 000	40.00%	390 000	2 800	3 136 000
正常损失和提前还款	970 000	30.00%	291 000	-2 200	1 452 000
严重损失	950 000	7.00%	66 500	-22 200	34 498 800
非常严重损失	930 000	5.00%	46 500	-42 200	89 042 000
合计		100%	972 200	-46 000	185 160 000

采用类似的方法可以计算出转移后甲企业面临该应收账款组合的预期现金流量变动情况，如表2-6、表2-7、表2-8所示。

1）如果假设甲企业承诺为应收账款组合最先发生的、不超过应收款总金额1.2%损失的部分提供担保，结果如表2-6所示，用现值变动概率加权合计590 400的平方根衡量转移前甲企业承担的该组应收账款的风险敞口为768.37元。

表2-6　　　　　　　　　　　　　　　　　　　　　　　　　　单位：元

假设情形	未来现金流量现值 ①	发生概率 ②	概率加权 ③=①×②	现值变动 ④=①-$\sum$③	现值变动概率加权 ⑤=②×④^2
低损失	10 000	18.00%	1 800	-1 640	484 128

续表

假设情形	未来现金流量现值 ①	发生概率 ②	概率加权 ③=①×②	现值变动 ④=①-∑③	现值变动概率加权 ⑤=②×④²
正常损失	12 000	40.00%	4 800	360	51 840
正常损失和提前还款	12 000	30.00%	3 600	360	38 880
严重损失	12 000	7.00%	840	360	9 072
非常严重损失	12 000	5.00%	600	360	6 480
合计		100%	11 640	-200	590 400

根据上述计算，转移后甲企业承受的相对变动为768.37÷13 607.35 = 5.65%，表明甲企业已经转移了该应收账款组合所有权上几乎所有的风险和报酬，应当终止确认该应收账款组合。

2) 假设甲企业承诺为应收账款组合最先发生的、不超过应收款总金额3%损失的部分提供担保，结果如表2-7所示，用现值变动概率加权合计14 110 000的平方根衡量转移前甲企业承担的该组应收账款的风险敞口为7 116.18元。

表2-7   单位：元

假设情形	未来现金流量现值 ①	发生概率 ②	概率加权 ③=①×②	现值变动 ④=①-∑③	现值变动概率加权 ⑤=②×④²
低损失	10 000	18.00%	1 800	-14 400	37 324 800
正常损失	25 000	40.00%	10 000	600	144 000
正常损失和提前还款	30 000	30.00%	9 000	5 600	9 408 000
严重损失	30 000	7.00%	2 100	5 600	2 195 200
非常严重损失	30 000	5.00%	1 500	5 600	1 568 000
合计		100%	24 400	3 000	50 640 000

根据上述计算，转移后甲企业承受的相对变动为7 116.18÷13 607.35 = 52.30%，表明甲企业既没有转移也没有保留该组应收账款所有权上几乎所有风险和报酬，应当进一步判断其是否保留了对金融资产的控制来确定是否应终止确

认该组应收账款。

3）假设甲企业承诺为应收账款组合全部损失的部分提供担保，结果如表 2-8 所示，用现值变动概率加权合计 185 160 000 的平方根衡量转移前甲企业承担的该组应收账款的风险敞口为 13 607.35 元。

表 2-8   单位：元

假设情形	未来现金流量现值 ①	发生概率 ②	概率加权 ③=①×②	现值变动 ④=①-∑③	现值变动概率加权 ⑤=②×④²
低损失	10 000	18.00%	1 800	-17 800	57 031 200
正常损失	25 000	40.00%	10 000	-2 800	3 136 000
正常损失和提前还款	30 000	30.00%	9 000	2 200	1 452 000
严重损失	50 000	7.00%	3 500	22 200	34 498 800
非常严重损失	70 000	5.00%	3 500	42 200	89 042 000
合计		100%	27 800	46 000	185 160 000

根据上述计算，转移后甲企业承受的相对变动为 13 607.35÷13 607.35 = 100.00%，表明甲企业完全保留了该应收账款组合所有权上几乎所有的风险和报酬，应当继续确认该应收账款组合。

第九条 企业在判断是否保留了对被转移金融资产的控制时，应当根据转入方是否具有出售被转移金融资产的实际能力[①]而确定。转入方能够单方面将被转移金融资产整体出售给不相关的第三方，且没有额外条件对此项出售加以限制的，表明转入方有出售被转移金融资产的实际能力，从而表明企业未保留对被转移金融资产的控制；在其他情形下，表明企业保留了对被转移金融资产的控制。

在判断转入方是否具有出售被转移金融资产的实际能力时，企业考虑的关键应当是转入方实际上能够采取的行动。被转移金融资产不存在市场[②]或转入方不能单方面自由地处置被转移金融资产[③]的，通常表明转入方不具有出售被转移金融资产的实际能力。

转入方不大可能出售被转移金融资产并不意味着企业（转出方）保留了对被转移金融资产的控制。但存在看跌期权或担保而限制转入方出售被转移金融资产的，转出方实际上保留了对被转移金融资产的控制。如存在看跌期权或担保且很有价值[④][⑤]，导致转入方实际上不能在不附加类似期权或其他限制条件的情形下将该被转移金融资产出售给第三方，从而限制了转入方出售被转移金融资产的能力，转入方将持有被转移金融资产以获取看跌期权或担保付款的，企业保留了对被转移金融资产的控制。

【注释】

①在判断转入方是否具有将转入的金融资产不受额外条件限制地整体出售给与其不相关的第三方的实际能力时，应当关注转入方实际上能够采取的行动。即转入方实际上能够做什么，而不是合同规定转入方可以做什么或不可以做什么。本条目【注释】②和③给出了两种衡量实际能力的方法。

②如果不存在被转移资产的市场，即使合同约定转入方有权处置被转移金融资产，由于该处置权不具有实际作用，也不能判断为转出方未保留对被转移金融资产的控制。例如甲企业向乙公司出售次级贷款，如果次级贷款没有市场，那么乙公司一般不具有出售次级贷款的能力。

如果被转移金融资产可以在活跃市场交易，通常表明转入方有出售被转移资产的实际能力，因为当转入方需要将被转移金融资产交还给企业时，它能够在市场上回购该被转移金融资产。例如，甲企业转让了某一上市公司股票，该转让附带有允许企业在未来某个日期从转入方回购该上市公司股票的期权（假定该期权是一项既非重大价外也非重大价内期权）。假设该股票存在活跃市场，则转入方可以自行向外部第三方出售该股票，当企业行使期权时，转入方可以在市场上方便地买回该股票履行义务。在该例中，表明了甲企业在出售该股权时未保留对该股权的控制。

③如果转入方不能自由地处置被转移金融资产，则处置该资产的能力几乎没有实际作用。这意味着转入方处置被转移资产的能力必须独立于其他人的行为，是一种可单方面行动的能力，并且转入方应当在没有任何限制条件或约束（例如规定如何为被转移资产提供服务或赋予转入方回购该资产的选择权）的情况下即能够处置被转移资产。我国商业银行贷款分为五类：正常、关注、次级、可疑、损失，其中，后三类贷款合称为"不良贷款"。在我国现行法规环境下不良贷款转入方可通过拍卖、招标、竞价和协议转让的方式处置被转移的不良贷款，但转入方可能没有实际能力在市场上自由地处置被转移的不良贷款。

④"很有价值（sufficient valuable）的期权"一般是指重大价内（deeply in the money，又称为"深度价内期权"）看涨或看跌期权。类似地，"很有价值的担保"应该是指支付概率较大的担保。例如，企业转移金融资产时附有一项价内看跌期权（转入方有权将该金融资产返售给企业），由于该期权为价内期权，转入方选择将该金融资产返售给企业的可能性较大，除非转入方也向外部第三方签发了一项看跌期权，否则转入方不大可能以更低的市场价格销售给外部第三方。上述情况下，转入方实际上无法在不附加类似看跌期权或其他限制性条款的情况下出售该金融资产，因此，企业保留了对该金融资产的控制。

⑤**编者语**：从概念上看，很有价值的期权可以理解为重大价内期权。但是根

据本准则第十三条（二）的第5种情形，企业出售金融资产，同时与转入方签订看跌期权合同或看涨期权合同，且该看跌期权或看涨期权为一项重大价内期权。此时，金融资产的转入方或转出方很可能会行权。因此，企业应当继续确认被转移金融资产，而不应该应用本条目的要求进一步判断是否保留了对被转移金融资产的控制。

第十条 企业认定金融资产所有权上几乎所有风险和报酬已经转移的，除企业在新的交易中重新获得被转移金融资产[1]外，不应当在未来期间再次确认该金融资产。

【注释】
[1]准则联系：企业在新的交易中以常规方式重新获得被转移金融资产，视为企业获得一项新的金融资产，相关规范参见《企业会计准则第22号——金融工具确认和计量》第十条的规定，采取交易日会计进行处理。

第十一条 在金融资产转移不满足终止确认条件的情况下，如果同时确认衍生工具和被转移金融资产或转移产生的负债会导致对同一权利或义务的重复确认，则企业（转出方）与转移有关的合同权利或义务不应当作为衍生工具进行单独会计处理[1]。

【注释】
[1]编者语：本条目的具体情形详见【例2-4】。一般来说，企业签出重大价内期权应当收到一笔金额较大的期权费。但是在本例中，该期权费已在上述交易结构中考虑，倘若甲企业再单独对该签出看跌期权确认为金融负债，则会产生重复计量的问题。

第十二条 在金融资产转移不满足终止确认条件的情况下，转入方不应当将被转移金融资产全部或部分确认为自己的资产。转入方应当终止确认所支付的现金或其他对价，同时确认一项应收转出方的款项[1]。企业（转出方）同时拥有以固定金额重新控制整个被转移金融资产的权利和义务的（如以固定金额回购被转移金融资产），在满足《企业会计准则第22号——金融工具确认和计量》关于摊余成本计量规定的情况下，转入方可以将其应收款项以摊余成本计量[2]。

【注释】
[1]由于转入方实际并没有取得被转移资产的所有权，在支付银行存款等对价时，转入方不应确认被转移金融资产本身，而应当确认为转出方的一项应收款项。
[2]如果该应收款项不符合基本借贷安排，则该应收款项应当分类为以公允价

值计量且其变动计入当期损益的金融资产。

【例2-4】不满足终止确认条件的情况下的金融资产转移。

甲企业将持有的以公允价值计量且其变动计入当期损益的金融资产（交易性金融资产）以800万元的价格向乙公司出售，该金融资产的公允价值为500万元。同时，甲企业向乙公司签出了一项看跌期权，乙公司有权在3个月后以824万元的行权价将该金融资产向甲企业回售。由于该期权的行权价远高于公允价值，该期权为重大价内看跌期权。根据本准则第十三条（二）中的第5种情形，甲企业在转移该交易性金融资产时保留了金融资产所有权上几乎所有风险和报酬，应当继续确认被转移金融资产，即应当将该交易视为融资业务。甲企业将收到的对价作为一项金融负债确认，其会计科目为"其他应付款"或"卖出回购金融资产款"（金融企业适用）等。

1）出售日，甲企业账务处理如下：

借：银行存款　　　　　　　　　　　　　　　　8 000 000
　　其他应付款——利息调整　　　　　　　　　　240 000
　　贷：其他应付款——本金　　　　　　　　　　　　8 240 000

2）由于期限只涉及3个月，按照重要性原则，利息费用应按月摊销。甲企业每月计提利息费用80 000元（240 000÷3），账务处理如下：

借：财务费用　　　　　　　　　　　　　　　　　80 000
　　贷：其他应付款——利息调整　　　　　　　　　　　80 000

3）乙公司在3个月后选择将该金融资产向甲企业回售，甲企业账务处理如下：

借：其他应付款——本金　　　　　　　　　　　8 240 000
　　贷：银行存款　　　　　　　　　　　　　　　　　8 240 000

由于乙公司在购买了甲企业金融资产的同时获得了一项重大价内看跌期权，3个月后将该金融资产回售给甲企业的可能性很大，因此乙公司不得将该金融资产确认为自有资产，而应当将该业务视为一项融出资金业务。假定乙公司为非金融企业。

1）购买日，乙公司的账务处理如下：

借：其他应收款——成本　　　　　　　　　　　8 240 000
　　贷：银行存款　　　　　　　　　　　　　　　　　8 000 000
　　　　其他应收款——利息调整　　　　　　　　　　240 000

2）乙公司每月计提利息收入80 000元（240 000÷3），账务处理如下：

借：其他应收款——利息调整　　　　　　　　　　80 000
　　贷：财务费用　　　　　　　　　　　　　　　　　80 000

注：乙公司如果为金融企业，则贷方科目为"利息收入"。

3）乙公司在3个月后选择将该金融资产向甲企业回售，乙公司的账务处理如下：

借：银行存款 8 240 000
　　贷：其他应收款——成本 8 240 000

第十三条 企业在判断金融资产转移是否满足本准则规定的金融资产终止确认条件时，应当注重金融资产转移的实质。

（一）企业转移了金融资产所有权上几乎所有风险和报酬，应当终止确认被转移金融资产的常见情形有：

1. 企业无条件出售金融资产①。
2. 企业出售金融资产，同时约定按回购日该金融资产的公允价值回购②。
3. 企业出售金融资产，同时与转入方签订看跌期权合同（即转入方有权将该金融资产返售给企业）或看涨期权合同（即转出方有权回购该金融资产），且根据合同条款判断，该看跌期权或看涨期权为一项重大价外期权③（即期权合约的条款设计，使得金融资产的转入方或转出方极小可能会行权）④。

（二）企业保留了金融资产所有权上几乎所有风险和报酬，应当继续确认被转移金融资产的常见情形有：

1. 企业出售金融资产并与转入方签订回购协议，协议规定企业将回购原被转移金融资产，或者将予回购的金融资产与售出的金融资产相同或实质上相同、回购价格固定或原售价加上合理回报⑤。
2. 企业进行融出证券或证券出借⑥。
3. 企业出售金融资产并附有将市场风险敞口转回给企业的总回报互换⑦。
4. 企业出售短期应收款项或信贷资产，并且全额补偿转入方可能因被转移金融资产发生的信用损失⑧。
5. 企业出售金融资产，同时与转入方签订看跌期权合同或看涨期权合同，且根据合同条款判断，该看跌期权或看涨期权为一项重大价内期权⑨（即期权合约的条款设计，使得金融资产的转入方或转出方很可能会行权）⑩。

（三）企业应当按照其继续涉入被转移金融资产的程度继续确认被转移金融资产的常见情形有：

1. 企业转移金融资产，并采用保留次级权益⑪或提供信用担保等方式进行信用增级⑫，企业只转移了被转移金融资产所有权上的部分（非几乎所有）风险和报酬，且保留了对被转移金融资产的控制。
2. 企业转移金融资产，并附有既非重大价内也非重大价外的看涨期权或看跌期权，导致企业既没有转移也没有保留所有权上几乎所有风险和报酬，且保留了对被转移金融资产的控制。

【注释】

①例如，甲企业通过深圳证券交易所连续竞价的方式出售其持有的某上市公司股权（划分为"交易性金融资产"），在这种情形下，甲企业已经转移该金融

资产上几乎所有的风险和报酬，应当终止确认该交易性金融资产，该情形表明了甲企业无条件出售金融资产。

②例如，20×9年1月1日，甲企业通过北京股权交易中心（OTC交易）将所持有的乙公司股权出售给丙公司，同时和丙公司约定6个月后回购该金融资产，回购价为该股权回购日时的公允价值。此时甲企业将乙公司股票的所有价值变动风险和报酬转让给丙公司，可以认定甲企业已经转移了该项金融资产所有权上几乎所有的风险和报酬，应当终止确认其转让的乙公司股票，而在回购时视为获得一项新的金融资产。

③准则联系："重大价外期权"的概念详见《企业会计准则第22号——金融工具的确认和计量》第五条【注释】④。

④例如，甲企业向乙企业出售股票，同时甲企业获得一项回购该股票的看涨期权（重大价外），甲企业作为权利方行使该看涨期权的可能性很小，意味着甲企业转移了该金融资产所有权上几乎所有风险和报酬，满足金融资产的终止确认条件。又如，甲企业向丙公司出售债券，同时向丙公司签出一项回售该债券的看跌期权（重大价外），丙公司作为权利方行使该看跌期权的可能性很小，则意味着甲企业转移了该金融资产所有权上几乎所有风险和报酬，满足金融资产的终止确认条件。

⑤例如，20×9年1月1日，甲企业将其持有的乙企业股票以每股10元转让给外部第三方丙公司，甲企业与丙公司签订一项远期协议，在3个月后（即4月1日）将按照每股11元的价格回购被转让股票。此时，甲企业并没有将乙企业股票的所有价值变动风险和报酬转让给丙公司，可以认定甲企业保留了该项金融资产所有权上几乎所有的风险和报酬，应当继续确认其转让的乙企业股票。

⑥这种情形常见于我国证券公司的融资融券业务。例如，某证券公司将自身持有的证券借给客户，合同约定借出期限和出借费率，到期客户需归还相同数量的同种证券，并向证券公司支付出借费用。证券公司保留了融出证券所有权上几乎所有的风险和报酬，因此该证券公司应当继续确认融出的证券。

⑦例如，甲企业向乙企业出售金融资产并附有将市场风险敞口转回给甲企业的总回报互换。在此情形下，甲企业出售了一项金融资产，并与乙企业达成一项总回报互换协议，如乙企业将该资产实际产生的现金流量支付给甲企业以换取固定付款额或浮动利率付款额，该项资产公允价值的所有增减变动由甲企业承担，从而使甲企业保留了该金融资产所有权上几乎所有的风险和报酬。在这种情况下，甲企业应当继续确认所出售的金融资产。

⑧这种情形常见于资产证券化实务中。例如，企业通过持有次级权益或承诺对特定现金流量担保，实现了对证券化资产的信用增级。如果通过这种信用增级，企业保留了被转移资产所有权上几乎所有的风险和报酬，那么企业就不应当终止确认该金融资产。

此外，采用附追索权方式（例如附背书的票据）出售金融资产与本情况类似。企业出售金融资产时，如果根据与购买方之间的协议约定，在所出售金融资产的现金流量无法收回时，购买方能够向企业进行追偿，企业也应承担未来损失。此时，可以认定企业保留了该金融资产所有权上几乎所有的风险和报酬，不应当终止确认该金融资产。例如附追索权方式的应收票据贴现业务与应收账款保理业务。

⑨准则联系："重大价内期权"的概念详见《企业会计准则第22号——金融工具确认和计量》第五条【注释】④。

⑩本条目（二）的第5种情形的会计处理详见【例2-4】。

⑪知识拓展："次级权益"，是指对于债务人资产的要求权次于其他债权人的权益。也就是说，债务人只有在满足了其他债权人的债权要求之后，如果还有剩余财产的话，才用来满足次级债权人的债权要求。例如，银行向外部第三方出售某一贷款本金和利息的90%，且与第三方签订协议，如果贷款发生信用风险，银行须用10%的剩余贷款本金和利息补偿第三方被转移金融资产的本金加利息，这一剩余贷款部分则为银行持有的次级权益。如果银行可以收回贷款预计全部现金流量的95%，则银行需要补偿第三方5%贷款的本金加利息，并收取剩余贷款本金加利息的5%。

⑫准则联系："信用增级"又称"信用增进"，信用增级的概念详见《企业会计准则第22号——金融工具的确认和计量》第四十七条。

· 202 ·

第四章 满足终止确认条件的金融资产转移的会计处理

第十四条 金融资产转移整体满足终止确认条件的,应当将下列两项金额的差额计入当期损益①:

(一)被转移金融资产在终止确认日的账面价值。

(二)因转移金融资产而收到的对价,与原直接计入其他综合收益的公允价值变动累计额中对应终止确认部分的金额(涉及转移的金融资产为根据《企业会计准则第22号——金融工具确认和计量》第十八条分类为以公允价值计量且其变动计入其他综合收益的金融资产的情形)之和②。企业保留了向该金融资产提供相关收费服务的权利(包括收取该金融资产的现金流量,并将所收取的现金流量划转给指定的资金保管机构等),应当就该服务合同确认一项服务资产或服务负债。如果企业将收取的费用预计超过对服务的充分补偿的,应当将该服务权利作为继续确认部分确认为一项服务资产,并按照本准则第十五条的规定确定该服务资产的金额。如果将收取的费用预计不能充分补偿企业所提供服务的,则应当将由此形成的服务义务确认一项服务负债,并以公允价值进行初始计量③。

企业因金融资产转移导致整体终止确认金融资产,同时获得了新金融资产或承担了新金融负债或服务负债的,应当在转移日确认该金融资产、金融负债(包括看涨期权、看跌期权、担保负债、远期合同、互换等)或服务负债,并以公允价值进行初始计量。该金融资产扣除金融负债和服务负债后的净额应当作为上述对价的组成部分④。

【注释】

①编者语:此条目中的"计入当期损益"应当修改为"计入当期损益或留存收益",其中,"留存收益"这一情形仅限于指定为以公允价值计量且其变动计入其他综合收益的非交易性权益工具投资的终止确认。因为,根据《企业会计准则第22号——金融工具确认和计量》规定:指定为以公允价值计量且其变动计入其他综合收益的非交易性权益工具投资终止确认时,之前计入其他综合收益的累计利得或损失应当从其他综合收益中转出到留存收益("盈余公积"和"利润分配——未分配利润")。

②除指定为以公允价值计量且其变动计入其他综合收益的非交易性权益工具

投资（其他权益工具投资）之外，金融资产整体转移的损益＝因转移收到的对价－所转移金融资产账面价值＋／－原直接计入其他综合收益的公允价值变动累计利得（或损失），详见【例2-5】。实务中根据《企业会计准则第22号——金融工具确认和计量》第十八条分类为以公允价值计量且其变动计入其他综合收益的金融资产转移时的会计处理通常分为两部分：一部分为收到对价冲销整体转移资产，确认其中一部分损益；另一部分为原直接计入其他综合收益的公允价值变动累计额对应终止确认部分转出到损益，从而确认另一部分损益，详细会计处理例题请见【例2-6】。

③企业保留了向该金融资产提供相关收费服务的权利是指当企业在转移贷款及应收款项等金融资产时，有时会对被转移的金融资产继续提供管理服务。例如，商业银行在进行资产证券化业务而将信贷资产转移给结构化的信托时，常常与对方签订服务合同，担任贷款服务机构。作为贷款服务商，该商业银行可能收取一定的服务费并发生一定的成本。如果企业在符合终止确认条件的转移中转移了一项金融资产整体，但保留了向该金融资产提供收费服务的权利，则企业应当就该服务合同确认一项服务资产或一项服务负债。如果企业将收取的费用预计不能充分补偿企业所提供的服务，则应当按公允价值确认该服务义务形成的一项服务负债，并以公允价值进行初始计量；如果将收取的费用预计超过对服务的充分补偿，则应当将该服务权利确认为一项服务资产，确认的金额应根据本准则第十五条的规定确定，即将保留的服务资产视同继续确认的部分，将该金融资产的原账面价值按照转移日继续确认部分和终止确认部分的相对公允价值分配给继续确认部分。如企业可能保留了收取被转移资产部分利息的权利，作为对其提供服务的补偿。企业在服务合同终止或转移时所放弃的那部分利息，应分配计入服务资产或服务负债；企业未放弃的那部分利息相当于一项仅含利息的剥离应收款。

④因转移收到的对价＝因转移交易实际收到的价款＋新获得金融资产的公允价值＋因转移获得的服务资产的公允价值－新承担金融负债的公允价值－因转移承担的服务负债的公允价值，涉及因转移资产新确认得金融资产和金融负债请见【例2-8】【例2-9】。

【例2-5】金融资产整体转移的具体情形及其处理方法：以摊余成本计量的金融资产。

20×9年3月20日，甲企业与乙资产管理公司签订协议，甲企业将持有丙企业的债券出售给乙资产管理公司，该债券在甲公司以摊余成本计量。债券账面余额为5 000万元人民币，原已计提减值准备为600万元人民币，双方协议转让价为4 000万元人民币，转让后甲企业不再保留任何权利和义务。20×9年4月20日，甲企业收到债券出售款项。

分析：本例中，由于甲企业将债券转让后不再保留任何权利和义务，因此可以判断，该债券所有权上的风险和报酬已经全部转移给乙资产管理公司，甲企业应当终止确认债券。甲企业应作如下账务处理：

借：银行存款　　　　　　　　　　　　　　　40 000 000
　　债权投资减值准备　　　　　　　　　　　　6 000 000
　　投资收益　　　　　　　　　　　　　　　　4 000 000
　　贷：债权投资　　　　　　　　　　　　　　　　　　50 000 000

【例2-6】金融资产整体转移的具体情形及其处理方法：分类为以公允价值计量且其变动计入其他综合收益的金融资产。

20×9年1月1日，甲公司将持有的乙公司发行的5年期公司债券出售给丙公司，经协商出售价格为209万元人民币，在出售协议中约定，出售后该公司债券发生的所有损失均由丙公司自行承担。20×8年12月31日该债券公允价值为208万元人民币。该债券于20×8年1月1日发行，甲公司持有该债券时将其分类为以公允价值计量且其变动计入其他综合收益的金融资产，面值（取得成本）为200万元人民币。

根据上述资料，出售后该公司债券发生的所有损失均由丙公司自行承担，甲公司已将债券所有权上的几乎所有风险和报酬转移给丙公司，因此，应当终止确认该金融资产。由于资产负债表日（即20×8年12月31日）该债券的公允价值为208万元人民币，而且该债券属于以公允价值计量且其变动计入其他综合收益的金融资产，因此出售日该债券账面价值为208万元人民币，应确定已计入其他综合收益的公允价值累计变动额。

20×8年12月31日甲公司计入其他综合收益的利得为8万元（208-200）人民币。

最后，确定甲公司出售该债券形成的损益。按照金融资产整体转移形成的损益的计算公式计算，出售该债券形成的收益为9万元（209-208+8）（包含因终止确认而从其他综合收益中转出至当期损益的8万元）。

甲公司出售该公司债券业务应作如下账务处理：

借：银行存款　　　　　　　　　　　　　　　2 090 000
　　贷：其他债权投资——成本　　　　　　　　　　　2 000 000
　　　　　　　　　　——公允价值变动　　　　　　　　80 000
　　　　投资收益　　　　　　　　　　　　　　　　　　10 000

同时，将原计入其他综合收益的公允价值变动转出：

借：其他综合收益——公允价值变动　　　　　　80 000
　　贷：投资收益　　　　　　　　　　　　　　　　　　80 000

【例2-7】金融资产整体转移具有权利的具体情形及其处理方法：保留服务资产。

20×9年12月20日，甲企业与乙资产管理公司签订协议，甲企业将持有丙企业的债券出售给乙资产管理公司,该债券在甲公司以摊余成本计量。债券总金额为1 000万元人民币,已计提减值准备50万元,双方协议转让价为900万元人民币,转让后甲企业有收取价款交付乙公司的义务,该义务在市场上的价格为20万元,该价格已扣除了甲企业对收取价款义务的预计补偿。

分析:本例中,由于甲企业将债券转让后保留了义务,保留义务部分确定为服务资产不能终止确认,因此可以判断,该债券部分转移给乙公司,甲企业应当终止确认部分债券,这部分的债券账面价值为978万元〔1 000×900÷(900+20)〕,则服务资产的账面价值为22万元(1 000-978),该部分不终止确认。计提减值中终止确认部分为49万元〔50×900÷(900+20)〕,甲企业应作如下账务处理:

借:银行存款　　　　　　　　　　　　　　　　9 000 000
　　债券投资减值准备　　　　　　　　　　　　　 490 000
　　投资收益　　　　　　　　　　　　　　　　　 290 000
　贷:债券投资　　　　　　　　　　　　　　　　9 780 000

【例2-8】金融资产整体转移具有权利的具体情形及其处理方法:以摊余成本计量的金融资产。

承【例2-5】,甲公司将债券出售给乙资产管理公司时,同时签订了一项看涨期权合约,期权行权日为20×9年12月31日,行权价为6 000万元人民币,期权的公允价值为1万元人民币,且假定该看涨期权为深度价外期权。其他条件不变。

分析:本例中,转出方持有的看涨期权属于深度价外期权,即预计该期权在行权日之前不太可能变为价内期权。所以,在转让日,可以判定债券所有权上的几乎所有风险和报酬已经转移给丙公司,甲公司应当终止确认该债券。但同时,由于签订了看涨期权合约,获得了一项新的资产,应当按照在转让日的公允价值(10 000元)确认该期权。

甲公司出售该债券业务应作如下账务处理:

借:银行存款　　　　　　　　　　　　　　　　40 000 000
　　债权投资减值准备　　　　　　　　　　　　 6 000 000
　　衍生工具——看涨期权　　　　　　　　　　　　10 000
　　投资收益　　　　　　　　　　　　　　　　 3 990 000
　贷:债权投资　　　　　　　　　　　　　　　 50 000 000

【例2-9】金融资产整体转移具有权利的具体情形及其处理方法:分类为以公允价值计量且其变动计入其他综合收益的金融资产。

承【例2-6】,甲公司将债券出售给丙公司时,同时签出了一项看跌期权合约,期权行权日为20×9年12月31日,行权价为100万元人民币,期权的公允价值为3 000元人民币,且假定该看跌期权为深度价外期权。其他条件不变。

分析:本例中,转入方持有的看跌期权属于深度价外期权,即预计该期权在行权日之前不太可能变为价内期权。所以,在转让日,可以判定债券所有权上的几乎所有风险和报酬已经转移给丙公司,甲公司应当终止确认该债券。但同时,由于签订了看跌期权合约,获得了一项新的负债,应当按照在转让日的公允价值(3 000元)确认该期权。

甲公司出售该债券业务应作如下账务处理:

借:银行存款	2 090 000
贷:其他债权投资——成本	2 000 000
——公允价值变动	80 000
衍生工具	3 000
投资收益	7 000

同时,将原计入其他综合收益的公允价值变动转出:

借:其他综合收益——公允价值变动	80 000
贷:投资收益	80 000

【例2-10】金融资产整体转移的具体情形及其处理方法:指定为以公允价值计量且其变动计入其他综合收益的非交易性权益工具投资。

20×9年1月1日,甲公司将持有的乙公司发行的普通股出售给丙公司,经协商出售价格为211万元,20×8年12月31日该普通股的公允价值为210万元。该部分普通股于20×8年1月1日发行,甲公司持有该普通股时将其指定为以公允价值计量且其变动计入其他综合收益的金融资产,取得成本为200万元。

本例中,假设甲公司和丙公司在出售协议中约定,出售后该公司股票发生的所有损失均由丙公司自行承担,甲公司已将该部分股票所有权上的几乎所有风险和报酬转移给丙公司,因此,应当终止确认该金融资产。

根据上述资料,首先应确定出售日该部分股票的账面价值。由于资产负债表日(即20×8年12月31日)该部分股票的公允价值为210万元,而且该部分股票属于以公允价值计量且其变动计入其他综合收益的金融资产,因此出售日该部分股票账面价值为210万元人民币。

其次,应确定已计入其他综合收益的公允价值累计变动额。20×8年12月31日甲公司计入其他综合收益的利得为10万元(210-200)。

最后,确定甲公司出售该部分股票形成的留存损益。按照金融资产整体转移形成的损益的计算公式计算,出售该部分普通股形成的留存收益为11万元(211-210+10)(包含因终止确认而从其他综合收益中转出至留存收益的10万元)。

甲公司出售该公司部分普通股业务应作如下账务处理:

借:银行存款	2 110 000
贷:其他权益工具投资——成本	2 000 000

	——公允价值变动	100 000
盈余公积——法定盈余公积		1 000
利润分配——未分配利润		9 000

同时，将原计入其他综合收益的公允价值变动转出：
借：其他综合收益——其他权益工具投资公允价值变动　　100 000
　　贷：盈余公积——法定盈余公积　　　　　　　　　　　　　10 000
　　　　利润分配——未分配利润　　　　　　　　　　　　　　 90 000

第十五条 企业转移了金融资产的一部分，且该被转移部分整体满足终止确认条件的，应当将转移前金融资产整体的账面价值，在终止确认部分和继续确认部分（在此种情形下，所保留的服务资产应当视同继续确认金融资产的一部分）之间，按照转移日各自的相对公允价值进行分摊，并将下列两项金额的差额计入当期损益①：

（一）终止确认部分在终止确认日的账面价值。

（二）终止确认部分收到的对价，与原计入其他综合收益的公允价值变动累计额中对应终止确认部分的金额（涉及转移的金融资产为根据《企业会计准则第22号——金融工具确认和计量》第十八条分类为以公允价值计量且其变动计入其他综合收益的金融资产的情形）之和。对价包括获得的所有新资产减去承担的所有新负债后的金额②。

原计入其他综合收益的公允价值变动累计额中对应终止确认部分的金额，应当按照金融资产终止确认部分和继续确认部分的相对公允价值，对该累计额进行分摊后确定③。

【注释】

①编者语：根据本准则第十四条【注释】①：此条目中的"计入当期损益"应当修改为"计入当期损益或留存收益"，其中，"留存收益"这一情形仅限于指定为以公允价值计量且其变动计入其他综合收益的非交易性权益工具投资的终止确认。

②除指定为以公允价值计量且其变动计入其他综合收益的非交易性权益工具投资（其他权益工具投资）之外，金融资产终止确认部分的损益＝因终止确认收到的对价－终止确认部分账面价值＋/－归属于终止确认部分原直接计入其他综合收益的公允价值变动累计利得（或损失）。实务中根据《企业会计准则第22号——金融工具确认和计量》第十八条分类为以公允价值计量且其变动计入其他综合收益的金融资产转移时的会计处理通常分为两部分：一部分为收到对价冲销整体转移资产，确认其中一部分损益；另一部分为原直接计入其他综合收益的公允价值变动累计额对应终止确认部分转出到损益，从而确认另一部分损益。另外，因部分终止确认收到的对价＝因部分终止确认交易实际收到的价款＋新获得

金融资产的公允价值+因部分终止确认获得的服务资产的公允价值-新承担金融负债的公允价值-因部分终止确认承担的服务负债的公允价值,详细会计处理参见【例 2-11】。

③原计入其他综合收益的公允价值变动累计额中归属于终止确认部分转出到当期损益或留存收益,继续确认部分的累计公允价值变动额不予转出。终止确认部分和继续确认部分的公允价值变动累计额的分摊方式,应当按照两部分资产的公允价值比例进行分摊,参见【例 2-11】和【例 2-12】。

第十六条 根据本准则第十五条的规定,企业将转移前金融资产整体的账面价值按相对公允价值在终止确认部分和继续确认部分之间进行分摊时,应当按照下列规定确定继续确认部分的公允价值:

(一)企业出售过与继续确认部分类似的金融资产,或继续确认部分存在其他市场交易的,近期实际交易价格可作为其公允价值的最佳估计[①]。

(二)继续确认部分没有报价或近期没有市场交易的,其公允价值的最佳估计为转移前金融资产整体的公允价值扣除终止确认部分的对价后的差额[②]。

【注释】

①准则联系:公允价值的确定参见《企业会计准则第 39 号——公允价值计量》规定。会计处理详见【例 2-11】和【例 2-12】。

②编者语:在部分金融资产终止确认时,企业需要在继续确认部分和终止确认部分分摊整体金融资产的账面价值。一般来说,整体金融资产的公允价值等于终止确认部分和继续确认部分公允价值之和。然而,在实务中通常整体公允价值要小于终止确认部分和继续确认部分公允价值之和,所以企业在分摊两部分的账面价值时首选方法是按照两部分的独立公允价值进行分摊,即按照本条目第(一)项确认继续确认金融资产的公允价值进而进行分摊。此外,对于继续确认部分没有报价或近期没有市场交易的,企业估计继续确认部分的公允价值方法为整体公允价值减去终止确认部分的公允价值,即本条目第(二)项。

【例 2-11】 金融资产部分转移的具体情形及其处理方法:以公允价值计量且其变动计入其他综合收益的金融资产。

20×9 年 1 月 1 日,甲公司将持有的乙公司发行的 10 年期公司债券的 50% 出售给丙公司,经协商出售价格为 311 万元,20×8 年 12 月 31 日该债券公允价值为 620 万元人民币。该债券于 20×8 年 1 月 1 日发行,甲公司持有该债券时将其分类为以公允价值计量且其变动计入其他综合收益的金融资产,面值(取得成本)为 600 万元。

本例中,假设甲公司和丙公司在出售协议中约定,出售后该公司债券发生的所有损失均由丙公司自行承担,甲公司已将债券所有权上的几乎所有风险和报酬转移给丙公司,因此,应当终止确认该金融资产的50%。

根据上述资料,首先应确定出售日该笔债券的账面价值。由于资产负债表日(即20×8年12月31日)该债券的公允价值为620万元,而且该债券属于以公允价值计量且其变动计入其他综合收益的金融资产,继续确认部分由于与出售部分相同,所以按照出售部分的价格是它的最佳公允价值估计,也为311万元,因此出售部分和继续确认部分的账面价值均为310万元〔620×311÷(311+311)〕。

其次,应确定归属于终止确认部分已计入其他综合收益的公允价值累计变动额。

20×8年12月31日甲公司计入其他综合收益的利得为20万元(620-600),归属于终止确认部分为10万元〔20×311÷(311+311)〕。

最后,确定甲公司出售该债券50%形成的损益。按照金融资产整体转移形成的损益的计算公式计算,出售该债券形成的收益为11万元(311-310+10)(包含终止确认部分因终止确认而从其他综合收益中转出至当期损益的10万元)。

甲公司出售该公司债券应作如下账务处理:

借:银行存款　　　　　　　　　　　　　　　3 110 000
　　贷:其他债权投资——成本　　　　　　　　3 000 000
　　　　　　　　——公允价值变动　　　　　　100 000
　　　　投资收益　　　　　　　　　　　　　　 10 000

同时,将归属于终止确认部分原计入其他综合收益的公允价值变动转出:

借:其他综合收益——公允价值变动　　　　　 100 000
　　贷:投资收益　　　　　　　　　　　　　　 100 000

【例2-12】金融资产部分转移的具体情形及其处理方法:指定为以公允价值计量且其变动计入其他综合收益的非交易性权益工具投资。

20×9年1月1日,甲公司将持有的乙公司发行的普通股的50%出售给丙公司,经协商出售价格为311万元,20×8年12月31日该部分普通股公允价值为620万元人民币。该部分普通股于20×8年1月1日发行,甲公司持有该部分普通股时将其指定为以公允价值计量且其变动计入其他综合收益的金融资产,取得成本为600万元。

本例中,假设甲公司和丙公司在出售协议中约定,出售后该部分普通股发生的所有损失均由丙公司自行承担,甲公司已将该部分普通股所有权上的几乎所有风险和报酬转移给丙公司,因此,应当终止确认该金融资产的50%。

根据上述资料,首先应确定出售日该部分普通股的账面价值。由于资产负债表日(即20×8年12月31日)普通股的公允价值为620万元,而且该普通股属于以公允价值计量且其变动计入其他综合收益的金融资产,继续确认部分由于与出售部分相同,所以按照出售部分的价格是它的最佳公允价值估计,也为311万元,因此出售部分和继续确认部分的账面价值均为310万元[620×311÷(311+311)]。

其次,应确定归属于终止确认部分已计入其他综合收益的公允价值累计变动额。

20×8年12月31日甲公司计入其他综合收益的利得为20万元(620－600),归属于终止确认部分为10万元[20×311÷(311+311)]。

最后,确定甲公司出售该普通股50%形成的收益。按照金融资产整体转移形成的损益(或留存收益)的计算公式计算,出售该普通股形成的收益为11万元(311－310+10)(包含终止确认部分因终止确认而从其他综合收益中转出至留存收益的10万元)。

甲公司出售该公司普通股业务应作如下账务处理:

借:银行存款	3 110 000
贷:其他权益工具投资——成本	3 000 000
——公允价值变动	100 000
盈余公积——法定盈余公积	1 000
利润分配——未分配利润	9 000

同时,将归属于终止确认部分原计入其他综合收益的公允价值变动转出:

借:其他综合收益——其他权益工具公允价值变动	100 000
贷:盈余公积——法定盈余公积	10 000
利润分配——未分配利润	90 000

第五章 继续确认被转移金融资产的会计处理

第十七条 企业保留了被转移金融资产所有权上几乎所有风险和报酬而不满足终止确认条件的,应当继续确认被转移金融资产整体,并将收到的对价确认为一项金融负债[①]。

【注释】

①如果企业实质保留了资产的几乎所有风险和报酬(例如,双方签订了回购协议),由于企业保留了被转移资产产生的利得和损失的向上和向下全部的风险敞口,为确保会计处理能正确反映出企业拥有与被转移资产有关的权利和义务,根据实质重于形式原则,企业应继续整体确认资产,并把收到的对价确认为负债,详细会计处理详见【例2-13】。

【例2-13】金融资产继续确认的具体情形及其处理方法。

20×9年4月1日,甲公司(金融企业)将其持有的一笔国债出售给丙公司,售价为50万元。同时,甲公司与丙公司签订了一项回购协议,3个月后由甲公司将该笔国债购回,回购价为50.3万元。20×9年7月1日,甲公司将该笔国债购回不考虑其他因素,甲公司应作如下账务处理:

(1)判断是否终止确认。由于此项出售属于附回购协议的金融资产出售,到期后甲公司应按固定价格将该笔国债购回,因此可以判断,甲公司保留了该笔国债几乎所有的风险和报酬,不应终止确认该笔国债,并应按该金融资产转移前的计量方法继续进行后续计量。

(2)20×9年4月1日,甲公司出售该笔国债时:

借:银行存款　　　　　　　　　　　　　　　　500 000
　　贷:卖出回购金融资产款　　　　　　　　　　　　500 000

(3)20×9年6月30日,甲公司应按根据未来回购价款计算的该卖出回购金融资产款的实际利率计算并确认有关利息费用。

借:利息支出　　　　　　　　　　　　　　　　3 000
　　贷:卖出回购金融资产款　　　　　　　　　　　　3 000

(4)20×9年7月1日,甲公司回购时:

借：卖出回购金融资产款　　　　　　　　　　　　503 000
　　贷：银行存款　　　　　　　　　　　　　　　　　　503 000

该笔国债与该笔卖出回购金融资产款在资产负债表上不应抵销；该笔国债确认的收益，与该笔卖出回购金融资产款产生的利息支出在利润表中不应抵销，准则规定参见本准则第十八条。

第十八条　在继续确认被转移金融资产的情形下，金融资产转移所涉及的金融资产与所确认的相关金融负债不得相互抵销。在后续会计期间，企业应当继续确认该金融资产产生的收入（或利得）和该金融负债产生的费用（或损失），不得相互抵销[①]。

【注释】

①一方面，企业保留了被转移金融资产产生的利得和损失的向上和向下全部的风险敞口，为确保会计处理能正确反映出企业拥有与被转移金融资产有关的权利和义务；另一方面，根据《企业会计准则第37号——金融工具列报》第二十八条金融资产和金融负债在资产负债表中的抵销规定，该条目所涉及的金融资产与所确认的相关金融负债不符合抵销条件。所以，金融资产转移所涉及的金融资产与所确认的相关金融负债不得相互抵销。同理，该资产确认的收入（或利得）和该金融负债产生的费用（或损失），也不得相互抵销。

第六章 继续涉入被转移金融资产的会计处理

第十九条 企业既没有转移也没有保留金融资产所有权上几乎所有风险和报酬，且保留了对该金融资产控制的，应当按照其继续涉入被转移金融资产的程度继续确认该被转移金融资产，并相应确认相关负债。被转移金融资产和相关负债应当在充分反映企业因金融资产转移所保留的权利和承担的义务的基础上进行计量①。企业应当按照下列规定对相关负债进行计量：

（一）被转移金融资产以摊余成本计量的，相关负债的账面价值等于继续涉入被转移金融资产的账面价值减去企业保留的权利（如果企业因金融资产转移保留了相关权利）的摊余成本并加上企业承担的义务（如果企业因金融资产转移承担了相关义务）的摊余成本；相关负债不得指定为以公允价值计量且其变动计入当期损益的金融负债。

（二）被转移金融资产以公允价值计量的，相关负债的账面价值等于继续涉入被转移金融资产的账面价值减去企业保留的权利（如果企业因金融资产转移保留了相关权利）的公允价值并加上企业承担的义务（如果企业因金融资产转移承担了相关义务）的公允价值，该权利和义务的公允价值应为按独立基础计量时的公允价值②③。

【注释】

①IASB提出，为了充分反映主体所保留的权利和承担的义务，使财务报表的使用者更方便地了解主体金融资产的继续涉入情况，更好反映出主体对资产风险和报酬保留的风险敞口（这一风险敞口并非与资产整体有关，而是限制为一定的金额），主体不能终止确认该部分金融资产，应根据限定金额确认为继续涉入资产，相应的根据继续涉入被转移资产而产生的义务确认为继续涉入负债。

②继续涉入负债＝继续涉入被转移金融资产的账面价值－企业保留的权利（如果企业因金融资产转移保留了相关权利）＋企业承担的义务（如果企业因金融资产转移承担了相关义务）。例如企业通过担保方式继续涉入被转移金融资产，担保限额为100万元（小于合同金额），担保的公允价值为10万元，则继续涉入资产为100万元，继续涉入负债为110万元。

③**实施指引**：本条目第（一）项和第（二）项都是为了让被转移金融资

在充分反映企业因金融资产转移所保留的权利的基础上进行计量，同时让相关负债在充分反映企业因金融资产转移所承担的义务的基础上进行计量，确认相关负债的计量方法要和继续涉入被转移金融资产的计量方法相匹配，即继续确认被转移资产使用什么计量方法，相关的负债就要使用什么计量方法进行匹配，从而保证在经济上相关的资产和负债在确认和计量上的一致。

【例2-14】金融资产继续涉入的具体情形及其处理方法：以摊余成本计量的金融资产。

甲公司（转出方）持有一组应收账款，该组应收账款的合同到期日为20×9年6月30日，账面价值300万元。20×9年1月1日，甲公司和乙公司签订了保理协议，将该组应收账款转让给乙公司，转让价格为295万元。该交易中，甲公司保留了最高30日的迟付风险。若应收账款逾期30日，则认定为违约，乙公司将向其他信用保险公司（与甲公司不相关）索偿。甲公司需要为该迟付风险按实际迟付天数（不超过30日）支付年化5%的费率。迟付风险担保的公允价值为5 000元。除了迟付风险，甲公司没有保留任何信用风险或利率风险，也不承担应收账款相关的服务。该组应收账款没有交易市场。

在本例中，甲公司保留了迟付风险，但转移了其他风险。根据测算，甲公司既未转移也未保留该组应收账款所有权上几乎所有风险和报酬。由于该组应收账款没有市场，乙公司没有出售被转移资产的实际能力，甲公司保留了对该组应收账款的控制。因此，甲公司继续涉入该组被转移的应收账款。

分析：甲公司应按以下金额中孰低确认对被转移资产的继续涉入程度：

(1) 被转移资产的账面价值300万元。

(2) 甲公司被要求返还的因转移已收取对价中的最大金额，即担保金额1.25万元（300×30÷360×5%）。

甲公司已担保金额1.25万元加上担保的公允价值5 000元之和为1.75万元。甲公司以此初始计量相关负债。相关账务处理如下：

借：银行存款　　　　　　　　　　　　　　　2 950 000
　　继续涉入资产　　　　　　　　　　　　　　12 500
　　投资收益　　　　　　　　　　　　　　　　55 000
　　贷：应收账款　　　　　　　　　　　　　　3 000 000
　　　　继续涉入负债　　　　　　　　　　　　　17 500

甲公司后续期间的账务处理：

(1) 摊销担保的对价（分期）：

借：继续涉入负债　　　　　　　　　　　　　　5 000
　　贷：其他业务收入　　　　　　　　　　　　　5 000

(2) 如果乙公司按时收到所有应收账款，则担保到期失效。随着被转移应收账款的及时付款，甲公司可能被要求返还的最大金额减为零，甲公司作出如下账务处理。

  借：继续涉入负债   12 500
    贷：继续涉入资产   12 500

（3）如果发生迟付风险，乙公司要求支付1.25万元，甲公司账务处理如下：

  借：信用减值损失   12 500
    贷：继续涉入资产   12 500

（4）当甲公司实际支付赔偿时，账务处理如下：

  借：继续涉入负债   12 500
    贷：银行存款   12 500

  第二十条 企业通过对被转移金融资产提供担保方式继续涉入的，应当在转移日按照金融资产的账面价值和担保金额两者的较低者[①]继续确认被转移金融资产，同时按照担保金额和担保合同的公允价值（通常是提供担保收到的对价）之和确认相关负债[②]。担保金额，是指企业所收到的对价中，可被要求偿还的最高金额。

  在后续会计期间，担保合同的初始确认金额应当随担保义务的履行进行摊销，计入当期损益[③]。被转移金融资产发生减值的，计提的损失准备应从被转移金融资产的账面价值中抵减。

【注释】

  ①在此情形下，继续涉入资产是企业由于对转出金融资产提供担保而继续涉入的被转移金融资产，是企业所承担的最大可能损失金额，所以是金融资产的账面价值和担保金额两者的较低者。

  ②编者语：继续涉入负债是在金融资产转移中因继续涉入被转移资产而产生的义务，在本条目中涉及两个部分：一部分是担保服务，因继续涉入被转移资产而产生的义务，属于预收款项；另一部分是当特定债务人到期不能按照最初或修改后的债务工具条款偿付债务时，要求企业向蒙受损失的合同持有人赔付的特定金额（以金融资产账面价值为限），属于或有负债。所以，继续涉入负债的金额是最大赔付金额（以金融资产账面价值为限）和担保合同的公允价值（通常是提供担保收到的对价）之和。

  ③由于担保合同的公允价值为担保服务的服务费，所以在后续的计量中，服务费应当随担保义务的履行过程进行摊销并计入当期损益。

  【例2-15】金融资产继续涉入的具体情形及其处理方法：担保方式。

  甲企业与乙企业签订一笔债券转让协议，由甲企业将持有的账面价值为3 000万元、票面利率和实际利率均为5%、期限为5年的未发生减值的债券出售给乙企业，售价为3 050万元。双方约定，由甲企业为该笔债券提供担保，担保金额为 500 万元，实际损失超过担保金额的部分由乙企业承担。转移日，该笔债券（包括担保）的公允价值为 3 000 万元，其中，担保的公允价值为 100 万元。甲企业没有保留对该笔债券的管理服务权。

分析：在本例中，由于甲企业既没有转移也没有保留该笔债券所有权上几乎所有的风险和报酬，而且假设该债券没有市场，且乙企业不具备出售该笔债券的实际能力，导致甲企业保留了对该笔债券的控制，所以应当按照甲企业继续涉入被转移金融资产的程度继续确认该被转移金融资产，并确认相关负债。

由于转移日该笔债券的账面价值为 3 000 万元，提供的担保金额为 500 万元，甲企业应当按照 500 万元继续确认该笔债券。由于担保合同的公允价值为 100 万元，所以甲企业确认相关负债金额为 600 万元（500＋100）。因此，转移日甲企业应作以下账务处理：

借：银行存款　　　　　　　　　　　　　　　　30 500 000
　　继续涉入资产　　　　　　　　　　　　　　 5 000 000
　　贷款处置损益　　　　　　　　　　　　　　　 500 000
　　贷：债权投资　　　　　　　　　　　　　　　30 000 000
　　　　继续涉入负债　　　　　　　　　　　　　 6 000 000

甲企业后续期间的账务处理：

（1）摊销担保的对价（分期）：

借：继续涉入负债　　　　　　　　　　　　　　 1 000 000
　　贷：其他业务收入　　　　　　　　　　　　　 1 000 000

（2）如果乙企业按时收到所有款项，则担保到期失效。随着被转移债券的及时付款，甲企业可能被要求返还的最大金额为零，甲企业在保留迟付风险的后续期间应作如下账务处理。

借：继续涉入负债　　　　　　　　　　　　　　 5 000 000
　　贷：继续涉入资产　　　　　　　　　　　　　 5 000 000

（3）如果发生迟付风险，乙企业要求支付 500 万元，甲企业账务处理如下：

借：信用减值损失　　　　　　　　　　　　　　 5 000 000
　　贷：继续涉入资产　　　　　　　　　　　　　 5 000 000

（4）当甲企业实际支付赔偿时，账务处理如下：

借：继续涉入负债　　　　　　　　　　　　　　 5 000 000
　　贷：银行存款　　　　　　　　　　　　　　　 5 000 000

第二十一条　企业因持有看涨期权或签出看跌期权而继续涉入被转移金融资产，且该金融资产以摊余成本计量的，应当按照其可能回购的被转移金融资产的金额继续确认被转移金融资产，在转移日按照收到的对价确认相关负债。

被转移金融资产在期权到期日的摊余成本和相关负债初始确认金额之间的差额，应当采用实际利率法摊销，计入当期损益，同时调整相关负债的账面价值。

相关期权行权的，应当在行权时，将相关负债的账面价值与行权价格之间的差额计入当期损益①②。

【注释】

①根据本准则第十九条第（一）项的规定，如果企业签出的看跌期权义务或持有的看涨期权权利使企业不能终止确认被转移金融资产，并且企业以摊余成本计量被转移金融资产，则相关金融负债也应以摊余成本计量，即按照其收到的对价与被转移金融资产在期权到期日的摊余成本之间的差额，来调整该金融负债的后续金额。相关案例参见【例2-16】和【例2-17】。

②知识拓展：根据《企业会计准则第22号——金融工具确认和计量》第五条【注释】④的阐述，期权是指赋予购买者在规定期限内按双方约定的价格（行权价）购买或者出售一定数量某种资产（基础资产）的权利的合同。期权的公允价值（又称为"期权的价值"）等于期权的内在价值加上期权的时间价值。对于看涨期权而言，期权的价值 = Max｛基础资产公允价值 - 行权价, 0｝+ 时间价值；对于看跌期权而言，期权的价值 = Max｛行权价 - 基础资产公允价值, 0｝+ 时间价值。显然，无论该期权为看涨期权还是看跌期权，当该期权处在价外状态时，期权的价值即为时间价值。

【例2-16】 以摊余成本计量的金融资产继续涉入的具体情形及其处理方法：持有看涨期权。

甲公司持有一笔账面价值（即摊余成本）为105万元的5年期债券，甲公司将其分类为以摊余成本计量的金融资产（会计科目为"债权投资"）。20×8年1月1日，甲公司以102万元价款将该笔债券出售给乙公司，同时与乙公司签订一项看涨期权合约（甲公司为权利方），行权日为20×9年12月31日，行权价为110万元。行权日该债券的摊余成本为112万元。

分析：本例中的情形符合金融资产的转移条件，但不符合终止确认条件。出售债券所附的看涨期权既不是重大的价内期权也不是重大的价外期权，因此，甲公司既没有转移也没有保留该债券所有权上几乎所有的风险和报酬。同时，因债券没有活跃的市场，乙公司不拥有出售该债券的实际能力，所以甲公司保留了对该债券的控制。因此，甲公司应当按照继续涉入程度确认和计量被转移债券。有关计算和账务处理如下：

20×8年1月1日，甲公司应当确认继续涉入形成的负债的入账价值为102万元。

借：银行存款　　　　　　　　　　　　　　　1 020 000
　　贷：继续涉入负债　　　　　　　　　　　　　　1 020 000

20×8年1月1日至20×9年12月31日期间，甲公司将该负债与行权日债券的摊余成本之间的差额10万元（112-102），采用实际利率法分期摊销并计入损益（会计科目为"投资收益"），使继续涉入形成的负债在20×9年12月31日的账面价值达到112万元。

与此同时，甲公司继续以摊余成本计量该债券，并且采用实际利率法分期摊销债券行权日的摊余成本与出售日账面价值之间的差额7万元（112－105），使该债券在20×9年12月31日的账面价值达到112万元。

情形1：20×9年12月31日，期权到期，若该债券公允价值为115万元，则该看涨期权为价内期权，甲公司选择行权，账务处理如下：

借：继续涉入负债　　　　　　　　　　　　　1 120 000
　　贷：银行存款　　　　　　　　　　　　　　1 100 000
　　　　投资收益　　　　　　　　　　　　　　　　20 000

情形2：20×9年12月31日，期权到期，若该债券公允价值为106万元，则该看涨期权为价外期权，甲公司不行权，账务处理如下：

借：继续涉入负债　　　　　　　　　　　　　1 120 000
　　贷：债权投资　　　　　　　　　　　　　　1 120 000

如果转出方向转入方签出一项看跌期权，其会计处理方法与本例类似，如【例2-17】。

【例2-17】 以摊余成本计量的金融资产继续涉入的具体情形及其处理方法：签出看跌期权。

甲公司持有一笔账面价值（即摊余成本）为105万元的5年期债券，甲公司将其分类为以摊余成本计量的金融资产（会计科目为"债权投资"）。20×8年1月1日，甲公司以106万元价款将该笔债券出售给乙公司，同时与乙公司签订一项看跌期权合约（乙公司为权利方），行权日为20×9年12月31日，行权价为109万元。行权日该债券的摊余成本为112万元。

分析：本例中的情形符合金融资产的转移条件，但不符合终止确认条件。出售债券所附的看涨期权既不是重大的价内期权也不是重大的价外期权，因此，甲公司既没有转移也没有保留该债券所有权上几乎所有的风险和报酬。同时，因债券没有活跃的市场，乙公司不拥有出售该债券的实际能力，所以甲公司保留了对该债券的控制。因此，甲公司应当按照继续涉入程度确认和计量被转移债券。有关计算和账务处理如下：

20×8年1月1日，甲公司应当确认继续涉入形成的负债的入账价值为106万元。

借：银行存款　　　　　　　　　　　　　　　1 060 000
　　贷：继续涉入负债　　　　　　　　　　　　1 060 000

20×8年1月1日至20×9年12月31日期间，甲公司将该负债与行权日债券的摊余成本之间的差额6万元（112－106），采用实际利率法分期摊销并计入损益（会计科目为"投资收益"），使继续涉入形成的负债在20×9年12月31日的账面价值达到112万元。

与此同时，甲公司继续以摊余成本计量该债券，并且采用实际利率法分期摊销债券行权日的摊余成本与出售日账面价值之间的差额7万元（112-105），使该债券在20×9年12月31日的账面价值达到112万元。

情形1：20×9年12月31日，期权到期，若该债券公允价值为107万元，则该看跌期权为价内期权，乙公司选择行权，甲公司账务处理如下：

借：继续涉入负债　　　　　　　　　　　　1 120 000
　　贷：银行存款　　　　　　　　　　　　　1 090 000
　　　　投资收益　　　　　　　　　　　　　　　30 000

情形2：20×9年12月31日，期权到期，若该债券公允价值为111万元，则该看跌期权为价外期权，乙公司不行权，甲公司账务处理如下：

借：继续涉入负债　　　　　　　　　　　　1 120 000
　　贷：债权投资　　　　　　　　　　　　　1 120 000

第二十二条 企业因持有看涨期权或签出看跌期权（或两者兼有，即上下限期权）而继续涉入被转移金融资产，且以公允价值计量该金融资产的，应当分别以下情形进行处理：

（一）企业因持有看涨期权而继续涉入被转移金融资产的，应当继续按照公允价值计量被转移金融资产，同时按照下列规定计量相关负债：

1. 该期权是价内或平价期权的，应当按照期权的行权价格扣除期权的时间价值后的金额，计量相关负债。

2. 该期权是价外期权的，应当按照被转移金融资产的公允价值扣除期权的时间价值后的金额，计量相关负债①。

（二）企业因签出看跌期权形成的义务而继续涉入被转移金融资产的，应当按照该金融资产的公允价值和该期权行权价格两者的较低者②，计量继续涉入形成的资产；同时，按照该期权的行权价格与时间价值之和，计量相关负债③。

（三）企业因持有看涨期权和签出看跌期权（即上下限期权④）而继续涉入被转移金融资产的，应当继续按照公允价值计量被转移金融资产，同时按照下列规定计量相关负债：

1. 该看涨期权是价内或平价期权的，应当按照看涨期权的行权价格和看跌期权的公允价值之和，扣除看涨期权的时间价值后的金额，计量相关负债。

2. 该看涨期权是价外期权的，应当按照被转移金融资产的公允价值和看跌期权的公允价值之和，扣除看涨期权的时间价值后的金额，计量相关负债⑤。

【注释】

①编者语：根据本准则第十九条（二）的规定：被转移金融资产以公允价值计量的，相关负债的账面价值等于继续涉入被转移金融资产的账面价值（即公允

价值）减去企业保留的权利的公允价值并加上企业承担的义务的公允价值，该权利和义务的公允价值应为按独立基础计量时的公允价值，由于持有看涨期权是企业保留的权利，且未涉及企业义务，所以继续涉入负债的计算公式为：

继续涉入负债＝公允价值－看涨期权价值＝公允价值－Max{公允价值－行权价，0}－时间价值

注：公允价值为被转移金融资产的公允价值。

情形1：如果该看涨期权为价内或平价期权，即基础资产公允价值大于或等于行权价值，因此，期权的价值为公允价值－行权价＋时间价值，则继续涉入负债按照期权行权价扣除期权时间价值后的金额计量。

情形2：如果该看涨期权为价外期权，即内在价值为0，因此，期权价值等于时间价值，则继续涉入负债按照金融资产公允价值扣除期权时间价值后的金额计量。

②由于金融资产转入方拥有一项看跌期权，企业对被转移金融资产公允价值高于看跌期权行权价格的部分不再拥有权利，因此，当该金融资产原按照公允价值进行计量时，继续确认该项资产的金额为其公允价值与期权行权价格之间的较低者。

③**编者语**：根据本准则第十九条的（二）中规定：被转移金融资产以公允价值计量的，相关负债的账面价值等于继续涉入被转移金融资产的账面价值（金融资产公允价值与行权价的较低者）减去企业保留的权利的公允价值并加上企业承担的义务的公允价值，该权利和义务的公允价值应为按独立基础计量时的公允价值，由于签出看跌期权是企业承担的义务，且未涉及企业权利，则继续涉入负债的计算公式为：

继续涉入负债＝继续涉入资产账面价值＋看跌期权价值＝Min{行权价，公允价值}＋Max{行权价－公允价值，0}＋时间价值＝行权价＋时间价值

上述公式推导如下：

在金融资产转移日收到的对价都是金融资产的公允价值与看跌期权价值之和。

情形1：当看跌期权为价外期权时，即金融资产公允价值大于看跌期权行权价，则继续涉入资产的账面价值为行权价，看跌期权的价值为时间价值，继续涉入负债的价值为行权价和时间价值之和。

情形2：当看跌期权为价内期权或平价期权时，即金融资产公允价值小于或等于看跌期权行权价，则继续涉入资产的账面价值为公允价值，看跌期权的价值为行权价－公允价值＋时间价值，继续涉入负债的价值为行权价和时间价值之和。

④**知识拓展**："上下限期权"是指企业通过同时持有看涨期权和签出看跌期权，从而将基础资产的风险限定在一个上下限固定的区间，一般来说，看涨期权的行权价（上限）要高于看跌期权的行权价（下限）。在金融资产转移情形下，

通过签订上下限期权合同,金融资产转入方只承担基础资产上下限之间的风险,其余风险由企业承担。

⑤编者语:根据本准则第十九条的(二)中规定:被转移金融资产以公允价值计量的,相关负债的账面价值等于继续涉入被转移金融资产的账面价值减去企业保留的权利的公允价值并加上企业承担的义务的公允价值,该权利和义务的公允价值应为按独立基础计量时的公允价值,由于签出看跌期权是企业承担的义务,且持有看涨期权是企业保留的权利,所以继续涉入负债的计算公式为:

继续涉入负债 = 公允价值 − 看涨期权价值 = 公允价值 − Max{公允价值 − 看涨期权行权价, 0} − 看涨期权时间价值 + 看跌期权价值

情形1:如果看涨期权是价内或平价期权的,即基础资产公允价值大于或等于看涨期权行权价,那么看涨期权的内在价值为公允价值 − 看涨期权行权价,则继续涉入负债 = 看涨期权行权价 + 看跌期权公允价值 − 看涨期权时间价值;

情形2:如果看涨期权是价外期权,即基础资产公允价值小于看涨期权行权价,则看涨期权的内在价值为0,此时继续涉入负债 = 被转移资产公允价值 + 看跌期权公允价值 − 看涨期权时间价值。

此外,也可根据看跌期权是否为价外期权对上述公式进行重新推导和表述。

【例2-18】以公允价值计量且其变动计入其他综合收益的金融资产继续涉入的具体情形及其处理方法:持有看涨期权。

20×8年1月1日,甲公司向乙公司出售一项分类为以公允价值计量且其变动计入其他综合收益的债务工具投资,该金融资产初始入账价值100万元,出售日的公允价值为125万元。双方签订了一项甲公司可以于20×8年12月31日以127万元购回该资产的看涨期权合约。上述交易中,乙公司向甲公司支付对价120万元。假定乙公司没有出售该资产的实际能力,即甲公司保留了对该资产的控制。

分析:在本例中,由于甲公司持有一项看涨期权,使得其既没有转移也没有保留该金融资产所有权上几乎所有的风险和报酬,同时也保留了对该金融资产的控制,因此,应当按照继续涉入程度确认有关金融资产和负债。具体账务处理如下:

(1) 20×8年1月1日,甲公司继续按照公允价值确认该金融资产。其在其他综合收益中累计确认的利得为25万元(125 − 100)。由于该看涨期权为价外期权(行权价127万元大于转移日资产的公允价值125万元),内在价值为零,甲公司收到的对价低于该金融资产公允价值的差额5万元(125 − 120)即为期权的时间价值,因此,继续涉入负债的入账价值为120万元(125 − 5)。账务处理为:

借:银行存款　　　　　　　　　　　　　　　1 200 000
　　贷:继续涉入负债　　　　　　　　　　　　　1 200 000

(2) 20×8年12月31日,假定资产的公允价值增加为128万元,此时,该

期权为价内期权（行权价 127<128），假定其时间价值为 2 万元。因此，继续涉入负债变为 125 万元（127-2）。账务处理为：

  借：其他债权投资   30 000
    其他综合收益   20 000
    贷：继续涉入负债   50 000

（3）情形 1：20×9 年 12 月 31 日，假定该金融资产的公允价值未发生变动，甲公司将以价内行权。账务处理为：

  借：继续涉入负债   1 250 000
    其他综合收益   20 000
    贷：银行存款   1 270 000

情形 2：20×9 年 12 月 31 日，假定资产的公允价值降为 123 万元，此时，甲公司将不会行权，则甲公司将终止确认该金融资产和继续涉入的负债，账务处理为：

  借：继续涉入负债   1 250 000
    其他综合收益   230 000
    贷：其他债权投资   1 280 000
      投资收益   200 000

【例 2-19】以公允价值计量且其变动计入其他综合收益的金融资产继续涉入的具体情形及其处理方法：签出看跌期权。

20×7 年 12 月 31 日，甲公司向乙公司出售一项分类为以公允价值计量且其变动计入其他综合收益的债务工具投资，该投资初始入账价值 100 万元，转让日的公允价值为 105 万元。双方还签订了一项看跌期权协议，约定两年后乙公司可以 104 万元的价格返售给甲公司。上述交易中乙公司向甲公司支付对价 107 万元。假定乙公司没有出售该金融资产的实际能力即甲公司保留了对该资产的控制。

分析：本例中，由于甲公司签出一项看跌期权，使得其既没有转移也没有保留该金融资产所有权上几乎所有的风险和报酬，同时保留了对该金融资产的控制，因此，应当按照继续涉入程度确认有关金融资产和负债。具体计算和账务处理如下：

（1）20×8 年 12 月 31 日，甲公司应当按照该金融资产的公允价值（105 万元）和该期权行权价格（104 万元）之间的较低者，确认继续涉入形成的资产为 104 万元。由于看跌期权的内在价值为 0，故时间价值（额外收款额）为 2 万元（107-105），因此，继续涉入形成负债的入账金额为 106 万元（104+2），账务处理为：

  借：银行存款   1 070 000
    贷：继续涉入负债   1 060 000

其他债权投资 10 000

(2) 20×8年12月31日,假定资产公允价值下跌为102万元。此时,期权为价内期权(行权价104>102),假设期权时间价值为1万元。因此,继续涉入资产的价值从104万元降为102万元,相应地,继续涉入负债的金额从106万元降为105万元(104+1),账务处理为:

借:继续涉入负债 10 000
　　其他综合收益 10 000
　贷:其他债权投资 20 000

(3) 20×9年12月31日,假定资产的公允价值没有发生变动,乙公司决定在价内行权,甲公司必须以行权价重新取得该投资,账务处理为:

借:继续涉入负债 1 050 000
　贷:银行存款 1 040 000
　　其他综合收益 10 000

【例2-20】金融资产继续涉入的具体情形及其处理方法:上下限期权。

甲公司与乙公司签订一项股票转让协议,同时购入一项行权价为230万元的看涨期权,并出售了一项行权价为180万元的看跌期权。假定转移日该股票的公允价值为200万元,看涨期权和看跌期权公允价值也即时间价值(由于上述期权均为价外期权,因此均无内在价值)分别为7万元和3万元,甲公司收到196万元。

分析:由于甲公司因卖出一项看跌期权和购入一项看涨期权使所转移股票投资不满足终止确认条件,且按照公允价值来计量该股票投资,因此,甲公司应当在转移日仍按照公允价值确认被转移金融资产。甲公司应继续确认的金融资产金额为200万元,由于该看涨期权是价外期权,应确认的继续涉入形成的负债金额为196万元〔(200+3)-7〕。

借:银行存款 1 960 000
　贷:继续涉入负债 1 960 000

第二十三条 企业采用基于被转移金融资产的现金结算期权或类似条款的形式继续涉入的,其会计处理方法与本准则第二十一条和第二十二条中规定的以非现金结算期权形式继续涉入的会计处理方法相同[①]。

【注释】

①准则由来:期权或类似条款以现金净额结算并不必然意味着企业已经转移了控制,企业应当对受限于以现金净额结算的期权或类似条款的金融资产转移进行评估,以判断企业保留还是转移了所有权上几乎所有的风险和报酬,以及对被转移资产是否控制,进而进行终止确认、继续确认或者继续涉入被转移

金融资产。

第二十四条 企业按继续涉入程度继续确认的被转移金融资产以及确认的相关负债不应当相互抵销。企业应当对继续确认的被转移金融资产确认所产生的收入（或利得），对相关负债确认所产生的费用（或损失），两者不得相互抵销[①]。继续确认的被转移金融资产以公允价值计量的，在后续计量时对其公允价值变动应根据《企业会计准则第 22 号——金融工具确认和计量》第六十四条的规定进行确认，同时相关负债公允价值变动的确认应当与之保持一致，且两者不得相互抵销[②]。

【注释】

①IASB 指出，继续涉入被转移金融资产核算的初衷是为了更好反映出对资产风险和报酬继续保留的风险敞口，让财务报表的使用者更方便地获得企业被转移金融资产的继续涉入情况，如果该按继续涉入程度继续确认的被转移金融资产和确认的相关负债相互抵销，则违背了继续涉入被转移金融资产核算的设立初衷，所以该按继续涉入程度继续确认的被转移金融资产和确认的相关负债不应互相抵销。同理，按继续涉入程度继续确认的被转移金融资产所产生的收入（或利得），和相关负债确认所产生的费用（或损失）两者也不得相互抵销。

②继续确认的被转移金融资产以公允价值计量的，其相关负债公允价值变动的确认应当与之保持一致，从而保证在经济上相关的资产或负债在确认和计量上的一致，避免了会计错配的产生。

第二十五条 企业对金融资产的继续涉入仅限于金融资产一部分的，企业应当根据本准则第十六条的规定，按照转移日因继续涉入而继续确认部分和不再确认部分的相对公允价值，在两者之间分配金融资产的账面价值，并将下列两项金额的差额计入当期损益：

（一）分配至不再确认部分的账面金额（以转移日计量的为准）；

（二）不再确认部分所收到的对价。如果涉及转移的金融资产为根据《企业会计准则第 22 号——金融工具确认和计量》第十八条分类为以公允价值计量且其变动计入其他综合收益的金融资产的，不再确认部分的金额对应的原计入其他综合收益的公允价值变动累计额计入当期损益[①②]。

【注释】

①编者语：根据本准则第十四条【注释】①：此条目中的"计入当期损益"应当修改为"计入当期损益或留存收益"，其中，"留存收益"这一情形仅限于指定为以公允价值计量且其变动计入其他综合收益的非交易性权益工具投资的终止确认。

除指定为以公允价值计量且其变动计入其他综合收益的非交易性权益工具投资（其他权益工具投资）之外，金融资产不再确认部分的损益＝因不再确认部分收到的对价－不再确认部分账面价值＋／－归属于不再确认部分原直接计入其他综合收益的公允价值变动累计利得（或损失）。实务中根据《企业会计准则第22号——金融工具确认和计量》第十八条分类为以公允价值计量且其变动计入其他综合收益的金融资产转移时的会计处理通常分为两部分：一部分为收到对价冲销不再确认金融资产，确认其中一部分损益；另一部分为原直接计入其他综合收益的公允价值变动累计额对应不再确认部分转出到损益，从而确认另一部分损益。另外，不再确认部分收到的对价＝因不再确认部分交易实际收到的价款＋新获得金融资产的公允价值＋因不再确认部分获得的服务资产的公允价值－新承担金融负债的公允价值－因不再确认部分承担的服务负债的公允价值。

②原计入其他综合收益的公允价值变动累计额中归属于不再确认部分转入当期损益或留存收益，因继续涉入而继续确认部分的累计公允价值变动额不予转出，终止确认部分和因继续涉入而继续确认部分的公允价值变动累计额的分摊方式按照两部分资产的公允价值比例进行分摊。

【例2-21】金融资产部分继续涉入的具体情形及其处理方法。

假设甲银行有一项还有两年到期的可提前偿付的贷款组合，其票面利率和实际利率均为10%，本金和摊余成本均为人民币2 000万元，未发生减值。甲银行达成一项交易，在这项交易中，转入方支付人民币1 645万元，以取得收取人民币1 600万元本金和按照9.5%计算的这部分本金利息的权利。甲银行则保留了收取人民币400万元本金加上按照10%计算的这部分本金利息和剩余人民币1 600万元本金0.5%的利率差价部分（超级利差账户）。收到的提前偿付款按照2∶8的比例在甲银行和转入方之间分配。但是所有的拖欠款都从甲银行保留的对人民币400万元本金所拥有的权益中扣除，直到全部扣完为止。交易日贷款的公允价值是2 050万元，0.5%的利率差价的估计公允价值是10万元。甲银行确定其已经转移了部分所有权上的重大风险和报酬（例如，重大的提前偿付风险），但是也保留了某些所有权上的重大风险和报酬（因为甲银行的次级剩余权益），并保留了控制。因此应适用继续涉入法。

为应用本准则，甲银行分析此交易为：(1) 完全成比例的保留400万元的剩余权益，加上 (2) 将该剩余权益次级化以向转入方提供防止信用损失的信用增级。甲银行计算所收到对价1 645万元中有1 640万元（80%×2 050）代表了完全成比例的80%份额的对价。所收到对价中的剩余5万元（1 645－1 640）代表了次级剩余权益以向转入方提供信用增级所收到的对价。此外，提供信用增级收取的对价还包括0.5%的利率差价。因此，因提供信用增级所获得的总对价是15万元（5＋10）。

甲银行计算出售80%份额现金流量的损益。假定在转让日无法确定被转让的80%部分和保留的20%部分的个别公允价值,则甲银行根据本准则第十四条分配该资产的账面金额如表2-9所示。

表2-9 单位:万元

	公允价值	百分比	分配后的账面金额
被转让部分	1 640	80%	1 600
保留的部分	410	20%	400
总计	2 050	—	2 000

甲银行通过从所收到对价中扣除分配给被转让部分的账面金额来计算出售现金流量80%份额的利得或损失,即40万元(1 640 - 1 600)。甲银行保留部分的账面金额为400万元。另外,甲银行将为信用损失提供信用增级而把剩余权益次级化形成的继续涉入进行确认。因此,甲银行确认400万元的资产(甲银行因剩余权益次级化而不能收回的现金流量的最大值),和415万元的相关负债(甲银行因剩余权益次级化而不能收回的现金流量的最大值,即400万元,加次级化的公允价值15万元)。

据此,甲银行在金融资产转移日应作如下账务处理:

借:存放中央银行款项 16 450 000
　　继续涉入资产——次级权益 4 000 000
　　　　　　——超额利差账户 100 000
　贷:贷款 16 000 000
　　继续涉入负债 4 150 000
　　贷款处置损益 400 000

在交易完成后,资产的账面金额是810万元,其中400万元代表了分配给保留部分的成本,410万元为信用损失提供信用增级而将剩余权益次级化形成的继续涉入(其中包括利率差价10万元)。

金融资产转移后,甲银行应根据收入确认原则,按时间因素将信用增级取得的对价15万元分期予以摊销确认为收入,账务处理为:

借:继续涉入负债 150 000
　贷:其他业务收入 150 000

如果转入方按时收到所有贷款,则担保到期失效。随着被转移贷款的及时付款,甲银行可能被要求返还的最大金额为零,甲在保留迟付风险的后续期间应作如下账务处理:

借:继续涉入负债 4 000 000
　贷:继续涉入资产 4 000 000

假设在以后年度标的贷款发生减值损失100万元。甲银行应减少其已确认的资产200万元(与甲银行剩余权益相关的100万元和与为减值损失提供保证而将剩余权益次级化形成的继续涉入有关的100万元），并减少其已确认的负债100万元。减值损失100万元的净影响计入损益，据此甲银行应作如下账务处理：

  借：信用减值损失   1 000 000
    贷：坏账准备   1 000 000
  借：继续涉入负债   1 000 000
    贷：继续涉入资产   1 000 000

第七章 向转入方提供非现金担保物的会计处理

第二十六条 企业向金融资产转入方提供了非现金担保物（如债务工具或权益工具投资等）的，企业（转出方）和转入方应当按照下列规定进行处理：

（一）转入方按照合同或惯例有权出售该担保物或将其再作为担保物的，企业应当将该非现金担保物在财务报表中单独列报[①]。

（二）转入方已将该担保物出售的，转入方应当就归还担保物的义务，按照公允价值确认一项负债[②]。

（三）除因违约丧失赎回担保物权利外，企业应当继续将担保物确认为一项资产。

企业因违约丧失赎回担保物权利的，应当终止确认该担保物；转入方应当将该担保物确认为一项资产，并以公允价值计量。转入方已出售该担保物的，应当终止确认归还担保物的义务。

【注释】

①如果企业向转入方提供了非现金担保物（如债务工具或权益工具），企业和转入方对担保物的会计核算取决于转入方是否有权将担保物出售或再抵押以及企业是否已违约。但是，如果转入方按照合同或惯例有权出售该担保物或将其再作为担保物的，由于担保物涉入了一定风险，为了使报表使用者更全面地了解企业的资产风险，企业应将担保物区别于其他资产单独列示。

②企业未违约时，即担保物的所有权未转移时，此时担保物仍为企业所有，所以如果转入方出售了作为抵押的担保物，转入方有归还担保物的义务，即有从市场买入担保物然后归还给企业的义务，所以转入方要确认一项以公允价值计量的负债。

第八章　衔接规定

第二十七条　在本准则施行日，企业仍继续涉入被转移金融资产的，应当按照《企业会计准则第22号——金融工具确认和计量》及本准则关于被转移金融资产确认和计量的相关规定进行追溯调整，再按照本准则的规定对其所确认的相关负债进行重新计量，并将相关影响按照与被转移金融资产一致的方式在本准则施行日进行调整。追溯调整不切实可行的除外[①]。

【注释】

[①]准则联系：金融工具的追溯调整参见《企业会计准则第22号——金融工具确认和计量》第十章；追溯调整程序参见《企业会计准则第28号——会计政策、会计估计变更和差错更正》。

第九章 附　　则

第二十八条 本准则自2018年1月1日起施行。①

【注释】

①在境内外同时上市的企业以及在境外上市并采用国际财务报告准则或企业会计准则编制财务报告的企业，自2018年1月1日起施行；其他境内上市企业自2019年1月1日起施行；执行企业会计准则的非上市企业自2021年1月1日起施行。同时，鼓励企业提前执行。执行本准则的企业，不再执行财政部于2006年2月15日印发的《财政部关于印发〈企业会计准则第1号——存货〉等38项具体准则的通知》（财会〔2006〕3号）中的《企业会计准则第23号——金融资产转移》。

执行本准则的企业，应当同时执行财政部于2017年修订印发的《企业会计准则第22号——金融工具确认和计量》（财会〔2017〕7号）和《企业会计准则第24号——套期会计》（财会〔2017〕9号）。

第三部分 企业会计准则第 24 号
——套期会计

第一章 总 则

第一条 为了规范套期会计处理,根据《企业会计准则——基本准则》,制定本准则①。

【注释】

①**准则由来**:IAS 39 中的套期会计要求复杂且规则繁琐,给财务报表使用者造成了困扰。一些财务报表使用者认为套期会计无法理解,并经常将套期会计的影响从各种分析中剔除,同时由于套期活动的会计方式及提供的披露不能有效地反映风险管理活动,因此需要额外的信息才能进行分析。同时由于根据 IAS 39 所作的信息披露过于以会计为中心且不够透明,导致各主体以不同的方式以及不同的详细程度在不同的文件中列报会计准则以外的信息。这些都促使财务报表的编制者和使用者要求 IASB 开发一个新模型,使主体能按照与其风险管理活动相一致的基础,在财务报表中报告其套期活动的绩效,而非报告以会计为中心的运用结果。

2008 年全球金融危机发生后,IASB 在金融工具准则的修订中认识到了上述问题,于 2014 年 7 月发布了 IFRS 9,对套期会计进行了大幅改进,提出了一个新的套期会计模型,降低了套期会计运用门槛,更加紧密地结合了主体的风险管理活动。在新模型下,主体的财务报表能够反映其风险管理活动,而并不是简单地遵循以规则为导向的方法,新模型也给套期活动的报告带来显著和持续的改进。为进一步完善套期会计处理,切实解决我国企业相关会计实务问题,并保持我国企业会计准则与国际财务报告准则的持续趋同,财政部借鉴 IFRS 9 的做法,结合我国实际情况,对原《企业会计准则第 24 号——套期保值》进行了修订。

第二条 套期,是指企业为管理外汇风险、利率风险、价格风险、信用风险等特定风险引起的风险敞口,指定金融工具为套期工具,以使套期工具的公允价值或现金流量变动,预期抵销被套期项目全部或部分公允价值或现金流量变动的风险管理活动①。

【注释】

①企业在经营活动中会面临各类风险,其中涉及外汇风险、利率风险、价格

风险、信用风险等。对于此类风险敞口，企业可能会选择通过利用金融工具产生反向的风险敞口（即开展套期业务）来进行对冲，这一过程便是风险管理活动。

【例 3 - 1】套期示例。

例如，某煤矿企业为了规避库存动力煤的价格波动风险，在郑州商品交易所卖出数量相当、交易时间匹配但价格变动方向相反的动力煤期货合同，该风险管理活动将预期抵销被套期项目（动力煤）的大部分公允价值变动风险。

又如，某境内航空公司与美国波音飞机公司签订了一项六个月后以 7 000 万美元购买民用飞机的确定承诺，为了对冲美元外汇风险，该公司与某银行签订了一项以固定汇率（人民币结算）购入 7 000 万美元的外汇远期合同，该风险管理活动将预期抵销该确定承诺的大部分现金流量变动风险。

第三条 套期分为公允价值套期、现金流量套期和境外经营净投资套期。

公允价值套期[①]，是指对已确认资产或负债、尚未确认的确定承诺[②]，或上述项目组成部分的公允价值变动风险敞口进行的套期。该公允价值变动源于特定风险，且将影响企业的损益或其他综合收益。其中，影响其他综合收益的情形，仅限于企业对指定为以公允价值计量且其变动计入其他综合收益的非交易性权益工具投资的公允价值变动风险敞口进行的套期[③]。

现金流量套期，是指对现金流量变动风险敞口进行的套期。该现金流量变动源于与已确认资产或负债、极可能发生的预期交易[④]，或与上述项目组成部分有关的特定风险，且将影响企业的损益。

境外经营净投资套期，是指对境外经营净投资外汇风险敞口进行的套期。境外经营净投资，是指企业在境外经营净资产中的权益份额[⑤⑥]。

对确定承诺的外汇风险进行的套期，企业可以将其作为公允价值套期或现金流量套期处理。

【注释】

①准则由来：在 2010 年《套期会计》征求意见稿审议过程中，为降低套期会计的复杂性，IASB 考虑用现金流量套期会计机制代替公允价值套期会计机制，将套期工具产生的利得或损失计入其他综合收益中，无需重新计量被套期项目，这样一来可以提高财务报表信息的透明度和可比性，简化现有要求，同时该方法也更加快捷。但是一些反馈意见者担心这样做不能反映经济实质，使其他综合收益中的变动更难以理解，主体所采用的风险管理策略类型也难以识别，还可能导致由于套期工具的损失被递延在其他综合收益中，所有者权益大幅度降低，甚至出现负数，对偿付能力和监管要求带来严重影响。因此 IASB 最终决定继续对公允价值套期采用不同于现金流量套期的会计处理。

②根据本准则第九条规定，"确定承诺"指在未来某特定日期或期间，以约

定价格交换特定数量资源、具有法律约束力的协议。"尚未确认的确定承诺"则是指尚未在财务报表中确认的确定承诺。例如，【例3-1】中，某境内航空公司与美国波音公司签订了一项六个月后以固定价格（7 000万美元）购买特定商品（民用飞机）的具有法律约束力的协议，该协议即为一项确定承诺。

③准则由来：IAS 39对套期关系的定义是被套期的风险敞口可能影响损益的一种关系，根据这一定义，如果被套期的风险敞口影响其他综合收益，且不能将其从其他综合收益中转出重分类为损益，则主体不可以应用套期会计。在2010年《套期会计》征求意见稿中，IASB考虑修订公允价值套期的定义，以说明被套期风险敞口除损益外还可能影响他综合收益。同时IASB考虑了对套期无效性的处理：如果将其保留在其他综合收益中，与套期无效性应被计入损益的套期会计原则相矛盾；如果将其计入损益，与不允许将以公允价值计量且其变动计入其他综合收益的权益工具投资的利得或损失从其他综合收益中转出并重分类至损益的规定相矛盾。因此IASB提议，不允许对指定为以公允价值计量且其变动计入其他综合收益的权益工具投资运用套期会计，因为在现有的套期会计框架下无法实现。

但是上述提议遭到了几乎所有反馈意见者的反对，反馈意见者认为应当对以公允价值计量且其变动计入其他综合收益的权益投资运用套期会计，这样将使套期会计与风险管理活动联系更加紧密，尤其是对权益投资的外汇风险敞口进行套期属于一种常见的风险管理策略（无论会计上其公允价值计入损益还是其他综合收益）。此外即使主体无意出售权益投资，主体可能仍希望保护自身免受权益波动的影响，对权益的价格风险进行套期。为此IASB重新考虑了这一提议，对于套期无效性的处理进行权衡之后，IASB始终认为在其他综合收益中确认权益工具投资的套期无效性（不重分类）的方法利大于弊，决定将该方法纳入最终要求，即允许主体对指定为以公允价值计量且其变动计入其他综合收益的权益工具投资运用套期会计，并将该公允价值变动列示在其他综合收益中。

④根据本准则第九条规定，"预期交易"指尚未承诺但预期会发生的交易。根据《企业会计准则第14号——收入》，"极可能"指其发生的概率应远高于"很可能"（即可能性超过50%），但不要求达到"基本确定"（即可能性超过95%）。

⑤"境外经营净投资"是指企业在境外经营净资产中的权益份额。企业既无计划也无可能在可预见的未来会计期间结算的长期外币货币性应收项目（含贷款），应当视同实质构成境外经营净投资的组成部分。因销售商品或提供劳务等形成的期限较短的应收账款不构成境外经营净投资。其中境外经营的主体可以是企业在境外的子公司、合营安排、联营企业或分支机构。在境内的子公司、合营安排、联营企业或分支机构，采用不同于企业记账本位币的，也视同境外经营。

⑥准则联系：根据《企业会计准则第19号——外币折算》，"境外经营"是指企业在境外的子公司、合营企业、联营企业、分支机构。在境内的子公司、合

营企业、联营企业、分支机构，采用不同于企业记账本位币的，也视同境外经营。类似地，"外币"是指企业记账本位币以外的货币。

【例3-2】三种套期方法。

1. 公允价值套期。

（1）某公司购买了沪深300ETF基金，将该项基金投资划分为以公允价值计量且其变动计入当期损益的金融资产（交易性金融资产），该公司在中国金融期货交易所建立了沪深300股指空头期货合同，以对该基金投资的价格变动引起的公允价值变动风险敞口进行套期。

（2）某企业签订一项以固定利率换浮动利率的利率互换合同，对其承担的固定利率负债的利率风险引起的公允价值变动风险敞口进行套期。

（3）某食用油公司签订一项3个月后以固定价格购买大豆的合同（尚未确认的确定承诺），该公司在大连期货交易所建立了一项未来卖出大豆的空头期货合同，对该确定承诺的价格风险引起的公允价值变动风险敞口进行套期。

2. 现金流量套期。

（1）某企业签订一项以浮动利率换固定利率的利率互换合同，对其承担的浮动利率债务的利率风险引起的现金流量变动风险敞口进行套期。

（2）某橡胶制品公司在上海期货交易所建立了一项未来买入橡胶的多头期货合同，对3个月后预期极可能发生的与购买橡胶相关的价格风险引起的现金流量变动风险敞口进行套期。

（3）某矿物加工企业与某银行签订一项购入澳元的外汇远期合同，对以固定澳元价格购入澳大利亚铁矿石的极可能发生的预期交易的外汇风险引起的现金流量变动风险敞口进行套期。

3. 境外经营净投资套期。

某企业（记账本位币为人民币）在中国香港有一项5亿元港币的境外经营净投资，为规避该境外经营净投资的外汇风险，该企业与某金融机构签订了一项卖出5亿元港币的外汇远期合同。

第四条 对于满足本准则第二章和第三章规定条件的套期，企业可以运用套期会计方法进行处理。

套期会计方法，是指企业将套期工具和被套期项目产生的利得或损失在相同会计期间计入当期损益①（或其他综合收益）以反映风险管理活动影响的方法。

【注释】

① "在相同会计期间计入当期损益"是指由于被套期的风险敞口和对风险敞口进行套期的金融工具的确认和计量基础不一定相同，可能导致企业进行套期时损益产生更大的波动，在一定会计期间不仅可能无法如实反映企业的风险管理活

动，而且可能会在财务报表上"扩大风险"。因此将套期工具和被套期项目产生的利得或损失在相同会计期间计入当期损益（或其他综合收益），有助于处理被套期项目和套期工具在确认和计量方面存在的上述差异，并在企业财务报告中如实反映企业进行风险管理活动的影响。

例如，企业使用衍生工具对某项极可能发生的预期交易的价格风险进行套期，按照常规会计处理方法，该衍生工具应当以公允价值计量且其变动计入当期损益，而预期交易则需到交易发生时才能予以确认，这样，企业利润表反映的损益就会产生较大的波动，也带来会计错配问题。又如，企业使用衍生工具对其持有的存货的价格风险进行套期，按照常规会计处理方法，该衍生工具应当以公允价值计量且其变动计入当期损益，而存货则以成本与可变现净值孰低计量，这也会导致损益波动和会计错配。

第二章 套期工具和被套期项目

第五条 套期工具,是指企业为进行套期而指定的、其公允价值或现金流量变动预期可抵销被套期项目的公允价值或现金流量变动的金融工具,包括:

(一)以公允价值计量且其变动计入当期损益的衍生工具①,但签出期权除外。企业只有在对购入期权(包括嵌入在混合合同中的购入期权)进行套期时,签出期权才可以作为套期工具②。嵌入在混合合同中但未分拆的衍生工具不能作为单独的套期工具③。

(二)以公允价值计量且其变动计入当期损益的非衍生金融资产或非衍生金融负债④,但指定为以公允价值计量且其变动计入当期损益、且其自身信用风险变动引起的公允价值变动计入其他综合收益的金融负债除外⑤。企业自身权益工具不属于企业的金融资产或金融负债,不能作为套期工具⑥。

【注释】

①衍生工具通常可以作为套期工具。衍生工具包括远期合同、期货合同、互换和期权,以及具有远期合同、期货合同、互换和期权中一种或一种以上特征的工具等(具体参见《企业会计准则第22号——金融工具确认和计量》第五条注释)。例如,某企业为规避未来原油价格上涨的风险,可以买入原油的看涨期权,其中,原油看涨期权即是套期工具。

②"签出期权除外"是因为企业所签出期权的潜在损失可能会远远超过相关被套期项目价值的潜在利得。换言之,签出的期权在减少被套期项目损益敞口方面是无效的。因此,签出的期权不符合成为套期工具的条件,除非其被指定用于抵销某项购入的期权,包括嵌入在其他金融工具中的期权。相反,购入期权的一方可能承担的损失最多就是期权费,可能拥有的利得通常等于或大大超过被套期项目的潜在损失,可被用来有效对冲被套期项目的风险,因此企业可以将购入的期权作为套期工具。实务中运用签出期权作为套保策略的一部分最终导致巨亏的案例屡见不鲜,例如,2019年1月25日,中国石油化工股份有限公司(简称"中国石化")公告称,其全资子公司中国国际石油化工联合有限责任公司(简称"联合石化")在采购进口原油过程中,由于对国际油价走势判断失误,部分套期保值业务的交易策略失当,造成某些场内原油套期保值业务的期货端在油价下跌过程中产生损失。2018年联合石化经营亏损约人民币46.5亿元。据中金公

司估算，中石化的交易损失可能是因为采取了买入看涨期权的同时，卖出看跌期权的策略，大多数亏损可能产生于卖出看跌期权的过程中（来源：《中国经济周刊》2019年第3期）。

图3-1以看涨期权为例来演示购入期权与签出期权之间的收益关系，其中x为行权价，c为期权的公允价值，横坐标为期权的基础资产价格，纵坐标为期权收益。由图3-1可知：当企业以价格c签出一项期权时，潜在利得最大值为c，但潜在损失最大为无穷大，潜在损失可能会远远超过被套期项目的潜在利得，因此签出期权不能作为套期工具；当企业以价格c购入一项期权时，潜在损失最大值为c，潜在利得最大为无穷大，潜在利得可能会远远超过被套期项目的潜在损失，因此购入期权可以作为套期工具。显然，当期权各条款相同时，企业购入期权和签出期权的收益曲线关于横坐标轴对称，二者构成了一项无风险组合，因此，企业只有在对购入期进行套期时，签出期权才可以作为套期工具。

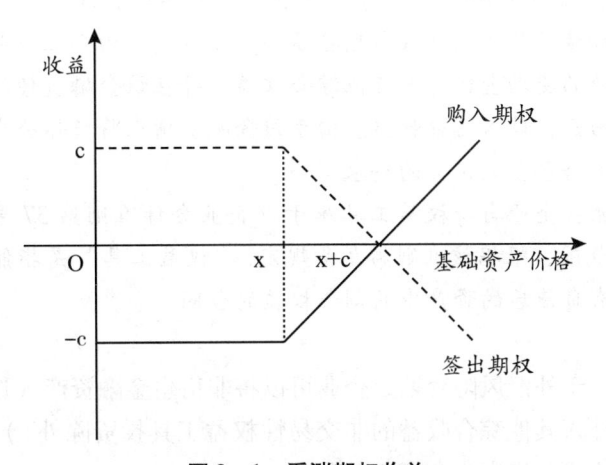

图3-1 看涨期权收益

③**准则由来**：根据 IFRS 9，主合同为金融资产的混合合同应作为整体（即包括任何嵌入衍生工具）采用摊余成本计量，或以公允价值计量且其变动计入损益，不允许分拆任何嵌入衍生工具。鉴于 IFRS 9 的规定，IASB 考虑将嵌入在金融资产中的衍生工具指定为套期工具，但最终认为这样做既无法恰当解决套期会计的问题，反而会增加实务中不常见情况的复杂性，同时也将大幅扩展套期会计项目的范围。因此 IASB 最终决定，即使金融资产中嵌入的衍生工具是以公允价值计量且其变动计入损益的可的混合合同的一部分，且该混合合同可以整体指定为套期工具，也不允许将该衍生工具指定为合格套期工具。

④**准则由来**：IAS 39 仅允许将非衍生金融资产和非衍生金融负债指定为对外汇风险套期的套期工具，在新套期会计模型下，IASB 考虑允许将非衍生金融工具除外汇风险以外的风险成分指定为套期工具，并考虑了将套期工具的合格标准扩展至以下两个替代方案：第一，被分类为以公允价值计量且其变动计入当期损

益的非衍生金融工具；第二，属于 IFRS 9 中其他类别的非衍生金融工具。IASB 最终只选择了第一种替代方案，因为采用第二种替代方案会带来操作问题，例如以摊余成本法计量的非衍生金融工具被指定为套期工具时，运用套期会计还需改变其计量方法。同时，如果采用第二种替代方案，意味着套期会计模型不仅会如同现行套期会计模型一样改变被套期项目的计量基础，还会改变套期工具的计量基础。相反，只将合格标准扩展至以公允价值计量且其变动计入当期损益的非衍生金融工具，如果在整体上指定（而不是只指定某些风险组成部分），无须改变金融工具利得或损失的计量或确认，并将使新的套期会计模型与 IFRS 9 的分类模型更贴近，能更好地应对套期策略未来的变化。因此，IASB 在 2010 年《套期会计》征求意见稿中提议，以公允价值计量且其变动计入当期损益的非衍生金融工具可以作为合格套期工具，前提是它们在整体上被指定（外汇风险套期除外，对于外汇风险套期，套期工具可以针对风险成分进行指定，参见本准则第六条）。

⑤根据《企业会计准则第 22 号——金融工具确认和计量》规定，对于指定为以公允价值计量且其变动计入当期损益的金融负债，由企业自身信用风险变动引起的公允价值的变动金额计入其他综合收益，并在该金融负债终止确认时从其他综合收益中转出，计入留存收益。由于该金融负债未将整体公允价值变动额计入损益，因此不符合套期工具的要求。

⑥准则联系：企业自身权益工具属于《企业会计准则第 37 号——金融工具列报》的规范范围，根据该准则第九条规定，"权益工具"是指能证明拥有某个企业在扣除所有负债后的资产中的剩余权益的合同。

第六条　对于外汇风险套期，企业可以将非衍生金融资产（选择以公允价值计量且其变动计入其他综合收益的非交易性权益工具投资除外[①]）或非衍生金融负债的外汇风险成分指定为套期工具[②]。

【注释】

①根据《企业会计准则第 22 号——金融工具确认和计量》规定，选择以公允价值计量且其变动计入其他综合收益的非交易性权益工具投资，除了获得的现金股利（属于投资成本收回部分的除外）计入当期损益外，其他相关的利得和损失（包括汇兑损益）均应计入其他综合收益，且后续不得转入当期损益。当其终止确认时，之前计入其他综合收益的累计利得或损失应当从其他综合收益中转出，计入留存收益。因此该金融工具中的风险成分导致的公允价值变动不影响损益，不符合套期工具的要求。

②准则由来：IAS 39 允许将非衍生金融资产和非衍生金融负债（例如，以外币计价的货币性项目）指定仅限于对外汇风险套期的套期工具。根据 IAS 39，以外币计价的非衍生金融资产或负债进行外汇风险套期，相当于在套期关系中指定套期工具的风险成分，该外汇风险成分根据《国际会计准则第 21 号——外币汇

率变动的影响》(IAS 21)确定。由于其外汇风险组成部分已根据 IAS 21 中的外币折算要求确定,所以相关规定已经存在,可以援引纳入金融工具准则。因此,允许出于套期会计目的使用外汇风险成分,而不必在套期会计模型下对风险成分设定单独及额外的要求。

【例 3-3】外汇风险套期示例。

甲公司的记账本位币为人民币,在中国香港发行了 3 000 万美元、年利率 5% 的固定利率债券,每半年支付一次利息,3 年后到期。甲公司将该债券分类为以摊余成本计量的金融负债。甲公司同时签订了 3 年后到期的、3 000 万美元的固定价格销售承诺(尚未确认的确定承诺)。

本例中,甲公司可以将以摊余成本计量的美元负债的外汇风险成分作为套期工具,对固定价格销售承诺的外汇风险引起的公允价值变动或者现金流量变动风险敞口进行套期。

第七条 在确立套期关系时,企业应当将符合条件的金融工具整体指定为套期工具,但下列情形除外:

(一)对于期权,企业可以将期权的内在价值和时间价值分开,只将期权的内在价值变动指定为套期工具[①]。

(二)对于远期合同,企业可以将远期合同的远期要素和即期要素分开,只将即期要素的价值变动指定为套期工具[②]。

(三)对于金融工具,企业可以将金融工具的外汇基差单独分拆,只将排除外汇基差后的金融工具指定为套期工具[③]。

(四)企业可以将套期工具的一定比例指定为套期工具,但不可以将套期工具剩余期限内某一时段的公允价值变动部分指定为套期工具[④]。

【注释】

①期权的价值包括内在价值(立即执行期权时现货价格与行权价格之差所带来的收益)和时间价值(期权的价格与内在价值之差)。随着期权临近到期,期权的时间价值不断减少直至为零。当企业仅指定期权的内在价值变动为套期工具时,与期权的时间价值相关的公允价值变动被排除在套期有效性评估之外,从而能够提高套期的有效性。例如,某公司持有 10 万股股票,预计半年后出售,股票当前市价为每股 36 元,该公司将其划分为以公允价值计量且其变动计入当期损益的金融资产(交易性金融资产)。为锁定股票的公允价值变动风险,该公司购入半年后行权的看跌期权,行权价为每股 40 元。当前该期权公允价值为 6 元,其中内在价值为 4 元,时间价值为 2 元。该公司可以只将内在价值的公允价值变动指定为套期工具。

②远期合同的即期要素反映了基础项目远期价格和现货价格的差异,而远期

要素的特征取决于不同的基础项目。当企业仅指定远期合同的即期要素的价值变动为套期工具时，能够提高套期的有效性。

③外汇基差反映了货币主权信用差异、市场供求等因素所带来的成本。将外汇基差分拆，只将排除外汇基差后的金融工具指定为套期工具，能够提高套期的有效性。

④套期工具可以后续指定，但是一旦指定必须将后续整个期间都指定为套期工具，不能仅指定其中某一段时间，除非套期关系终止。例如，甲公司拥有一项支付固定利息、收取浮动利息的互换合同，拟将其用于对该公司所发行的浮动利率债券进行套期。该互换合同的剩余期限为5年，而债券的剩余期限为3年。在这种情况下，甲公司不能将该互换合同剩余期限中前3年的互换合同公允价值变动指定为套期工具。

第八条 企业可以将两项或两项以上金融工具（或其一定比例）的组合指定为套期工具（包括组合内的金融工具形成风险头寸相互抵销的情形）[1]。

对于一项由签出期权和购入期权组成的期权（如利率上下限期权），或对于两项或两项以上金融工具（或其一定比例）的组合，其在指定日实质上相当于一项净签出期权的，不能将其指定为套期工具[2]。只有在对购入期权（包括嵌入在混合合同中的购入期权）进行套期时，净签出期权才可以作为套期工具[3]。

【注释】

①例如，甲公司发行了5年期的固定利率债券。甲公司的风险管理策略为固定未来12个月的利率。因此，甲公司在发行该债券时签订了5年期收取固定利率、支付浮动利率的互换合同（互换条款与债券条款完全匹配）和1年期收取浮动利率、支付固定利率的互换合同。本例中，如果其他套期会计条件均满足，甲公司可以将这两个互换合同的组合指定为对该债券第2年到第5年利率风险进行公允价值套期的套期工具。

②对于一项由签出期权和购入期权组成的期权，在指定日实质上相当于一项净签出期权的，不能将其指定为套期工具，只有当同时满足以下条件时，其实质上不是一项净签出期权，才可以将其指定为套期工具：1）企业在期权组合开始时以及整个期间未收取净期权费；2）除了行权价格，签出期权组成部分和购入期权组成部分的关键条款是相同的（包括基础变量、计价货币及到期日）；3）签出期权的名义金额不大于购入期权的名义金额。

例如，乙公司发行了一项浮动利率债券（应付债券），为了对该债券的利率风险进行套期，乙公司可以在该债券发行日购入一项利率上限期权和签出一项利率下限期权。当利率上限期权的价值比利率下限期权的价值更大时，乙公司将支付净期权费。因此，乙公司可以将该利率上下限期权组合指定为对该金融负债进行现金流量套期的套期工具。

③详见本准则第五条【注释】②。

第九条 被套期项目，是指使企业面临公允价值或现金流量变动风险，且被指定为被套期对象的、能够可靠计量的项目。企业可以将下列单个项目、项目组合或其组成部分指定为被套期项目：

（一）已确认资产或负债。

（二）尚未确认的确定承诺。确定承诺，是指在未来某特定日期或期间，以约定价格交换特定数量资源、具有法律约束力的协议。

（三）极可能发生的预期交易。预期交易，是指尚未承诺但预期会发生的交易。

（四）境外经营净投资。

上述项目组成部分是指小于项目整体公允价值或现金流量变动的部分①，企业只能将下列项目组成部分或其组合指定为被套期项目：

（一）项目整体公允价值或现金流量变动中仅由某一个或多个特定风险引起的公允价值或现金流量变动部分（风险成分）。根据在特定市场环境下的评估，该风险成分②应当能够单独识别并可靠计量③④。风险成分也包括被套期项目公允价值或现金流量的变动仅高于或仅低于特定价格或其他变量的部分⑤。

（二）一项或多项选定的合同现金流量⑥。

（三）项目名义金额的组成部分，即项目整体金额或数量的特定部分，其可以是项目整体的一定比例部分，也可以是项目整体的某一层级部分⑦⑧。若某一层级部分包含提前还款权，且该提前还款权的公允价值受被套期风险变化影响的，企业不得将该层级指定为公允价值套期的被套期项目，但企业在计量被套期项目的公允价值时已包含该提前还款权影响的情况除外⑨⑩。

【注释】

①当金融项目或非金融项目的现金流量的组成部分被指定为被套期项目时，该组成部分应当少于或等于整个项目的现金流量总额。但是，整个项目的所有现金流量可以被指定为被套期项目，而且被套期的只能是某一特定风险（如一项基准利率或者基准商品价格变动所形成的变动风险）。例如，甲公司发行了一笔固定利率债券，该债券利率以 SHIBOR 4.20% 减去 20 个基点为基础确定，即 4.00%。在本例中，甲公司不能将该债券等于 SHIBOR 的利息部分（即 4.20%）指定为被套期项目，因为该金额大于债券的合同现金流量总额。但是甲公司可以将该债券的所有合同现金流量指定为被套期项目，并明确这些被套期的现金流量是可归属于 SHIBOR 的变动部分。

②为了符合指定为被套期项目的条件，风险成分必须是金融或非金融项目可单独识别的部分，并且该风险成分变动引起的项目现金流量或公允价值的变动必须能够可靠计量。在将风险成分指定为被套期项目时，企业应考虑该风险成分是

否已在合同中明确指明（合同明确的风险成分），还是隐含在其所属项目的公允价值或现金流量中（非合同明确的风险成分）。非合同明确的风险成分可能涉及不构成合同的项目（例如预期交易），或者可能涉及未明确该成分的合同，例如仅包含某个单一价格，而未列明基于不同基础变量的定价公式的确定承诺。具体情形有：甲公司订立了一项以合同指定公式进行定价的长期天然气供应合同，该公式参考商品和其他因素（例如柴油与运输费等其他组成部分）。甲公司利用柴油远期合同对该供应合同中的柴油组成部分进行套期。由于该供应合同的条款和条件对柴油组成部分作出明确规定，因而柴油组成部分属于合同明确的风险成分。因此，甲公司根据定价公式得出结论认为，柴油的价格风险敞口能够单独识别。同时，存在可交易柴油远期合同的市场。因此，甲公司认为柴油的价格风险敞口能够可靠计量。据此，该供应合同中柴油的价格风险敞口可作为符合指定为被套期项目条件的风险成分。

③准则由来：关于风险成分的指定，IAS 39 规定：对于金融项目，如果风险成分可以单独识别且可靠计量，则主体可对该风险成分进行指定；对于非金融项目，主体仅可将外汇风险指定为风险成分。因此，除外汇风险外，非金融项目需要将所有风险指定为被套期项目。IASB 认为，IAS 39 允许将非金融项目的风险成分指定为被套期项目，动摇了被套期项目识别和有效性测试的原则。在有些情况下主体能足够可靠地识别并计量非金融项目的许多风险成分，而非仅对外汇风险，只有在与该风险相关的特定市场结构下，才能确定适当的风险成分（如果不是合同明确的风险成分），因此需要评估相关的事实和情况（即对相关市场进行仔细分析并掌握市场知识）以确定适当的风险成分。因此，IASB 在 2010 年《套期会计》征求意见稿中提议，只要风险成分可以单独识别且可靠计量，无论合同明确与否，都能被指定为被套期项目。

④通货膨胀风险成分的处理。通货膨胀风险一般无法单独识别和可靠计量，因此不能被指定为金融工具的风险成分，除非该通货膨胀风险是合同明确的。但是，在个别情况下，由于通货膨胀环境和相关债务市场的特定因素，企业有可能可以把能够单独识别和可靠计量的通货膨胀风险指定为金融工具的风险成分。例如，企业在某市场环境中发行债券，通货膨胀挂钩债券的交易量和完整的利率期限结构使得该债券市场是一个具有充分流动性的市场，从而能够构造一个零息债券真实利率期限结构。这意味着对相应的货币而言，通货膨胀是市场应予以单独考虑的一项相关因素。在这种情况下，可通过使用零息债券真实利率期限结构将被套期债务工具的现金流量进行折现，来确定通货膨胀风险成分（即类似于无风险利率组成部分的确定方式）。反之，在大多数情况下，通货膨胀风险成分无法单独识别和可靠计量。例如，企业发行仅具有名义利率的债券而在发行该债券的市场中，通货膨胀挂钩债券的流动性不足以构造零息债券真实利率期限结构。在这种情况下，对市场结构以及相关事实和情况的分析将无法得出通货膨胀是市场予以单独考虑的因素的结论，因此，通货膨胀风险成分不符合指定为被套期项目

的条件。在实务中，无论企业实际上使用何种通货膨胀套期工具，上述结论均适用。需要强调的是，已确认的通货膨胀挂钩债券的现金流量中属于合同列明的通货膨胀风险成分（假定不要求对嵌入衍生工具进行单独会计处理）的，该通货膨胀风险能够单独识别和可靠计量，但前提是该工具的其他现金流量不会受到通货膨胀风险成分的影响。

⑤**准则由来**：IAS 39 规定：主体可将被套期项目的现金流量或公允价值变动中高于或低于特定价格或其他变量（"单边"风险）的部分进行指定。例如，企业为了锁定浮动利率金融负债的利率上行风险，可以购入利率上限期权，对该金融负债利率超过预设水平（例如超过5%）的部分进行套期。在这种情况下，企业对特定类型风险（利率风险）的某些部分（即5%以上的利息敞口）进行了套期。IASB 指出对单边风险敞口进行套期是一种常见的风险管理活动，与套期单边风险相关的主要问题是使用期权作为套期工具，因此 IASB 决定允许将单边风险成分指定为被套期项目，与 IAS 39 对某些风险成分的处理方法一致。最终，IASB 保留了单边风险成分可被指定为被套期项目的最初决定。

⑥在企业风险管理活动中，企业有时会对一项或多项选定的合同现金流量进行套期。例如，企业有一笔期限为5年、年利率7%、按年付息的长期银行借款，企业出于风险管理需要，对该笔借款所产生的前3年应支付利息进行套期。按照本准则规定，一项或多项选定的合同现金流量可以被指定为被套期项目。

⑦**准则由来**：IAS 39 要求主体对被指定为被套期项目的预期交易进行足够明确的识别并书面记录，以便在交易发生时，能清楚知道该笔交易是否为被套期的交易，因此 IAS 39 允许将预期交易识别为名义金额的"层级"部分，例如某个特定月份所有原油采购中最初的100桶（即原油总采购量的一层）。上述指定兼顾了被套期项目在金额或时间上的某些不确定性，在发生的被套期数量范围内，这种不确定性不影响套期关系。但是在某些情况下的现有交易或项目的套期，例如确定承诺或贷款也可能涉及某些不确定性，因为合同可能由于违约（即不履行）而被取消，或有提前终止选择权的合同（以公允价值提前还款）可能在合同到期之前被终止。由于预期交易和现有交易及项目都存在不确定性，所以出于指定层级部分的目的，IASB 决定对上述交易和项目不予以区分。

⑧在套期关系中，以下两种类型的名义金额组成部分可被指定为被套期项目：项目整体的一定比例部分与项目整体的某一层级部分。不同的组成部分类型产生不同的会计核算结果。企业在为会计核算目的指定组成部分时应当与其风险管理目标相一致。例如，作为项目整体一定比例的组成部分可以是某项贷款50%的合同现金流量。某一层级部分可以从已具体界定但尚未最终确定的总额或已具体设定的名义金额中指定，具体有：1）货币性交易量的一部分（例如，在20×8年6月实现首笔60万美元的出口销售之后，下一笔金额为50万美元的出口销售所产生的现金流量）；2）实物数量的一部分（例如，储藏在某地的5 000万吨的可开采煤矿）；3）实物数量或其他交易量的一部分（例如，20×8年6月

购入的前300万吨铁矿石或20×8年6月售出的前300兆瓦小时的风电);4)被套期项目的名义金额的某一层(例如,金额为1亿元的确定承诺的最后1 000万元部分,金额为1亿元的固定利率债券的底层2 000万元部分,或可按公允价值提前偿付的名义金额为1亿元的固定利率债务的顶层3 000万元部分)。

如果某一层级部分是在公允价值套期中被指定为被套期项目,则企业应从设定的名义金额中对其进行指定。企业应根据公允价值变动重新计量被套期项目(即根据归属于被套期风险的公允价值变动重新计量相关项目),以满足公允价值套期的条件。公允价值套期调整必须在损益中确认,且确认时间不得迟于该项目终止确认的时点,因此有必要对公允价值套期调整所涉及的项目进行跟踪。对于公允价值套期中的某一层组成部分,这将要求企业对所设定的名义金额进行跟踪。

⑨**准则由来**:在2010年《套期会计》征求意见过程中,IASB提议,如果提前还款权的公允价值受到被套期风险变动的影响,则包含该提前还款权的合同的层级部分不能被指定为公允价值套期中的被套期项目,因为由被套期风险引起的提前还款权的价值变动不属于计量套期有效性的一部分,在这种情况下采用层级法无异于对不能单独识别的风险成分进行识别。但是,许多反馈意见者反对在任何情况下均禁止对该层级部分进行指定,因为这与常见的风险管理策略不一致,而且在考虑底层时,提前还款权的公允价值变动是完全不相关的。为此IASB考虑到,如果在确定套期无效性时包含了影响层级部分的提前还款权的公允价值变动,将导致被套期风险变动对该层级公允价值的整体影响(包含提前还款权产生的影响)被包含在被指定的被套期项目中;如果对该层级进行套期,使用的套期工具(或被共同指定的套期工具组合)不具备能反映该层级的提前还款权的期权特征,会产生套期无效性。因此IASB最终决定,如果在确定被套期项目的公允价值变动时已包含提前还款权的影响,应允许将层级指定为被套期项目。

⑩企业确定被套期项目时,应当注意以下两点:

1)作为被套期项目,应当会使企业面临公允价值或现金流量变动风险(即被套期风险),在本期或未来期间会影响企业的损益或其他综合收益。与之相关的被套期风险,通常包括外汇风险、利率风险、商品价格风险、股票价格风险等。企业的一般经营风险(如固定资产毁损风险等)不能作为被套期风险,因为这些风险不能具体识别和单独计量。同样地,企业合并交易中,与购买另一个企业的确定承诺相关的风险(不包括外汇风险)也不能作为被套期风险。

2)采用权益法核算的股权投资不能在公允价值套期中作为被套期项目,因为权益法下,投资方只是将其在联营企业或合营企业中的损益份额确认为当期损益,而不确认投资的公允价值变动。与之相类似,对纳入合并财务报表范围的子公司投资也不能作为被套期项目,但对境外经营净投资可以作为被套期项目,因为相关的套期指定针对的是外汇风险,而不是境外经营净投资的公允价值变动风险。

第十条 企业可以将符合被套期项目条件的风险敞口与衍生工具组合形成的汇总风险敞口指定为被套期项目①②。

【注释】

①准则由来：在原套期会计模型下，IAS 39 仅允许将衍生工具指定为套期工具，而不可将其指定为被套期项目（无论是单独还是作为一组被套期项目的一部分）。因此，由风险敞口和衍生工具组成的汇总风险敞口不满足作为被套期项目的要求。但是，在新套期会计准则下，套期会计的整个模型已被改变为更贴近主体的风险管理活动，因此汇总风险敞口可作为合格被套期项目。

②在指定汇总风险敞口被套期项目时，企业应当评估该汇总风险敞口是否是由风险敞口与衍生工具相结合，从而产生了另一个不同的汇总风险敞口，并将其作为针对某项（或几项）特定风险的同一风险敞口进行管理。在这种情况下，企业可基于该汇总风险敞口指定被套期项目。例如，某企业的记账本位币为人民币，有一笔10年期的固定利率美元债务，该企业拟对该笔美元债务在整个债务期间的外汇风险进行套期。同时，该企业的利率风险管理策略是仅需要锁定人民币的中短期（例如，2年）利率风险敞口，剩余期间人民币的风险敞口为浮动利率。该企业在每2年的期末（即，每2年一次滚动）锁定未来2年的利率风险敞口。在这种情况下，企业可签订一项10年期的固定利率换取浮动利率的交叉货币利率互换合同，将固定利率的外币债务转换为浮动利率的人民币风险敞口。与此同时，企业还可以签订一项基于人民币的2年期利率互换合同，将浮动利率债务转换为固定利率债务。实际上，出于风险管理目的，该固定利率外币债务和10年期的固定利率换取浮动利率的交叉货币利率互换相结合可被视为一项基于人民币的10年期浮动利率风险敞口。

如果企业基于汇总风险敞口指定被套期项目，则应在评估套期有效性和计量套期无效部分时考虑构成该汇总风险敞口的所有项目的综合影响。但是，构成该汇总风险敞口的项目仍须单独核算。这意味着：1）作为汇总风险敞口组成部分的衍生工具确认为以公允价值计量的单独资产或负债；2）如果在构成汇总风险敞口的各项目之间指定套期关系，则衍生工具作为汇总风险敞口组成部分的方式必须与该衍生工具在此汇总风险敞口层面上被指定为套期工具的方式保持一致。例如，对于构成汇总风险敞口的各项目之间的套期关系，如果企业在指定套期工具时将衍生工具的远期要素排除在外，则企业在将该衍生工具作为汇总风险敞口的组成部分而指定为被套期项目时也必须将远期要素予以排除。

【例3-4】汇总风险敞口情形。

1. 商品价格风险和外汇风险组合套期（现金流量套期/现金流量套期组合）

甲公司的记账本位币是人民币，现打算对一笔极可能发生的预期大豆采购进行套期，大豆以美元进行交易，甲公司面临商品价格风险和外汇风险两个风险敞口。甲公司运用以下风险管理策略对风险敞口进行套期：（1）使用美元标价的基准商品远期合同，对大豆采购交付前的期间进行套期。（2）将美元标价的大豆采购产生的可变付款外汇风险敞口与美元标价的商品远期合同的利得或损失视为汇总的外汇风险敞口。因此，甲公司采用单一的外汇远期合同，对预期大豆采购以及相关商品远期合同所产生的美元现金流量进行套期。

甲公司将以下两种套期关系指定为现金流量套期：（1）商品价格风险套期关系（"第一层套期关系"）：将美元标价的预期大豆采购所引起的有关大豆价格现金流量波动指定为被套期项目，将美元标价的商品远期合同指定为套期工具。（2）外汇风险套期关系（"第二层套期关系"）：将汇总风险敞口指定为被套期项目，将外汇远期合同指定为套期工具。

2. 利率风险和外汇风险组合套期（公允价值套期/现金流量套期组合）

乙公司的记账本位币为人民币，打算对美元标价的固定利率债务进行套期。公司面临的风险敞口如下：（1）利率和外汇公允价值风险：由利率变动引起的固定利率债务的公允价值变动，该变动以人民币计量。（2）利率现金流量风险：根据乙公司对其美元标价的固定利率债务的风险管理策略，将与固定利率债务相关的公允价值利率风险和外汇风险汇总风险敞口转换为人民币的浮动利率敞口所产生的风险敞口。乙公司运用以下风险管理策略对风险敞口进行套期：（1）使用交叉货币利率互换合同将美元标价的固定利率债务转换为人民币的浮动利率风险敞口。（2）乙公司将被套期债务的现金流量和相关交叉货币利率互换合同的现金流量视为一项汇总的人民币浮动利率风险敞口。

乙公司指定如下套期关系：（1）利率和外汇风险的公允价值套期：美元标价的固定利率债务（外币固定利率债务）被指定为被套期项目，交叉货币利率互换合同被指定为套期工具（"第一层套期关系"）。（2）现金流量套期：汇总风险敞口被指定为被套期项目，利率互换被指定为套期工具（"第二层套期关系"）。

3. 利率风险与外汇风险组合套期（现金流量套期/公允价值套期组合）

丙公司的记账本位币为人民币，打算对美元标价的浮动利率债务进行套期。丙公司的风险敞口如下：（1）利率和外汇现金流量风险：由利率变动引起的以人民币计量的浮动利率债务现金流量变动。（2）公允价值利率风险：根据丙公司对其美元标价的浮动利率债务的风险管理策略，将与浮动利率债务相关的现金流量利率风险与外汇风险汇总风险敞口转换为人民币的固定利率风险敞口所产生的风险敞口。丙公司运用以下风险管理策略对风险敞口进行套期：（1）使用交叉利率互换合同将美元标价的浮动利率债务转换为人民币的固定利率风险敞口。（2）丙公司将被套期债务的现金流量和相关交叉货币利率互换合同上的现金流量视为一项汇总的人民币固定利率风险敞口。

丙公司指定以下套期关系：（1）利率和外汇风险的现金流量套期：美元标价的浮动利率债务（外币浮动利率债务）被指定为被套期项目，交叉货币利率互换合约被指定为套期工具（"第一层套期关系"）。（2）公允价值套期：汇总风险敞口被指定为被套期项目，其利率互换被指定为套期工具（"第二层套期关系"）。

第十一条 当企业出于风险管理目的对一组项目进行组合管理、且组合中的每一个项目（包括其组成部分）单独都属于符合条件的被套期项目时，可以将该项目组合指定为被套期项目[①②]。

在现金流量套期中，企业对一组项目的风险净敞口（存在风险头寸相互抵销的项目）进行套期时，仅可以将外汇风险净敞口指定为被套期项目[③]，并且应当在套期指定中明确预期交易预计影响损益的报告期间，以及预期交易的性质和数量[④⑤]。

【注释】

①将项目组合指定为被套期项目的情况分为两种：一是一组风险相互抵销的项目形成风险净敞口，二是一组风险不存在相互抵销的项目形成风险总敞口。仅当符合下列条件时，一组项目（包括构成净头寸的一组项目）才能符合条件，作为被套期项目：1）该组项目中的每一个项目（包括项目的组成部分）单项而言，都属于符合条件的被套期项目；2）该组项目是企业出于风险管理目的以组合形式进行集中管理的；3）对构成风险净敞口的一组项目进行现金流量套期时，该套期必须满足是外汇风险套期，并且对净头寸的指定列明了预期交易预计影响损益的报告期间及其性质和数量。其中，在现金流量套期中，只有当企业出于风险管理目的对净额（即组合的风险敞口净头寸）为基础进行套期时，风险净敞口才符合运用套期会计的条件。如果企业仅为了达到特定的会计结果（例如盈余管理目的）却无法反映企业的风险管理策略和风险管理目标，企业不得运用以净额为基础的套期会计，因此净敞口套期必须是既定风险管理策略的组成部分，通常应当获得企业关键管理人员的批准。

②当企业将形成风险净敞口的一组项目指定为被套期项目时，应当将构成该净敞口的所有项目的项目组合整体指定为被套期项目，不应当将不明确的净敞口抽象金额指定为被套期项目。例如，某公司拥有一组在 6 个月后履约的金额为 150 万元的确定销售承诺，以及一组在 12 个月后履约的金额为 200 万元的确定购买承诺。在这种情况下，该公司不能将一个最大金额为 50 万元的抽象金额的净头寸进行指定，而必须对形成该被套期净头寸的实际购买总额和销售总额进行指定。

③**准则由来**：根据 IFRS 9，构成被套期净头寸的预期交易在发生时间上可能不同，从而在不同的报告期间影响损益。例如，对销售和购买的外汇风险进行的套期可能在不同的报告期间影响损益。针对这一种情况，IASB 指出，预期交易净头寸的现金流量套期会计，预期交易从发生开始累计的利得和损失将递延在其他综合收益的累计金额中，直到其他预期交易在后续报告期间影响损益为止。IASB 还指出，在套期关系后期发生的预期交易的会计处理与现金流量套期中作

为被套期项目的预期交易类似。然而，在这种情况下，在套期关系早期发生的预期交易的会计处理，更类似于套期工具而非被套期项目的会计处理。这与国际财务报告准则的一般要求及套期会计模型中对套期工具的要求明显背离。因此，IASB 在 2010 年《套期会计》征求意见稿中提议，如果互相抵销的风险敞口在不同期间影响损益，那么净头寸的现金流量套期应当不满足运用套期会计的标准。如果没有这一限制，将带来盈余管理的潜在风险。

然而这一限制并不完美，有反馈者提出这一限制将使得主体不能适当反映其风险管理活动。此外，有些反馈意见者要求 IASB 考虑将年度报告期间而不是任何报告期间（即不包含中期）作为这一限制的基础，否则报告频率将影响这类套期会计的满足标准。在考虑了众多反馈意见者的要求之后，IASB 认为，完全取消这一限制并不恰当，反之可以通过引入一些对套期关系书面记录的要求而不是完全禁止指定，以解决有关盈余管理的问题。IASB 注意到，反馈意见者提议解决最多的风险也是 IASB 打算用上述类型套期应对的是外汇风险。因此，IASB 决定净敞口的现金流量套期仅限于外汇风险（而非其他风险）。

④承上条【注释】③，IASB 担心如果对被指定的净头寸中的项目缺乏足够具体的书面记录，主体会在为了在损益中获得特定的结果（选择效应）事后将套期利得或损失分配给一些项目。因此 IASB 决定，对于可能产生选择效应的被指定净头寸中的所有项目，主体必须以能够消除选择效应的方式，详细说明这些交易预计影响损益的每个期间，以及每一类预期交易的性质和数量。例如，如果相关项目的折旧方法可能因主体使用这些项目的方式不同而有所差异，那么为了消除选择效应应要求对预期采购的不动产、厂房和设备项目的性质（包括诸如同类型项目的折旧方法等方面）予以明确说明。对于期间错配情况下，被套期项目为风险净敞口的现金流量套期的具体情形及会计处理参照本准则第二十九条及【例 3-16】与【例 3-17】。

⑤编者语：准则对风险净敞口的套期会计处理尽管施加了限制条件，并要求企业补充说明影响损益的方式和期间，但是其仍然给企业带来了盈余管理的空间，因为新兴资本市场（如中国 A 股市场）的非有效性，投资者可能不能辨别利润结构，"净敞口套期损益"单列项目可能无法提供有价值的信息含量。

第十二条 企业将一组项目名义金额的组成部分指定为被套期项目时，应当分别满足下列条件：

（一）企业将一组项目的一定比例指定为被套期项目时，该指定应当与该企业的风险管理目标相一致①。

（二）企业将一组项目的某一层级部分指定为被套期项目时，应当同时满足下列条件②：

1. 该层级能够单独识别并可靠计量。
2. 企业的风险管理目标是对该层级进行套期。

3. 该层级所在的整体项目组合中的所有项目均面临相同的被套期风险。

4. 对于已经存在的项目（如已确认资产或负债、尚未确认的确定承诺）进行的套期，被套期层级所在的整体项目组合可识别并可追踪。

5. 该层级包含提前还款权的，应当符合本准则第九条项目名义金额的组成部分中的相关要求[③]。

本准则所称风险管理目标，是指企业在某一特定套期关系层面上，确定如何指定套期工具和被套期项目，以及如何运用指定的套期工具对指定为被套期项目的特定风险敞口进行套期。

【注释】

[①]准则由来：IASB 认为，构成金融工具现金流量总额的部分通常是可单独识别的。例如，一笔贷款合约现金流的等比例份额部分（如50%）可涵盖这笔贷款的所有特征，即指定比例份额的组成部分不会改变整体的特征。另外，一个项目的等比例份额部分构成了许多不同风险管理策略的基础，并且在实务中常被进行套期。因此，如果企业将一组项目的一定比例指定为被套期项目时，该指定应当与该企业的风险管理目标相一致，那么企业可将一个项目的等比例份额部分指定为被套期项目。

[②]准则由来：根据 IAS 39，主体应对被指定为被套期项目的预期交易进行足够明确的识别并加以书面记录，以便在交易发生时，能清楚知道该笔交易是否为被套期交易。为了兼顾被套期项目在金额或时间上的某些不确定性，IASB 允许主体将预期交易识别为名义金额的"层级"部分，例如某个特定月份所有原油采购中最初的 100 桶（即原油总采购量的一层）。IASB 对现有交易或项目的套期进行了类似的考虑，并提出确定承诺或贷款也可能涉及某些不确定性，例如合同可能由于违约而被取消或有提前终止选择权的合同（以公允价值提前还款）可能在合同到期之前被终止。因此 IASB 在其 2010 年《套期会计》征求意见稿中提议，允许主体将层级部分指定为被套期项目（包括预期交易以及现有交易），2010 年《套期会计》征求意见稿的大多数反馈意见者赞同这一提议，这将允许主体从定义的名义金额中指定一个层级部分作为被套期项目，这一改动将有利于主体更好地反映其实际进行套期的风险敞口。

IASB 在 2010 年《套期会计》征求意见稿中还提出，将主体指定单一项目名义金额的某一层级部分作为被套期项目的这一决定扩展至一组项目。经过讨论 IASB 认为，对一组项目的某一层级部分指定为被套期项目可以更好地将某些不确定性模型化（例如合同违约或提前还款），而且在实务中对一组项目中的某层级进行套期更是一种常见的风险管理策略。另外，这种做法可以避免以下两种情况造成的会计信息失真：1) 如果指定项目的行为与最初预计的不同，会产生主观的会计结果，例如带来盈余操纵，因此对该层级进行的套期应满足主体的风险管理目标；2) 如果只有部分项目被特别指定为公允价值套期并因此进行公允价值套期调整，那么主体通过将这些特定项目从这一组合中转移出去或终止确认，会造成会计失真，带来盈余管理的后果。因此，IASB 决定允许主体在套期关系中指定一组项目中的某一层级为被套期项目。

例如，甲公司拥有一个在同一个月发行的固定利率、分期还款的人民币贷款投资组合，但不可提前还款。该投资组合中的各项贷款遵循相同的分期还款时间表，且甲公司能够识别每一项贷款的合同现金流量的发生时间。该投资组合中所有贷款的名义金额之和为 30 亿元，甲公司的风险管理目标是对相当于该组贷款总额中底层名义金额 10 亿元部分的利率风险进行套期。为此，甲公司可以自该组贷款中识别出 10 亿元底层贷款部分，并将其指定为被套期项目。

③对于层级包含提前还款权的情况，有关提前偿付权的具体要求以及准则由来参照本准则第九条【注释】⑨，此处不再详解。

第十三条 如果被套期项目是净敞口为零的项目组合（即各项目之间的风险完全相互抵销①），同时满足下列条件时，企业可以将该组项目指定在不含套期工具的套期关系中：

（一）该套期是风险净敞口滚动套期策略②的一部分，在该策略下，企业定期对同类型的新的净敞口进行套期；

（二）在风险净敞口滚动套期策略整个过程中，被套期净敞口的规模会发生变化，当其不为零时，企业使用符合条件的套期工具对净敞口进行套期，并通常采用套期会计方法；

（三）如果企业不对净敞口为零的项目组合运用套期会计，将导致不一致的会计结果，因为不运用套期会计方法将不会确认在净敞口套期下确认的相互抵销的风险敞口③。

【注释】

①"各项目之间的风险完全相互抵销"是指被套期项目组合中的两个项目或两个以上的项目之间的风险敞口方向相反且被套期项目的净头寸为零的情况。

②"风险净敞口滚动套期策略"是指企业主体基于风险管理策略，对于被套期项目组合形成的滚动变化的套期策略。在风险净敞口滚动套期策略整个过程中，随着时间变化，组合中各项目的风险敞口发生变化（例如有新的交易进入套期），同时被套期净敞口的规模可能会随着时间变化发生变化。因此对于风险净敞口的套期策略是滚动变化的。

③准则由来：根据 IFRS 9，IASB 在形成 2010 年《套期会计》征求意见稿的审议中指出，当主体以净额为基础对风险进行管理和套期时，允许主体使用套期工具将被套期项目的净风险指定为套期关系。对于上述基础进行套期的主体而言，IASB 承认偶然可能会出现特定期间被套期项目的净头寸为零的情况。当主体以净额为基础对风险进行套期时，IASB 考虑了净头寸为零是否满足套期会计

的要求。如果其不包括任何金融工具，这样的套期整体上可能不属于套期会计的范围。而且该套期会计的标准将会与一般要求不一致，一般要求套期关系必须同时包含合格被套期项目和合格套期工具。然而，IASB注意到，与允许主体（用合格套期工具）对被套期项目以净额为基础进行套期和运用套期会计相比，禁止对净头寸为零的组合采用套期会计可能会造成财务报告失真，例如：1）在允许进行套期的会计期间（由于存在净头寸，并用套期工具进行套期），该交易将按整体被套期汇率或价格影响损益；2）反之，在不允许进行套期的会计期间（由于净头寸为零），交易将按当时的即期汇率或价格影响损益。由此，前后会计期间处理方法不一致导致了财务可比性受到了影响造成了财务报告失真。因此，IASB提议，净头寸为零应满足套期会计要求。

第十四条 运用套期会计时，在合并财务报表层面，只有与企业集团之外的对手方之间交易形成的资产、负债、尚未确认的确定承诺或极可能发生的预期交易才能被指定为被套期项目；在合并财务报表层面，只有与企业集团之外的对手方签订的合同才能被指定为套期工具[①]。对于同一企业集团内的主体之间的交易，在企业个别财务报表层面可以运用套期会计，在企业集团合并财务报表层面不得运用套期会计，但下列情形除外：

（一）在合并财务报表层面，符合《企业会计准则第33号——合并财务报表》规定的投资性主体[②]与其以公允价值计量且其变动计入当期损益的子公司之间的交易，可以运用套期会计。

（二）企业集团内部交易形成的货币性项目的汇兑收益或损失，不能在合并财务报表中全额抵销的，企业可以在合并财务报表层面将该货币性项目的外汇风险指定为被套期项目[③]。

（三）企业集团内部极可能发生的预期交易，按照进行此项交易的主体的记账本位币以外的货币标价，且相关的外汇风险将影响合并损益的[④]，企业可以在合并财务报表层面将该外汇风险指定为被套期项目。

【注释】

①根据IFRS 9，在运用套期会计时，只有资产、负债、确定承诺或涉及与报告主体以外的对手方的极可能发生的预期交易才可被指定为被套期项目。对于同一集团内主体间的交易，套期会计仅适用于这些主体的个别财务报表或单独财务报表。例如，对于同一集团内各成员之间的预期存货销售或采购，如果该存货将再出售给集团外的第三方，则符合被套期项目的条件。

②**准则联系**：根据《企业会计准则第33号——合并财务报表》，如果母公司是投资性主体（具体定义参见该准则），且不存在为其投资活动提供相关服务的子公司，则不应当编制合并财务报表，该母公司按照本准则第二十一条规定以公允价值计量其对所有子公司的投资，且公允价值变动计入当期损益。因此，投资

性主体与其以公允价值计量且其变动计入当期损益的子公司之间的交易,不会在投资性主体的合并财务报表中予以抵销,此类交易可以运用套期会计。

③准则联系:如果集团内两个不同功能货币(记账本位币不同)的主体进行货币项目交易时,货币项目的汇兑损益在合并时可能将无法完全抵销。根据《企业会计准则第19号——外币折算》第十一条,货币性项目,是指企业持有的货币资金和将以固定或可确定的金额收取的资产或者偿付的负债。货币性资产包括现金、银行存款、应收账款、其他应收款、债权投资和长期应收款等;货币性负债包括应付账款、其他应付款、长期应付款等。根据 IFRS 9,对于集团内部交易的货币性项目(例如,两个子公司之间的应付款项/应收款项)的外汇风险,如果其使主体面临汇兑损益波动时,则按照《国际会计准则第 21 号——汇率变动的影响》,该集团内部交易的货币性项目的外汇风险在合并财务报表中可能符合作为被套期项目的条件。

④对于集团内极可能发生的预期交易,如果该预期交易是以交易主体记账本位币以外的其他货币计价,在合并财务报表中,且外汇风险将影响合并损益,则企业可以在合并财务报表层面将该外汇风险指定为被套期项目。例如,如果集团内某子公司将其生产的厂房和设备出售给将在经营中使用该厂房和设备的集团内另一主体,购买方对该厂房和设备计提折旧,而当该项集团内的预期交易是以购买方记账本位币以外的其他货币计价时,该厂房和设备的初始确认金额可能会不同,进而影响合并损益,此时企业可以在合并财务报表层面将该外汇风险指定为被套期项目。

第三章　套期关系评估

第十五条　公允价值套期、现金流量套期或境外经营净投资套期同时满足下列条件的，才能运用本准则规定的套期会计方法进行处理：

（一）套期关系仅由符合条件的套期工具和被套期项目组成。

（二）在套期开始时，企业正式指定了套期工具和被套期项目，并准备了关于套期关系和企业从事套期的风险管理策略和风险管理目标①②的书面文件。该文件至少载明了套期工具、被套期项目、被套期风险的性质以及套期有效性评估方法（包括套期无效部分产生的原因③分析以及套期比率确定方法④）等内容。

（三）套期关系符合套期有效性要求。

套期有效性，是指套期工具的公允价值或现金流量变动能够抵销被套期风险引起的被套期项目公允价值或现金流量变动的程度。套期工具的公允价值或现金流量变动大于或小于被套期项目的公允价值或现金流量变动的部分为套期无效部分⑤。

【注释】

①“风险管理策略”是指由企业风险管理最高决策机构制定，一般在企业有关纲领性文件中阐述，并通过含有具体指引的政策性文件在企业范围内贯彻落实。风险管理策略通常应当识别企业面临的各类风险并明确企业如何应对这些风险，风险管理策略一般适用于较长时期的风险管理活动，并且包含一定的灵活性以适应策略实施期间内环境的变化（例如，不同利率或商品价格水平导致不同程度的套期）。风险管理策略通常应当识别企业面临的各类风险并明确企业如何应对这些风险，一般适用于较长时期的风险管理活动，并且包含一定的灵活性以适应策略实施期间内环境的变化。“风险管理目标”是指企业在某一特定套期关系层面上，确定如何指定套期工具和被套期项目，以及如何运用指定的套期工具对指定为被套期项目的特定风险敞口进行套期。

②风险管理策略和风险管理目标的区别：风险管理策略是在企业确定如何管理其风险的最高层次上制定，风险管理策略通常识别企业面临的风险并阐述企业如何应对这些风险，而套期关系的风险管理目标适用于某一特定套期关系的具体层面，其涉及如何运用被指定的特定套期工具对指定为被套期项目的特定风险敞口进行套期。因此，风险管理策略可以涵盖许多不同的套期关系，而这些套期关

系的风险管理目标旨在实施整体的风险管理策略。

例如，甲公司的风险管理策略是：1）在市场利率较低时维持较高比例（最高可至60%）的固定利率债务；2）在市场利率较高时维持较低比例（最低可至20%）的固定利率债务。在宽松的货币政策周期，市场利率较低，该公司的风险管理目标是维持50%的固定利率债务；反之，在紧缩的货币政策周期，市场利率较高，该公司的风险管理目标是维持30%的固定利率债务。该例说明，相对于风险管理目标而言，风险管理策略短期内一般不会发生改变。

编者语：中文"策略"一词是指计谋和谋略，更接近于短期行动方针，所以风险管理策略（Risk Management Strategy）应译为风险管理战略更为恰当。

③套期无效部分的形成源于多方面的因素，通常包括：1）套期工具和被套期项目以不同的货币表示；2）套期工具和被套期项目有不同的到期期限；3）套期工具和被套期项目内含不同的利率或权益指数变量；4）套期工具和被套期项目使用不同市场的商品价格标价；5）套期工具和被套期项目对应不同的交易对手；6）套期工具在套期开始时的公允价值不等于零等。

④根据本准则第十六条，"套期比率"是指套期工具的数量与被套期项目的数量之间的相对权重关系。

⑤**准则由来**："套期关系符合套期有效性要求"源自"有效性评价"。为了满足 IAS 39 中对套期会计的要求，套期关系必须在预期性评价和回顾性评价时都高度有效。因此，主体要对每个套期关系进行预期性评价和回顾性评价。其中预期性评价支持套期关系在未来期间有效，而回顾性评价确定套期关系在报告期间实际有效。"高度有效"是指套期关系在套期期间由套期风险引起的套期工具公允价值变动或现金流量变动与被套期项目公允价值变动或现金流量变动之间获得的抵销程度。如果抵销程度在80%~125%的范围内，即明显界限测试（Bright Line Test），那么根据 IAS 39 套期关系会被视为高度有效。在形成2010年《套期会计》征求意见稿的审议过程中，多数反馈者认为此定量方法规定了明确的界限，过于武断、烦冗且难以应用，风险管理者所作的分析与运用套期会计所需的分析之间常常没有联系，导致了套期会计和风险管理之间的脱节。为了解决上述问题，IASB 决定提议一种基于目标的套期有效性测试模型来取代上述"明显界限测试"以加强套期会计和风险管理实务之间的关系。

最初，IASB 提出有效性评价的目标应仅是识别偶然性抵销，并防止在此类情况下运用套期会计。这一评价应根据对套期关系在存续期间内可能发生行为的分析，来确定该评价预期能否无偏差达到风险管理目标且预期套期无效性能否最小化。然而更多反馈者认为"无偏差"（即非预期套期工具的价值变化会系统性地超过或小于被套期项目的价值变动，从而产生有偏差的结果）和"最小化预期套期无效性"的要求操作性难度很大。结合实际情况，IASB 最终决定取消"无偏"和"最小化预期套期无效性"这两个术语，而使用套期比率来评价套期有效性。这种方法不设定量化门槛或界限，而是关注实际的经济抵销效果，这符合风险管理者指定和实施套期策略的目标。其另一好处是有利于套期会计主体利用风险管理的评估结果来遵循套期有效性要求，体现了套期会计和风险管理的目标。

第十六条 套期同时满足下列条件的，企业应当认定套期关系符合套期有效性要求：

（一）被套期项目和套期工具之间存在经济关系[1]。该经济关系使得套期工具和被套期项目的价值因面临相同的被套期风险而发生方向相反的变动[2]。

（二）被套期项目和套期工具经济关系产生的价值变动中，信用风险的影响不占主导地位[3]。

（三）套期关系的套期比率，应当等于企业实际套期的被套期项目数量与对其进行套期的套期工具实际数量之比[4]，但不应当反映被套期项目和套期工具相对权重的失衡，这种失衡会导致套期无效，并可能产生与套期会计目标不一致的会计结果。例如，企业确定拟采用的套期比率是为了避免确认现金流量套期的套期无效部分，或是为了创造更多的被套期项目进行公允价值调整以达到增加使用公允价值会计的目的，可能会产生与套期会计目标不一致的会计结果[5][6]。

【注释】

[1]在评估套期工具与被套期项目之间是否存在经济关系时，应当分析套期关系在套期期限内可能发生的行为，以确定能否预期达到风险管理目标。两个变量之间仅仅存在某种统计相关性的事实本身不足以有效证明套期工具与被套期项目之间存在经济关系，因为统计相关性事实可能只是短暂的。

[2]套期工具和被套期项目的价值因面临相同的被套期风险而发生方向相反的变动，是指套期工具与被套期项目之间存在经济关系时，套期工具的价值与被套期项目的价值预期将产生系统性变动。该变动反映了同一或同一组基础变量产生的变动。例如，某境内公司（记账本位币为人民币）发行了一项以美元计价的金融债券，由于香港建立了港币发行与美元挂钩的联系汇率制度，美元兑人民币汇率和港币兑人民币汇率存在经济关系，该公司可采用以港币为基础的外汇互换对上述金融负债中的外汇风险进行套期。

[3]根据 IFRS 9，导致信用风险发挥上述主导作用是指，由信用风险引起的损失（或利得）将干扰基础变量的变动对套期工具或被套期项目价值的影响。但是，如果基础变量在特定期间内发生很少的变动，则即使套期工具或被套期项目价值变动中与信用风险相关的很小的价值变动，可能会超过基础变量变动所引起的价值变动，此时信用风险的变化并不形成主导作用。例如，主体使用无担保的衍生工具对商品价格风险敞口进行套期，如果该衍生工具交易对手方的信用状况严重恶化，则与商品价格的变动相比，该交易对手方信用状况的变化对套期工具公允价值所产生的影响更大，而被套期项目的价值变动则主要取决于商品价格的变动，因此该套期关系偏离了风险管理目标，不再符合套期有效性要求。

④套期关系的套期比率＝实际套期的被套期项目数量/套期工具实际数量。这样定义的优点如下：1）当企业出于成本效率考虑因素使用非最完美套期工具时，使用本准则要求的套期比率可以提供有关套期无效性的信息。出于风险管理目的确定的套期比率具有展示套期关系特征以及企业预期套期无效性的效果，这包括使用非最完美套期工具导致的套期无效性；2）统一了套期会计与风险管理，因此与新套期会计模型的整体目标相一致；3）与原套期会计中的套期有效性测试（80%～125%的明显界限测试）不同，套期比率不是出于会计目的的自由选择。

⑤**经济后果**：由于套期会计采用公允价值计量方法，企业可以通过指定过多的无效套期工具进行盈余操纵。因此该条目的规定抑制了企业运用套期会计方法的选择进行盈余管理。

⑥根据IFRS 9，在评估会计结果是否与套期会计目标不一致时，应考虑：1）拟采用的套期比率是否旨在避免确认现金流量套期的套期无效部分，或是为了在无须抵销套期工具公允价值变动的情况下对被套期项目进行更多的公允价值调整；2）被套期项目与套期工具的特定权重导致的套期无效部分是否具有商业理由。例如，某公司通过上海期货交易所签订买入铝期货合同（多头），以对18吨铝存货预期采购交易进行套期，根据上海期货交易所的规则，每1手代表5吨铝，因此企业只能通过签订3手或4手的期货合同（分别相当于15吨和20吨）对18吨的铝存货预期采购交易进行套期。在这种情况下，该公司应当采用由其实际使用的铝期货合同数量形成的套期比率（18/15或18/20）来指定套期关系，因为由被套期项目和套期工具的权重不匹配导致的套期无效部分不会产生与套期会计目标不一致的会计结果。

第十七条 企业应当在套期开始日及以后期间持续地对套期关系是否符合套期有效性要求进行评估①，尤其应当分析在套期剩余期限内预期将影响套期关系的套期无效部分产生的原因。企业至少应当在资产负债表日及相关情形发生重大变化将影响套期有效性要求时对套期关系进行评估②。

【注释】

①评价是否符合套期有效性要求的方法分为定性方法和定量方法。定性方法：如果套期工具和被套期项目的主要条款（例如，名义金额、到期期限和基础变量）均匹配或大致相符，则企业可以根据针对此类主要条款执行定性评估。定量方法：如果套期工具和被套期项目的主要条款并非基本匹配，则会增加相互抵销程度的不确定性，企业可能需要进行定量评估（例如通过比较被套期风险引起的套期工具和被套期项目公允价值或现金流量变动的比率），但两个变量之间仅仅存在某种统计相关性的事实本身不足以有效证明套期工具与被套期项目之间存在经济关系。

②**准则由来**：根据 IFRS 9，主体至少应在下列两者孰早的时间执行该持续评估：1）每个财务报告日；2）相关情况发生的重大变化将影响套期有效性要求时。由于该评估与对预期的套期有效性有关，所以对这些要求的评价仅应是前瞻性的（即预期的）。

第十八条 套期关系由于套期比率的原因而不再符合套期有效性要求，但指定该套期关系的风险管理目标没有改变的，企业应当进行套期关系再平衡。

本准则所称套期关系再平衡，是指对已经存在的套期关系中被套期项目或套期工具的数量进行调整①，以使套期比率重新符合套期有效性要求。基于其他目的对被套期项目或套期工具所指定的数量进行变动，不构成本准则所称的套期关系再平衡②。

企业在套期关系再平衡时，应当首先确认套期关系调整前的套期无效部分，并更新在套期剩余期限内预期将影响套期关系的套期无效部分产生原因的分析，同时相应更新套期关系的书面文件③。

【注释】

①该调整应当反映企业实际使用的套期工具和被套期项目的数量调整。但是，如果出现下列情况，则企业必须对根据实际使用的被套期项目或套期工具的数量而得出的套期比率进行调整：1）由企业的套期工具或被套期项目的实际数量变动所产生的套期比率出现失衡，这种失衡可能产生套期无效，并可能产生与套期会计目标不一致的会计结果；2）企业维持套期工具和被套期项目的实际数量而得出的套期比率在新的情况下反映出某种失衡，这种失衡可能产生套期无效，并可能产生与套期会计目标不一致的会计结果（例如企业不得不对套期比率进行调整而造成某种失衡）。有关于再平衡的具体计量要求参见本准则第二十八条【注释】。

②再平衡，仅涵盖为维持满足套期有效性评价要求的套期比率而对被套期项目或套期工具被指定的数量所做的调整，而不包含当企业仅仅希望增加或减少原套期数量时所做的调整。

③并非所有套期工具的公允价值变动和被套期项目的公允价值或现金流量变动之间抵销程度的变动，均会导致套期工具与被套期项目之间的套期关系的变化。企业应当分析预期将在存续期内影响套期关系的套期无效部分的来源，并评估抵销程度的变化属于下列哪一种情形：1）抵销程度的变化属于围绕套期比率的正常波动，即套期比率能够继续适当反映套期工具与被套期项目之间的关系；2）抵销程度的变化表明套期比率不再能够恰当反映套期工具与被套期项目之间的关系。第一种情形下，抵销程度的波动变化，围绕着一个套期比率，但是该套期比率不同于当前针对该套期关系所使用的套期比率，或存在偏离目前采用的套期比率的趋势，套期工具和被套期项目之间关系发生的变动能

通过调整套期比率得以弥补，而再平衡将可以使得套期关系得以延续。在这种情况下，企业可以通过调整套期比率来降低套期无效部分。第二种情形下，套期工具与被套期项目之间的关系变动不能通过调整套期比率来弥补，再平衡并不能促使套期关系得到延续时，只需对套期无效部分进行确认和计量，而无需作出再平衡。

【例3-5】套期关系再平衡。

甲公司为深圳一家食品加工企业（记账本位币为人民币），其预期于十二个月后向境外某设备生产商乙公司采购一台价值600万美元的食品加工机床，甲公司选择采用现金流量套期应对外汇风险引起的现金流量波动。由于港币发行汇率政策的特殊性，港币发行和美元汇率挂钩，且维持1美元＝7.8港币的汇率。甲公司与丙银行签订了十二个月后购入港币4 680万的合同（此时套期比率为1:7.8）。假设六个月后，由于政策原因，港币对美元汇率发生变动，兑换关系变为1美元＝8.0港币。此时，为确保套期关系在新情况下的套期比率继续满足套期有效性要求，甲公司对套期工具的数量进行调整，再次与丙银行签订了六个月后购入港币120万元的购买合同。上述调整应当认为是套期关系再平衡。反之，假设当甲公司与丙银行的合同发生了违约，被指定的套期工具数量发生变化，此更改不能确保套期关系继续满足套期有效性要求，因此不应当作为套期关系再平衡。

第十九条 企业发生下列情形之一的，应当终止运用套期会计：

（一）因风险管理目标发生变化，导致套期关系不再满足风险管理目标。

（二）套期工具已到期、被出售、合同终止或已行使[①]。

（三）被套期项目与套期工具之间不再存在经济关系，或者被套期项目和套期工具经济关系产生的价值变动中，信用风险的影响开始占主导地位。

（四）套期关系不再满足本准则所规定的运用套期会计方法的其他条件。在适用套期关系再平衡的情况下，企业应当首先考虑套期关系再平衡，然后评估套期关系是否满足本准则所规定的运用套期会计方法的条件。

终止套期会计可能会影响套期关系的整体或其中一部分[②]，在仅影响其中一部分时，剩余未受影响的部分仍适用套期会计[③]。

【注释】

①根据本准则第二十一条的规定，企业发生下列情形之一的，不作为套期工具已到期或合同终止处理：1）套期工具展期或被另一项套期工具替换，而且该展期或替换是企业书面文件所载明的风险管理目标的组成部分。2）由于法律法规或其他相关规定的要求，套期工具的原交易对手方变更为一个或多个清算交易对手方（例如清算机构或其他企业），以最终达成由同一中央交易对

手方进行清算的目的。

②当只有部分套期关系不再满足运用套期会计的条件时,套期关系将部分终止,其余部分将继续适用套期会计。例如,再平衡调整中使得部分被套期项目的数量不再构成套期关系的一部分。又如,当作为被套期项目的预期交易的部分数量不再极可能发生时,对不再极可能发生的被套期项目的数量终止运用套期会计。

③当终止运用套期会计时,企业对原套期关系中套期工具或被套期项目指定新的套期关系不构成套期关系的延续,而是重新开始一项套期关系。例如,甲公司对600吨库存玉米采用公允价值套期,与乙公司签订远期合同A,约定三个月后以固定价格1 900元/吨销售600吨玉米。在随后的一个月之内,乙公司由于经营管理不善出现严重信用恶化,甲公司预计其未来无法履行合同,因此甲公司与丙公司签订远期合同B作为新的套期工具。上述情况中,因套期工具A失效原套期关系未能实现风险管理目标,并因此被整体终止。新的套期工具B被指定为对先前被套期的相同风险敞口进行的套期,并形成新的套期关系。被套期项目的公允价值或现金流量变动的计量起始日和参照日应当是新套期关系的指定日,而非原套期关系的指定日。

【例3-6】风险管理目标发生变化下套期关系的终止。

甲银行的风险管理策略是在其贷款资产总额中维持20%~40%的固定利率贷款,在市场利率较低时维持较低比例(最低可至20%)的固定利率贷款,在市场利率较高时维持较高比例(最高可至40%)的固定利率贷款。在紧缩的货币政策周期,市场利率较高,该银行的风险管理目标是维持40%的固定利率贷款资产配置;两年后,由于国家推出量化宽松的货币政策,市场利率持续走低,目前处于历史较低水平,甲银行的风险管理目标将调整为维持20%的固定利率贷款资产配置。所以甲银行为了符合风险管理目标,需要终止原套期工具中的一半。

又如,乙公司的风险管理策略是对其美元计价的应付债券维持40%~80%的固定汇率应付债券,该公司的风险管理目标是在美元量化宽松时期,即美元兑人民币汇率较低时期,维持较高比例的固定汇率应付债券;反之,若美元进入紧缩周期,美元兑人民币汇率处于较高时期,则维持较低比例的固定汇率应付债券。例如,美国处于相对宽松的货币政策周期,此时美元汇率较低,乙公司的风险管理目标是维持80%的固定汇率应付债券;两年后,美联储实施加息,美元汇率持续走高,目前处于历史较高水平,此时乙公司的风险管理目标将固定汇率应付债券的比例调整为40%。所以乙公司为了符合风险管理目标,需要终止原套期工具中的一半。

第二十条 套期关系同时满足下列条件的,企业不得撤销套期关系的指定并由此终止套期关系：

（一）套期关系仍然满足风险管理目标[①]；

（二）套期关系仍然满足本准则运用套期会计方法的其他条件[②]。在适用套期关系再平衡的情况下，企业应当首先考虑套期关系再平衡，然后评估套期关系是否满足本准则所规定的运用套期会计方法的条件[③]。

【注释】

①根据 IFRS 9 中有关财务信息可比性的规定，基于套期会计的特殊本质，套期会计模型的运用继续采用自愿原则。尽管风险管理活动完全相同，但部分主体采用套期会计而部分主体不采用套期会计，因此财务信息绝不会完全可比。然而，由于与风险管理的关联性加强，采用套期会计的负担及更有效反映风险管理活动的成本会相应降低，套期会计将会得到更广泛的采用，因此信息的可比性也将得到提高。考虑到这一点，IASB 最终决定，当主体的风险管理目标不变时，不允许其停止运用套期会计，这将有助于提高信息可比性。

②**准则联系**：本准则运用套期会计方法的其他条件，是指企业使用套期会计的条件，包括对套期工具和被套期项目的要求，对关于套期关系和企业从事套期的风险管理策略和风险管理目标的书面文件的要求以及套期有效性的要求，具体参照本准则第十五条。

③**准则由来**：如前所述，当套期关系满足本准则第十九条的条件时，企业必须终止套期会计。反之，当套期满足本准则第二十条的规定时，不允许企业通过自主选择撤销对套期关系的指定而自愿终止套期会计。这是由于 IASB 考虑到主体可能会利用自主选择权进行任意指定，降低了会计信息有用性和一致性。

第二十一条 企业发生下列情形之一的，不作为套期工具已到期或合同终止处理：

（一）套期工具展期或被另一项套期工具替换，而且该展期[①]或替换是企业书面文件所载明的风险管理目标的组成部分。

（二）由于法律法规或其他相关规定的要求，套期工具的原交易对手方变更为一个或多个清算交易对手方（例如清算机构或其他主体），以最终达成由同一中央交易对手方进行清算的目的。如果存在套期工具其他变更的，该变更应当仅限于达成此类替换交易对手方所必须的变更[②]。

【注释】

①"展期"是指往后推延预定的日期或期限，套期工具展期是指套期工具指定期间往后推延。

②在将原交易对手方更换为清算交易对手方并确认相应变更的影响时，应

当将该影响反映在套期工具的计量中,进而纳入对套期有效性的评估和计量。例如,对于套期关系中被指定为套期工具的衍生工具,由于新的法律法规要求变更为中央交易对手方,且该变更仅涉及替换交易对手方所必须的变更,则企业应当将原有衍生工具终止确认,并新确认变更交易对手方后的衍生工具,但是变更前的套期关系将作为持续的套期关系进行会计处理,在这种情况下,企业无需终止运用套期会计。

第四章　确认和计量

第二十二条　公允价值套期满足运用套期会计方法条件的，应当按照下列规定处理：

（一）套期工具产生的利得或损失①应当计入当期损益。如果套期工具是对选择以公允价值计量且其变动计入其他综合收益的非交易性权益工具投资（或其组成部分）进行套期的，套期工具产生的利得或损失应当计入其他综合收益。

（二）被套期项目因被套期风险敞口形成的利得或损失应当计入当期损益，同时调整未以公允价值计量的已确认被套期项目的账面价值②。被套期项目为按照《企业会计准则第22号——金融工具确认和计量》第十八条分类为以公允价值计量且其变动计入其他综合收益的金融资产（或其组成部分）的，其因被套期风险敞口形成的利得或损失应当计入当期损益，其账面价值已经按公允价值计量，不需要调整；被套期项目为企业选择以公允价值计量且其变动计入其他综合收益的非交易性权益工具投资（或其组成部分）的，其因被套期风险敞口形成的利得或损失应当计入其他综合收益，其账面价值已经按公允价值计量，不需要调整③。

被套期项目为尚未确认的确定承诺（或其组成部分）的，其在套期关系指定后因被套期风险引起的公允价值累计变动额应当确认为一项资产或负债，相关的利得或损失应当计入各相关期间损益。当履行确定承诺而取得资产或承担负债时，应当调整该资产或负债的初始确认金额，以包括已确认的被套期项目的公允价值累计变动额④。

【注释】

①套期工具产生的利得或损失，是指套期工具随时间改变产生的公允价值变动形成的利得或损失。

②**实施指引**：根据被套期项目公允价值变动方向，通过借记或贷记"被套期项目"科目，贷记或借记"套期损益"科目，调整未以公允价值计量的已确认被套期项目的账面价值。具体情形及其处理方法参照【例3-7】。

③**实施指引**：被套期项目（以公允价值计量的金融资产）形成的利得或损失处理方法：1）以公允价值计量变动计入其他综合收益的金融资产，套

期关系产生的利得或损失计入当期损益,无需调整账面价值;2)以公允价值计量变动计入其他综合收益的非交易性权益工具投资,套期关系产生的利得或损失应当计入其他综合收益,无需调整账面价值。具体举例参照【例3-9】。

④被套期项目为尚未确认的确定承诺(或其组成部分)的,其在套期关系指定后因被套期风险引起的公允价值累计变动额应当确认为一项资产或负债,相关的利得或损失应当计入各相关期间损益,是指被套期项目(即确定承诺)因被套期风险敞口形成的利得和损失计入当期损益,而被套期项目的公允价值变动额则在确定承诺确认时应转入对应确认的资产和负债的账面价值。具体情形及处理方法参照【例3-8】。

【例3-7】对已确认资产的公允价值变动风险套期的具体情形及其处理方法。

甲公司为一家从事矿产资源开发、有色金属冶炼加工的企业。20×9年1月1日,为规避所持有存货中铝锭的公允价值变动风险,通过上海期货交易所建立了一项铝锭期货空头合同,并将其指定为对20×9年前两个月铝锭的商品价格变化引起的公允价值变动风险的套期工具。铝锭期货合同的标的资产与被套期项目铝锭在数量、质次和产地方面相同。假设不考虑期货市场中每日无负债结算制度的影响。

20×9年1月1日,铝锭期货合同的公允价值为0,被套期项目(铝锭存货)的账面价值和成本均为2 000 000元,公允价值为2 100 000元。20×9年1月31日,铝锭期货合同公允价值上涨了50 000元,存货中铝锭的公允价值下降了50 000元。20×9年2月28日,铝锭期货合同公允价值下降了15 000元,存货中铝锭的公允价值上升了15 000元。当日,甲公司将存货中铝锭以2 065 000元的价格出售,并将铝锭期货合同结算。

甲公司通过分析发现,铝锭存货与铝锭期货合同存在经济关系,且经济关系产生的价值变动中信用风险不占主导地位,套期比率也反映了套期的实际数量,符合套期有效性要求。

假定不考虑商品销售相关的增值税及其他因素,甲公司的账务处理如下:
(1) 20×9年1月1日,指定铝锭存货为被套期项目:
借:被套期项目——库存商品铝锭　　　　　　　2 000 000
　　贷:库存商品——铝锭　　　　　　　　　　　　2 000 000
20×9年1月1日,被指定为套期工具的铝锭期货合同的公允价值为0,不作账务处理。

(2) 20×9年1月31日,确认套期工具和被套期项目公允价值变动:
借:套期工具——铝锭期货合同　　　　　　　　50 000
　　贷:套期损益　　　　　　　　　　　　　　　　　50 000

借:套期损益 50 000
　　贷:被套期项目——库存商品铝锭 50 000

(3) 20×9年2月28日,确认套期工具和被套期项目公允价值变动:

借:套期损益 15 000
　　贷:套期工具——铝锭期货合同 15 000
借:被套期项目——库存商品铝锭 15 000
　　贷:套期损益 15 000

确认铝锭存货销售收入:

借:应收账款或银行存款 2 065 000
　　贷:主营业务收入 2 065 000

结转铝锭存货销售成本:

借:主营业务成本 1 965 000
　　贷:被套期项目——库存商品铝锭 1 965 000

结算铝锭期货合同:

借:银行存款 35 000
　　贷:套期工具——铝锭期货合同 35 000

注:由于甲公司采用套期进行风险管理,规避了铝锭存货公允价值变动风险,因此其铝锭存货公允价值下降没有对预期毛利100 000元(2 100 000 - 2 000 000)产生不利影响。同时,甲公司运用公允价值套期将套期工具与被套期项目的公允价值变动损益计入相同会计期间,消除了因企业风险管理活动可能导致的损益波动。

【例3-8】尚未确认的确定承诺(或其组成部分)的公允价值套期的具体情形及其处理方法。

甲公司为一家境内芯片生产企业,采用人民币作为记账本位币。20×9年4月3日,甲公司与荷兰一家公司签订了一项光刻机零部件的购买合同(确定承诺),以美元结算,价款为1 000 000元,交货日期及付款日为20×9年5月31日。

20×9年4月3日,甲公司签订了一项购买美元1 000 000元的外汇远期合同。根据该远期合同,甲公司将于20×9年5月31日支付人民币6 710 000元购入1 000 000美元。20×9年4月3日,外汇远期合同的公允价值为0。

甲公司将该外汇远期合同指定为对美元兑人民币汇率变动可能引起的外币计价的确定承诺公允价值变动风险进行套期的套期工具。

20×9年5月31日,甲公司履行确定承诺并以净额结算该远期合同,20×9年5月31日美元兑换人民币的即期汇率为1美元=6.90人民币元。与该套期有关的远期汇率以及外汇远期合同的资料如表3-1所示。

表 3-1　　　　　　　　　　　　　　　　　　　　　　　　单位：人民币元

日期	20×9年5月31日的远期汇率（美元/人民币）	本期外汇远期合同公允价值变动	本期末外汇远期合同公允价值
20×9年4月3日	6.71		
20×9年4月30日	6.73	20 000	20 000
20×9年5月31日		170 000	190 000

为简化核算，假定不考虑设备购买有关的税费因素、设备运输和安装费用等。同时，本例中假设被套期项目与套期工具因美元兑人民币汇率变动引起的公允价值变动金额相同。

根据上述资料，甲公司应当进行如下账务处理（单位：人民币元）：

（1）20×9年4月3日，因为远期合同和确定承诺当日公允价值均为0，所以无须进行账务处理，但需编制指定文件。

（2）20×9年4月30日，确认确定承诺因汇率变动引起的公允价值变动：

借：套期损益　　　　　　　　　　　　　　　　　　20 000
　　贷：被套期项目——确定承诺　　　　　　　　　　　　20 000

确认套期工具的公允价值变动：

借：套期工具——远期合同　　　　　　　　　　　　20 000
　　贷：套期损益　　　　　　　　　　　　　　　　　　20 000

（3）20×9年5月31日，确认确定承诺因汇率变动引起的公允价值变动：

借：套期损益　　　　　　　　　　　　　　　　　　170 000
　　贷：被套期项目——确定承诺　　　　　　　　　　　　170 000

确认套期工具的公允价值变动：

借：套期工具——远期合同　　　　　　　　　　　　170 000
　　贷：套期损益　　　　　　　　　　　　　　　　　　170 000

结算远期合同：

借：银行存款　　　　　　　　　　　　　　　　　　190 000
　　贷：套期工具——远期合同　　　　　　　　　　　　190 000

履行确定承诺购入固定资产：

借：固定资产——设备　　　　　　　　　　　　　　6 710 000
　　被套期项目——确定承诺　　　　　　　　　　　　190 000
　　贷：银行存款　　　　　　　　　　　　　　　　　　6 900 000

注：甲公司通过运用套期进行风险管理，使所购设备的成本锁定在确定承诺的购买价格1 000 000美元按1美元兑换人民币6.71元（套期开始日的远期合同汇率）进行折算确定的金额，即人民币6 710 000元。

【例 3-9】 非交易性权益工具投资的公允价值套期的具体情形及其处理方法。

20×6 年 1 月 1 日，甲公司以每股 20 元的价格购入乙公司股票 10 000 股（占乙公司有表决权股份的 3%），且选择将其指定为以公允价值计量且其变动计入其他综合收益的非交易性权益工具投资。为规避该股票价格下跌风险，甲公司于 20×6 年 12 月 31 日签订一份股票远期合同，约定将于 20×7 年 6 月 30 日以每股 30 元的价格出售其所持的乙公司股票 10 000 股，20×6 年 12 月 31 日该股票远期合同的公允价值为 0。

20×7 年 6 月 30 日，甲公司履行远期合同，出售乙公司股票。假设不考虑远期合同的远期要素。

甲公司购入的乙公司股票和股票远期合同的公允价值如表 3-2 所示。

表 3-2   单位：元

乙公司股票	20×6 年 12 月 31 日	20×7 年 3 月 31 日	20×7 年 6 月 30 日
每股价格	30	25	23
股票公允价值	300 000	250 000	230 000
远期合同公允价值		50 000	70 000

据此，甲公司进行的套期有效性分析及账务处理如下：

(1) 套期有效性分析：

甲公司通过分析发现，乙公司股票与远期合同存在经济关系，且价值变动中信用风险不占主导地位，套期比率也反映了套期的实际数量，符合套期有效性要求。

(2) 账务处理：

① 20×6 年 1 月 1 日，确认购入乙公司股票：

借：其他权益工具投资　　　　　　　　　　　　　　200 000
　　贷：银行存款　　　　　　　　　　　　　　　　　　200 000

② 20×6 年 12 月 31 日，确认乙公司股票的公允价值变动：

借：其他权益工具投资　　　　　　　　　　　　　　100 000
　　贷：其他综合收益——公允价值变动　　　　　　　　100 000

将非交易性权益工具投资指定为被套期项目：

借：被套期项目——其他权益工具投资　　　　　　　300 000
　　贷：其他权益工具投资　　　　　　　　　　　　　　300 000

远期合同的公允价值为 0，无须进行会计处理。

③ 20×7 年 3 月 31 日，确认套期工具公允价值变动：

借：套期工具——远期合同　　　　　　　　　　　　50 000
　　贷：其他综合收益——套期损益　　　　　　　　　　50 000

确认被套期项目公允价值变动：

借：其他综合收益——套期损益　　　　　　　　　50 000
　　贷：被套期项目——其他权益工具投资　　　　　　　　50 000

④20×7年6月30日，确认套期工具公允价值变动：

借：套期工具——远期合同　　　　　　　　　　　20 000
　　贷：其他综合收益——套期损益　　　　　　　　　　　20 000

确认被套期项目公允价值变动：

借：其他综合收益——套期损益　　　　　　　　　20 000
　　贷：被套期项目——其他权益工具投资　　　　　　　　20 000

履行远期合同（实物交割），出售乙公司股票：

借：银行存款　　　　　　　　　　　　　　　　300 000
　　贷：被套期项目——其他权益工具投资　　　　　　　230 000
　　　　套期工具——远期合同　　　　　　　　　　　　 70 000

将计入其他综合收益的公允价值变动转出，计入留存收益：

借：盈余公积——法定盈余公积　　　　　　　　 10 000
　　利润分配——未分配利润　　　　　　　　　　 90 000
　　贷：其他综合收益——公允价值变动　　　　　　　　100 000

第二十三条 公允价值套期中，被套期项目为以摊余成本计量的金融工具（或其组成部分）的，企业对被套期项目账面价值所作的调整应当按照开始摊销日重新计算的实际利率进行摊销，并计入当期损益。该摊销可以自调整日开始，但不应当晚于对被套期项目终止进行套期利得和损失调整的时点[①]。被套期项目为按照《企业会计准则第22号——金融工具确认和计量》第十八条分类为以公允价值计量且其变动计入其他综合收益的金融资产（或其组成部分）的，企业应当按照相同的方式对累计已确认的套期利得或损失进行摊销，并计入当期损益，但不调整金融资产（或其组成部分）的账面价值。

【注释】

①以摊余成本计量的金融工具的票面利率和实际利率不同的情况下，在后续计量中需进行摊销，确认相应的摊余成本。被套期项目为以摊余成本计量的金融工具时，企业应对被套期项目账面价值所作的调整应当按照开始摊销日重新计算的实际利率进行摊销，该摊销可以自调整日开始，但不应当晚于对被套期项目终止进行套期利得和损失调整的时点，并计入当期损益。具体处理方法参照【例3-10】。

【例3-10】 基于SHIBOR的人民币利率互换合同的公允价值套期。

20×7年12月31日，甲银行按面值购入1亿元国债，票面利率为3.39%，每季度付息一次，到期日为20×8年12月31日。甲银行对该国债以摊余成本计量。20×7年12月31日,甲银行与交易对手签订名义金额1亿元的1年期利率互换合同,起息日为20×7年12月31日。甲银行作为固定利率支付方,按季支付3.39%的固定利率,同时按季收取并重置SHIBOR_1M的浮动利率,首次利率确定日为20×7年12月31日。国债和利率互换合同均按照30/360计息。利率互换合同的初始公允价值为0。甲银行于20×7年12月31日将利率互换合同指定为套期工具,对该1亿元国债由于市场利率变动产生的公允价值变动风险进行套期。假设不考虑国债的信用风险。

20×8年7月1日,甲银行的风险管理目标发生变化,导致套期关系不再满足运用套期会计的条件,甲银行在当日对上述指定终止运用套期会计。利率互换合同现金流量以及公允价值变动如表3-3所示。

表3-3   单位:千元

时间	收:浮动利率(1个月期SHIBOR)	付:固定利率	净利息结算	期初余额(结算利息后)	本期公允价值变动	期末余额(结算利息后)
20×8年3月31日	5.009%	3.39%	405		131	131
20×8年6月30日	3.521%	3.39%	33	131	(651)	(520)
20×8年9月30日	3.091%	3.39%	(75)	(520)	237	(283)
20×8年12月31日	3.002%	3.39%	(97)	(283)	283	0

被套期项目因利率风险引起的公允价值变动金额如表3-4所示。

表3-4   单位:千元

时间	因利率风险引起的公允价值变动	公允价值变动累计金额	调整后账面价值
20×8年3月31日	(129)	(129)	99 871
20×8年6月30日	656	527	100 527

据此,甲银行对被套期项目所作调整的摊销以及账务处理如下:

(1)对被套期项目所作调整的摊销。

假设甲银行选择自调整日(20×8年3月31日)开始摊销,具体摊销情况如表3-5所示。

表 3-5 单位：千元

时间	期初摊余成本	实际利率	实际利息收入	现金流入	本期摊销	期末摊余成本（调整前）	本期对被套期项目的调整	期末摊余成本（调整后）
20×8年3月31日	100 000	3.39%	847	(847)		100 000	(129)	99 871
20×8年6月30日	99 871	3.56%	890	(847)	43	99 914	656	100 570
20×8年9月30日	100 570	2.24%	563	(847)	(284)	100 286	0	100 286
20×8年12月31日	100 286	2.24%	561	(100 847)	(286)	0	0	0

(2) 账务处理。

①20×7年12月31日，购入国债，并将其指定为被套期项目。

借：被套期项目——债权投资　　　　　　　　　　100 000 000
　　贷：银行存款　　　　　　　　　　　　　　　　　　100 000 000

被指定为套期工具的利率互换合同的初始公允价值为0，因此无须账务处理。

②20×8年3月31日，确认国债利息收入，收到国债利息：

借：应收利息　　　　　　　　　　　　　　　　　　847 000
　　贷：利息收入　　　　　　　　　　　　　　　　　　847 000

借：银行存款　　　　　　　　　　　　　　　　　　847 000
　　贷：应收利息　　　　　　　　　　　　　　　　　　847 000

结算利率互换合同利息：

借：银行存款　　　　　　　　　　　　　　　　　　405 000
　　贷：利息收入　　　　　　　　　　　　　　　　　　405 000

确认套期工具公允价值变动：

借：套期工具——利率互换合同　　　　　　　　　　131 000
　　贷：套期损益　　　　　　　　　　　　　　　　　　131 000

确认被套期项目因利率风险引起的公允价值变动：

借：套期损益　　　　　　　　　　　　　　　　　　129 000
　　贷：被套期项目——债权投资　　　　　　　　　　　129 000

③20×8年6月30日，确认国债利息收入，收到国债利息：

借：应收利息　　　　　　　　　　　　　　　　　　847 000
　　被套期项目——债权投资　　　　　　　　　　　　43 000
　　贷：利息收入　　　　　　　　　　　　　　　　　　890 000

借：银行存款 847 000
　　贷：应收利息 847 000
结算利率互换合同利息：
借：银行存款 33 000
　　贷：利息收入 33 000
确认套期工具公允价值变动：
借：套期损益 651 000
　　贷：套期工具——利率互换合同 651 000
确认被套期项目因利率风险引起的公允价值变动：
借：被套期项目——债权投资 656 000
　　贷：套期损益 656 000

④20×8年7月1日，套期关系终止：
借：债权投资——本金 100 000 000
　　　　　　——利息调整 570 000
　　贷：被套期项目——债权投资 100 570 000
借：套期工具——利率互换合同 520 000
　　贷：衍生工具——利率互换合同 520 000

⑤20×8年9月30日，确认国债利息收入，收到国债利息：
借：应收利息 847 000
　　贷：利息收入 563 000
　　　　债权投资——利息调整 284 000
借：银行存款 847 000
　　贷：应收利息 847 000
结算利率互换合同利息：
借：投资收益 75 000
　　贷：银行存款 75 000
确认利率互换合约公允价值变动：
借：衍生工具——利率互换合同 237 000
　　贷：公允价值变动损益 237 000

⑥20×8年12月31日，确认利息收入，收到国债本金和利息：
借：应收利息 847 000
　　贷：利息收入 561 000
　　　　债权投资——利息调整 286 000
借：银行存款 100 847 000
　　贷：应收利息 847 000
　　　　债权投资——本金 100 000 000
结算利率互换合同利息：

借：投资收益		97 000
贷：银行存款		97 000

确认利率互换合同公允价值变动：

借：衍生工具——利率互换合同		283 000
贷：公允价值变动损益		283 000

注：本例中，根据本准则规定，甲银行对被套期项目所作调整的摊销，也可以自20×8年7月1日（被套期项目终止进行套期利得和损失调整的时点）开始。此外，如果甲银行在20×8年7月1日不终止套期会计，套期关系持续至20×8年12月31日，即对被套期项目终止进行套期利得和损失调整的时点与被套期项目的到期日相同，则对于被套期项目所作调整的累计金额为0。在此情况下，如果甲银行选择自20×8年12月31日开始摊销，则甲银行在20×8年12月31日不需要进行额外会计处理。

第二十四条 现金流量套期[①]满足运用套期会计方法条件的，应当按照下列规定处理：

（一）套期工具产生的利得或损失中属于套期有效的部分，作为现金流量套期储备[②]，应当计入其他综合收益。现金流量套期储备的金额，应当按照下列两项的绝对额中较低者确定：

1. 套期工具自套期开始的累计利得或损失；
2. 被套期项目自套期开始的预计未来现金流量现值的累计变动额[③]。

每期计入其他综合收益的现金流量套期储备的金额应当为当期现金流量套期储备的变动额。

（二）套期工具产生的利得或损失中属于套期无效的部分（即扣除计入其他综合收益后的其他利得或损失），应当计入当期损益[④]。

【注释】

①现金流量套期的目的，是将套期工具产生的利得或损失递延至被套期的预期未来现金流量影响损益的同一期间或多个期间。

②**实施指引**：在现金流量套期中，套期工具产生的利得将作为现金流量套期储备。对于现金流量套期，应当按照套期工具产生的利得，借记"套期工具"科目，按照套期有效部分的变动额，贷记"其他综合收益——套期储备"等科目，按照套期工具产生的利得和套期有效部分变动额的差额，贷记"套期损益"科目，反之，套期工具产生损失则作相反的会计分录。

③孰低法是指，通过比较套期工具自套期开始的累计利得或损失和被套期项目自套期开始的预计未来现金流量现值的累计变动额，将金额较小者确认为套期工具产生的利得或损失中属于套期有效的部分。

④**准则由来**：当套期会计关系完全有效时，套期工具的公允价值变动会完全

抵销被套期项目的价值变动。然而当套期工具的价值变动大于或小于被套期项目的价值变动时，就会产生套期无效性。对于现金流量套期，由于许多被套期项目是极可能发生的预期交易（尚未发生），所以如果被套期项目在损益中确认的利得和损失超过了套期工具的利得和损失是不恰当的，这无异于对尚不存在的项目确认利得和损失（而非递延套期工具的利得或损失）。"孰低测试"确保了不会确认被套期项目的累计价值变动中超过套期工具累计公允价值变动的部分。相反，由于公允价值套期的被套期项目是实际存在的，所以公允价值套期不适用"孰低"测试。

第二十五条 现金流量套期储备的金额，应当按照下列规定处理：

（一）被套期项目为预期交易，且该预期交易使企业随后确认一项非金融资产或非金融负债的[①]，或者非金融资产或非金融负债的预期交易形成一项适用于公允价值套期会计的确定承诺时[②]，企业应当将原在其他综合收益中确认的现金流量套期储备金额转出，计入该资产或负债的初始确认金额[③④]。

（二）对于不属于本条（一）涉及的现金流量套期，企业应当在被套期的预期现金流量影响损益的相同期间，将原在其他综合收益中确认的现金流量套期储备金额转出，计入当期损益[⑤]。

（三）如果在其他综合收益中确认的现金流量套期储备金额是一项损失，且该损失全部或部分预计在未来会计期间不能弥补的，企业应当在预计不能弥补时，将预计不能弥补的部分从其他综合收益中转出，计入当期损益[⑥]。

【注释】

①被套期项目为预期交易，且该预期交易使企业随后确认一项非金融资产或非金融负债的具体情形及其处理方法参照【例3-11】。

②非金融资产或非金融负债的预期交易形成一项适用于公允价值套期会计的确定承诺的情形是指，当现金流量套期转变成公允价值套期的情况，例如，企业预期三个月之后向销售方购买一批大豆，而在一个月之后与销售方协商形成了购买大豆的确定承诺，前述预期交易则转变为一项适用于公允价值套期会计的尚未确认的确定承诺，此时企业应当将原在其他综合收益中确认的现金流量套期储备金额转出，计入该资产或负债的初始确认金额，此时的资产或负债即为确定承诺形成的"被套期项目"。

③**准则由来**：IAS 39曾允许主体在下列会计政策中进行选择：（1）在获取的资产或承担的债务影响损益的相同期间将确认在其他综合收益中的相关利得或损失重分类至损益；（2）将确认在其他综合收益中的相关利得和损失转出，并将其包含在资产或负债的初始成本或其他账面金额中，该方法通常被称为"基础调整"。

IASB指出，如果选择上述方案（1），这将需要主体在套期关系结束后分别跟踪套期利得和损失，并需要与被套期交易产生的非金融项目影响损益的特定期间或多个期间相匹配。然而，如果选择方案（2），则套期利得或损失会被包含在非金融项目的账面金额中，并自动在相关非金融项目影响损益（例如，通过不动产、厂场和设备项目的折旧或存货的销售成本）的期间计入损益。当主体对非金融资产进行减值测试时也会自动考虑。IASB 指出，对于作为现金产出单元的一部分进行减值测试的非金融资产，难以在其他综合收益中对金额进行跟踪并将其包含在减值测试中（如果现金产出单元的组成随时间变化，难度会更高）。最终，IASB 决定最终选择方案（2），即要求进行基础调整。

④**编者语**：关于重分类调整定义的讨论。

根据《国际会计准则第 1 号——财务报表列报》（IAS 1），重分类调整是指当期或以前期间在其他综合收益中确认的，且当期重新分类至损益中的金额。同时，根据本条目规定，若被套期项目为预期交易，且该预期交易使企业随后确认一项非金融资产或非金融负债的，企业应当将原在其他综合收益中确认的现金流量套期储备金额转出，计入该资产或负债的初始确认金额。这意味着该调整不是一项重分类调整。

然而编者认为上述基础调整方法会导致综合收益在利润表的重复计量。例如，20×8 年 6 月 30 日，甲公司预计于六个月之后采购 20 吨阴极铜。此预期交易具有现金流量变动风险，根据风险管理目标，甲公司在上海期货交易所建立了一项期货多头合同，约定于六个月后以总价 100 万元购买 20 吨阴极铜。

假设 20×8 年 12 月 31 日，阴极铜市场价格上升至 5.1 万元/吨，甲公司如期采购。假定不考虑所得税及期货市场中每日无负债结算制度的影响。

A：套期工具公允价值调整，并购入库存铜。

借：套期工具——期货合同　　　　　　　　　　20 000
　　贷：其他综合收益——套期储备　　　　　　　　　20 000
借：库存商品——铜存货　　　　　　　　　　1 020 000
　　贷：银行存款　　　　　　　　　　　　　　　1 020 000

B：结算期货合同。

借：其他综合收益——套期储备　　　　　　　　20 000
　　贷：库存商品　　　　　　　　　　　　　　　　20 000
借：银行存款　　　　　　　　　　　　　　　　20 000
　　贷：套期工具——期货合同　　　　　　　　　　20 000

C：20×9 年 3 月 20 日，甲公司将这批铜存货卖出同时结转成本。

借：主营业务成本——铜存货　　　　　　　　1 000 000
　　贷：库存商品——铜存货　　　　　　　　　　1 000 000

在 20×8 年末，分录 A 中的贷记"其他综合收益"使得期末利润表中综合收益增加 2 万元，然而依据《国际会计准则第 1 号——财务报表列报》中重分类调整的定义，分录 B 中的借记"其他综合收益"不作为重分类调整，即不计入利润表中，因此不影响综合收益。分录C中，由于套期工具带来的风险对冲，原本市场价值应为102万元的铜存货此时账面价值为100万元，20×9年3月20日，套期工具间接影响了结转成本时主营业务成本金额，导致当期综合收益增加2万元。综上所述，由于"其他综合收益——套期储备"金额转出不作为重分类调整，实质上导致了综合收益的重复计算。

因此编者认为，重分类调整的定义应修改为：当期或以前期间在综合收益中确认的且当期重分类至资产、负债或损益中的金额，而非重分类调整则是指当期或以前期间在综合收益中确认的且当期重分类至其他权益项目（例如留存收益）中的金额。

⑤对于不属于本条目第（一）项中涉及的现金流量套期的情况包括：1）预期交易使企业随后确认一项金融资产或金融负债的情况，例如，企业预期在三个月之后购买一笔债券，在购买确认债券时，不调整在其他综合收益中确认的现金流量套期储备金额，而应在企业处置债券时或其他影响损益的期间，再将原在其他综合收益中确认的现金流量套期储备金额转出，计入当期损益；2）预期交易是一项预期销售交易时，具体情形及其处理方法参照【例3-12】。

⑥编者语：此条规定实质上是遵循谨慎性原则，对现金流量储备金额进行了减值处理。例如，企业预期在三月之后向销售方购买一批货物，并将此作为一项适用现金流量套期的预期交易，一个月之后此货物价格暴跌，企业确认了套期工具产生的损失而确认的其他综合收益借方金额，此时在其他综合收益中确认的现金流量套期储备金额即为一项损失，而后该损失全部或部分预计在未来会计期间不能弥补的，例如企业因套期失效等原因使得套期关系终止时该损失全部或部分预计在未来会计期间不能弥补，则企业应将预计不能弥补的部分从其他综合收益中转出，计入当期损益。

【例3-11】企业预期交易随后确认一项非金融资产下的具体情形及其处理方法。

甲公司于20×8年11月1日与境外乙公司签订合同，约定于2019年1月30日以每吨20 000美元的价格购入5吨小麦粉。甲公司为规避购入小麦粉成本的外汇风险，于当日与某金融机构签订一项3个月到期的外汇远期合同，约定汇率为1美元=6.90人民币元，合同金额为100 000美元。20×9年1月30日，甲公司以净额方式结算该外汇远期合同，并购入小麦粉。

假定：(1) 20×8年12月31日，美元兑人民币1个月后的远期汇率为1美元=6.87人民币元；(2) 20×9年1月30日，美元兑人民币即期汇率为1美元=6.70人民币元；(3) 该套期符合运用套期会计的条件；(4) 不考虑增值税等相关税费和远期合同的远期要素。

根据本准则，对确定承诺的外汇风险进行的套期，既可以划分为公允价值套期，也可以划分为现金流量套期。以下分别两种情形进行会计处理。

情形1：甲公司将上述套期划分为公允价值套期。

（1）20×8年11月1日，外汇远期合同的公允价值为0，不作账务处理，但需编制指定文档。

（2）20×8年12月31日，确认套期工具和被套期项目公允价值变动：

外汇远期合同的公允价值 = (6.87 - 6.90) × 100 000 = -3 000（人民币元）

借：套期损益　　　　　　　　　　　　　　　　　　　3 000
　　贷：套期工具——外汇远期合同　　　　　　　　　　　　　3 000
借：被套期项目——确定承诺　　　　　　　　　　　　3 000
　　贷：套期损益　　　　　　　　　　　　　　　　　　　　　3 000

（3）20×9年1月30日，确认套期工具公允价值变动：

外汇远期合同的公允价值 = (6.70 - 6.90) × 100 000 = -20 000（人民币元）

借：套期损益　　　　　　　　　　　　　　　　　　　17 000
　　贷：套期工具——外汇远期合同　　　　　　　　　　　　　17 000

结算外汇远期合同：

借：套期工具——外汇远期合同　　　　　　　　　　　20 000
　　贷：银行存款　　　　　　　　　　　　　　　　　　　　　20 000

确认被套期项目公允价值变动：

借：被套期项目——确定承诺　　　　　　　　　　　　17 000
　　贷：套期损益　　　　　　　　　　　　　　　　　　　　　17 000

购入小麦粉：

借：库存商品——小麦粉　　　　　　　　　　　　　　670 000
　　贷：银行存款　　　　　　　　　　　　　　　　　　　　　670 000

将被套期项目的余额转入小麦粉的账面价值：

借：库存商品——小麦粉　　　　　　　　　　　　　　20 000
　　贷：被套期项目——确定承诺　　　　　　　　　　　　　　20 000

情形2：甲公司将上述套期划分为现金流量套期。

（1）20×8年11月1日，外汇远期合同的公允价值为0，不作账务处理，但需编制指定文档。

（2）20×8年12月31日，确认现金流量套期储备：

外汇远期合同的公允价值 = (6.87 - 6.90) × 100 000 = -3 000（人民币元）

借：其他综合收益——套期储备　　　　　　　　　　　3 000
　　贷：套期工具——外汇远期合同　　　　　　　　　　　　　3 000

（3）20×9年1月30日，确认现金流量套期储备：

外汇远期合同的公允价值 = (6.70 - 6.90) × 100 000 = -20 000（人民币元）

借：其他综合收益——套期储备　　　　　　　　　　　17 000
　　贷：套期工具——外汇远期合同　　　　　　　　　　　　　17 000

结算外汇远期合同：

借:套期工具——外汇远期合同	20 000	
贷:银行存款		20 000

购入小麦粉:

借:库存商品——小麦粉	670 000	
贷:银行存款		670 000

将计入其他综合收益中的套期储备转出:

借:库存商品——小麦粉	20 000	
贷:其他综合收益——套期储备		20 000

【例3-12】预期交易为预期销售交易下的具体情形及其处理方法。

20×8年1月1日,甲公司预期在20×8年2月28日销售一批商品,数量为30吨。为规避该预期销售中与商品价格有关的现金流量变动风险,甲公司于20×8年1月1日与某金融机构签订了一项商品期货空头合同,并将其指定为对该预期商品销售的套期工具。商品期货合同的标的资产与被套期预期销售商品在数量、质次、价格变动和产地等方面相同,并且商品期货合同的结算日和预期商品销售日均为20×8年2月28日。

20×8年1月1日,商品期货合同的公允价值为0。20×8年1月31日,商品期货合同的公允价值上涨了10 000元,预期销售价格下降了10 000元。20×8年2月28日,商品期货合同的公允价值上涨了5 000元,商品销售价格下降了5 000元(现值)。当日,甲公司将商品出售,并结算了商品期货合同。

甲公司分析认为该套期符合套期有效性的条件。假定不考虑商品销售相关的增值税及其他因素,且不考虑期货市场每日无负债结算制度的影响。

甲公司的账务处理如下:

(1) 20×8年1月1日,甲公司不作账务处理,但需编制指定文档。

(2) 20×8年1月31日,确认现金流量套期储备:

借:套期工具——商品期货合同	10 000	
贷:其他综合收益——套期储备		10 000

(3) 20×8年2月28日,确认现金流量套期储备:

借:套期工具——商品期货合同	5 000	
贷:其他综合收益——套期储备		5 000

套期工具自套期开始的累计利得或损失与被套期项目自套期开始的预计未来现金流量现值的累计变动金额一致、方向相反,因此将套期工具公允价值变动全部作为现金流量套期储备计入其他综合收益。

确认商品的销售收入:

借:应收账款或银行存款	295 000	
贷:主营业务收入		295 000

结算商品期货合同:

借：银行存款　　　　　　　　　　　　　　　　　　　15 000
　　贷：套期工具——商品期货合同　　　　　　　　　　 15 000
将现金流量套期储备金额转出，调整主营业务收入：
借：其他综合收益——套期储备　　　　　　　　　　　 15 000
　　贷：主营业务收入　　　　　　　　　　　　　　　　15 000

第二十六条 当企业对现金流量套期终止运用套期会计时，在其他综合收益中确认的累计现金流量套期储备金额，应当按照下列规定进行处理：

（一）被套期的未来现金流量预期仍然会发生的，累计现金流量套期储备的金额应当予以保留，并按照本准则第二十五条的规定进行会计处理[①]。

（二）被套期的未来现金流量预期不再发生的，累计现金流量套期储备的金额应当从其他综合收益中转出，计入当期损益。被套期的未来现金流量预期不再极可能发生但可能预期仍然会发生，在预期仍然会发生的情况下，累计现金流量套期储备的金额应当予以保留，并按照本准则第二十五条的规定进行会计处理[②]。

【注释】

[①]例如，企业预期三个月之后预计购买一批固定资产，并将此作为一项适用于现金流量套期的预期交易，一个月后企业因风险管理策略发生改变等原因使得企业对现金流量套期终止运用套期会计，若未来现金流量预期仍然会发生（购买固定资产的预期交易仍然会发生），则此前一个月其他综合收益中确认的累计现金流量套期储备金额应予以保留，并且根据本准则第二十五条的规定进行会计处理。

[②]如果被套期的未来现金流量预计不再发生，此时现金流量套期储备累计的金额应作为一项重分类调整事项，累计现金流量套期储备的金额应当从其他综合收益中转出，计入当期损益。需要说明的是，被套期的未来现金流量预计不再极可能发生不代表其预计不再发生，应根据客观事实判断预计其是否发生。

第二十七条 对境外经营净投资的套期，包括对作为净投资的一部分进行会计处理的货币性项目的套期，应当按照类似于现金流量套期会计的规定处理：

（一）套期工具形成的利得或损失中属于套期有效的部分，应当计入其他综合收益。

全部或部分处置境外经营时，上述计入其他综合收益的套期工具利得或损失应当相应转出，计入当期损益。

（二）套期工具形成的利得或损失中属于套期无效的部分，应当计入当期损益[①]。

【注释】

①实施指引：

境外经营的投资可能由母公司直接持有，也可能由一个或多个子公司间接持有，在这种情况下会计处理可能会涉及以下几个问题：

1）多个母公司进行的套期。

套期会计处理仅适用于境外经营的记账本位币与其母公司的记账本位币之间产生的汇兑差额。在一项由境外经营净投资产生的外汇风险的套期中，被套期项目可以是金额等于或小于母公司合并财务报表中该境外经营净资产账面价值的净资产。在母公司合并财务报表中，境外经营净资产的账面价值是否可被指定为被套期项目，取决于该境外经营的任何较低层级的母公司是否对该境外经营的全部或部分净资产运用了套期会计，且该套期会计处理保留在母公司的合并财务报表中。企业可以将套期风险指定为由境外经营的记账本位币与其任何母公司（直接的、中间的或最终的母公司）的记账本位币之间产生的外汇风险敞口。

通过中间母公司持有净投资不影响最终母公司所面临外汇风险的性质。在合并财务报表中，境外经营净投资产生的外汇风险敞口仅能运用一次套期会计。因此，如果同一境外经营的净资产的同一风险被集团内部一家以上的母公司（例如，直接和间接母公司）用于套期，则在最终母公司的合并财务报表中仅有一项套期关系符合套期会计处理。例如，A公司持有B公司80%的股份，对B公司构成控制关系，B公司持有其境外经营子公司C公司90%的股份，对C公司构成控制关系，如果B公司已对其在C公司的境外经营净投资指定了套期关系，则A公司无需对该套期关系再做指定。

2）集团内可以持有套期工具的企业。

一项衍生或非衍生的工具（或衍生和非衍生工具的混合）可以被指定为境外经营净投资套期工具。只要满足了本准则中与净投资套期相关的指定、文件及有效性要求，套期工具可以被集团内任一企业或多个企业持有。特别是，由于集团内的不同级别可能产生不同的指定，集团的套期政策应以正式文件明确记录。基于有效性评估目的，套期工具的与外汇风险有关的公允价值变动，应参照套期会计文件中记录的计量套期风险的母公司的记账本位币来计算。持有套期工具的企业不同，在不运用套期会计的情况下，其价值变动总额可能被确认为损益，或其他综合收益，或两者兼有。然而，有效性评估并不受套期工具的价值变动确认为损益还是确认为其他综合收益的影响，作为运用套期会计的部分，套期工具价值变动的全部有效部分确认于其他综合收益中，有效性评估并不受套期工具是衍生工具还是非衍生工具以及采用的合并方法的影响。

3）被套期的境外经营的处置。

在被套期的境外经营被处置时，母公司合并财务报表中与套期工具有关的外币折算储备中应重分类至损益（重分类调整），重分类金额是被确认为有效套期的套期工具的累计利得或损失。

【例3-13】 境外经营净投资套期会计处理。

20×8年10月1日，甲公司为一家境内企业（记账本位币为人民币），在中国香港有一项境外经营净投资3 000万港元。为规避境外经营净投资外汇风险，甲公司与某境外金融机构签订了一项外汇远期合同，约定于20×9年4月1日卖出3 000万港元。其他有关资料如表3-6所示。

表3-6   单位：人民币元

日期	即期汇率 （港币/人民币）	远期汇率 （港币/人民币）	远期合同的 公允价值
20×8年10月1日	0.87	0.88	0
20×8年12月31日	0.88	0.89	-270 000
20×9年3月31日	0.85	不适用	900 000

假定不考虑远期合同的远期要素。该公司的上述套期满足运用套期会计方法的所有条件。

甲公司的账务处理如下：

（1）20×8年10月1日，外汇远期合同的公允价值为0，不作账务处理。

（2）20×8年12月31日，确认外汇远期合同的公允价值变动：

借：其他综合收益——外币报表折算差额　　　　270 000
　　贷：套期工具——外汇远期合同　　　　　　　　　270 000

确认对子公司净投资的汇兑损益：

借：长期股权投资　　　　　　　　　　　　　　300 000
　　贷：其他综合收益——外币报表折算差额　　　　　300 000

（3）20×9年3月31日，确认外汇远期合同的公允价值变动：

借：套期工具——外汇远期合同　　　　　　　1 170 000
　　贷：其他综合收益——外币报表折算差额　　　　1 170 000

确认对子公司净投资的汇兑损益：

借：其他综合收益——外币报表折算差额　　　　900 000
　　贷：长期股权投资　　　　　　　　　　　　　　　900 000

结算外汇远期合同：

借：银行存款　　　　　　　　　　　　　　　　900 000
　　贷：套期工具——外汇远期合同　　　　　　　　　900 000

注：境外经营净投资中套期工具形成的利得在其他综合收益中列示，直至子公司被处置。

第二十八条 企业根据本准则第十八条规定对套期关系作出再平衡的，应当在调整套期关系之前确定套期关系的套期无效部分，并将相关利得或损失计入当期损益①。

套期关系再平衡可能会导致企业增加或减少指定套期关系中被套期项目或套期工具的数量。企业增加了指定的被套期项目或套期工具的，增加部分自指定增加之日起作为套期关系的一部分进行处理；企业减少了指定的被套期项目或套期工具的，减少部分自指定减少之日起不再作为套期关系的一部分，作为套期关系终止处理②。

【注释】

①编者语：在公允价值套期情形下，如果被套期项目是指定为以公允价值计量且其变动计入其他综合收益的非交易性权益工具投资，被套期项目中与套期无效相关的利得或损失应当计入其他综合收益，而非当期损益（详见本准则第三条【注释】③）。

②如果对套期关系作出再平衡，可通过多种不同的方式调整套期比率：

1) 可通过以下方式增加被套期项目的权重（即减少套期工具的权重）：

增加被套期项目的量（详见【例3-14】情形一）；

减少套期工具的量（详见【例3-14】情形二）。

2) 可通过以下方式增加套期工具的权重（即减少被套期项目的权重）：

增加套期工具的量（详见【例3-15】情形一）；

减少被套期项目的量（详见【例3-15】情形二）。

量的变动是指作为套期关系一部分的数量调整。因此，量的减少并不一定意味着项目或交易不再存在，或预计不再发生，而是表明其并不是套期关系的一部分。例如，减少套期工具的量可能导致企业保留某项衍生工具，但该衍生工具仅有一部分将继续作为套期关系中的套期工具。如果仅通过减少套期关系中套期工具的量来实现再平衡，但企业仍继续持有调减的部分，则可能发生这种情况。在该情况下，衍生工具中未被指定的部分应以公允价值计量（会计科目为"衍生工具"），且其变动计入损益（除非其在其他套期关系中被指定为套期工具）。

通过增加被套期项目的量来调整套期比率，并不影响套期工具公允价值变动的计量方法，与原指定的量相关的被套期项目的价值变动的计量也保持不变。但是，自再平衡之日起，被套期项目的价值变动也包括被套期项目的新增量的价值变动。该等变动的计量的起始日和参照日应当是套期关系的再平衡日（而非套期关系的原指定日）。例如，如果企业最初对100吨的量的商品进行套期，远期价格为80万元（套期关系开始时的远期价格），之后在远期价格为90万元时，企业通过增加10吨的量的被套期项目作出再平衡，则再平衡后的被套期项目由两层级组成：以80万元进行套期的100吨商品和以90万元进行套期的10吨商品。

通过减少套期工具的量来调整套期比率，并不影响被套期项目价值变动的计量方法，与继续被指定的量相关的套期工具的公允价值变动的计量也保持不变。但是，自再平衡之日起，套期工具被调减的量不再作为套期关系的一部分。例如，如果企业对某商品的价格风险进行套期，初始套期工具为100吨的量的衍生工具，之后减少10吨的量对套期关系作出再平衡，则套期工具90吨的名义金额的量还将保留，减少的衍生工具10吨不再构成套期关系的一部分。

通过增加套期工具的量来调整套期比率，并不影响被套期项目价值变动的计量方法，与原指定的量相关的套期工具的公允价值变动的计量也保持不变。但是，自再平衡之日起，套期工具的公允价值变动也包括套期工具的新增量的价值变动。该等变动的计量的起始日和参照日应当是套期关系的再平衡日（而非套期关系的原指定日）。例如，如果企业对某一商品的价格风险进行套期，初始套期工具为100吨的量的衍生工具，之后增加10吨的量对套期关系作出再平衡，则再平衡后的套期工具由总量为110吨的衍生工具构成。套期工具的公允价值变动是共计量为110吨的衍生工具公允价值变动的总额。由于该等衍生工具在不同的时点订立（包括存在衍生工具在初始确认后才被指定为套期关系的可能性），因此这些衍生工具可能具有不同的主要条款（例如远期汇率）。

通过减少被套期项目的量来调整套期比率，并不影响套期工具公允价值变动的计量方法，与继续被指定的量相关的被套期项目公允价值变动的计量也保持不变。但是，自套期关系再平衡之日起，被套期项目减少的量不再作为套期关系的一部分。例如，如果企业最初对100吨的量的商品进行套期，远期价格为80万元，之后减少10吨的量对套期关系作出再平衡，则再平衡后被套期项目的数量为90吨，以80万元的远期价格进行套期。原被套期项目中减少的10吨不再是套期关系的一部分，应按照终止套期会计的有关规定核算。

在对套期关系作出再平衡时，企业应当更新其对预期将在未来剩余期限内影响套期关系的套期无效部分产生的来源的分析。套期关系的书面文件记录也应作出相应更新。

【例3-14】增加被套期项目与终止套期工具的套期关系再平衡。

甲公司为冶金行业企业，20×8年1月1日，甲公司预计在未来12个月后采购10万吨高品质无烟煤。甲公司采用现金流量套期，并在郑州商品交易所建立11万吨动力煤多头期货合同，以对极可能发生的10万吨高品质无烟煤的预期采购进行套期，套期比率为1:1.1。该期货合同在指定日的公允价值为0。

20×8年6月30日，由于国内煤炭价格的持续走低，被套期项目的无烟煤预期采购自套期开始的预计未来现金流量现值累计上升了300万元人民币，套期工具的公允价值累计下降了319万元人民币。甲公司通过分析发现，高品质无烟煤相对郑州商品交易所动力煤的经济关系与预期不同，因此考虑对套期关系进行再平衡。甲公司通过分析决定将套期比率重新设定为1:1.05。

为了在20×8年6月30日进行再平衡，甲公司可以指定更大的被套期风险敞口或终止指定部分套期工具。假定甲公司的上述套期满足运用套期会计方法的所有条件，且不考虑期货市场每日无负债结算制度的影响。20×8年1月1日，甲公司不作账务处理。20×8年6月30日，甲公司账务处理如下：

1）情形一：甲公司决定在被套期项目中增加0.48吨（11/1.05-10）高品质无烟煤的预期采购，有关套期文件的书面记录应当相应更新，即将被套期项目的数量由10万吨更新至10.48万吨。

套期工具的公允价值变动计量如下：

借：其他综合收益——套期储备　　　　　　　　　3 000 000
　　套期损益　　　　　　　　　　　　　　　　　　190 000
　　贷：套期工具——期货合同　　　　　　　　　　　　　3 190 000

2）情形二：甲公司终止指定0.5万吨郑州商品交易所动力煤期货合同的套期工具。

借：其他综合收益——套期储备　　　　　　　　　3 000 000
　　套期损益　　　　　　　　　　　　　　　　　　190 000
　　贷：套期工具——期货合同　　　　　　　　　　　　　3 190 000

在总计11万吨郑州商品交易所动力煤期货合同中，0.5万吨不再属于该套期关系。因此，甲公司需将0.5/11的套期工具重分类为衍生工具，有关套期文件的书面记录应当相应更新。甲公司进行再平衡时的会计处理如下：

借：套期工具——期货合同　　　　　　　　　　　145 000
　　贷：衍生工具——期货合同　　　　　　　　　　　　　145 000

再平衡时，重分类的套期工具的公允价值=3 190 000×0.5/11=145 000（元）。

【例3-15】增加套期工具与减少被套期项目的套期关系再平衡。

甲公司为一家注册地点在浙江的家纺企业，20×8年4月1日，公司预期极可能在6个月后采购800吨新疆阿克苏长绒棉。为此，甲公司采用现金流量套期，并在郑州商品交易所建立1 000吨棉花多头期货，对极可能于9月30日采购的800吨新疆阿克苏长绒棉进行套期（套期比率为1:1.25）。指定日期货合同公允价值为0。

20×8年6月30日，由于我国棉花大丰收，国内棉花市场价格持续回落，被套期项目自套期开始的预计未来现金流量现值累计上升86万元，套期工具公允价值累计下降80万元。基于分析，甲公司认为，未来适当的套期比率为1:1.3。因此，甲公司决定进行套期关系再平衡，甲公司可以选择增加套期工具数量或减少被套期项目数量。假定甲公司的上述套期满足运用套期会计方法的所有条件，且不考虑期货市场每日无负债结算制度的影响。20×8年4月1日，甲公司不作账务处理。20×8年6月30日，甲公司的账务处理如下：

1）情形一：甲公司决定将套期工具数量增加40吨（1.3×800-1 000）郑州商品交易所棉花多头期货合同（交割时间为3个月后），并更新书面文件，将套期工具数量总额增加至1 040吨。

借：其他综合收益——套期储备　　　　　　　　　800 000

  贷：套期工具——期货合同   800 000

  原套期工具公允价值的累计变动80万元作为现金流量套期储备计入其他综合收益；新增的套期工具（40吨）假定均为当天新建合同（起始日为20×8年6月30日），公允价值为0，不做账务处理。

  2）情形二：甲公司决定将被套期项目数量减少30.77吨（800-1 000/1.3）。

  甲公司从被套期项目中减少预期采购的30.77吨新疆阿克苏长绒棉，预期采购的剩余769.23吨仍保留在套期关系中。

  借：其他综合收益——套期储备   800 000
    贷：套期工具——期货合同   800 000

  甲公司进行再平衡时，套期文件有关书面记录应当予以相应更新，无须进行账务处理。

  第二十九条 对于被套期项目为风险净敞口的套期，被套期风险影响利润表不同列报项目的，企业应当将相关套期利得或损失单独列报，不应当影响利润表中与被套期项目相关的损益列报项目金额（如营业收入或营业成本）[①]。

  对于被套期项目为风险净敞口的公允价值套期，涉及调整被套期各组成项目账面价值的，企业应当对各项资产和负债的账面价值做相应调整。

【注释】

  ①**实施指引**：财政部2019年财务报表中关于"净敞口套期损益"科目的设置。

  如果在现金流量套期中对一组项目进行套期，则该组项目可能会影响利润表中不同的单列项目。套期利得或损失在利润表中的列报方式将取决于该组项目。如果该组项目不包含任何相互抵销的风险敞口（例如，对一组影响利润表不同单列项目的外币费用的外汇风险进行套期），则重分类后的套期工具利得或损失应分摊至受被套期项目影响的各个单列项目。该分摊应采用系统和合理的方法，不应将单个套期工具产生的净利得或净损失以总额方式列报。如果该组项目包含相互抵销的风险敞口（例如对以外币计价的一组销售收入和费用进行的外汇风险套期），则企业应在利润表的单列项目中列报套期利得或损失。为此财政部在2019年4月30日发布了《关于修订印发2019年度一般企业财务报表格式的通知》，在利润表中增设"净敞口套期收益（损失）"报表项目，以在利润表中单独反映风险净敞口套期中的利得或损失。

  对于某些类型的公允价值套期，套期的主要目标是为了转换被套期项目的现金流量，而非抵销被套期项目的公允价值变动。例如，企业通过利率互换合同对固定利率债务工具的公允价值利率风险进行套期，旨在将固定利率现金流量转换成浮动利率现金流量。该目标通过将利率互换合同的应计净利息计入损益，在套期关系的会计处理中得到反映。在对净头寸（例如，一项固定利率资产和一项固定利率负债构成的净头寸）进行套期时，应计净利息应当在不同的报表项目中分别列报，以避免将单个套期工具产生的利得或损失净额以相互抵销的总额形式列报。

例如，某公司考虑利用金额为20万美元的远期外汇合同对100万美元的外币销售收入和80万美元的费用项目构成的外汇风险净头寸进行套期。当净头寸影响损益时，该外汇远期合同产生的从现金流量套期储备重分类至损益的利得或损失应当与被套期的销售收入和费用区分开来，并在单列项目"净敞口套期收益（损失）"中列报。此外，如果销售收入产生的期间早于费用项目发生的期间，则销售收入仍应根据《企业会计准则第19号——外币折算》按即期汇率计量，相关的套期利得或损失应在利润表单列项目"净敞口套期收益（损失）"中列报，从而在损益中反映出净头寸套期的影响，并相应调整其他综合收益（套期储备）。如果被套期的费用将影响较晚期间的损益，则之前对销售确认的其他综合收益（套期储备）应重分类至损益，且在利润表中与包含被套期费用的项目区分开来，并在利润表单列项目"净敞口套期收益（损失）"中列报。详见【例3-17】。

【例3-16】被套期项目为风险净敞口的公允价值套期（期限匹配）。

20×8年1月1日，甲公司预期20×8年12月31日将有一项1 500万美元的现金销售和一项1 800万美元的固定资产现金采购，上述交易极有可能发生。甲公司的记账本位币为人民币。

20×8年1月1日，甲公司签订了一项1年期外汇远期合同对上述300万美元的外汇净头寸进行套期。合同约定，甲公司1年后将按1美元=6.50人民币元的汇率购入300万美元。上述固定资产将采用直线法在5年内计提折旧（假定无残值），该资产为管理部门使用。

20×8年1月1日及20×8年12月31日美元的即期汇率分别为1美元=6.50人民币元及1美元=6.30人民币元。20×8年1月1日，外汇远期合同的公允价值为0。20×8年12月31日，外汇远期合同的公允价值为亏损60万人民币元。

预期销售现金流入和预期采购现金流出如期于20×8年12月31日发生，外汇远期合同也于20×8年12月31日结算。假设不考虑外汇远期合同的远期要素。

甲公司相关账务处理如下：

(1) 20×8年1月1日，外汇远期合同公允价值为0，无须进行账务处理。

(2) 20×8年12月31日，确认套期工具公允价值变动：

借：其他综合收益——套期储备　　　　　　　　　　600 000
　　贷：套期工具——外汇远期合同　　　　　　　　　　　600 000

结算外汇远期合同：

借：套期工具——外汇远期合同　　　　　　　　　600 000
　　贷：银行存款　　　　　　　　　　　　　　　　600 000

将套期工具的累计损失中对应预期销售的部分 3 000 000 元人民币［15 000 000 ×(6.50 - 6.30)］利得从其他综合收益中转出，并将其计入净敞口套期损益：

借：其他综合收益——套期储备　　　　　　　　3 000 000
　　贷：净敞口套期损益　　　　　　　　　　　　3 000 000
借：应收账款或银行存款　　　　　　　　　　　 94 500 000
　　贷：主营业务收入　　　　　　　　　　　　　94 500 000

将套期工具的累计损失中对应预期采购的部分 -3 600 000 元人民币［18 000 000 ×(6.3 - 6.5)］损失从其他综合收益中转出，并将其计入固定资产的初始确认金额：

借：固定资产　　　　　　　　　　　　　　　 117 000 000
　　贷：银行存款　　　　　　　　　　　　　　 113 400 000
　　　　其他综合收益——套期储备　　　　　　　3 600 000

后续第 2 年至第 6 年，基于固定资产采购价格（不含套期调整）每年计提折旧 = 113 400 000/5 = 22 680 000（人民币元）：

借：管理费用　　　　　　　　　　　　　　　　22 680 000
　　贷：累计折旧　　　　　　　　　　　　　　　22 680 000

将套期调整在固定资产折旧期间进行摊销 = 3 600 000 ÷ 5 = 720 000（人民币元），并将其计入净敞口套期损益：

借：净敞口套期损益　　　　　　　　　　　　　　720 000
　　贷：累计折旧　　　　　　　　　　　　　　　　720 000

注：由于本例涉及净敞口套期，因此与被套期项目相关的利润表列示项目（即营业收入、营业成本与管理费用）不会因采用套期会计而受到影响。

【例 3 - 17】被套期项目为风险净敞口的公允价值套期（期限不匹配）。

20 × 8 年 1 月 1 日，甲公司预期 20 × 8 年 6 月 30 日将有一项 100 万美元的现金销售，20 × 8 年 12 月 31 日将有一项 80 万美元的管理费用支出，上述交易极有可能发生。甲公司的记账本位币为人民币。20 × 8 年 1 月 1 日，甲公司签订了一项 1 年期外汇远期合同对上述 20 万美元的外汇净头寸进行套期。合同约定，甲公司 1 年后将按 1 美元 = 6.80 人民币元的汇率卖出 20 万美元。

20 × 8 年 1 月 1 日、20 × 8 年 6 月 30 日及 20 × 8 年 12 月 31 日美元的即期汇率分别为 1 美元 = 6.80 人民币元、1 美元 = 6.90 人民币元及 1 美元 = 7.00 人民币元。20 × 8 年 1 月 1 日，外汇远期合同的公允价值为 0。20 × 8 年 6 月 30 日，外汇远期合同的公允价值为亏损 2 万人民币元。

预期销售现金流入和预期采购现金流出均如期发生，外汇远期合同也于 20 × 8 年 12 月 31 日结算。假设不考虑外汇远期合同的远期要素。

甲公司相关账务处理如下：

(1) 20×8年1月1日，外汇远期合同公允价值为0，无须进行账务处理。

(2) 20×8年6月30日，确认销售收入与套期工具公允价值变动：

借：银行存款　　　　　　　　　　　　　　　　6 900 000
　　贷：主营业务收入　　　　　　　　　　　　　　　6 900 000
借：其他综合收益——套期储备——销售项目　　　100 000
　　贷：套期工具——外汇远期合同　　　　　　　　　　20 000
　　　　其他综合收益——套期储备——费用项目　　　　80 000
借：净敞口套期损益　　　　　　　　　　　　　　100 000
　　贷：其他综合收益——套期储备——销售项目　　　100 000

(3) 20×8年12月31日，确认套期工具公允价值变动与费用支出：

借：其他综合收益——套期储备——销售项目　　　100 000
　　贷：套期工具——外汇远期合同　　　　　　　　　　20 000
　　　　其他综合收益——套期储备——费用项目　　　　80 000
借：管理费用　　　　　　　　　　　　　　　　　5 600 000
　　贷：银行存款　　　　　　　　　　　　　　　　　5 600 000
借：其他综合收益——套期储备——费用项目　　　160 000
　　贷：净敞口套期损益　　　　　　　　　　　　　　60 000
　　　　其他综合收益——套期储备——销售项目　　　100 000

注：由于本例涉及净敞口套期，因此与被套期项目相关的利润表列示项目（即营业收入、营业成本、管理费用）不会因采用套期会计而受到影响。

第三十条　除本准则第二十九条规定外，对于被套期项目为一组项目的公允价值套期[①]，企业在套期关系存续期间，应当针对被套期项目组合中各组成项目，分别确认公允价值变动所引起的相关利得或损失，按照本准则第二十二条的规定进行相应处理，计入当期损益或其他综合收益。涉及调整被套期各组成项目账面价值的，企业应当对各项资产和负债的账面价值做相应调整。

除本准则第二十九条规定外，对于被套期项目为一组项目的现金流量套期[②]，企业在将其他综合收益中确认的相关现金流量套期储备转出时，应当按照系统、合理的方法将转出金额在被套期各组成项目中分摊，并按照本准则第二十五条的规定进行相应处理。

【注释】

①例如，企业对一组特征相似的固定利率贷款进行套期，被套期项目的风险敞口为固定利率所带来的公允价值变动风险，这些贷款组合内单项资产的风险敞口不可相互抵销，所以不符合本准则第二十九条中提到的风险净敞口套期规定。

②例如，企业预期六个月后有三种有色金属的购入交易，这些预期交易的风

险敞口不可相互抵销，所以不符合本准则第二十九条中提到的风险净敞口套期规定，企业应当在其他综合收益中确认相关现金流量套期储备，并在转出时按照系统、合理的方法将转出金额在被套期各组成项目中分摊。

第三十一条 企业根据本准则第七条规定将期权的内在价值和时间价值分开，只将期权的内在价值变动指定为套期工具时，应当区分被套期项目的性质是与交易相关还是与时间段相关[①]。被套期项目与交易相关的，对其进行套期的期权时间价值具备交易成本的特征[②]；被套期项目与时间段相关的，对其进行套期的期权时间价值具备为保护企业在特定时间段内规避风险所需支付成本的特征[③]。企业应当根据被套期项目的性质分别进行以下会计处理：

（一）对于与交易相关的被套期项目，企业应当按照本准则第三十二条的规定，将期权时间价值的公允价值变动中与被套期项目相关的部分计入其他综合收益。对于在其他综合收益中确认的期权时间价值的公允价值累计变动额，应当按照本准则第二十五条规定的与现金流量套期储备金额相同的会计处理方法进行处理。

（二）对于与时间段相关的被套期项目，企业应当按照本准则第三十二条的规定，将期权时间价值的公允价值变动中与被套期项目相关的部分计入其他综合收益。同时，企业应当按照系统、合理的方法，将期权被指定为套期工具当日的时间价值中与被套期项目相关的部分，在套期关系影响损益或其他综合收益（仅限于企业对指定为以公允价值计量且其变动计入其他综合收益的非交易性权益工具投资的公允价值变动风险敞口进行的套期）的期间内摊销，摊销金额从其他综合收益中转出，计入当期损益。若企业终止运用套期会计，则其他综合收益中剩余的相关金额应当转出，计入当期损益。

期权的主要条款（如名义金额、期限和标的）与被套期项目相一致的，期权的实际时间价值与被套期项目相关；期权的主要条款与被套期项目不完全一致的，企业应当通过对主要条款与被套期项目完全一致的期权进行估值确定校准时间价值，并确认期权的实际时间价值中与被套期项目相关的部分。

【注释】

①在评估期权是对与交易相关的被套期项目还是与时间段相关的被套期项目进行套期时，关键在于被套期项目的特征，包括被套期项目影响损益的方式和时间。因此，不论套期关系是现金流量套期还是公允价值套期，企业均应当基于被套期项目的性质来评估被套期项目的类型。

②如果被套期项目的性质是一项交易，且期权的时间价值具备该项交易的成本特征，则期权的时间价值和与交易相关的被套期项目存在联系。例如，如果期权的时间价值与被套期项目相关，且该被套期项目导致确认一项初始计量包含交易成本的项目，具体而言，企业对商品购买（无论其是预期交易还是确定承诺）

的商品价格风险进行套期,并将交易成本纳入存货的初始计量,由于期权的时间价值被纳入特定的被套期项目的初始计量,时间价值与被套期项目同时影响损益。与此类似,对商品销售(无论其是预期交易还是确定承诺)进行套期的企业,应将期权的时间价值作为销售成本的一部分。因此,时间价值将在被套期的销售确认收入的相同期间计入损益。

③如果被套期项目的性质具有如下特征:期权的时间价值代表保护企业在特定时间段内免受风险所需支付的成本,则期权的时间价值和与时间段相关的被套期项目存在联系。例如使用期限为6个月的商品期权对商品存货在该6个月中的公允价值减少进行套期,期权的时间价值在这6个月期间内采用系统合理的方法分摊计入损益。又如,使用外汇期权对境外经营净投资进行为期18个月的套期时,期权的时间价值在这18个月期间内进行分摊。

当期权被用于对与时间段相关的被套期项目进行套期时,被套期项目的特征(包括被套期项目影响损益的方式和时间)同时会影响期权时间价值的摊销期间,这与运用套期会计时期权内在价值影响损益的期间相一致。例如,如果使用某一利率期权(利率上限)来防止浮动利率债券利息费用增加,则利率上限的时间价值摊销计入损益的期间与利率上限的内在价值影响损益的期间相同:1)如果使用利率上限对10年期浮动利率债券的前5年的利率上升风险进行套期,则利率上限的时间价值在前5年摊销计入损益;2)如果利率上限是远期起始期权(即期权的生效期在未来期间),用于对10年期的浮动利率债券的第3年至第5年的利率上升风险进行套期,则利率上限的时间价值应在第3年至第5年进行摊销计入损益。

第三十二条 在套期关系开始时,期权的实际时间价值高于校准时间价值的,企业应当以校准时间价值为基础[①],将其累计公允价值变动计入其他综合收益,并将这两个时间价值的公允价值变动差额计入当期损益;在套期关系开始时,期权的实际时间价值低于校准时间价值的,企业应当将两个时间价值中累计公允价值变动的较低者计入其他综合收益,如果实际时间价值的累计公允价值变动扣减累计计入其他综合收益金额后尚有剩余的,应当计入当期损益。

【注释】
①"实际时间价值"是指购入期权的初始时间价值;"校准时间价值"是指完全匹配被套期项目的期权所支付的时间价值。例如,甲公司持有中国平安在A股发行的股票,该公司的风险管理目标是对持有股票的下限做止损,因此该公司购入一项看跌期权。由于A股期权市场不允许对个股做场外交易,没有中国平安A股股票的期权市场,因此该公司使用中国平安H股股票的期权作为实际套期工具。用H股的个股期权对冲A股股票的价格风险不是一项完美的风险对冲交易,因此需要引入校准时间价值,即以A股股票为基础资产的期权的理论价值。

【例 3-18】期权实际时间价值与校准时间价值的会计处理。

甲公司发行了一项 5 年期浮动利率债券,并希望在前 2 年内使其免于因利率上升而导致利息费用增加所带来的风险。因此,甲公司买进了一份为期 2 年的利率上限期权。在现金流量套期中,仅将利率上限期权的内在价值指定为套期工具。假定该期权被指定时,期权价值为 360 000 元,其中,内在价值为 60 000 元以及实际时间价值为 300 000 元。甲公司将该金额按照系统、合理的方法在保护期(即前 2 年)内分摊至当期损益。为简化核算,本例中以直线法分摊至当期损益。

(1) 实际时间价值等于校准时间价值的情形。

由于期权被指定时的实际时间价值为 300 000 元,假定其开始时的校准时间价值也为 300 000 元,因此,期权实际时间价值等于校准时间价值。假定期权的时间价值在第 1 年末金额为 240 000 元。在这种情形下,期权时间价值的变动如表 3-7 所示。

表 3-7   单位:元

	指定套期时	第 1 年末	第 2 年末	合计
期权的时间价值	300 000	240 000	0	—
计入其他综合收益的公允价值变动	—	60 000	240 000	300 000
从其他综合收益转出(分摊)的金额	—	150 000	150 000	300 000

甲公司有关期权时间价值的账务处理如下:

①指定套期时:

借:衍生工具　　　　　　　　　　　　　　　　　　　300 000
　　套期工具　　　　　　　　　　　　　　　　　　　 60 000
　　贷:银行存款　　　　　　　　　　　　　　　　　 360 000

注:本例中,只就期权价值中的内在价值指定为套期工具,有关它的后续核算参见本准则前文的阐述(下略)。

②第 1 年:

借:其他综合收益——套期成本　　　　　　　　　　　60 000
　　贷:衍生工具　　　　　　　　　　　　　　　　　 60 000
借:财务费用　　　　　　　　　　　　　　　　　　　150 000
　　贷:其他综合收益——套期成本　　　　　　　　　 150 000

③第 2 年:

借:其他综合收益——套期成本　　　　　　　　　　　240 000

贷：衍生工具　　　　　　　　　　　　　　　　　　　　240 000
　借：财务费用　　　　　　　　　　　　　　　　　　　　150 000
　　贷：其他综合收益——套期成本　　　　　　　　　　　150 000

（2）实际时间价值高于校准时间价值的情形。

　　假定该期权被指定时，期权价值为360 000元，其中，内在价值为60 000元以及实际时间价值为300 000元，此外，假定开始时的校准时间价值为250 000元，此时期权实际时间价值高于校准时间价值。假定该期权的实际时间价值在第1年末金额为200 000元，校准时间价值在第1年末金额为170 000元。在这种情形下，期权时间价值的变动如表3-8所示。

表3-8　　　　　　　　　　　　　　　　　　　　　　　　　　　　　　　单位：元

	指定套期时	第1年末	第2年末	合计
期权的实际时间价值	300 000	200 000	0	—
期权的校准时间价值	250 000	170 000	0	—
期权实际时间价值的变动金额	—	100 000	200 000	300 000
期权校准时间价值的变动金额（计入其他综合收益）	—	80 000	170 000	250 000
期权实际时间价值变动不计入其他综合收益的部分	—	20 000	30 000	500 000
从其他综合收益转出（分摊）的金额	—	125 000	125 000	250 000
影响当期损益的金额	—	145 000	155 000	300 000

甲公司有关期权时间价值的账务处理如下：

①指定套期时：

　借：衍生工具　　　　　　　　　　　　　　　　　　　　300 000
　　　套期工具　　　　　　　　　　　　　　　　　　　　 60 000
　　贷：银行存款　　　　　　　　　　　　　　　　　　　360 000

　注：本例中，只就期权价值中的内在价值指定为套期工具，有关它的后续核算参见本准则前文的阐述（下略）。

②第1年：

　借：其他综合收益——套期成本　　　　　　　　　　　　 80 000
　　　公允价值变动损益　　　　　　　　　　　　　　　　 20 000
　　贷：衍生工具　　　　　　　　　　　　　　　　　　　100 000
　借：财务费用　　　　　　　　　　　　　　　　　　　　125 000
　　贷：其他综合收益——套期成本　　　　　　　　　　　125 000

③第2年：

借：其他综合收益——套期成本 170 000
　　公允价值变动损益 30 000
　　贷：衍生工具 200 000
借：财务费用 125 000
　　贷：其他综合收益——套期成本 125 000

（3）实际时间价值低于校准时间价值的情形。

假定该期权被指定时，期权价值为360 000元，其中，内在价值为60 000元以及实际时间价值为300 000元，此外，假定开始时的校准时间价值为340 000元，此时期权实际时间价值低于校准时间价值。假定该期权的实际时间价值在第1年末金额为170 000元，校准时间价值在第1年末金额为230 000元。在这种情形下，期权时间价值的变动如表3-9所示。

表3-9　　　　　　　　　　　　　　　　　　　　　　　　　　　　　　单位：元

	指定套期时	第1年末	第2年末	合计
期权的实际时间价值	300 000	170 000	0	—
期权的校准时间价值	340 000	230 000	0	—
期权实际时间价值的变动金额	—	130 000	170 000	300 000
期权校准时间价值的变动金额	—	110 000	230 000	340 000
计入其他综合收益的变动金额	—	110 000	190 000	300 000
从其他综合收益转出（分摊）的金额	—	150 000	150 000	300 000
影响当期损益的金额	—	170 000	130 000	300 000

甲公司有关期权时间价值的账务处理如下：

①指定套期时：

借：衍生工具 300 000
　　套期工具 60 000
　　贷：银行存款 360 000

注：本例中，只就期权价值中的内在价值指定为套期工具，有关它的后续核算参见本准则前文的阐述（下略）。

②第1年：

借：其他综合收益——套期成本 110 000
　　公允价值变动损益 20 000
　　贷：衍生工具 130 000
借：财务费用 150 000
　　贷：其他综合收益——套期成本 150 000

③第2年：

```
借：其他综合收益——套期成本                    190 000
    贷：衍生工具                                170 000
        公允价值变动损益                         20 000
借：财务费用                                   150 000
    贷：其他综合收益——套期成本                  150 000
```

第三十三条 企业根据本准则第七条规定将远期合同的远期要素和即期要素分开、只将即期要素的价值变动指定为套期工具的，或者将金融工具的外汇基差单独分拆、只将排除外汇基差后的金融工具指定为套期工具的，可以按照与期权时间价值相同的处理方式对远期合同的远期要素或金融工具的外汇基差进行会计处理[①]。

【注释】

①**准则由来**：在2010年《套期会计》征求意见过程中，有反馈意见者要求IASB考虑将对期权时间价值会计处理的提议扩展至远期要素。在使用远期合同的情况下，被套期项目的价值通常有与该套期相对应的远期要素，这意味着主体可以选择整体指定远期合同，并使用"远期价格法"计量被套期项目。使用远期价格法时，远期要素实际上通过基于远期价格或利率计量的被套期项目价值变动被包括在套期关系之内。主体随后可以使用远期价格法将远期要素确认为套期成本，并将远期要素资本化为取得的资产或承担的负债的成本，或当被套期项目（例如，以外币计价的被套期销售）影响损益时，将远期要素重分类至损益。因此，在被套期项目影响损益之前，远期要素的变动不被计入损益，这一结果等同于对与交易相关的被套期项目进行套期时期权时间价值的会计处理。相应地，对于外汇基差的处理也参照上述规定执行。

第五章 信用风险敞口的公允价值选择权

第三十四条 企业使用以公允价值计量且其变动计入当期损益的信用衍生工具管理金融工具（或其组成部分）的信用风险敞口，可以在该金融工具（或其组成部分）初始确认时、后续计量中或尚未确认时，将其指定为以公允价值计量且其变动计入当期损益的金融工具，并同时作出书面记录，但应当同时满足下列条件[①②③]：

（一）金融工具信用风险敞口的主体（如借款人或贷款承诺持有人）与信用衍生工具涉及的主体相一致；

（二）金融工具的偿付级次与根据信用衍生工具条款须交付的工具的偿付级次相一致[④]。

上述金融工具（或其组成部分）被指定为以公允价值计量且其变动计入当期损益的金融工具的，企业应当在指定时将其账面价值（如有）与其公允价值之间的差额计入当期损益。如该金融工具是按照《企业会计准则第22号——金融工具确认和计量》第十八条分类为以公允价值计量且其变动计入其他综合收益的金融资产的，企业应当将之前计入其他综合收益的累计利得或损失转出，计入当期损益[⑤]。

【注释】

[①]准则由来：相比其他风险成分，信用风险在如何影响套期工具和被套期风险敞口的方式上有独特之处。IASB认为信用风险不是一种可单独识别的风险成分。例如，甲公司拥有一项乙公司的固定利率贷款，当信用事件发生时，固定利率贷款信用风险等于贷款名义本金减去乙公司承担义务的公允价值，其中由于固定利率贷款的公允价值受到市场利率变动的影响，因此信用风险不避免地受到利率风险的影响，更像是一种"叠加"风险。

根据《企业会计准则第22号——金融工具确认和计量》的相关规定，企业的信用衍生工具应当以公允价值计量且其变动计入当期损益，而贷款等金融资产并不一定以公允价值计量且其变动计入当期损益（如按摊余成本计量或尚未确认的确定承诺）。因此，在被套期风险敞口未按与信用衍生工具相同的基础进行计量的情况下，将会产生会计错配。然而，由于金融项目的信用风险通常无法单独识别，不属于符合条件的被套期项目，所以使用信用衍生工具对信用风险敞口进行套期的企业将无法运用套期会计。为解决这一问题，并允许企业在一定程度上反映其信用风险管理活动，本准则允许企业可以将具有信用风险敞口的金融工具指定为以公允价值计量且其变动计入当期损益，以替代套期会计，降低成本和会计操作的复杂性。

②**准则联系**：此处有区别于《企业会计准则第22号——金融工具确认和计量》规定的其他公允价值选择权，指定以公允价值计量且其变动计入当期损益的金融工具时，当且仅当于此金融工具初始确认时才可以指定，且后续计量中不可撤销或再指定（参见《企业会计准则第22号——金融工具确认和计量》第二十条表1-12）。本准则规定的对具有信用风险敞口的金融工具的公允价值选择权有以下灵活性：一是可以在金融工具初始确认后进行指定；二是可以对金融工具的一部分作出指定，而非仅限于金融工具全部；三是可以在一定条件下终止指定，即可以随时撤销。该选择权对于不属于《企业会计准则第22号——金融工具确认和计量》初始确认范围之内的信用风险敞口（例如大多数贷款承诺），也可使用该针对性的公允价值选择权来管理信用风险。

③许多金融机构通过信用衍生工具管理借贷活动产生的信用风险敞口。例如，金融机构运用信用衍生工具对信用风险敞口进行套期以将其贷款或贷款承诺的信用损失风险转移至第三方。常见的信用衍生工具有信用违约互换合同（Credit Default Swap，CDS）、信用价差期权等。CDS是指在一定期限内，买卖双方就指定的信用事件进行风险转换的一个合约。在CDS交易中，信用互换购买者将定期向信用互换出售者支付一定费用，而一旦出现信用类事件，违约互换购买者有权要求出售者参照特定信用事件承担赔付，从而有效规避信用风险。

知识拓展：2010年10月29日中国银行间市场交易商协会公布的《银行间市场信用风险缓释工具试点业务指引》创设了一种信用衍生品，即信用风险缓释工具（CRM），信用风险缓释工具包括信用风险缓释合约（Credit Risk Mitigation Agreement，CRMA）、信用风险缓释凭证（Credit Risk Mitigation Warrant，CRMW）及其他用于管理信用风险的信用衍生产品，被业内认为是我国对世界信用衍生品市场的一个创新，类似于国际上的CDS。

④这两条认定标准的设置是出于容许对特定信用风险进行经济套期的考虑，这些信用风险原本符合运用套期会计的标准，但是实际上由于被套期敞口内的信用风险成分不能单独识别，因而不属于满足合格被套期项目标准的风险成分。同时这些认定标准与金融机构目前的商业惯例下的监管要求和风险管理策略相一致。

⑤**实施指引**：当具有信用风险敞口金融工具（或其组成部分）为被指定为以公允价值计量且其变动计入当期损益的金融工具时，企业应当在指定时将其账面价值（如有）与其公允价值之间的差额计入当期损益，具体案例及处理方法参见【例3-19】。

【例 3-19】 信用衍生工具管理借贷活动产生的信用风险敞口的具体情形及其处理方法。

某境内银行甲授予某地产公司乙 10 000 万元的不可撤销的贷款承诺，该地产公司可以在未来 10 年内随时提取。第 5 年末，甲银行认为有必要降低对乙公司的信用风险敞口。甲银行以乙公司作为目标主体与中国银行订立了一项信用风险缓释合同 CRMA，对授予乙公司的贷款额度中 3 000 万元的信用风险进行管理。

信用违约互换合同的期限为 5 年，贷款的受偿顺序与发生信用事件时根据信用衍生工具条款所交割贷款的受偿顺序一致，均为一般债务。甲银行选择对未提用的 3 000 万元的贷款承诺指定为以公允价值计量且其变动计入当期损益，以便与以公允价值计量且其变动计入当期损益的信用违约互换合同的后续计量相匹配。

知识拓展：我国被允许交易信用风险缓释合同（CRMA）的只有 9 家中资商业银行和 5 家外资银行，监管层目前为保证这部分金融风险可控，暂时没有让券商、基金等机构参与交易的计划，因为监管层担心如果标的债务出现大规模信用事件，原本留存在银行体系中的信用风险就会转移到证券行业，给监管带来不利。

第三十五条 同时满足下列条件的，企业应当对按照本准则第三十四条规定的金融工具（或其一定比例）终止以公允价值计量且其变动计入当期损益：

（一）本准则第三十四条规定的条件不再适用，例如信用衍生工具或金融工具（或其一定比例）已到期、被出售、合同终止或已行使，或企业的风险管理目标发生变化，不再通过信用衍生工具进行风险管理。

（二）金融工具（或其一定比例）按照《企业会计准则第 22 号——金融工具确认和计量》的规定，仍然不满足以公允价值计量且其变动计入当期损益的金融工具的条件[①]。

当企业对金融工具（或其一定比例）终止以公允价值计量且其变动计入当期损益时，该金融工具（或其一定比例）在终止时的公允价值应当作为其新的账面价值。同时，企业应当采用与该金融工具被指定为以公允价值计量且其变动计入当期损益之前相同的方法进行计量。

【注释】

① 当终止标准适用时，不仅当前已指定为以公允价值计量且其变动计入当期损益的金融工具需要终止，而且尚未选择以公允价值计量且其变动计入当期损益的金融工具将不再满足该选择权的要求，这是为了确保会计处理与管理风险敞口的方式相统一。

【例3-20】管理信用敞口的衍生工具的具体情形及其处理方法。

甲银行向乙公司提供了一笔3 000万元的5年期浮动利率贷款。甲银行管理该贷款的业务模式以收取合同现金流量为目标，且合同现金流量特征仅为对本金和以未偿付本金金额为基础的利息的支付，因此以摊余成本计量。甲银行的信用风险政策要求针对整个贷款存续期内的全部信用风险进行风险管理。

甲银行使用的风险管理工具为信用风险缓释凭证（CRMW）。根据中国银行间市场交易商协会发布的《银行间市场信用风险缓释工具试点业务指引》规定，信用风险缓释凭证，是指由标的实体以外的机构创设的，为凭证持有人就标的债务提供信用风险保护的，可交易流通的有价凭证。

由于信用违约互换合同以公允价值计量且其变动计入当期损益，但贷款以摊余成本计量，为了降低上述计量不一致所产生的损益波动，甲银行将贷款指定为以公允价值计量且其变动计入当期损益。为确保有可恢复至以摊余成本计量的灵活性，甲银行清晰地记录了该指定是按照本准则作出，而非根据《企业会计准则第22号——金融工具确认和计量》作出。信用违约互换合同的目标债务为乙公司3 000万元的5年期浮动利率债务，甲银行贷款的受偿顺序与发生信用损失事件时根据信用违约互换合同所交割贷款的受偿顺序一致，均为次级债务。

3年后，甲银行认为，根据银行的信用风险管理政策，该项贷款的信用风险已降至无须通过信用违约互换合同管理的程度，于是终止了该信用违约互换合同。此时贷款的公允价值为3 600万元。

甲银行持有该项贷款的业务模式仍是以收取合同现金流量为目标，所以不满足以公允价值计量且其变动计入当期损益的条件。因此，甲银行对该贷款终止以公允价值计量且其变动计入当期损益，并开始以摊余成本计量，实际利率基于该项贷款的新账面价值3 600万元计算。

第六章 衔接规定

第三十六条 本准则施行日之前套期会计处理与本准则要求不一致的,企业不作追溯调整,但本准则第三十七条所规定的情况除外[①]。

在本准则施行日,企业应当按照本准则的规定对所存在的套期关系进行评估。在符合本准则规定的情况下可以进行再平衡,再平衡后仍然符合本准则规定的运用套期会计方法条件的,将其视为持续的套期关系,并将再平衡所产生的相关利得或损失计入当期损益。

【注释】

①**准则由来**:在制定2010年《套期会计》征求意见稿中建议的过渡规定时,IASB反对只对新的套期关系采用未来适用法应用套期会计,因为这样一来,主体虽然已经终止了按照IAS 39建立的套期关系,但仍保留了原套期会计模型。由此便导致主体同时应用两种模型,给会计处理造成复杂性,同时也导致披露的信息前后不一致且难以解释,降低了财务信息的可比性。因此,IASB建议对所有套期关系采用未来适用法应用拟定的套期会计要求,同时确保符合条件的套期关系可以在采用当日从现行的模型移至所建议的模型。

第三十七条 下列情况下,企业应当按照本准则的规定,对在比较期间最早的期初已经存在的、以及在此之后被指定的套期关系进行追溯调整[①]:

(一)企业将期权的内在价值和时间价值分开,只将期权的内在价值变动指定为套期工具。

(二)本准则第二十一条(二)规定的情形。

此外,企业将远期合同的远期要素和即期要素分开、只将即期要素的价值变动指定为套期工具的,或者将金融工具的外汇基差单独分拆、只将排除外汇基差后的金融工具指定为套期工具的,可以按照与本准则期权时间价值相同的处理方式对远期合同的远期要素和金融工具的外汇基差的会计处理进行追溯调整。如果选择追溯调整,企业应当对所有满足该选择条件的套期关系进行追溯调整。

【注释】

①**准则联系**:有关追溯调整程序参见《企业会计准则第28号——会计政策、会计估计变更和差错更正》。

第七章 附 则

第三十八条 本准则自2018年1月1日起施行①。

【注释】

①在境内外同时上市的企业以及在境外上市并采用国际财务报告准则或企业会计准则编制财务报告的企业,自2018年1月1日起施行;其他境内上市企业自2019年1月1日起施行;执行企业会计准则的非上市企业自2021年1月1日起施行。同时,鼓励企业提前执行。执行本准则的企业,不再执行财政部于2006年2月15日印发的《财政部关于印发〈企业会计准则第1号——存货〉等38项具体准则的通知》(财会〔2006〕3号)中的《企业会计准则第24号——套期保值》,以及财政部于2015年11月26日印发的《商品期货套期业务会计处理暂行规定》(财会〔2015〕18号)。

执行本准则的企业,应当同时执行财政部于2017年修订印发的《企业会计准则第22号——金融工具确认和计量》(财会〔2017〕7号)和《企业会计准则第23号——金融资产转移》(财会〔2017〕8号)。

第四部分　企业会计准则第 37 号
——金融工具列报

第一章 总　　则

第一条 为了规范金融工具的列报，根据《企业会计准则——基本准则》，制定本准则。

金融工具列报，包括金融工具列示和金融工具披露[1][2][3]。

【注释】

[1] 准则由来：IASC 于 1995 年发布了《国际会计准则第 32 号——金融工具：披露和列报》，2001 年，IASB 决定继续采用该准则，并对其进行了持续修订。2005 年 8 月，IASB 发布了《国际财务报告准则第 7 号——金融工具：披露》（IFRS 7），同年 12 月，IASB 修订了《国际会计准则第 32 号——金融工具：披露和列报》，将所有有关金融工具的披露规定移入到了 IFRS 7，同时将其名称修订为《国际会计准则第 32 号——金融工具：列报》（IAS 32）。因此，国际财务报告准则中有关金融工具列报和披露的内容分布在 IAS 32 和 IFRS 7 两部准则中。

为适应经济发展需要，提高财务报告质量，保持与国际财务报告准则的持续趋同，我国财政部于 2017 年印发了修订后的《企业会计准则第 37 号——金融工具列报》（以下简称"本准则"）。本准则包括金融工具列示和披露，其中"金融工具列示"是指金融工具在企业财务报表的表内列示，其内容与 IAS 32 相一致；"金融工具披露"是指金融工具在企业财务报表的表外附注披露，其内容与 IFRS 7 相一致。

[2] 本准则规范了金融负债和权益工具的区分，企业发行的金融工具相关利息、股利、利得和损失的会计处理，金融资产和金融负债的抵销，金融工具在财务报表中的列示和披露以及金融工具相关风险的披露。具体如下：

1) 企业应当按照计量属性并结合自身实际情况对金融工具进行分类，在此基础上在资产负债表和利润表中列报其对财务状况和经营成果的影响，并披露金融资产和金融负债的公允价值信息。企业应当披露套期活动对企业风险敞口的影响，以及采用套期会计对财务报表的影响。

2) 企业应当按照本准则规定，根据合同条款所反映的经济实质，将所发行的金融工具或其组成部分划分为金融负债或权益工具，并以此确定相关利息、股利、利得或损失的会计处理。与金融负债或复合金融工具负债成分相关的利息、股利、利得或损失，应当计入当期损益；与权益工具或复合金融工具权益成分相关的利息、股利，应当作为权益的变动处理。发行方不应当确认权益工具的公允价值变动。

3）企业应当正确把握金融资产和金融负债的抵销原则。满足本准则规定抵销条件的金融资产和金融负债应当以相互抵销后的净额在资产负债表内列示。企业应当充分考虑相关法律法规要求、合同或协议约定等各方面因素以及自身以总额还是净额结算的意图，对金融资产和金融负债是否符合抵销条件进行评估。

4）企业应当按风险类别（信用风险、市场风险和流动性风险）披露金融工具的定性和定量信息，包括风险敞口的来源、风险管理目标、政策和程序、风险敞口的汇总数据、风险集中度信息等，以便于财务报表使用者评估企业所面临风险的性质、程度以及企业风险管理活动的效果。

③准则联系：企业应当按照《企业会计准则第30号——财务报表列报》的规定列报财务报表信息。由于金融工具交易相对于企业的其他经济业务更具特殊性，具有与金融市场结合紧密、风险敏感性强、对企业财务状况和经营成果影响大等特点，对于与金融工具相关的信息，除按照财务表列报准则的规定列报外，还应当按照本准则的规定列报。

此外，本准则对于"金融资产转移"和"已转移金融资产的继续涉入"的定义不同于《企业会计准则第23号——金融资产转移》。企业应当按照本准则要求，对于已转移尚未终止确认的金融资产，以及已终止确认但继续涉入的金融资产披露相关信息。

第二条 金融工具列报的信息①，应当有助于财务报表使用者了解企业所发行金融工具的分类、计量和列报的情况，以及企业所持有的金融资产和承担的金融负债的情况，并就金融工具对企业财务状况和经营成果影响的重要程度、金融工具使企业在报告期间和期末所面临风险的性质和程度，以及企业如何管理这些风险作出合理评价。

【注释】
①金融工具列报的信息既包括财务报表表内信息，也包括财务报表表外的附注披露。

第三条 本准则适用于所有企业各种类型的金融工具①，但下列各项适用其他会计准则：

（一）由《企业会计准则第2号——长期股权投资》《企业会计准则第33号——合并财务报表》和《企业会计准则第40号——合营安排》规范的对子公司、合营企业和联营企业的投资，其披露适用《企业会计准则第41号——在其他主体中权益的披露》。但企业持有的与在子公司、合营企业或联营企业中的权益相联系的衍生工具，适用本准则。

企业按照《企业会计准则第22号——金融工具确认和计量》相关规定对联营企业或合营企业的投资进行会计处理的，以及企业符合《企业会计准则第33号——合并财务报表》有关投资性主体定义，且根据该准则规定对子公司的投资以公允价值计量且其变动计入当期损益的，对上述合营企业、联营企业或子公司的相关投资适用本准则[②]。

（二）由《企业会计准则第9号——职工薪酬》规范的职工薪酬相关计划形成的企业的权利和义务，适用《企业会计准则第9号——职工薪酬》。

（三）由《企业会计准则第11号——股份支付》规范的股份支付中涉及的金融工具以及其他合同和义务，适用《企业会计准则第11号——股份支付》。但是，股份支付中属于本准则范围的买入或卖出非金融项目的合同，以及与股份支付相关的企业发行、回购、出售或注销的库存股，适用本准则。

（四）由《企业会计准则第12号——债务重组》规范的债务重组，适用《企业会计准则第12号——债务重组》。但债务重组中涉及金融资产转移披露的，适用本准则。

（五）由《企业会计准则第14号——收入》规范的属于金融工具的合同权利和义务，适用《企业会计准则第14号——收入》。由《企业会计准则第14号——收入》要求在确认和计量相关合同权利的减值损失和利得时，应当按照《企业会计准则第22号——金融工具确认和计量》进行会计处理的合同权利，适用本准则有关信用风险披露的规定。

（六）由保险合同相关会计准则规范的保险合同所产生的权利和义务，适用保险合同相关会计准则。

因具有相机分红特征而由保险合同相关会计准则规范的合同所产生的权利和义务，适用保险合同相关会计准则[③]。但对于嵌入保险合同的衍生工具，该嵌入衍生工具本身不是保险合同的，适用本准则[④]；该嵌入衍生工具本身为保险合同的，适用保险合同相关会计准则。

企业选择按照《企业会计准则第22号——金融工具确认和计量》进行会计处理的财务担保合同，适用本准则；企业选择按照保险合同相关会计准则进行会计处理的财务担保合同，适用保险合同相关会计准则。

【注释】

①准则联系：通常情况下，符合《企业会计准则第22号——金融工具确认和计量》中金融工具定义的项目，应当按照该准则核算，并按照本准则列报。但一些符合金融工具定义的项目不按照《企业会计准则第22号——金融工具确认和计量》核算，也不按照本准则列报，或者不按照《企业会计准则第22号——金融工具确认和计量》核算但应按照本准则列报。同时，一些非金融项目合同有可能按照《企业会计准则第22号——金融工具确认和计量》核算并按照本准则

列报。

②**准则联系**：根据《企业会计准则第33号——合并财务报表》规定，符合投资性主体定义的企业对为其投资活动提供相关服务的子公司以外的其他子公司不予合并，并且对这类其他子公司的投资按照公允价值计量且其变动计入当期损益。投资性主体对于为其活动提供相关服务的子公司以外的其他子公司的投资的核算，适用《企业会计准则第22号——金融工具确认和计量》，相关的披露要求同时适用本准则和《企业会计准则第41号——在其他主体中权益的披露》。

根据《企业会计准则第2号——长期股权投资》的规定，风险投资机构、共同基金以及类似主体持有的对联营企业或合营企业的投资，可以在初始确认时按照《企业会计准则第22号——金融工具确认和计量》的规定以公允价值计量且其变动计入当期损益。如果企业选择按照《企业会计准则第22号——金融工具确认和计量》的规定核算该类投资，则相关的披露要求同时适用本准则和《企业会计准则第41号——在其他主体中权益的披露》。

对于通过风险投资机构、共同基金、信托公司或包括投连险基金在内的类似主体间接持有的对联营企业或合营企业的投资，企业选择按照《企业会计准则第22号——金融工具确认和计量》的规定以公允价值计量且其变动计入当期损益的，其相关的披露要求同时适用本准则和《企业会计准则第41号——在其他主体中权益的披露》。

企业在结构化主体（包括纳入和未纳入合并财务报表范围的结构化主体）中权益的披露，适用《企业会计准则第41号——在其他主体中权益的披露》。但企业对结构化主体不实施控制或共同控制，且无重大影响的，企业在该结构化主体中权益的披露应当同时适用本准则和《企业会计准则第41号——在其他主体中权益的披露》。

③**准则联系**：具有相机分红特征而适用保险合同相关会计准则的金融工具，实质上具有与所有者权益类似的参与分享企业剩余收益的权利。该类金融工具不适用本准则关于金融负债和权益工具区分的规定。

④**准则联系**：对于保险合同中嵌入的，按照《企业会计准则第22号——金融工具确认和计量》规定予以分拆后单独核算的衍生工具，应按照《企业会计准则第22号——金融工具确认和计量》进行核算，其列报适用本准则。

第四条 本准则适用于能够以现金或其他金融工具净额结算，或通过交换金融工具结算的买入或卖出非金融项目的合同[①]。但企业按照预定的购买、销售或使用要求签订并持有，旨在收取或交付非金融项目的合同，适用其他相关会计准则，但是企业根据《企业会计准则第22号——金融工具确认和计量》第八条的规定将该合同指定为以公允价值计量且其变动计入当期损益的金融资产或金融负债的，适用本准则。

【注释】

①可以用现金或其他金融工具进行净额结算或通过交换金融工具来结算的购买或出售非金融项目的合同有多种形式，包括：

1）合同条款允许合同的其中一方用现金或其他金融工具进行净额结算或通过交换金融工具来结算；

2）合同没有明确规定可以用现金或其他金融工具进行净额结算或通过交换金融工具来结算，但企业通常用现金或其他金融工具进行净额结算或通过交换金融工具来结算类似合同（不论是通过与合同的另一方签订套期合同还是在合同执行前或到期前出售合同）；

3）对于类似合同，企业通常在收到基础工具后短期内将其出售以获取因价格或交易商保证金的波动而产生的利润；

4）作为合同标的物的非金融项目易于转换为现金。

上述第二种和第三种合同并非企业按照预定的购买、销售或使用要求以收取或交付非金融项目为目的而签订的，因此，这类合同在本准则的适用范围之内。对于适用本条目的其他合同，企业应进行考察以确定合同是否按照预定的购买、销售或使用要求以收取或交付非金融项目为目的而签订并持有，进而确定是否适用本准则。

上述第一种和第四种合同，可以用现金或其他金融工具进行净额结算或通过交换金融工具来结算的购买或出售非金融项目的签出期权，在本准则的适用范围之内。这类合同不可能是企业按照预定的购买、销售或使用要求以收取或交付非金融项目为目的而签订的。

第五条 本准则第六章至第八章的规定，除适用于企业已按照《企业会计准则第 22 号——金融工具确认和计量》确认的金融工具外，还适用于未确认的金融工具①。

【注释】

①对于《企业会计准则第 22 号——金融工具确认和计量》未规范的贷款承诺，以及其他未确认的金融工具的披露，也适用本准则。例如，甲银行向某公司作出一项不可撤销的贷款承诺，合同规定，该公司以正在建设中的房屋作为抵押物，甲银行将根据房屋完工进度分期提供贷款，贷款利率按照市场利率确定。本例中，这是一项确定承诺，且不存在净额结算，贷款利率也不低于市场利率。如果甲银行没有将这项贷款承诺指定为以公允价值计量且其变动计入当期损益的金融负债，则其除减值外不遵循《企业会计准则第 22 号——金融工具确认和计量》，但其披露适用本准则。

第六条 本准则规定的交易或事项涉及所得税的，应当按照《企业会计准则第18号——所得税》进行处理①。

【注释】

①**编者语**：编者将单独编撰所得税准则注释，对本准则规定的交易或事项涉及所得税问题展开详细讨论。

第二章 金融负债和权益工具的区分

第七条 企业应当根据所发行金融工具的合同条款及其所反映的经济实质而非仅以法律形式①，结合金融资产、金融负债和权益工具的定义，在初始确认时将该金融工具或其组成部分分类为金融资产、金融负债或权益工具。

【注释】

①金融工具的经济实质而非法律形式，决定了其在发行方资产负债表内的分类。虽然经济实质和法律形式通常是一致的，但在某些情况下并非如此。有些金融工具的法律形式表现为权益工具，但实质上是金融负债；而有些金融工具可能既有权益工具的特征，又有金融负债的特征，例如：

1）包含强制性赎回条款的优先股。该优先股的合同规定发行方必须在未来某一特定日期或某一可确定的日期以某一特定金额或某一可确定的金额赎回该股票，或者持有方有权要求发行方在某一特定日期或在某一特定日期之后以某一特定金额或某一可确定的金额赎回该股票，则该优先股是一项金融负债。

2）如果一项金融工具是可回售工具（即持有方有权将其持有的该金融工具卖回给发行方以获取现金或其他金融资产），除非该可回售工具满足本准则第十六条至第十八条的规定，否则该可回售工具应被分类为一项金融负债。

第八条 金融负债，是指企业符合下列条件之一的负债①：

（一）向其他方交付现金或其他金融资产的合同义务②。

（二）在潜在不利条件下，与其他方交换金融资产或金融负债的合同义务③。

（三）将来须用或可用企业自身权益工具进行结算的非衍生工具合同，且企业根据该合同将交付可变数量的自身权益工具④。

（四）将来须用或可用企业自身权益工具进行结算的衍生工具合同，但以固定数量的自身权益工具交换固定金额的现金或其他金融资产的衍生工具合同除外⑤。企业对全部现有同类别非衍生自身权益工具的持有方同比例发行配股权、期权或认股权证，使之有权按比例以固定金额的任何货币换取固定数量的该企业自身权益工具的，该类配股权、期权或认股权证应当分类为权益工具⑥⑦。其中，企业自身权益工具不包括应按照本准则第三章分类为权益工具的金融工具，也不包括本身就要求在未来收取或交付企业自身权益工具的合同。

【注释】

①准则联系：从定义上来看，某些合同义务符合金融负债的定义，但由其他准则规范，例如，职工薪酬计划形成的某些义务（如应付职工薪酬等），符合金融负债的定义，但由于其计量具有一定的特殊性，其会计处理适用《企业会计准则第9号——职工薪酬》。

②例如，企业的应付账款、应付票据和应付债券等均属于金融负债，而应交税费（所得税）是企业按照税收法规规定承担的义务，不是以合同为基础的义务，不符合本准则关于金融工具的定义，不是金融负债。

③例如，企业作为义务方签出的看涨期权、看跌期权，使企业承担了在潜在不利条件下，与其他方交换金融资产或金融负债的合同义务，除符合本条所述"以固定数量的自身权益工具交换固定金额的现金或其他金融资产"（即"固定换固定"原则）的情况外，均应分类为金融负债。例如，20×0年1月1日，丙公司的股票价格为14元。甲企业与乙企业签订6个月后结算的期权合同，甲企业为期权的签出方。合同规定：乙企业以每股2元的期权费向甲企业买入6个月后行权价格为15元的丙公司股票的看涨期权。20×0年6月30日，如果丙公司股票的价格高于15元，则行权对乙企业有利，而甲企业将在不利条件下执行该期权，与乙企业交换金融资产。本例中，甲企业负有在潜在不利条件下与乙企业交换金融资产的合同义务，应当确认一项衍生金融负债。

④对于将来须交付企业自身权益工具的金融工具，如果未来结算时交付的权益工具数量是可变的，或者收到的对价的金额是可变的，则该金融工具的结算将对其他权益工具所代表的剩余权益带来不确定性（通过影响剩余权益总额或者稀释其他类型的权益工具），也就不符合权益工具的定义。例如，企业从银行取得3亿元贷款，并承诺六个月后向银行交付本企业发行的普通股以偿还该项贷款，交付的普通股数量根据交付时的股价确定，则该项承诺是一项金融负债。

⑤对于衍生工具，如果发行方只能通过以固定数量的自身权益工具交换固定金额的现金或其他金融资产进行结算，则该衍生工具是权益工具；如果发行方以固定数量自身权益工具交换可变金额现金或其他金融资产，或以可变数量自身权益工具交换固定金额现金或其他金融资产，或在转换价格不固定的情况下以可变数量自身权益工具交换可变金额现金或其他金融资产，则该衍生工具应当确认为衍生金融负债或衍生金融资产，例如，以普通股净额结算的股票期权。普通股净额结算是指企业以普通股代替现金进行净额结算，支付的普通股公允价值等于应当支付的现金金额。

⑥"固定换固定"原则的例外情况：以外币计价的配股权、期权或认股权证。

一般来说，如果企业的某项合同是通过固定金额的外币（即企业记账本位币以外的其他货币）交换固定数量的自身权益工具进行结算，但由于汇率的变动，导致固定金额的外币代表的是以企业记账本位币计价的可变金额，因此不符合"固定换固定"原则。但是，本准则在"固定换固定"原则下对以外币计价的配股权、期权或认股权证规定了一类例外情况：企业对全部现有同类别非衍生自身权益工具的持有方同比例发行配股权、期权或认股权证，使之有权按比例以固定金额的任何货币交换固定数量的该企业自身权益工具的，该类配股权、期权或认股权证应当分类为权益工具。这是一类范围很窄的例外情况，不能以类推方式适用于其他工具（如以外币计价的可转换债券）。"固定换固定"原则的例外情况参见【例4-1】。

⑦准则由来：根据IAS 32，对于衍生工具，只有当主体通过以固定数量的自身权益工具交换固定金额的现金或其他金融资产时，才能将其作为权益工具。2009年，IASB考虑了通过固定金额的外币（即主体记账本位币以外的其他货币）交换固定数量的自身权益工具进行结算的金融工具（包括配股权、期权以及认股权证）是否应该按照衍生负债处理的问题。IASB认为该类金融工具以外币结算将导致主体收取的现金或其他金融资产的金额是变动的，因此该金融工具为衍生负债，应以公允价值计量且将其变动计入当期损益。但是IASB认识到，配股权、期权以及认股权证将来只以主体既有股份数量为基础向现有股东发行股份，就此而言，配股权、期权以及认股权证在某种程度上类似于支付股票股利，因此将该类金融工具分类为衍生负债将与交易实质产生不一致。最终IASB决定，对于以固定金额的任何货币交换固定数量的主体自身权益工具的金融工具，当且仅当主体对全部现有同类别非衍生自身权益工具的持有方同比例发行配股权、期权或认股权证，该类配股权、期权或认股权证才能被分类为权益工具。IASB同时指出，该例外原则不推广至其他赋予持有者权利购买主体自身权益工具的金融工具，例如可转换债券的转换选择权。

【例4-1】"固定换固定"原则的例外情况。

中国平安保险（集团）股份有限公司（简称：中国平安，股票代码：SH.601318，HK.2318）在上海证券交易所和香港联合交易所两地上市，假定中国平安现向其所有的现有普通股股东提供每持有10股普通股可购买其1股普通股的权利（配股比例为10股配1股），配股价格为配股公告当日股价的80%。由于中国平安在上海证券交易所和香港联合交易所两地上市，配股权行权价的币种须与当地货币一致。

分析：由于中国平安是按比例向其所有同类普通股股东提供配股权，且以固定金额的任何货币交换固定数量的该企业普通股，因此该配股权应当分类为权益工具。

第九条 权益工具，是指能证明拥有某个企业在扣除所有负债后的资产中的剩余权益的合同。企业发行的金融工具同时满足下列条件的，符合权益工具的定义，应当将该金融工具分类为权益工具：

（一）该金融工具应当不包括交付现金或其他金融资产给其他方，或在潜在不利条件下与其他方交换金融资产或金融负债的合同义务；

（二）将来须用或可用企业自身权益工具结算该金融工具。如为非衍生工具，该金融工具应当不包括交付可变数量的自身权益工具进行结算的合同义务；如为衍生工具，企业只能通过以固定数量的自身权益工具交换固定金额的现金或其他金融资产结算该金融工具[①]。企业自身权益工具不包括应按照本准则第三章分类为权益工具的金融工具，也不包括本身就要求在未来收取或交付企业自身权益工具的合同。

【注释】

①企业对全部现有同类别非衍生自身权益工具的持有方同比例发行配股权、期权或认股权证，使之有权按比例以固定金额的任何货币交换固定数量的该企业自身权益工具的，该类配股权、期权或认股权证应当分类为权益工具，相关解释和准则由来详见本准则第八条【注释】⑥和【注释】⑦。

第十条 企业不能无条件地避免以交付现金或其他金融资产来履行一项合同义务的，该合同义务符合金融负债的定义。有些金融工具虽然没有明确地包含交付现金或其他金融资产义务的条款和条件，但有可能通过其他条款和条件间接地形成合同义务[①]。

如果一项金融工具须用或可用企业自身权益工具进行结算，需要考虑用于结算该工具的企业自身权益工具，是作为现金或其他金融资产的替代品，还是为了使该工具持有方享有在发行方扣除所有负债后的资产中的剩余权益。如果是前者，该工具是发行方的金融负债；如果是后者，该工具是发行方的权益工具。在某些情况下，一项金融工具合同规定企业须用或可用自身权益工具结算该金融工具，其中合同权利或合同义务的金额等于可获取或需交付的自身权益工具的数量乘以其结算时的公允价值，则无论该合同权利或合同义务的金额是固定的，还是完全或部分地基于除企业自身权益工具的市场价格以外变量（例如利率、某种商品的价格或某项金融工具的价格）的变动而变动的，该合同应当分类为金融负债[②③]。

【注释】

①区分金融负债和权益工具需考虑以下因素：

1) 合同所反映的经济实质。在判断一项金融工具是否应划分为金融负债或权益工具时，应当以相关合同条款及其所反映的经济实质而非仅以法律形式为依据，运用金融负债和权益工具区分的原则，正确地确定该金融工具或其组成部分的会计分类。对金融工具合同所反映经济实质的评估应基于合同的具体条款。企业不应仅依据监管规定或工具名称进行划分。

2) 工具的特征。有些金融工具（如企业发行的某些优先股、永续债）可能既有权益工具的特征，又有金融负债的特征。因此，企业应当全面细致地分析此类金融工具各组成部分的合同条款，以确定其显示的是金融负债还是权益工具的特征，并进行整体评估，以判定整个工具应划分为金融负债或权益工具，还是既包括负债成分又包括权益工具成分的复合金融工具。

②准则由来：IASB指出，如果在合同中主体将其自身权益工具作为现金使用，其中合同权利或义务的金额等于固定金额或者基于某一基础变量的变动而变动金额，那么将该金融工具合同作为权益工具核算是不恰当的。因为这类合同代表的是特定金额的权利或义务，而不是特定的权益利益。对于这类合同，主体在结算之前并不知道它将获取或交付多少自身权益工具，主体甚至不知道它到底是否将获取或交付自身权益工具。

此外，IASB指出，规定这类合同不能作为权益工具核算，可以降低主体为了将合同作为权益工具核算而构建潜在有利或不利的交易的动机，防止主体通过简单地在合同中加入一个股票结算条款而达到把合同作为权益工具核算的目的。

③金融负债和权益工具区分的基本原则如下：

第一，是否存在无条件地避免交付现金或其他金融资产的合同义务。

1) 如果企业不能无条件地避免以交付现金或其他金融资产来履行一项合同义务，则该合同义务符合金融负债的定义。实务中，常见的该类合同义务情形包括：不能无条件避免的赎回，即金融工具发行方不能无条件地避免赎回此金融工具，详见本准则第十一条；强制付息，即金融工具发行方被要求强制支付利息。

例如，企业发行了一项面值为5 000万元的优先股，合同要求企业每年需按照6%的股息率支付优先股股息，则该企业承担了未来每年支付6%股息的合同义务，企业应当就该强制付息的合同义务确认金融负债。又如，企业发行的一项无固定还款期限且不可赎回的永续债，合同约定企业每年需按7%的利率强制付息。尽管该项工具的期限永续且不可赎回，但由于企业承担了以利息形式永续支付现金的合同义务，因此符合金融负债的定义。

需要说明的是，对企业履行交付现金或其他金融资产的合同义务能力的限制（如无法获得外币、需要得到有关监管部门的批准才能支付或其他法律法规的限制等），并不能解除企业就该金融工具所承担的合同义务，也不能表明该企业无须承担该金融工具的合同义务。

2) 如果企业能够无条件地避免交付现金或其他金融资产，例如能够根据相应的议事机制自主决定是否支付股息（即无支付股息的义务），同时所发行的金融工具没有到期日且合同对手没有回售权，或虽有固定期限但发行方有权无限期递延（即无支付本金的义务），则此类交付现金或其他金融资产的结算条款不构成金融负债。如果发放股利由发行方根据相应的议事机制自主决定，则股利是累积股利还是非累积股利本身不影响该金融工具被分类为权益工具。

实务中,优先股等金融工具发行时还可能会附有与普通股股利支付相连结的合同条款。这类工具常见的连结条款包括"股利制动机制"和"股利推动机制"等。"股利制动机制"的合同条款要求企业如果不宣派或支付(视具体合同条款而定,下同)优先股等金融工具的股利,则其也不能宣派或支付普通股股利。"股利推动机制"的合同条款要求企业如果宣派或支付普通股股利,则其也须宣派或支付优先股等金融工具的股利。如果优先股等金融工具所连结的是诸如普通股的股利,发行方根据相应的议事机制能够自主决定普通股股利的支付,则"股利制动机制"及"股利推动机制"本身均不会导致相关金融工具被分类为金融负债。对于本段所述判断依据,企业应谨慎地将其适用范围限制在普通股股利支付相连结的情形,不能推广适用到其他情形,例如与交叉保护条款或其他投资者保护条款相连结。判断具有连结条款的金融工具是金融负债还是权益工具的示例参见【例4-2】。

企业应当基于真实、完整的合同进行相关分析和判断。在实务中,有时存在部分条款措辞不够严谨或不够明确的情况,企业应当进一步明确合同条款是否会导致发行人存在交付现金或其他金融资产的义务。企业应当确保合同措辞明确,能够以此为基础作出合理的会计判断。另外,某些永续债条款可能也会约定永续债债权人破产清算时的清偿顺序等同于其他债务。在此类情况下,企业应当考虑这些条款是否会导致该永续债分类为金融负债。

3) 判断一项金融工具是划分为权益工具还是金融负债,不受下列因素的影响:以前实施分配的情况;未来实施分配的意向;相关金融工具如果没有发放股利对发行方普通股的价格可能产生的负面影响;发行方的未分配利润等可供分配权益的金额;发行方对一段期间内损益的预期;发行方是否有能力影响其当期损益等。

4) 有些金融工具虽然没有明确地包含交付现金或其他金融资产义务的条款和条件,但有可能通过其他条款和条件间接地形成合同义务。例如,企业可能在显著不利的条件下选择交付现金或其他金融资产,而不是选择履行非金融合同义务,或选择交付自身权益工具。在实务中,相关合同可能包含利率跳升等特征,往往可能构成发行方交付现金或其他金融资产的间接义务。企业须借助合同条款和相关信息,进行全面分析判断。例如,对于某合同中存在的"票息递增"条款,考虑到其只有一次利率跳升机会,且跳升幅度为2%(200基点),尚不构成本条目所述的间接义务。

第二,是否通过交付固定数量的自身权益工具结算。

某项合同并不仅仅因为它可能导致企业获取或交付企业自身权益工具而成为一项权益工具。根据本准则第九条,权益工具是证明拥有企业的资产扣除负债后的剩余权益的合同。因此,对于将来须交付企业自身权益工具的金融工具,如果未来结算时交付的权益工具数量是可变的,或者收到的对价的金额是可变的,则该金融工具的结算将对其他权益工具所代表的剩余权益带来不确定性（通过影响剩余权益总额或者稀释其他权益工具），也就不符合权益工具的定义。符合"固定换固定"原则的交易主要有：以自身权益工具结算的股份支付，可转换债券，配股，股本认购权，定向增发，向高管发放的股权激励等。

实务中，一项须用或可用企业自身权益工具结算的金融工具是否对其他权益工具的价值带来不确定性，通常与该工具的交易目的相关。如果该自身权益工具是作为现金或其他金融资产的替代品（例如作为商品交易中的支付手段），则该自身权益工具的接收方一般而言需要该工具在交收时具有确定的交易对价总额，以便得到与接受现金或其他金融资产的同等收益，因此企业所交付的自身权益工具数量是根据交付时的公允价值计算的，是可变的。反之，如果该自身权益工具是为了使持有方作为出资人享有企业（发行人）资产扣除负债的剩余权益，那么需要交付的自身权益工具数量通常在一开始就已商定，而不是在交付时计算确定。

将来须用或可用企业自身权益工具结算的金融工具应当区分为衍生工具和非衍生工具。例如，甲公司发行了一项无固定期限、能够自主决定支付本息的可转换优先股。按合同规定，甲公司将在第3年末将发行的该工具强制转换为可变数量的普通股，则该可转换优先股是一项非衍生工具。又如，甲公司发行一项3年期分期付息到期还本，同时到期可转换为固定数量普通股的可转换债券，则该可转换债券中嵌入的转换权是一项衍生工具。

1) 基于自身权益工具的非衍生工具。

对于非衍生工具，如果发行方未来有义务交付可变数量的自身权益工具进行结算，则该非衍生工具是金融负债；否则，该非衍生工具是权益工具。

某项合同并不仅仅因为其可能导致企业交付自身权益工具而成为一项权益工具。企业可能承担交付一定数量的自身权益工具的合同义务，如果将交付的企业自身权益工具数量是变化的，使得将交付的企业自身权益工具的数量乘以其结算时的公允价值等于合同义务的金额，则无论该合同义务的金额是固定的，还是完全或部分地基于除企业自身权益工具的市场价格以外变量（例如利率、某种商品的价格或某项金融工具的价格）的变动而变化，该合同应当分类为金融负债。判断交付可变数量的自身权益工具的合同是金融负债还是权益工具的示例参见【例4-3】。

2) 基于自身权益工具的衍生工具。

对于衍生工具，如果发行方只能通过以固定数量的自身权益工具交换固定金额的现金或其他金融资产进行结算（即"固定换固定"），则该衍生工具是权益工具；如果发行方以固定数量自身权益工具交换可变金额现金或其他金融资产，或以可变数量自身权益工具交换固定金额现金或其他金融资产，或在转换价格不固定的情况下以可变数量自身权益工具交换可变金额现金或其他金融资产，则该衍生工具应当确认为衍生金融负债或衍生金融资产。例如，甲公司签出了一项股票期权，该股票期权赋予了工具持有方以固定价格购买固定数量的甲公司股票的权利。该合同的公允价值可能会随着股票价格以及市场利率的波动而变动，但是，只要该合同的公允价值变动不影响结算时甲公司可收取的现金或其他金融资产的金额，也不影响需交付的权益工具的数量，则甲公司应将该股票期权作为一项权益工具处理。收到的任何对价（例如基于企业自身权益工具的签出期权或认股权证的费用）都直接增加权益，支付的所有款项（例如购入期权所支付的对价）直接从权益中扣减，权益工具公允价值的变化不在财务报表中确认。基于自身权益工具的衍生工具在不同结算方式下的账务处理参见【例4-4】。

运用上述"固定换固定"原则来判断会计分类的金融工具常见于可转换债券、具备转股条款的永续债、优先股等。如果发行的金融工具合同条款中包含在一定条件下转换成发行方普通股的约定且存在交付现金或其他金融资产的义务（例如每年支付固定股息的可转换优先股中的转换条款），该转股权将涉及发行方是否需要交付可变数量自身权益工具或者是否"固定换固定"的判断。在实务中，转股条款呈现的形式可能纷繁复杂，发行方应审慎确定其合同条款及所反映的经济实质是否能够满足"固定换固定"原则。

需要说明的是，在实务中，对于附有可转换为普通股条款的可转换债券等金融工具，在其转换权存续期内，发行方可能发生新的融资或者与资本结构调整有关的经济活动，例如股份拆分或合并、配股、转增股本、增发新股、发放现金股利等。通常情况下，即使转股价初始固定，但为了确保此类金融工具持有方在发行方权益中的潜在利益不会被稀释，合同条款会规定在此类事项发生时，转股价将相应进行调整。此类对转股价格以及相应转股数量的调整通常称为"反稀释"调整。原则上，如果按照转股价格调整公式进行调整，可使得稀释事件发生之前和之后，每一份此类金融工具所代表的发行方剩余利益与每一份现有普通股所代表的剩余利益的比例保持不变，即此类金融工具持有方相对于现有普通股股东所享有的在发行方权益中的潜在相对利益保持不变，则可认为这一调整并不违背"固定换固定"原则。如果不做任何调整，也可认为合同双方在此类工具发行时已在其估值中考虑了上述活动的预期影响。但如果做了调整且调整公式无法体现此类工具持有人与普通股股东在相关事件发生前后"同进同退"的原则，则不能认为这一调整符合"固定换固定"原则。

准则由来：对于金融负债和权益工具的区分，IASB曾考虑并否决了以下方法：

1）所有以主体自身股票结算的合同都归类为权益工具。IASB否决了该方法，因为该方法对于主体将其自身股票作为现金使用的交易（即主体以其自身可变数量的股票，对支付固定的或可确定金额的合同义务进行结算）是不合理的。

2）仅在以下情况下把合同归类为权益工具：第一，合同将以主体自身股票结算；第二，从合同另一方的角度看，合同公允价值变动与股票公允价值变动方向一致。反之，如果合同公允价值变动与主体自身股票价格变动方向相反，那么这些以主体自身股票结算的合同将归类为金融资产或金融负债，例如主体具有回购其自身股票义务的合同。IASB否决了这一方法，因为采用这种方法将从根本上改变权益的概念。

3）如果合同以主体自身股票结算，则该合同归类为权益工具，除非其价值随主体自身股票价格以外的因素变动。为了避免违背以可变数量的主体自身股票结算的非衍生工具合同应分类为金融资产或金融负债这一原则，IASB否决了该方法。

4）仅把流通在外的普通股归类为权益工具，其他在未来收取或支付主体自身股票的合同都归类为金融资产或金融负债。IASB否决了该方法，因为采用该方法也将从根本上改变权益的概念。

【例4-2】判断具有连结条款的金融工具是金融负债还是权益工具。

（1）甲公司发行了一项无固定还款期限、可自主决定是否支付利息的不可累积永续债，年利率为6%。该永续债嵌入了一项看涨期权，允许甲公司在发行第3年及之后以面值回购该永续债，如果甲公司在第3年末没有回购该永续债，则之后的票息率增加至10%（通常称为"票息递增"特征）。此外，该永续债的合同条款包括"股利推动机制"，即该永续债票息在甲公司向其普通股股东支付股利时必须支付。甲公司根据相应的议事机制能够自主决定普通股股利的支付，并且该公司发行该永续债之前多年来均支付普通股股利。

分析：本例中，尽管甲公司多年来均支付普通股股利，但由于甲公司能够根据相应的议事机制自主决定普通股股利的支付，并进而影响永续债利息的支付，对甲公司而言，该永续债利息并未形成支付现金或其他金融资产的合同义务；尽管甲公司有可能在第3年末行使回购权，但是甲公司并没有回购的合同义务；虽然合同中存在利率跳升安排，但该安排也不构成企业无法避免的支付义务。因此，如果没有其他情形导致该工具被分类为金融负债，则该永续债应整体被分类为权益工具。

（2）乙公司发行了一项无固定还款期限、可自主决定是否支付利息的不可累积永续债，年利率为6%，合同约定当发行人未能清偿到期应付的其他债务融资工具、企业债或任何金融机构贷款的本金或利息时，发行人立即启动投资者保护机制（实务中有时将此类保护条款称为"交叉保护"），即主承销商于20个工作日内召开永续债持有人会议。永续债持有人有权对如下处理方案进行表决：①无条件豁免违反约定；②有条件豁免违反约定，即如果发行人采取了补救方案（如增加担保），并在30日内完成相关法律手续的，则豁免违反约定。

如上述豁免的方案经表决生效，发行人应无条件接受持有人会议作出的上述决议，并于30个工作日内完成相关法律手续。如上述方案未获表决通过，则永续债本息应在持有人会议召开日的次日立即到期应付。

分析：首先，因为受市场对生产经营的影响等因素，能否有足够的资金支付到期的债务不在乙公司的控制范围内，即其无法控制是否会对债务产生违约；其次，当乙公司对债务产生违约时，其无法控制持有人大会是否会通过上述豁免的方案。而当持有人大会决定不豁免时，乙公司就需到期支付永续债本息。因此，乙公司不能无条件地避免以交付现金或其他金融资产来履行一项合同义务，该永续债符合金融负债的定义，应当被分类为金融负债而非权益工具。

（3）丙公司发行了一项无固定还款期限、可自主决定是否支付利息的不可累积永续债，年利率为6%，合同约定一旦发行人破产或视同清算、发生超过净资产10%以上重大损失、财务指标承诺未达标、财务状况发生重大变化、控制权变更或信用评级被降级、发生其他投资者认定足以影响债权实现的事项等情形，那么该永续债一次到期应付，除非持有人大会通过豁免的决议。

分析：在这些合同中，破产往往是指无力偿债、拖欠到期应付款项、停止或暂停支付所有或大部分债务或终止经营其业务，或根据《破产法》规定进入破产程序，因此，由于发行人不能控制能否按时偿债、是否会发生超过净资产10%以上重大损失、财务指标承诺能否达标、财务状况是否发生重大变化、控制权是否会变更或信用等级是否会被降级、是否会发生其他投资者认定足以影响债权实现的事项等情形，进而无法无条件地避免以交付现金或其他金融资产来履行一项合同义务。因此，包含此类条款的永续债也应当被分类为金融负债。

【例4-3】判断交付可变数量的自身权益工具的合同是金融负债还是权益工具。

（1）甲公司与乙公司签订的合同约定，甲公司以500万元等值的自身权益工具偿还所欠乙公司债务。

分析：甲公司需偿还的负债金额500万元是固定的，但甲公司需交付的自身权益工具的数量随着其权益工具市场价格的变动而变动。在这种情况下，甲公司发行的该金融工具应当划分为金融负债。

（2）甲公司与乙公司签订的合同约定，甲公司以200盎司黄金等值的自身权益工具偿还所欠乙公司债务。

分析：甲公司需偿还的负债金额随黄金价格变动而变动，同时，甲公司需交付的自身权益工具的数量随着其权益工具市场价格的变动而变动。在这种情况下，该金融工具应当划分为金融负债。

（3）甲公司发行了5 000万元的优先股，每股100元。合同条款规定甲公司在5年后将优先股强制转换为普通股，转股价格为转股日前一工作日的该普通股市价。

分析：由于转股价格的变动，甲公司未来须交付的普通股数量也是可变的，转股的实质可视作甲公司将在5年后使用自身普通股并按其市价履行支付优先股每股人民币100元的义务。在这种情况下，该强制可转换优先股整体是一项金融负债。

在上述三个示例中，虽然企业通过交付自身权益工具来结算合同义务，但这些合同仍属于一项金融负债,而并非企业的权益工具。因为企业以可变数量的自身权益工具作为合同结算方式,该合同不能证明持有方享有发行方在扣除所有负债后的资产中的剩余权益。

【例4-4】基于自身权益工具的衍生工具在不同结算方式下的账务处理。
(1) 签出以自身股票为标的的看涨期权。

本例中,甲企业签出以自身股票为基础资产的看涨期权,根据该合同规定,看涨期权的持有方有权在可行权日以202元每股的价格购入1 000股甲企业普通股股票,其余合同条款和相关数据见下表。假设合同分别约定以下列方式结算:①以现金进行净额结算;②以股票进行净额结算;或者③以交付现金换取股票的方式进行结算("固定换固定")。本例还将讨论结算方式选择权的影响[参见本例④中的讨论]。

表4-1   单位:元

合同签订日	20×0年10月1日
到期日	20×1年3月31日
行权价格	202
基础资产数量	1 000

表4-2   单位:元

日期	每股市价	期权的公允价值
20×0年10月1日	200	5 000(内在价值0+时间价值5 000)
20×0年12月31日	210	11 000(内在价值8 000+时间价值3 000)
20×1年3月31日	206	4 000(内在价值4 000+时间价值0)

①以现金净额结算。

分析:在现金净额结算约定下,甲企业不能无条件避免向另一方支付现金或其他金融资产,因此应当将该期权划分为金融负债。

20×0年10月1日,确认签出的看涨期权,收取期权费,期权当期公允价值为5 000元。

借:银行存款   5 000
    贷:衍生工具——看涨期权   5 000

20×0年12月31日,记录看涨期权公允价值的变动6 000元。

借:公允价值变动损益   6 000
    贷:衍生工具——看涨期权   6 000

20×1年3月31日,记录看涨期权的公允价值变动7 000元。

借：衍生工具——看涨期权　　　　　　　　　　　　　7 000
　　贷：公允价值变动损益　　　　　　　　　　　　　　　7 000

20×1年3月31日，以现金净额结算看涨期权。

借：衍生工具——看涨期权　　　　　　　　　　　　　4 000
　　贷：银行存款　　　　　　　　　　　　　　　　　　　4 000

②以股票进行净额结算。

假设除了将以股票净额结算代替现金净额结算之外，其他条件均与①中的相同。

分析：普通股净额结算是指甲企业以普通股代替现金进行净额结算，支付的普通股公允价值等于应当支付的现金净额。在普通股净额结算约定下，甲企业必须交付可变数量自身公司普通股数量，因此应当将该期权划分为金融负债。

20×1年3月31日，以股票净额结算签出看涨期权，交付股票的数量为19.42股（4 000/206）。因交付的普通股数量必须为整数，所以交付19股，余下金额为87元（0.42×206）将以现金方式交付。除以下会计处理外，甲企业的会计处理与情形①相同：

借：衍生工具——看涨期权　　　　　　　　　　　　　4 000
　　贷：股本　　　　　　　　　　　　　　　　　　　　　　19
　　　　资本公积——股本溢价　　　　　　　　　　　　3 894
　　　　银行存款　　　　　　　　　　　　　　　　　　　　87

③以交付现金换取股票的方式进行结算（总额结算）。

20×0年10月1日，将收到的期权费确认为权益。在行权时，该看涨期权将导致发行固定数量的股票以换取固定金额的现金（"固定换固定"）。

借：银行存款　　　　　　　　　　　　　　　　　　　5 000
　　贷：其他权益工具　　　　　　　　　　　　　　　　　5 000

20×0年12月31日，不需要做分录，因为没有支付或收取现金，且交付指定数量企业自身的股票以换取固定金额的现金的合同符合企业权益工具的定义（权益工具不计量后续公允价值变动）。

20×1年3月31日，持有方行使看涨期权，该合同以总额进行结算。企业有义务交付1 000股自身股票，以换取202 000的现金。

借：银行存款　　　　　　　　　　　　　　　　　　202 000
　　其他权益工具　　　　　　　　　　　　　　　　　5 000
　　贷：股本　　　　　　　　　　　　　　　　　　　　1 000
　　　　资本公积——股本溢价　　　　　　　　　　　206 000

④结算选择权。

结算选择权（如现金净额、股票净额或现金和股票的交换）的存在导致看涨期权成为一项金融负债。由于可以用企业发行自身固定数量股票而收取固定金额的现金或其他金融资产以外的其他方式进行结算，该合同不符合权益工具的定义。企业应该如上述①和②所示,确认一项衍生负债。结算时需要做的会计分录取决于合同的实际结算方式。

(2) 签出以自身股票为标的的看跌期权。

20×1年5月1日,甲公司向乙公司签出了一项以自身普通股为基础资产的欧式看跌期权,行权日为20×2年4月30日。合同约定,如果乙公司行权,乙公司有权以每股95元的价格向甲公司出售1 500股甲公司普通股(见表4-3)。假设合同签订日行权价格的现值为每股91元。每股市价及期权的公允价值如表4-4所示。

表4-3 单位:元

合同签订日	20×1年5月1日
到期日	20×2年4月30日
行权价格	95
基础资产数量	1 500

表4-4 单位:元

项目	每股市价	期权的公允价值
20×1年5月1日	98	6 000(内在价值0+时间价值6 000)
20×1年12月31日	93	5 000(内在价值3 000+时间价值2 000)
20×2年4月30日	93	3 000(内在价值3 000+时间价值0)

①期权以现金净额结算。

在现金净额结算约定下,甲公司不能完全避免向另一方支付现金的义务,因此应当将该期权划分为金融负债。甲公司的账务处理如下:

20×1年5月1日,确认发行的看跌期权。

借:银行存款 6 000
　　贷:衍生工具——看跌期权 6 000

20×1年12月31日,确认期权公允价值减少。

借:衍生工具——看跌期权 1 000
　　贷:公允价值变动损益 1 000

20×2年4月30日,确认期权公允价值减少。

借:衍生工具——看跌期权 2 000
　　贷:公允价值变动损益 2 000

当日,乙公司行使了该看跌期权,合同以现金净额方式进行结算,甲公司有义务向乙公司交付142 500元(95×1 500),并从乙公司收取139 500元(93×1 500),甲公司实际支付净额3 000元。甲公司结算该看跌期权的账务处理如下：

借：衍生工具——看跌期权　　　　　　　　　　　　　　3 000
　　贷：银行存款　　　　　　　　　　　　　　　　　　　　3 000

②期权以普通股净额结算。

普通股净额结算是指甲公司以普通股代替现金进行净额结算，支付的普通股公允价值等于应当支付的现金金额。在普通股净额结算约定下，由于甲公司须交付的普通股数量［(95－行权日每股市价)×1 500÷行权日每股价格］不确定，因此应当将该期权划分为金融负债。

20×2年4月30日，乙公司行使了该看跌期权，甲公司实际向乙公司交付普通股数量约为32.26股（3 000/93），因交付的普通股数量须为整数，实际交付32股，余下的金额24元（0.26×93）将以现金方式支付。因此，甲公司结算该看跌期权的账务处理如下（其他账务处理与情形1相同）：

借：衍生工具——看跌期权　　　　　　　　　　　　　　3 000
　　贷：股本　　　　　　　　　　　　　　　　　　　　　　32
　　　　资本公积——股本溢价　　　　　　　　　　　　　2 944
　　　　银行存款　　　　　　　　　　　　　　　　　　　　24

③期权以普通股总额结算。

在普通股总额结算的约定下，甲公司需支付固定金额的现金交付，同时将收到固定数量的普通股，因此应当将该期权划分为权益工具。

甲公司的账务处理如下：

20×1年5月1日，确认发行的看跌期权。

借：银行存款　　　　　　　　　　　　　　　　　　　　6 000
　　贷：其他权益工具　　　　　　　　　　　　　　　　　6 000

确认一年后交付142 500元义务的现值136 500元（91×1 500）。

借：库存股　　　　　　　　　　　　　　　　　　　　　136 500
　　贷：其他应付款　　　　　　　　　　　　　　　　　　136 500

20×1年12月31日，根据实际利率法计算的对股票赎回金额的负债的利息。

借：财务费用　　　　　　　　　　　　　　　　　　　　4 000
　　贷：其他应付款　　　　　　　　　　　　　　　　　　4 000

20×2年4月30日，根据实际利率法计算的对股票赎回金额的负债的利息。

借：财务费用　　　　　　　　　　　　　　　　　　　　2 000
　　贷：其他应付款　　　　　　　　　　　　　　　　　　2 000

同日，由于该看跌期权是价内期权（行权价格每股95元大于市场价格每股93元），乙公司行使了该期权，并以142 500元（95×1 500）向甲公司出售了1 500股甲公司股票。甲公司结算该看跌期权的账务处理如下：

借：其他应付款　　　　　　　　　　　　　　　　　　　142 500
　　贷：银行存款　　　　　　　　　　　　　　　　　　　142 500

④结算选择权。

结算选择权（如现金净额、普通股净额或普通股总额）的存在导致签出的看跌期权成为一项金融负债。由于可以用企业发行自身固定数量股票而收取固定金额的现金或其他金融资产以外的其他方式进行结算，该合同不符合权益工具的定义，企业应该如上述①和②所示，确认一项衍生负债。结算时需要做的会计分录取决于合同的实际结算方式。

（3）出售以自身股票为标的的远期合同。

20×1年5月1日，甲公司与乙公司签订了一份出售自身股票的远期合同，到期日为20×2年4月30日。合同约定，甲公司在到期日以每股104元的价格向乙公司出售自身普通股1 500股。为了简化说明，假定基础股票不发放股利（即不考虑持有的现金利得），根据金融工程知识，当远期合同签订日公允价值为零时，远期价格的现值与现货价格相等。甲公司每股市价及远期合同的公允价值如表4-5所示。

表4-5　　　　　甲公司每股市价及远期合同的公允价值　　　　　单位：元

项目	每股市价	远期价格的现值	远期合同中的股票数量	远期合同的公允价值*
20×1年5月1日	98	98	1 500股	0
20×1年12月31日	108	102		-9 000
20×2年4月30日	106	104		-3 000

注：*远期合同公允价值=（远期价格的现值-股票市场价格）×远期合同中的股票数量。

①远期合同以现金净额结算。

在现金净额结算约定下，甲公司不能完全避免向另一方支付现金的义务，因此应当将该远期合同划分为金融负债。

20×1年5月1日，远期合同签订时公允价值为零，且未支付或收取现金，不进行账务处理。

20×1年12月31日，确认远期合同公允价值减少。

借：公允价值变动损益　　　　　　　　　　　　　　　9 000
　　贷：衍生工具——远期合同　　　　　　　　　　　　　　9 000

20×2年4月30日，确认远期合同公允价值增加6 000元（9 000-3 000）。

借：衍生工具——远期合同　　　　　　　　　　　　　6 000
　　贷：公允价值变动损益　　　　　　　　　　　　　　　6 000

当日，合同以现金净额结算，甲公司有义务向乙公司交付159 000元（106×1 500），并从乙公司收取156 000元（104×1 500），甲公司实际支付净额3 000元。

借：衍生工具——远期合同　　　　　　　　　　　　　3 000
　　贷：银行存款　　　　　　　　　　　　　　　　　　　3 000

②远期合同以普通股净额结算。

普通股净额结算是指甲公司以普通股代替现金进行净额结算，支付的普通股公允价值等于应当支付的现金金额。在普通股净额结算约定下，由于甲公司须交付的普通股数量 [（到期日每股市价 – 104）× 1 500 ÷ 到期日每股市价] 不确定，因此应当将该远期合同划分为金融负债。

20×2年4月30日，远期合同到期，甲公司实际向乙公司交付普通股数量约为28.30股（3 000÷106），因交付的普通股数量须为整数，实际交付28股，余下的金额32元（0.30×106）将以现金方式支付。因此，甲公司结算该看涨期权的账务处理如下（其他账务处理与①相同）：

借：衍生工具——看涨期权　　　　　　　　　　　　　3 000
　　贷：股本　　　　　　　　　　　　　　　　　　　　　 28
　　　　资本公积——股本溢价　　　　　　　　　　　　2 940
　　　　银行存款　　　　　　　　　　　　　　　　　　　 32

③远期合同以普通股总额结算。

在普通股总额结算的约定下，甲公司需交付固定数量的普通股，同时将收到固定金额的现金，因此应当将该远期合同划分为权益工具。

甲公司的账务处理如下：

20×1年5月1日，远期合同签订时公允价值为零，且未支付或收取现金，不进行账务处理。

20×1年12月31日，由于该期权合同确认为权益工具，甲公司无需就该期权的公允价值变动作出会计处理。

20×2年4月30日，远期合同到期，甲公司收取156 000元（104×1 500）现金并向乙公司交付自身普通股1 500股。甲公司结算该远期合同的账务处理如下：

借：银行存款　　　　　　　　　　　　　　　　　　156 000
　　贷：股本　　　　　　　　　　　　　　　　　　　　1 500
　　　　资本公积——股本溢价　　　　　　　　　　　154 500

④结算选择权。

结算选择权（如现金净额、普通股净额或普通股总额）的存在导致远期合同成为一项金融资产或金融负债。由于可以用企业发行自身固定数量股票而收取固定金额的现金或其他金融资产以外的其他方式进行结算，该合同不符合权益工具的定义，企业应该如上述①和②所示，确认一项衍生资产或衍生负债。结算时需要做的会计分录取决于合同的实际结算方式。

第十一条　除根据本准则第三章分类为权益工具的金融工具外，如果一项合同使发行方承担了以现金或其他金融资产回购自身权益工具的义务，即使发行方的回购义务取决于合同对手方是否行使回售权[①]，发行方应当在初始确认时将该义务确认为一项金融负债[2]，其金额等于回购所需支付金额的现值（如远期回购价格的现值、期权行权价格的现值或其他回售金额的现值）。如果最终发行方无须以现金或其他金融资产回购自身权益工具，应当在合同到期时将该项金融负债按照账面价值重分类为权益工具。

【注释】

[1]例如，企业签出的看跌期权给予对手按照固定价格回售企业自身权益工具的权利。

[2]这类金融工具通常由共同基金、信托基金、合伙企业或类似主体发行，且回购金额等于主体净资产的特定比例。虽然这类金融工具在法律形式上通常反映了持有方享有在发行方扣除所有负债后的资产中的剩余权益，但是其中包含的持有方要求发行方以现金或其他金融资产回购的选择权意味着该金融工具符合金融负债的定义，将其划分为金融负债时不需要考虑持有方何时可以行权、行权时如何确定应收或应付的金额以及可回售工具是否具有固定的到期日等事项。

第十二条 对于附有或有结算条款的金融工具，发行方不能无条件地避免交付现金、其他金融资产或以其他导致该工具成为金融负债的方式进行结算的，应当分类为金融负债[1]。但是，满足下列条件之一的，发行方应当将其分类为权益工具[2]：

（一）要求以现金、其他金融资产或以其他导致该工具成为金融负债的方式进行结算的或有结算条款几乎不具有可能性，即相关情形极端罕见、显著异常且几乎不可能发生。

（二）只有在发行方清算时，才需以现金、其他金融资产或以其他导致该工具成为金融负债的方式进行结算[3]。

（三）按照本准则第三章分类为权益工具的可回售工具。

附有或有结算条款的金融工具，指是否通过交付现金或其他金融资产进行结算，或者是否以其他导致该金融工具成为金融负债的方式进行结算，需要由发行方和持有方均不能控制的未来不确定事项（如股价指数、消费价格指数变动、利率或税法变动、发行方未来收入、净收益或债务权益比率等）的发生或不发生（或发行方和持有方均不能控制的未来不确定事项的结果）来确定的金融工具。

【注释】

[1]实务中，出于对自身商业利益的保障和公平原则考虑，合同双方会对一些不能由各自控制的情况下是否要求支付现金（包括股票）作出约定，这些"或有结算条款"可以包括与外部市场有关的或者与发行方自身情况有关的事项。出于防止低估负债和防止通过或有条款的设置来避免对复合工具中负债成分进行确认的目的，本准则规定，发行方需要针对这些条款确认金融负债，除

非能够证明或有事件是极端罕见、显著异常且几乎不可能发生的情况或者仅限于清算事件。附有或有结算条款的金融工具分类为一项金融负债的示例参见【例4-5】。

②如果合同的或有结算条款要求只有在发生了极端罕见、显著异常且几乎不可能发生的事件时才会以现金、其他金融资产或以其他导致该工具成为金融负债的方式进行结算,那么可将该或有结算条款视为一项不具有可能性的条款。如果一项合同只有在上述不具有可能性的事件发生时才须以现金、其他金融资产或以其他导致该工具成为金融负债的方式进行结算,在对该金融工具进行分类时,不需要考虑这些或有结算条款,应将该合同确认为一项权益工具。

③只有在发行方清算时才需以现金或其他金融资产进行结算的金融工具类似于一种在清算时有优先权的权益工具,因此该或有结算条款不会影响金融工具的分类,否则将与企业的持续经营假设不一致。

【例4-5】附有或有结算条款的金融工具分类为一项金融负债。

(1) 甲公司发行了一项永续债,每年按照合同条款支付利息,但同时约定其利息只在发行方有可供分配利润时才需支付,如果发行方可供分配利润不足则可能无法履行该项支付义务。

分析:虽然利息的支付取决于是否有可供分配利润,使得利息支付义务成为或有情况下的义务,但是甲公司并不能无条件地避免支付现金的合同义务,因此该公司应当将该永续债划分为一项金融负债。

(2) 乙公司拟发行优先股。按合同条款约定,乙公司可根据相应的议事机制自行决定是否派发股利,如果乙公司的控股股东发生变更(该事项不受乙公司控制),乙公司必须按面值赎回该优先股。

分析:该或有事项(控股股东变更)不受乙公司控制,属于或有结算事项。同时,该事项的发生并非"极端罕见、显著异常且几乎不可能发生"。由于乙公司不能无条件地避免赎回股份的义务,因此,该工具应当划分为一项金融负债。

第十三条 对于存在结算选择权的衍生工具(例如合同规定发行方或持有方能选择以现金净额或以发行股份交换现金等方式进行结算的衍生工具),发行方应当将其确认为金融资产或金融负债[①],但所有可供选择的结算方式均表明该衍生工具应当确认为权益工具的除外。

【注释】

①例如,为防止附有转股权的金融工具的持有方行使转股权而导致企业的普通股股东的股权被稀释,衍生工具交易双方会在衍生工具合同中加入一项现金结算选择权:企业将交付或将收到等值于约定的股票数量乘以股票市价的现金金额,而不必交付或收到自身权益工具。按照本准则规定,企业应当将这样的转股

权确认为衍生金融负债或衍生金融资产。

第十四条 企业应对发行的非衍生工具进行评估，以确定所发行的工具是否为复合金融工具。企业所发行的非衍生工具可能同时包含金融负债成分和权益工具成分。对于复合金融工具，发行方应于初始确认时将各组成部分分别分类为金融负债、金融资产或权益工具[①]。

企业发行的一项非衍生工具同时包含金融负债成分和权益工具成分的，应于初始计量时先确定金融负债成分的公允价值（包括其中可能包含的非权益性嵌入衍生工具的公允价值），再从复合金融工具公允价值中扣除负债成分的公允价值，作为权益工具成分的价值[②③④]。复合金融工具中包含非权益性嵌入衍生工具的，非权益性嵌入衍生工具的公允价值应当包含在金融负债成分的公允价值中，并且按照《企业会计准则第22号——金融工具确认和计量》的规定对该金融负债成分进行会计处理。

【注释】

①如果某项合同产生了发行方的一项金融负债，同时赋予了持有方将该金融工具转换成发行方自身权益工具的选择权，则该合同就是一项复合金融工具，发行方应分别将这两部分予以确认。例如，可转换成固定数量普通股的可转换债券或类似工具就是一项复合金融工具，从发行方的角度看，这种金融工具由两部分组成：一项金融负债（交付现金或其他金融资产的合同义务）和一项权益工具（例如一项看涨期权，赋予持有方在特定期间内将债券转换成固定数量的发行方普通股的权利）。发行复合金融工具的经济效果与以下做法相同：同时发行一项可提前偿付的债务性工具和一项购买发行方普通股的认股权证，或者发行一项附有可单独出售的认股权证的债务性工具。因此，发行方均应在其资产负债表中分别确认负债和权益部分，且该分类不因持有方行使转换权的可能性的变化而改变。

②根据本准则第九条，权益工具是指能证明拥有某个企业在扣除所有负债后的资产中的剩余权益的合同，因此在将复合金融工具的初始入账价值在其负债成分和权益成分之间分配时，应从复合金融工具整体的公允价值中扣除单独确定的负债的公允价值，剩余金额作为权益成分的价值。复合金融工具中除了权益成分（如可转换期权）之外嵌入的任何衍生部分（如看涨期权）的价值，都包含在负债成分之中。初始确认时分配给负债成分和权益成分的账面价值之和应等于复合金融工具整体的公允价值，分别对复合金融工具各部分进行初始确认时不产生利得或损失。

③可转换债券等可转换工具可能被分类为复合金融工具。发行方对该类可转换工具进行会计处理时，应当注意以下方面：

1) 金融负债成分是发行方按合同规定支付本息的义务，在初始确认时，负债成分的公允价值是合同规定的未来现金流量按照一定的折现率折现的现值,其中折现率根据市场上具有可比信用等级、在相同条件下提供几乎相同现金流量、但不具有转换权的金融工具的适用利率确定;权益工具成分是将金融负债转换成发行方权益的期权,权益工具成分的公允价值是复合金融工具公允价值与负债成分公允价值的差额。

2) 在可转换工具转换时,应终止确认负债成分,并将其确认为权益。原来的权益成分仍在权益内部结转(如从"其他权益工具"转入"资本公积——资本溢价或股本溢价")。可转换工具转换时不产生损益。

3) 可转换债券到期转换失败时,"其他权益工具"也应转入"资本公积——资本溢价或股本溢价"。

4) 企业通过在到期日前赎回或回购而终止一项仍具有转换权的可转换工具时,应在交易日将赎回或回购所支付的价款以及发生的交易费用分配至该工具的权益成分和负债成分。分配价款和交易费用的方法应与该工具发行时采用的分配方法一致。价款和交易费用分配后,所产生的利得或损失应分别根据权益成分和负债成分所适用的会计原则进行处理,分配至权益成分的款项计入权益,与债务成分相关的利得或损失计入当期损益。

5) 企业可能修订可转换工具的条款以促成持有方提前转换。例如,提供更有利的转换比率或在特定日期前转换则支付额外的对价。在条款修订日,对于持有方根据修订后的条款进行转换所能获得的对价的公允价值与根据原有条款进行转换所能获得的对价的公允价值之间的差额,企业(发行方)应将其确认为一项损失。

6) 企业发行认股权和债权分离交易的可转换公司债券,所发行的认股权符合本准则有关权益工具定义的,应当确认为一项权益工具(其他权益工具),并以发行价格减去不附认股权且其他条件相同的公司债券公允价值后的净额进行计量。认股权持有方到期没有行权的,企业应当在到期时将原计入其他权益工具的部分转入资本公积(股本溢价)。

企业对复合金融工具的账务处理参见【例4-6】。

④**准则由来**:原IAS 32并没有规定将复合金融工具的初始入账价值分配到金融负债部分和权益工具部分的特定方法,但是它提出了一些其他计量方法:

1) "有与无"法:单独确认较易计量部分的金额,并将其从复合金融工具的总金额中扣除,余额作为不易计量部分(通常为权益成分)的金额;

2) "相对公允价值"法:分别计量负债成分和权益成分的金额,必要时按比例调整这些金额以使各部分金额合计等于该复合金融工具的总金额。

根据IFRS 9,以公允价值计量且其变动计入当期损益的金融负债在初始确认后以公允价值计量,其他金融负债则以摊余成本计量。如果主体采用"相对公允价值"法对复合金融工具进行核算,且复合金融工具的负债成分被划分为以公允价值计量且其变动计入当期损益类别,主体在初始确认后应立即确认利得或损失,这与 IAS 32 规定的"分别对复合金融工具各部分进行初始确认时不产生利得或损失"不一致。

因此,IASB 决定删除原 IAS 32 规定的复合金融工具的如下分拆方法:负债成分在初始确认时按照扣除权益成分后的剩余金额计量,或者按照相对公允价值法进行计量。取而代之的方法是:首先计量负债成分的公允价值(包括非权益性嵌入衍生工具的价值),剩余金额才分配到权益成分。这种方法无需通过估计一些参数值并使用复杂的期权定价模型来计量复合金融工具的权益部分,同时,这种方法既符合 IFRS 9 中关于金融负债初始计量的规定,又符合 IAS 32 中对权益工具的定义,即权益工具是一种剩余权益。

【例 4-6】复合金融工具的账务处理。

(1) 对复合金融工具的分拆。

20×1 年 1 月 1 日,甲公司按每张面值 100 元发行了 50 000 张可转换债券,取得总融资 5 000 000 元,该债券期限为 5 年,票面年利息为 8%,利息按年支付,每张债券均可在债券发行后的任何时间按每股 10 元的价格转换为 10 股普通股。甲公司发行该债券时,二级市场上与之类似但没有转股权的债券的市场利率为 10%。假定不考虑其他相关因素。甲公司以摊余成本计量分类为金融负债的应付债券。

分析:该转股权的结算是以固定数量的金融资产换取固定数量的普通股,因此该转股权应归类为权益工具。甲公司应进行的具体计算和账务处理如下:

1) 先对负债成分进行计量,债券发行收入与负债成分的公允价值之间的差额则分配到权益成分,负债成分的现值按 10% 的折现率计算,如表 4-6 所示。

表 4-6　　　　　　　　负债成分和权益成分的计算　　　　　　　单位:元

本金的现值 第 5 年年末应付本金 5 000 000(复利现值系数为 0.62092132)	3 104 607
利息的现值 5 年期内每年应付利息 400 000(年金现值系数为 3.79078677)	1 516 315
负债成分总额	4 620 922
权益成分总额	379 078
债券发行总收入	5 000 000

2) 甲公司应进行的账务处理如下:

①20×1 年 1 月 1 日,发行可转换债券。

借:银行存款　　　　　　　　　　　　　　5 000 000
　　应付债券——利息调整　　　　　　　　　379 078

```
贷：应付债券——面值                              5 000 000
       其他权益工具                                 379 078
```

②20×1年12月31日，计提并实际支付利息。

```
借：财务费用                                      462 092
    贷：应付利息                                    400 000
        应付债券——利息调整                          62 092
借：应付利息                                      400 000
    贷：银行存款                                    400 000
```

③20×2年12月31日，债券转换前，计提并实际支付利息。

```
借：财务费用                                      468 301
    贷：应付利息                                    400 000
        应付债券——利息调整                          68 301
借：应付利息                                      400 000
    贷：银行存款                                    400 000
```

假定至20×2年12月31日，甲公司股票大幅上涨，可转换债券持有方均于当日行使转股权。由于甲公司对应付债券采用摊余成本进行后续计量，因此在转换日，转换前应付债券的摊余成本为4 751 315元（5 000 000 − 379 078 + 62 092 + 68 301），而权益成分的账面价值仍为379 078元。在转换日，甲公司应发行的股票数量为500 000股，对此，甲公司应进行如下账务处理：

```
借：应付债券——面值                                5 000 000
    贷：应付债券——利息调整                          248 685
        股本                                       500 000
        资本公积——股本溢价                        4 251 315
借：其他权益工具                                   379 078
    贷：资本公积——股本溢价                          379 078
```

(2) 可转换工具的回购。

在(1)中，假设20×3年1月1日，可转换债券的公允价值为5 700 000元，甲公司以5 700 000元的价格从债券持有人手中将该债券回购。当日与该债券条款一致但不具备转换权的债券的市场利率为6%，该债券的回购价格分配如表4-7所示。

表4-7   回购价格的分配   单位：元

项目	账面价值	公允价值	差额
本金的现值 3年后应付本金5 000 000，分别按10%和6%的折现率折现（复利现值系数分别为0.75131480，0.83961928）	3 756 574	4 198 096	

续表

项目	账面价值	公允价值	差额
利息的现值 3年期内每年应付利息400 000，分别按10%和6%的折现率折现（年金现值系数分别为2.48685199，2.67301195）	994 741	1 069 205	
负债成分总额	4 751 315	5 267 301	-515 986
权益成分总额	379 078	432 699*	-53 621
总额	5 130 393	5 700 000	-569 607

注：*回购价格5 700 000元与负债成分公允价值之间的差额。

甲公司应进行如下账务处理确认回购的债券：
①确认负债部分的回购：
借：应付债券——面值　　　　　　　　　　　5 000 000
　　财务费用　　　　　　　　　　　　　　　　515 986
　　贷：应付债券——利息调整　　　　　　　　　248 685
　　　　银行存款　　　　　　　　　　　　　　5 267 301
②分配至权益成分的款项：
借：其他权益工具　　　　　　　　　　　　　　432 699
　　贷：银行存款　　　　　　　　　　　　　　432 699
原来的权益成分仍旧保留为权益：
借：资本公积——股本溢价　　　　　　　　　　53 621
　　贷：其他权益工具　　　　　　　　　　　　53 621

(3) 为促成持有方提前转换而对可转换工具条款进行的修订。

在(1)中，假设20×1年1月1日，为了促使债券持有方提前行使转换权，甲公司决定如果债券持有方在20×1年3月31日前（即90天内）转换，可将转化价格降低至5元。假设条款修订当天甲公司普通股的市场价格为每股10元，甲公司支付的额外对价计算如表4-8所示。

表4-8　　　　　　　　　甲公司支付的额外对价

根据修订后的转换条款，需要向债券持有方发行的普通股数量：	
面值	100
新的转换价格	每股5元
转换时需要发行的普通股数量	20股

续表

根据原来的转换条款，需要向债券持有方发行的普通股数量：	
面值	100
原来的转换价格	每股 10 元
转换时需要发行的普通股数量	10 股
转换时需要额外发行的普通股数量	10 股
转换时需要额外发行的普通股价值（每股 10 元×10 股额外发行的普通股）	100 元

甲公司应将额外对价 100 元确认为一项损失。

（4）如果债券到期日甲公司股票价格较低迷，投资者选择不转换普通股，则除了债券本息偿还的相关分录之外，还需要作如下分录：

借：其他权益工具　　　　　　　　　　　　　379 078
　　贷：资本公积——股本溢价　　　　　　　　　　379 078

第十五条 在合并财务报表中对金融工具（或其组成部分）进行分类时，企业应当考虑企业集团成员和金融工具的持有方之间达成的所有条款和条件。企业集团作为一个整体，因该工具承担了交付现金、其他金融资产或以其他导致该工具成为金融负债的方式进行结算的义务的，该工具在企业集团合并财务报表中应当分类为金融负债[1][2]。

【注释】

[1] 例如，某集团一子公司发行一项权益工具，同时其母公司或集团其他成员与该工具的持有方达成了其他附加协议，母公司或集团其他成员可能对相关的支付金额（如股利）作出担保；或者集团另一成员可能承诺在该子公司不能支付预期款项时购买这些股份。在这种情形下，尽管集团子公司（发行方）在没有考虑这些附加协议的情况下，在其个别财务报表中将这项工具分类为权益工具，但是在合并财务报表中，集团与该工具的持有方之间的附加协议的影响意味着集团作为一个整体无法避免经济利益的转移，导致其分类为金融负债。因此，合并财务报表应当考虑这些附加协议或条款，以确保从集团整体的角度反映所签订的所有合同和相关交易。合并财务报表中金融负债和权益工具的区分的具体示例参见【例 4-7】。

[2] 符合金融负债定义，但满足本准则第十六条至十八条的规定的可回售工具应当分类为权益工具，但该例外原则不得推广至其母公司的合并财务报表层面，因此，在个别财务报表中按照本准则第十六条至第十八条的规定分类为权益工具的金融工具，在企业集团合并财务报表中对应的少数股东权益部分，应当分类为

金融负债。

【例4-7】 合并财务报表中金融负债和权益工具的区分。

甲公司为乙公司的母公司,其向乙公司的少数股东签出一份在未来1年后以乙公司普通股为基础的看跌期权。如果1年后乙公司股票价格下跌,乙公司少数股东有权要求甲公司无条件地以每股20元的价格购入乙公司少数股东所持有的乙公司股份。

分析:在甲公司的个别财务报表中,由于该看跌期权的价值随着乙公司股票价格的变动而变动,并将于未来约定日期进行结算,因此该看跌期权符合衍生工具的定义而确认为一项衍生金融负债;在乙公司个别财务报表中,少数股东所持有的乙公司股份则是其自身权益工具。而在集团合并报表层面,由于看跌期权使集团整体承担了不能无条件避免地支付现金的合同义务,因此应当在合并报表中确认一项金融负债,其金额等于回购所需支付金额的现值。

第三章 特殊金融工具的区分

第十六条 符合金融负债定义，但同时具有下列特征的可回售工具，应当分类为权益工具[①]：

（一）赋予持有方在企业清算时按比例份额获得该企业净资产的权利。这里所指企业净资产是扣除所有优先于该工具对企业资产要求权之后的剩余资产；这里所指按比例份额是清算时将企业的净资产分拆为金额相等的单位，并且将单位金额乘以持有方所持有的单位数量[②]。

（二）该工具所属的类别次于其他所有工具类别，即该工具在归属于该类别前无须转换为另一种工具，且在清算时对企业资产没有优先于其他工具的要求权[③]。

（三）该工具所属的类别中（该类别次于其他所有工具类别），所有工具具有相同的特征（例如它们必须都具有可回售特征，并且用于计算回购或赎回价格的公式或其他方法都相同）[④]。

（四）除了发行方应当以现金或其他金融资产回购或赎回该工具的合同义务外，该工具不满足本准则规定的金融负债定义中的任何其他特征[⑤]。

（五）该工具在存续期内的预计现金流量总额，应当实质上基于该工具存续期内企业的损益、已确认净资产的变动、已确认和未确认净资产的公允价值变动（不包括该工具的任何影响）[⑥]。

可回售工具，是指根据合同约定，持有方有权将该工具回售给发行方以获取现金或其他金融资产的权利，或者在未来某一不确定事项发生或者持有方死亡或退休时，自动回售给发行方的金融工具[⑦][⑧]。

【注释】

①**准则由来**：IASB认为，如果一项工具赋予持有者权利，使其能够要求主体以现金或其他金融资产回购该工具，那么这项工具是主体的一项金融负债。这些金融工具通常由共同基金、单位信托基金、合伙企业和类似的主体发行，且回购金额等于主体净资产的特定比例。虽然这些金融工具的法律形式通常包含了这类工具持有者对主体资产的剩余权益，但是其中包含的持有者要求主体以现金或其他金融资产回购的选择权就意味着该工具符合金融负债的定义。主体作出将此类工具划分为金融负债的决定时不需要考虑何时可以行权、行权时如何确定应收

或应付的金额以及可回售工具是否具有固定的到期日等事项。

然而，若将代表对主体净资产剩余请求权的这些工具分类为负债则可能会出现以下疑虑：

1）在持续经营的基础下，负债的确认不应低于见票即付的应付账款的金额。这将导致整个主体的市价总值依据金融工具赎回价值的计算基础而被确认为负债。

2）将负债账面价值的变动确认为损益将导致不符合非专业人士认知的会计结果（如果赎回价格和主体的表现相关），理由如下：第一，当一个主体业绩良好时，负债结算金额的现值增加，因此确认为损失。第二，当一个主体业绩不佳时，负债结算金额的现值减少，因此确认为利得。

3）当再一次取决于赎回价值的计算基础时，可能因为未确认的无形资产和商誉，以及因为不以公允价值计量的资产和负债，而使主体报告负的净资产。

4）发行主体的财务状况体现了该主体整体或者是大部分债务融资。

5）将分配给股东的股利确认为费用。因此，将损益的作用看似为分配政策的函数而非业绩的函数。此外，有成员主张，额外的披露和采用综合收益表以及财务状况表的形式，并不能消除这些疑虑。

IASB同意以上意见，认为许多可回售工具虽然符合金融负债的定义，但仍代表主体净资产的剩余权益。因此，IASB决定，在符合特定条件下，代表净资产剩余权益的可回售工具应该被分类为权益。这是对金融负债定义有限范围的例外。

②这里明确了比例份额（IAS 32所称"股权比例"）的确定方法：

1）将清算下的企业净资产均分成相等金额的单位。因为清算时的净资产代表了企业最终的剩余权益。

2）将该金额乘以金融工具持有方所持有的股权数。

注意，这里的标的物为清算时的净资产，因为其代表企业最终的剩余权益。

③该工具所属的类别必须劣后于其他所有工具类别。在企业清算时具有优先要求权的工具不是有权按比例份额获得企业净资产的工具，因为只有最劣后的工具才能代表企业的剩余权益。例如，如果一项工具使持有方有权在企业清算时享有除企业净资产份额之外的固定股利，而类别次于该工具的其他工具在企业清算时仅享有企业净资产份额，则该工具所属类别中所有工具均不属于在企业清算时有权按比例份额获得企业净资产的工具。

在确定一项工具是否属于最次级类别时，应当评估若企业在评估日发生清算时该工具对企业净资产的要求权。同时，应当在相关情况发生变化时重新评估对该工具的分类。例如，如果企业发行或赎回了另一项金融工具，可能会影响对该工具是否属于最次级类别的评估结果。如果企业只发行一类金融工具，则可视为该工具属于最次级类别。

④该类别所有工具应该具有相同的合约条款及条件。IASB决定该类别的工

具持有者不能以主体的所有者身份享有优先权的条款或条件，以确保该工具类别作为整体属于剩余权益类别。

⑤准则由来：IASB决定，分类为权益的可回售工具应当（除回售权外）不具有交付现金或其他金融资产给其他主体的合同义务。这是因为此次修订体现的是金融负债定义的有限范围的例外，扩充该例外至其他合同义务的工具并不适合。此外，IASB认为，如果可回售工具包含其他合同义务，则该工具可能不代表剩余权益，因为可回售工具持有者可能对部分主体净资产的请求权优先于其他工具。

本准则对于符合条件的可回售工具的特殊规定，是仅针对回售权规定的一项债务与权益区分的例外。如果可回售工具中包含了回售权以外的其他构成发行方交付现金或其他金融资产的合同义务，则该回售工具不能适用这一例外。例如，企业发行的工具是可回售的，除了这一回售特征外，还在合同中约定每年必须向工具持有方按照净利润的一定比例进行分配，这一约定构成了一项交付现金的义务，因此企业发行的这项可回售工具不应分类为权益工具。

⑥此款实际上强调了该工具的权益工具特征。

⑦经济后果：IASB指出，将符合本条规定的"可回售工具"以及符合本准则第十七条规定的"发行方仅在清算时才有义务向另一方按比例交付其净资产的金融工具"分类为权益将显著改善财务报告的信息可比性。这将使得与普通股大致相同的金融工具将在不同结构的主体中（例如一些合伙企业等）被给予一致的分类。该类特定工具与普通股只有一点不同之处，即交付现金（或其他金融资产）的义务不同，而其他特性与普通股非常类似，足以将其分类为权益。因此，IASB决定将其分类为权益，并认为这将使提供给财务报表使用者的财务报告更具可理解性和相关性。

IASB同时承认，对金融负债定义引进例外规定将会形成可能的结构化机会。但其认为可以通过对权益的分类规定详细的标准以及通过相关披露来最小化此类结构化机会。

⑧知识拓展：常见的可回售工具包括某些合作制法人的可随时回售的"权益"和某些开放式基金的可随时赎回的基金份额。其中，"交易型开放式指数证券投资基金"（Exchange Traded Fund，ETF），是最常见的可回售工具类型。

ETF是一种特殊的开放式基金，既吸收了封闭式基金可以当日实时交易的优点，投资者可以像买卖封闭式基金或者股票一样，在二级市场买卖ETF份额；同时，ETF也具备了开放式基金可自由申购赎回的优点，投资者可以如买卖开放式基金一样，向基金管理公司申购或赎回ETF份额。

ETF通常由基金管理公司管理，基金资产为一篮子股票组合，组合中的股票种类与某一特定指数（如上证50指数）包含的成份股票相同，股票数量比例与该指数的成份股构成比例一致。例如，上证50ETF是我国首只ETF，在2004年1月2日正式发布并在上海证券交易所上市交易，基金管理人为华夏基金管理有限公司。上证50ETF的投资目标是紧密跟踪上证50指数，最小化跟踪偏离度和跟踪误差。基金采取被动式投资策略，具体使用的跟踪指数的投资方法主要是完全复制法，追求实现与上证50指数类似的风险与收益特征。

第十七条 符合金融负债定义，但同时具有下列特征的发行方仅在清算①时才有义务向另一方按比例交付其净资产的金融工具，应当分类为权益工具②③：

（一）赋予持有方在企业清算时按比例份额获得该企业净资产的权利；

（二）该工具所属的类别次于其他所有工具类别；

（三）该工具所属的类别中（该类别次于其他所有工具类别），发行方对该类别中所有工具都应当在清算时承担按比例份额交付其净资产的同等合同义务。

产生上述合同义务的清算确定将会发生并且不受发行方的控制（如发行方本身是有限寿命主体），或者发生与否取决于该工具的持有方。

【注释】

①IASB指出，主体的清算可能存在两种情况：

1）清算确定会发生且主体无法控制（有限经营年限的主体）；

2）清算不确定会发生，其取决于持有者的选择（例如一些合伙人权益）。

②该类金融工具包括封闭式基金、理财产品的份额、信托计划等寿命固定的结构化主体的份额，实务中也将该类工具称为有限寿命工具。

针对仅在清算时才有义务向另一方按比例交付其净资产的金融工具的特征要求，与针对可回售工具的其中几条特征要求是类似的，但特征要求相对较少，包括：不要求考虑除清算以外的其他的合同支付义务（如股利分配）；不要求考虑存续期间预期现金流量的确定方法（如根据净利润或净资产）；不要求该类别工具的所有特征均相同，仅要求清算时按比例支付净资产份额的特征相同。

IASB认为，该义务结算的时间点是产生前述差异的缘由。该类金融工具的存续期间与发行主体存续期间相同，该义务的终止仅在主体清算时才会发生。因此，IASB决议，仅着重于清算时所存在的义务是适当的。该工具必须为次于所有其他工具类别，且仅于清算时点才代表主体的剩余权益。然而，若该工具包含其他合同义务，则这些义务可能须依照IAS 32的规定予以单独处理。

③*知识拓展*：封闭式基金（Closed-end Funds）是常见的发行方仅在清算时才有义务向另一方按比例交付其净资产的金融工具，是指基金发行总额和发行期在设立时已确定，在发行完毕后的规定期限内发行总额固定不变的证券投资基金。封闭式基金的投资者在基金存续期间内不能向发行机构赎回基金份额，基金份额的变现必须通过证券交易场所上市交易。

截至2019年7月，在上海证券交易所和深圳证券交易所上市的封闭式基金只有14种。

第十八条　分类为权益工具的可回售工具，或发行方仅在清算时才有义务向另一方按比例交付其净资产的金融工具，除应当具有本准则第十六条或第十七条所述特征外，其发行方应当没有同时具备下列特征的其他金融工具或合同[①]：

（一）现金流量总额实质上基于企业的损益、已确认净资产的变动、已确认和未确认净资产的公允价值变动（不包括该工具或合同的任何影响）；

（二）实质上限制或固定了本准则第十六条或第十七条所述工具持有方所获得的剩余回报。

在运用上述条件时，对于发行方与本准则第十六条或第十七条所述工具持有方签订的非金融合同，如果其条款和条件与发行方和其他方之间可能订立的同等合同类似，不应考虑该非金融合同的影响。但如果不能作出此判断，则不得将该工具分类为权益工具[②]。

【注释】

[①]在要求将可回售工具直接与主体业绩挂钩的同时，IASB决定不应存在比主体剩余权益收益更多的金融工具或合约。IASB要求不得存在总现金流量显著依赖于主体的业绩，以及有对可回售工具持有者有显著限制或影响固定收益的其他金融工具和合约。引入此标准是为确保可回售工具的持有者能代表主体净资产的剩余权益。

在实务中的一些安排下，股东将实质上的企业控制权和利润转让给非股东方享有。例如，甲企业可能与乙企业签订包括资产运营控制协议（乙企业承包甲企业的运营管理）、知识产权的独家服务协议（甲企业经营所需知识产权由乙企业独家提供）、借款合同（甲企业向乙企业借款满足营运需要）等系列协议，将经营权和收益转移到乙企业；同时，甲企业股东还可能与乙企业签订股权质押协议和投票权委托协议等，将甲企业股东权利转移给乙企业。这种情况下，甲企业形式上的股份已经不具有权益工具的实质。因此，本准则第十六条、第十七条规定的特殊权益工具，应当排除存在上述安排的情形。

[②]IASB指出，工具持有者可能以所有者之外的身份与发行主体进行交易。例如，合伙企业的合伙人除了作为企业所有者外，通常也作为企业雇员参与经营，并获取劳动报酬。这类劳动合同也可能形成对企业剩余回报的限制。为避免企业误判，IASB决定，在运用上述条件时，对于发行方与本准则第十六条或第十七条所述工具持有方签订的非金融合同，如果其条款和条件与发行方和其他方之间可能订立的同等合同类似，不应考虑该非金融合同的影响。但如果不能作出此判断，则不得将该工具分类为权益工具。

下列按照涉及非关联方的正常商业条款订立的工具，不大可能导致满足本准则特征要求的可回售工具或发行方仅在清算时才有义务向另一方按比例交付其净资产的金融工具无法被分类为权益工具：1）现金流量总额实质上基于企业的特定资产；2）现金流量总额基于企业收入的一定比例；3）就职工为企业提供的服务给予报酬的合同；4）要求企业为其所提供的产品或服务支付一定报酬（占利润的比例非常小）的合同。

对于有限及普通合伙人的有限合伙，部分普通合伙人可能为主体提供担保，且可能因提供该担保而收到酬劳。这种情况下，与担保及现金流相关的工具持有人，扮演担保人的角色而不是所有者。因此，此担保及相关现金流将不会使普通合伙人被视为顺位次于有限合伙人，且在评估有限合伙人工具与普通合伙人工具的合同条款是否相同时，也将不予考虑。

第十九条 按照本章规定分类为权益工具的金融工具，自不再具有本准则第十六条或第十七条所述特征，或发行方不再满足本准则第十八条规定条件之日起，发行方应当将其重分类为金融负债，以重分类日该工具的公允价值计量，并将重分类日权益工具的账面价值和金融负债的公允价值之间的差额确认为权益。

按照本章规定分类为金融负债的金融工具，自具有本准则第十六条或第十七条所述特征，且发行方满足本准则第十八条规定条件之日起，发行方应当将其重分类为权益工具，以重分类日金融负债的账面价值计量[①]。

【注释】

[①]由于发行的金融工具原合同条款约定的条件或事项随着时间的推移或经济环境的改变而发生变化，可能会导致已发行金融工具的重分类。例如，企业拥有可回售工具和其他工具，可回售工具并非最次级类别，并不符合分类为权益工具的条件。如果企业赎回其已发行的全部其他工具后，发行在外的可回售工具符合了分类为权益工具的全部特征和全部条件，那么企业应从其赎回全部其他工具之日起将可回售工具重分类为权益工具。反之，如果原来被分类为权益工具的可回售工具因为更次级的新工具的发行，而不再满足分类为权益工具的条件，则企业应在新权益工具的发行日将可回售工具重分类为金融负债。

发行方原分类为权益工具的金融工具，自不再被分类为权益工具之日起，发行方应当将其重分类为金融负债，以重分类日该工具的公允价值计量，重分类日权益工具的账面价值和金融负债的公允价值之间的差额确认为权益。发行方原分类为金融负债的金融工具，自不再被分类为金融负债之日起，发行方应当将其重分类为权益工具，以重分类日金融负债的账面价值计量。

第二十条 企业发行的满足本章规定分类为权益工具的金融工具，在企业集团合并财务报表中对应的少数股东权益部分，应当分类为金融负债[①]。

【注释】

[①]编者语：将符合本准则第十六条和第十七条规定的可回售工具和发行方仅

在清算时才有义务向另一方按比例交付其净资产的金融工具分类为权益工具仅仅是金融负债定义的有限范围的例外,不能延伸至企业集团合并财务报表层面,也不能作为自身权益工具适用《企业会计准则第22号——金融工具确认和计量》"固定换固定"的原则(详细规定参见《企业会计准则第22号——金融工具确认和计量》第三条和第四条)。

第四章 收益和库存股

第二十一条 金融工具或其组成部分属于金融负债的,相关利息、股利(或股息)、利得或损失,以及赎回或再融资产生的利得或损失等,应当计入当期损益①。

【注释】

①将金融工具或其组成部分划分为金融负债还是权益工具,决定了发行方对相关利息、股利、利得或损失的会计处理方法。

准则联系:有关金融负债的利息、股利(或股息)、利得或损失,以及赎回或再融资产生的利得或损失等的会计处理详见《企业会计准则第22号——金融工具确认和计量》第九章利得和损失相关规定。

第二十二条 金融工具或其组成部分属于权益工具的,其发行(含再融资)、回购、出售或注销时①,发行方应当作为权益的变动处理②。发行方不应当确认权益工具的公允价值变动③。

发行方向权益工具持有方的分配应当作为其利润分配处理,发放的股票股利不影响发行方的所有者权益总额④。

【注释】

①**知识拓展**:股票回购是指公司出资购回自身发行在外的股票的行为。

2018年10月26日,第十三届全国人大常委会第六次会议通过了《关于修改〈中华人民共和国公司法〉的决定》。新修订的《公司法》规定,公司只有在以下六种情形下才能回购本公司的股份:一是减少公司注册资本;二是与持有本公司股份的其他公司合并;三是将股份用于员工持股计划或者股权激励;四是股东因对股东大会作出的公司合并、分立决议持异议,要求公司收购其股份;五是将股份用于转换上市公司发行的可转换为股票的公司债券;六是上市公司为维护公司价值及股东权益所必需。

如果企业持有库存股之后又将其重新出售,由于反映的是不同所有者之间的转让,而非企业本身的利得或损失。因此,无论这些库存股的公允价值如何波动,企业应直接将支付或收取的所有对价在权益中确认,而不产生任何损益。

②**实施指引**：有关企业发行（含再融资）、回购、出售或注销属于权益工具的金融工具的会计处理详见【例4-8】至【例4-11】。

③**编者语**：权益工具反映的是工具的持有者在公司净资产中的权益份额，因此不应确认后续公允价值变动。此外，IASB于2018年3月修订的《财务报告概念框架》（Conceptual Framework for Financial Reporting）指出，在资产负债表中确认的权益金额取决于资产和负债的计量，即所有者权益的确认通过资产扣减负债倒轧而实现。因此，权益工具的价值应在初始确认时确定，不应确认其后续的公允价值变动。

④**实施指引**：宣告和实际发放股票股利无需进行账务处理（但需要在备查簿中登记），因为宣告和发放股票股利既不影响公司的资产和负债，也不影响所有者权益总额，它只是在所有者权益内部，把一个项目转为另一个项目，即减少了留存收益，增加了股本。获得股票股利的股东，虽然所持有的股票数量有所增加，但在公司中所占权益的份额并未发生变化。

【例4-8】再融资——非公开发行股票。

A公司于2016年3月30日披露《非公开发行A股股票发行情况报告书暨上市公告书》，宣布将以每股6.76元的价格向四名投资者发行407 443 890股普通股，募集资金总额2 754 320 696.40元，募集资金净额2 721 213 731.18元。则A公司针对此权益性交易应作如下会计处理（简化）：

借：银行存款　　　　　　　　　　　2 721 213 731.18
　　贷：股本　　　　　　　　　　　　　407 443 890
　　　　资本公积　　　　　　　　　　2 313 769 841.18

【例4-9】回购股票。

B公司于2019年7月3日披露《关于以集中竞价交易方式回购公司A股股份的回购进展公告》，宣布截至2019年6月30日，公司通过集中竞价交易方式已累计回购A股股份40 022 907股，占本公司总股本的比例为0.21894%，已支付的资金总额合计人民币3 420 205 332.63元（不含交易费用），最低成交价格为人民币79.85元/股，最高成交价格为人民币88.09元/股。则B公司针对此项权益性交易应作如下会计处理（简化）：

借：库存股　　　　　　　　　　　　3 420 205 332.63
　　贷：银行存款　　　　　　　　　　3 420 205 332.63

【例4-10】出售。

假设B公司在两个月后将【例4-9】中回购的库存股全部出售，出售价款为人民币40亿元，则B公司针对此项权益性交易应作如下会计处理（简化，并假设资本公积充足）：

借：银行存款		4 000 000 000
贷：库存股		3 420 205 332.63
资本公积——股本溢价		579 794 667.37

【例 4-11】 注销库存股。

假设 B 公司在一个月后将【例 4-9】中回购的库存股全部注销，则 B 公司针对此项权益性交易应作如下会计处理（简化，假设资本公积充足）：

借：股本		40 022 907
资本公积——股本溢价		3 380 182 425.63
贷：库存股		3 420 205 332.63

第二十三条 与权益性交易[①]相关的交易费用[②]应当从权益中扣减。企业发行或取得自身权益工具时发生的交易费用（例如登记费，承销费，法律、会计、评估及其他专业服务费用，印刷成本和印花税等），可直接归属于权益性交易的，应当从权益中扣减。终止的未完成权益性交易所发生的交易费用应当计入当期损益[③]。

【注释】

①**准则联系**：此处"权益性交易"的含义与财政部 2014 年 1 月 26 日修订印发的《企业会计准则第 30 号——财务报表列报》中定义的"资本交易"一致。《企业会计准则第 30 号——财务报表列报》第三十五条规定："与所有者的资本交易，是指企业与所有者以其所有者身份进行的、导致企业所有者权益变动的交易。"

②交易费用是指可直接归属于购买、发行或处置金融工具的增量费用。只有可直接归属于发行新的权益工具或者购买此前已经发行在外的权益工具的增量费用才是与权益交易相关的费用。例如，在企业首次公开募股（IPO）的过程中，除了会新发行一部分可流通的股份之外，也往往会将已发行的股份进行上市流通，在这种情况下，企业需运用专业判断以确定哪些交易费用与权益交易（发行新股）相关，应计入权益核算；哪些交易费用与其他活动（将已发行的股份上市流通）相关，尽管这些交易费用也是在发行权益工具的同时发生的，但是应当计入损益。与多项交易相关的共同交易费用，应当在合理的基础上，采用与其他类似交易一致的方法，在各项交易间进行分摊。

③例如，A 公司于 2017 年 1 月 26 日在证监会做了上市辅导备案登记，并于 2018 年 5 月获得证监会 IPO 申请受理。同年 6 月 A 公司首次拿到证监会的反馈意见，还在 10 月更新了招股书，却在 2019 年 1 月被证监会终止审查。则在 IPO 过程中发生的交易费用（例如登记费，承销费，法律、会计、评估及其他专业服务费用，印刷成本和印花税等）应计入当期损益。

第二十四条 发行复合金融工具发生的交易费用，应当在金融负债成分和权益工具成分之间按照各自占总发行价款的比例进行分摊①。与多项交易相关的共同交易费用，应当在合理的基础上，采用与其他类似交易一致的方法，在各项交易间进行分摊。

【注释】

①本准则第十四条规定，企业应对发行的非衍生工具进行评估，以确定所发行的工具是否为复合金融工具，同时，复合金融工具的初始确认和计量应区分权益成分和负债成分。因此，对于发行复合金融工具发生的交易费用也应进行分摊，其基础为负债成分的公允价值（包括其中可能包含的非权益性嵌入衍生工具的公允价值）和按本准则第十四条倒轧而来的权益工具成分的价值。

第二十五条 发行方分类为金融负债的金融工具支付的股利，在利润表中应当确认为费用，与其他负债的利息费用合并列示①，并在财务报表附注中单独披露。

作为权益扣减项的交易费用，应当在财务报表附注中单独披露。

【注释】

①**实施指引**：根据财政部在2019年4月30日发布的财会〔2019〕6号《关于修订印发2019年度一般企业财务报表格式的通知》中的一般企业财务报表格式，发行方分类为金融负债的金融工具支付的股利，在利润表中应当列示于"财务费用"中的"其他：利息费用"。

第二十六条 回购自身权益工具（库存股）支付的对价和交易费用，应当减少所有者权益，不得确认金融资产。库存股可由企业自身购回和持有，也可由企业集团合并财务报表范围内的其他成员购回和持有①。

【注释】

①由企业集团合并财务报表范围内的其他成员购回和持有企业自身权益工具的，企业在个别财务报表中不进行账务处理，而在企业合并报表中应作为库存股列报。

其他成员包括子公司，但是不包括集团的联营和合营企业。然而，如果企业是替他人持有自身权益工具，例如金融机构作为代理人代其客户持有该金融机构自身的股票，那么所持有的这些股票不是金融机构自身的资产，也不属于库存股。

第二十七条 企业应当按照《企业会计准则第30号——财务报表列报》的

规定在资产负债表中单独列示所持有的库存股金额[①]。

企业从关联方回购自身权益工具的，还应当按照《企业会计准则第36号——关联方披露》的相关规定进行披露。

【注释】

①准则联系：本条规定了个别财务报表中持有的本公司库存股的列示要求。《企业会计准则第33号——合并财务报表》第三十条规定，子公司持有母公司的长期股权投资，应当视为企业集团的库存股，作为所有者权益的减项，在合并资产负债表中所有者权益项目下以"减：库存股"项目列示。

第五章 金融资产和金融负债的抵销

第二十八条 金融资产和金融负债应当在资产负债表内分别列示，不得相互抵销。但同时满足下列条件的，应当以相互抵销后的净额在资产负债表内列示：

（一）企业具有抵销已确认金额的法定权利，且该种法定权利是当前可执行的①；

（二）企业计划以净额结算，或同时变现该金融资产和清偿该金融负债②。

不满足终止确认条件的金融资产转移，转出方不得将已转移的金融资产和相关负债进行抵销。

【注释】

①为满足本条目第（一）项的规定，抵销权须满足以下条件：

1）必须不取决于未来事项；

2）在企业及全部交易对方的正常营业过程中、违约时及无偿债能力或破产时三者中任一情况下，均必须为法律上可执行。企业应考量适用于各方间关系的法律（例如，适用于各方的合同条款、规范合同的法律，或违约、丧失偿债能力或破产的法律），以确定抵销权在企业及全部交易对方的正常营业过程中、违约时、无偿债能力或破产时是否属法律上可执行。

②如果以净额为基础列报能够反映企业由于结算两项或多项单独的金融工具而产生的预期未来现金流，则本准则要求金融资产和金融负债以净额为基础列报。当企业有权收取或支付净额并意图如此处理时，则实际上只存在一项金融资产或金融负债。在其他情况下，金融资产和金融负债应彼此分别单独反映，符合其作为企业的资源或义务的性质。

第二十九条 抵销权是债务人根据合同或其他协议，以应收债权人的金额全部或部分抵销应付债权人的金额的法定权利①。在某些情况下，如果债务人、债权人和第三方三者之间签署的协议明确表示债务人拥有该抵销权，并且不违反法律法规或其他相关规定，债务人可能拥有以应收第三方的金额抵销应付债权人的金额的法定权利。

【注释】

①例如，甲企业与其客户签订了应收款项和预收款项（合同负债）的抵销协议，合同约定双方可以定期按净额结算，因此，甲企业具备了以应收款项的金额全部或部分抵销预收款项的金额的法定权利。

第三十条 抵销权应当不取决于未来事项，而且在企业和所有交易对手方的正常经营过程中，或在出现违约、无力偿债或破产等各种情形下，企业均可执行该法定权利①②。

在确定抵销权是否可执行时，企业应当充分考虑法律法规或其他相关规定以及合同约定等各方面因素③。

【注释】

①准则由来：本准则第二十八条第（一）项的规定表明，企业的抵销权是当前可执行的，这意味着如果抵销权取决于未来事项或以未来事项为条件，企业目前不具有法律上可执行的抵销权。然而 IASB 认为，时间的推移或支付金额的不确定性并不妨碍主体目前具有法律上可执行的抵销权。例如，抵销协议中将支付或将收取的金额的不确定性并不妨碍主体的抵销权成为当前可执行的法定权利。同样地，抵销时间的不确定性也不妨碍抵销权成为当前可执行的法定权利，因为时间的推移并不意味着该抵销权取决于未来事件。然而，在某些未来事件发生之后消失或成为不可执行的抵销权不满足抵销条件。例如，如果交易双方约定，在任何一方出现信用评级下降后，抵销条款不再适用或变为不可执行，则该抵销权自始至终都不满足抵销条件。

②如果在企业拖欠账款及无偿债能力或破产时无法执行抵销权，则抵销将无法反映企业权利与义务的经济实质或企业的财务状况，即抵销将无法依据本准则第二十八条的规定反映结算两项或以上个别金融工具所产生的企业预期未来现金流量，因而将不符合本准则中对抵销目的的规定。

③因为抵销权是一项法定权利，所以支持这种权利的条件可能依法定管辖区的不同而不同，同时，还应注意规范合同各方之间的关系的法律。

第三十一条 当前可执行的抵销权不构成相互抵销的充分条件，企业既不打算行使抵销权（即净额结算），又无计划同时结算金融资产和金融负债的，该金融资产和金融负债不得抵销①。

在没有法定权利的情况下，一方或双方即使有意向以净额为基础进行结算或同时结算相关金融资产和金融负债的，该金融资产和金融负债也不得抵销。

【注释】

①若一项金融资产和一项金融负债之间存在可强制执行的抵销权，该抵销权

对与金融资产和金融负债相联系的权利和义务产生影响,也可能对企业所承担的信用风险和流动性风险产生影响。如果企业意图行权或同时结算,以净额为基础列报资产和负债能更适当地反映预期未来现金流量的金额和时间,以及这些现金流量面对的风险敞口。但是,存在抵销权本身并不是导致互相抵销的充分基础。如果缺乏行权或同时结算的意图,企业未来现金流量的金额和时间不受影响,单项金融资产和金融负债有关的权利和义务也没有发生改变,因此该金融资产和金融负债不得抵销。

第三十二条 企业同时结算金融资产和金融负债的,如果该结算方式相当于净额结算,则满足本准则第二十八条(二)以净额结算的标准。这种结算方式必须在同一结算过程或周期内处理了相关应收和应付款项,最终消除或几乎消除了信用风险和流动性风险。如果某结算方式同时具备如下特征,可视为满足净额结算标准[①]:

(一)符合抵销条件的金融资产和金融负债在同一时点提交处理;

(二)金融资产和金融负债一经提交处理,各方即承诺履行结算义务;

(三)金融资产和金融负债一经提交处理,除非处理失败,这些资产和负债产生的现金流量不可能发生变动;

(四)以证券作为担保物的金融资产和金融负债,通过证券结算系统或其他类似机制进行结算(例如券款对付),即如果证券交付失败,则以证券作为抵押的应收款项或应付款项的处理也将失败,反之亦然;

(五)若发生本条(四)所述的失败交易,将重新进入处理程序,直至结算完成;

(六)由同一结算机构执行;

(七)有足够的日间信用额度,并且能够确保该日间信用额度一经申请提取即可履行,以支持各方能够在结算日进行支付处理。

【注释】

① 当企业分别在不同时间通过收取和支付总额来结算两项金融工具时,即使该两项工具结算的间隔期很短,但企业需承受的可能是重大的资产信用风险和负债流动性风险,在这种情况下以净额列报并不适合。但是,金融市场中的清算机构的运作机制可能有助于两项金融工具达到同时结算。在这种情况下,若符合本条相关条件,相关的现金流量实际上等于一项净额,企业所承受的信用风险或流动性风险并非针对总额,因而满足净额结算的条件。

第三十三条 在下列情况下,通常认为不满足本准则第二十八条所列条件,不得抵销相关金融资产和金融负债:

(一)使用多项不同金融工具来仿效单项金融工具的特征(即合成工具)。

例如利用浮动利率长期债券与收取浮动利息且支付固定利息的利率互换①，合成一项固定利率长期负债。

（二）金融资产和金融负债虽然具有相同的主要风险敞口（例如远期合同或其他衍生工具组合中的资产和负债），但涉及不同的交易对手方。

（三）无追索权金融负债与作为其担保物的金融资产或其他资产。

（四）债务人为解除某项负债而将一定的金融资产进行托管（例如偿债基金或类似安排），但债权人尚未接受以这些资产清偿负债。

（五）因某些导致损失的事项而产生的义务预计可以通过保险合同向第三方索赔而得以补偿。

【注释】

①根据《企业会计准则第22号——金融工具确认和计量》的规定，该情形下该利率互换应作为单独的衍生工具核算。

第三十四条 企业与同一交易对手方进行多项金融工具交易时，可能与对手方签订总互抵协议。只有满足本准则第二十八条所列条件时，总互抵协议下的相关金融资产和金融负债才能抵销。

总互抵协议，是指协议所涵盖的所有金融工具中的任何一项合同在发生违约或终止时就协议所涵盖的所有金融工具按单一净额进行结算①。

【注释】

①**准则由来**：总互抵协议被金融机构用于在对方破产或发生其他导致对方无法履行义务的事件时，保护金融机构免受损失。一旦触发事件，这些协议通常规定对协议涵盖的所有金融工具按单一净额进行结算。例如，进行金融衍生品交易的金融机构间可能签订由国际掉期与衍生工具协会（ISDA）指定的衍生品交易协议，国内金融机构开展衍生品交易，也可能签订由中国银行间市场交易商协会制定的衍生品交易主协议，这些协议中可能含有上述条款。

总互抵协议的存在本身并不一定构成协议所涵盖的资产和负债相互抵销的依据。如果总互抵协议仅形成抵销已确认金额的有利条件权利，这不符合企业必须拥有当前可执行的抵销已确认金额的法定权利的要求；同样，企业可能没有以净额为基础进行结算或同时变现资产和清偿负债的意图。

准则联系：当与总互抵协议相关的金融资产和金融负债未被抵销时，协议对企业承担的信用风险的影响应按本准则第八十六条的有关规定予以披露。

第三十五条 企业应当区分金融资产和金融负债的抵销与终止确认。抵销金融资产和金融负债并在资产负债表中以净额列示，不应当产生利得或损失；终止确认是从资产负债表列示的项目中移除相关金融资产或金融负债，有可能产生利得或损失①。

【注释】

①金融资产转移的终止确认条件参见《企业会计准则第23号——金融工具转移》第十三条。抵销已确认的金融资产和已确认的金融负债并以其净额进行列报与终止确认金融资产或金融负债是有区别的。抵销不会导致利得或损失的确认，终止确认一项金融工具不仅要从资产负债表中移出以前确认的项目，而且还可能导致利得或损失的确认。

第六章 金融工具对财务状况和经营成果影响的列报

第一节 一般性规定

第三十六条 企业在对金融工具各项目进行列报时,应当根据金融工具的特点及相关信息的性质对金融工具进行归类,并充分披露与金融工具相关的信息,使得财务报表附注中的披露与财务报表列示的各项目相互对应[①]。

【注释】

①IFRS 7 要求主体按照金融工具的类型进行披露时,应将金融工具归为合乎所披露信息性质的类型,并在归类时考虑这些金融工具的特征。同时,主体应提供充分的信息使披露的信息能与财务状况表(即资产负债表)上列报的单列项目相互对应。

第三十七条 在确定金融工具的列报类型时,企业至少应当将本准则范围内的金融工具区分为以摊余成本计量和以公允价值计量的类型[①②]。

【注释】

①**准则由来**:IFRS 7 要求主体按 IFRS 9 划分的计量类型披露金融资产和金融负债。IASB 认为,对每一计量类型的披露有助于财务报表使用者理解会计政策对金融资产和金融负债已确认金额的影响程度。

②例如,以公允价值计量的金融工具可以进一步分为以公允价值计量且其变动计入当期损益的金融工具和以公允价值计量且其变动计入其他综合收益的金融工具。

第三十八条 企业应当披露编制财务报表时对金融工具所采用的重要会计政策、计量基础和与理解财务报表相关的其他会计政策等信息[①],主要包括:

(一)对于指定为以公允价值计量且其变动计入当期损益的金融资产,企业应当披露下列信息：

1. 指定的金融资产的性质；

2. 企业如何满足运用指定的标准。企业应当披露该指定所针对的确认或计量不一致的描述性说明。

（二）对于指定为以公允价值计量且其变动计入当期损益的金融负债，企业应当披露下列信息：

1. 指定的金融负债的性质；

2. 初始确认时对上述金融负债做出指定的标准；

3. 企业如何满足运用指定的标准。对于以消除或显著减少会计错配为目的的指定，企业应当披露该指定所针对的确认或计量不一致的描述性说明。对于以更好地反映组合的管理实质为目的的指定，企业应当披露该指定符合企业正式书面文件载明的风险管理或投资策略的描述性说明。对于整体指定为以公允价值计量且其变动计入当期损益的混合工具，企业应当披露运用指定标准的描述性说明。

（三）如何确定每类金融工具的利得或损失。

【注释】

①本条目中第（一）项及第（二）项中的"企业如何满足运用指定的标准"，是指关于该项资产或负债为什么满足《企业会计准则第22号——金融工具确认和计量》中指定公允价值计量有关规定（例如该准则第二十条或第二十二条）的说明。

第二节 资产负债表中的列示及相关披露

第三十九条 企业应当在资产负债表或相关附注中列报下列金融资产或金融负债的账面价值[①②]：

（一）以摊余成本计量的金融资产。

（二）以摊余成本计量的金融负债。

（三）以公允价值计量且其变动计入其他综合收益的金融资产，并分别反映：(1) 根据《企业会计准则第22号——金融工具确认和计量》第十八条的规定分类为以公允价值计量且其变动计入其他综合收益的金融资产；(2) 根据《企业会计准则第22号——金融工具确认和计量》第十九条的规定在初始确认时被指定为以公允价值计量且其变动计入其他综合收益的非交易性权益工具投资。

（四）以公允价值计量且其变动计入当期损益的金融资产，并分别反映：

(1) 根据《企业会计准则第22号——金融工具确认和计量》第十九条的规

定分类为以公允价值计量且其变动计入当期损益的金融资产；（2）根据《企业会计准则第 22 号——金融工具确认和计量》第二十条的规定指定为以公允价值计量且其变动计入当期损益的金融资产；（3）根据《企业会计准则第 24 号——套期会计》第三十四条的规定在初始确认或后续计量时指定为以公允价值计量且其变动计入当期损益的金融资产。

（五）以公允价值计量且其变动计入当期损益的金融负债，并分别反映：（1）根据《企业会计准则第 22 号——金融工具确认和计量》第二十一条的规定分类为以公允价值计量且其变动计入当期损益的金融负债；（2）根据《企业会计准则第 22 号——金融工具确认和计量》第二十二条的规定在初始确认时指定为以公允价值计量且其变动计入当期损益的金融负债；（3）根据《企业会计准则第 24 号——套期会计》第三十四条的规定在初始确认和后续计量时指定为以公允价值计量且其变动计入当期损益的金融负债。

【注释】

①准则联系：列报的金融资产与金融负债分类的相关规定详见《企业会计准则第 22 号——金融工具确认和计量》第十六条至第二十二条。

②准则由来：一方面，IASB 认为对每一计量类型的披露有助于财务报表使用者理解会计政策对金融资产和金融负债已确认金额的影响程度；另一方面，对于为交易而持有的金融资产和金融负债，以及那些在初始确认时指定为以公允价值计量且其变动计入当期损益的金融资产和金融负债，主体对其账面金额分别披露是有用的。

第四十条 企业将本应按摊余成本或以公允价值计量且其变动计入其他综合收益计量的一项或一组金融资产指定为以公允价值计量且其变动计入当期损益的金融资产的，应当披露下列信息[①]：

（一）该金融资产在资产负债表日使企业面临的最大信用风险敞口；

（二）企业通过任何相关信用衍生工具或类似工具使得该最大信用风险敞口降低的金额；

（三）该金融资产因信用风险变动引起的公允价值本期变动额和累计变动额；

（四）相关信用衍生工具或类似工具自该金融资产被指定以来的公允价值本期变动额和累计变动额。

信用风险，是指金融工具的一方不履行义务，造成另一方发生财务损失的风险。

金融资产在资产负债表日的最大信用风险敞口，通常是金融工具账面余额减去减值损失准备后的金额（已减去根据本准则规定已抵销的金额）[②]。

【注释】

①**准则由来**：会计错配产生于广泛的环境中。在 IASB 看来，只要能产生更相关的信息，给主体提供机会消除已察觉到的会计错配，都可以提升财务报告质量。此外，IASB 得出结论，公允价值选择权可以有效地代替对公允价值风险敞口进行套期保值的套期会计，从而消除指定、追踪和分析套期有效性的相关负担。因此，对于何时采用公允价值选择权（例如规定类似于套期会计所要求的有效性测试），IASB 决定在公允价值选择权的修订中不提出具体的描述性指南。相反，IASB 决定根据 IFRS 7 的要求披露：

1）主体将金融资产或金融负债指定为以公允价值计量且其变动计入当期损益所使用的标准；

2）主体如何满足本准则对此类指定所设置的条件；

3）所指定的资产和负债的性质；

4）使用该指定对财务报表的影响，即指定的资产和负债的账面价值和净损益，有关金融负债信用质量变动对其公允价值变动的影响的信息，以及贷款或应收款项以及任何相关的信用衍生工具或类似工具的信用风险的信息。

②**准则联系**：根据《企业会计准则第 22 号——金融工具确认和计量》，以摊余成本计量以及以公允价值计量且其变动计入其他综合收益的金融资产应当进行减值会计处理，并按照本准则第七章第二节披露信用风险相关信息。企业应当设置专门的备抵账户，按类别记录相关金融资产因信用损失发生的减值，并披露减值准备的期初余额，本期计提、转回、转销、核销及其他变动的金额和期末余额等信息。若债务工具投资被指定为以公允价值计量且其变动计入当期损益的金融资产，则不用对其进行减值会计处理，也不适用本准则第七章第二节规定。但是，这些资产仍然面临信用风险问题，因此企业须按照本条目披露相关信息。

【例4-12】指定为以公允价值计量且其变动计入当期损益的金融资产的风险披露。

甲企业是一家注册地在上海的上市公司，该公司持有本应以公允价值计量且其变动计入其他综合收益的一组金融资产符合《企业会计准则第 22 号——金融工具确认和计量》中指定为以公允价值计量且其变动计入当期损益的条件。基于管理需要，该企业将该组金融资产指定为以公允价值计量且其变动计入当期损益的金融资产，且在管理中未使用信用衍生工具或类似工具。

对于指定为以公允价值计量且其变动计入当期损益的金融资产：

（1）截至20×9年12月31日使企业面临的最大信用风险敞口为4 123万元。

（2）信用风险变动引起的公允价值本期变动额为20.3万元、累计变动额为45.2万元，这些变动额，是该金融资产公允价值变动扣除由于市场风险因素的变化导致公允价值变动后的金额。市场风险因素的变化包括可观察的利率、商品价格、汇率以及价格指数、利率指数、汇率指数等指数的变动。

此外，该企业还按照本准则第四十三条的规定，披露了该组金融资产因信用风险变动引起的公允价值本期变动额和累计变动额的确定方法。

第四十一条 企业将一项金融负债指定为以公允价值计量且其变动计入当期损益的金融负债，且企业自身信用风险变动引起的该金融负债公允价值的变动金额计入其他综合收益的①，应当披露下列信息②：

（一）该金融负债因自身信用风险变动引起的公允价值本期变动额和累计变动额③；

（二）该金融负债的账面价值与按合同约定到期应支付债权人金额之间的差额④；

（三）该金融负债的累计利得或损失本期从其他综合收益转入留存收益的金额和原因⑤。

【注释】

①**实施指引**：为了确定主体自身信用风险变动引起的金融负债公允价值的变动金额，IASB提出两种方法：第一，允许主体提供更真实的反映由于信用风险变化导致的公允价值变动金额的信息；第二，通过排除市场风险导致的公允价值变动金额来确定信用风险变化的替代方案，例如，一些主体可以确定负债公允价值变动中由某些市场指数变化引起的部分，在该情况下，替代披露应排除由于该市场指数变化导致的公允价值变动金额。

②本条目要求披露信息的案例详见《企业会计准则第22号——金融工具确认和计量》的【例4-32】。

③**准则由来**：IASB认为尽管在实务中量化信用风险这种变动是困难的，但是这些信息的披露对财务报表使用者是十分有用的，有助于使用者正确理解信用风险变化对损益的影响，在信息披露较少时作用尤其显著。

④**准则由来**：IASB决定，当主体指定某项金融负债为以公允价值计量且其变动计入当期损益的金融负债时，主体应披露其账面价值并按合同约定应当在到期日偿付给债券持有人金额之间的差额。公允价值同其结算金额之间可能存在重大差异，尤其是对于存续期长、且主体的信用状况在其发行负债后发生了重大恶化的金融负债。IASB认为这一差异的信息对财务报表使用者而言是有用的，同样，结算金额对一些财务报表使用者是重要的，特别是对于债权人而言。

⑤**准则联系**：企业将某项金融负债指定为以公允价值计量且其变动计入当期损益的金融负债时，应当按本准则第四十一条或第四十二条的规定披露。第四十一条针对的是因自身信用风险变动引起的公允价值变动计入其他综合收益的金融负债；第四十二条针对的是根据《企业会计准则第22号——金融工具确认和计

量》第六十八条第（二）项将全部利得和损失（包括自身信用风险变动引起的部分）计入当期损益的金融负债。由于前者涉及其他综合收益在负债终止确认时转入留存收益的情形，因此相比后者多一项披露要求。

【例4-13】指定为以公允价值计量且其变动计入当期损益的金融资产的风险披露。

某公司对指定为以公允价值计量且其变动计入当期损益的金融负债的相关信息披露如表4-9所示。

表4-9　　　　　　　　　　　　　　　　　　　　　　　　　　　　单位：元

项目	20×9年公允价值变动额	因相关信用风险变动引起的公允价值本期变动额	因相关信用风险变动引起的公允价值累计变动额
发行的普通债券	966 467	453 000	850 123
发行的次级债券	1 369 000	612 000	900 600
合计	2 335 467	1 065 000	1 750 723

20×9年12月31日，指定为以公允价值计量且其变动计入当期损益的金融负债的账面价值高于按合同约定到期应支付债权人金额9 980元。

第四十二条　企业将一项金融负债指定为以公允价值计量且其变动计入当期损益的金融负债，且该金融负债（包括企业自身信用风险变动的影响）的全部利得或损失计入当期损益的，应当披露下列信息[①]：

（一）该金融负债因自身信用风险变动引起的公允价值本期变动额和累计变动额[②]；

（二）该金融负债的账面价值与按合同约定到期应支付债权人金额之间的差额。

【注释】

①准则由来：参见本准则第四十条【注释】①。

②披露该差额有助于财务报表使用者理解企业的风险敞口。

第四十三条　企业应当披露用于确定本准则第四十条（三）所要求披露的金融资产因信用风险变动引起的公允价值变动额的估值方法[①]，以及用于确定本准则第四十一条（一）和第四十二条（一）所要求披露的金融负债因自身信用风险变动引起的公允价值变动额的估值方法，并说明选用该方法的原因。如果企业认为披露的信息未能如实反映相关金融工具公允价值变动中由信用风险引起的部分，则应当披露企业得出此结论的原因及其他需要考虑的因素。

企业应当披露其用于确定金融负债自身信用风险变动引起的公允价值的变动计入其他综合收益是否会造成或扩大损益中的会计错配的方法。企业根据《企业会计准则第 22 号——金融工具确认和计量》第六十八条的规定将金融负债因企业自身信用风险变动引起的公允价值变动计入当期损益的，企业应当披露该金融负债与预期能够抵销其自身信用风险变动引起的公允价值变动的金融工具之间的经济关系[2]。

【注释】

①准则联系：指定为以公允价值计量且其变动计入当期损益的金融资产的减值参考《企业会计准则第 22 号——金融工具确认和计量》第八章关于相关金融资产减值的处理。

②准则联系：对于"企业自身信用风险变动引起的公允价值变动"详见本书《企业会计准则第 22 号——金融工具确认和计量》第六十八条【注释】①的"自身信用风险变动影响的确定"。

第四十四条 企业将非交易性权益工具投资指定为以公允价值计量且其变动计入其他综合收益的，应当披露下列信息：

（一）企业每一项指定为以公允价值计量且其变动计入其他综合收益的权益工具投资；

（二）企业作出该指定的原因；

（三）企业每一项指定为以公允价值计量且其变动计入其他综合收益的权益工具投资的期末公允价值；

（四）本期确认的股利收入，其中对本期终止确认的权益工具投资相关的股利收入和资产负债表日仍持有的权益工具投资相关的股利收入应当分别单独披露[1]；

（五）该权益工具投资的累计利得和损失本期从其他综合收益转入留存收益的金额及其原因。

【注释】

①由于指定为以公允价值计量且其变动计入其他综合收益的非交易性权益工具投资的现金股利（清算性股利除外）计入当期损益，而其他公允价值变动部分最终要计入留存收益，所以对现金股利要披露更为详细的信息。

第四十五条 企业本期终止确认了指定为以公允价值计量且其变动计入其他综合收益的非交易性权益工具投资的，应当披露下列信息：

（一）企业处置该权益工具投资的原因；

（二）该权益工具投资在终止确认时的公允价值；

（三）该权益工具投资在终止确认时的累计利得或损失[①]。

【注释】

①由于指定为以公允价值计量且其变动计入其他综合收益的非交易性权益工具投资终止确认时，其累计利得和损失不计入当期损益，而直接计入留存收益，所以在终止确认时需要对该类资产的累计利得或损失进行详细披露，为财务报表使用者提供更为全面的投资绩效信息。

第四十六条　企业在当期或以前报告期间将金融资产进行重分类的，对于每一项重分类，应当披露重分类日、对业务模式变更的具体说明及其对财务报表影响的定性描述，以及该金融资产重分类前后的金额。

企业自上一年度报告日起将以公允价值计量且其变动计入其他综合收益的金融资产重分类为以摊余成本计量的金融资产的，或者将以公允价值计量且其变动计入当期损益的金融资产重分类为其他类别的，应当披露下列信息：

（一）该金融资产在资产负债表日的公允价值；

（二）如果未被重分类，该金融资产原来应在当期损益或其他综合收益中确认的公允价值利得或损失。

企业将以公允价值计量且其变动计入当期损益的金融资产重分类为其他类别的，自重分类日起到终止确认的每一个报告期间内，都应当披露该金融资产在重分类日确定的实际利率和当期已确认的利息收入[①]。

【注释】

①准则由来：IASB要求披露对以摊余成本而不是以公允价值计量的金融资产进行重分类的理由，并披露重分类计入或转出每类金融资产的金额，因为IASB认为这些信息是有用的，对金融工具的计量以及财务报表分析有重大影响。

第四十七条　对于所有可执行的总互抵协议或类似协议[①]下的已确认金融工具，以及符合本准则第二十八条抵销条件的已确认金融工具，企业应当在报告期末以表格形式（除非企业有更恰当的披露形式）分别按金融资产和金融负债披露下列定量信息[②]：

（一）已确认金融资产和金融负债的总额。

（二）按本准则规定抵销的金额[③]。

（三）在资产负债表中列示的净额[④]。

（四）可执行的总互抵协议或类似协议确定的，未包含在本条（二）中的金额包括：

1. 不满足本准则抵销条件的已确认金融工具的金额;

2. 与财务担保物(包括现金担保)相关的金额,以在资产负债表中列示的净额扣除本条(四)后的余额为限⑤。

(五)资产负债表中列示的净额扣除本条(四)后的余额。

企业应当披露本条(四)所述协议中抵销权的条款及其性质等信息,以及不同计量基础的金融工具适用本条时产生的计量差异⑥。

上述信息未在财务报表同一附注中披露的,企业应当提供不同附注之间的交叉索引⑦。

【注释】

①"类似协议"是指包括所有可能导致金融资产和金融负债相抵销的协议,例如衍生工具清算协议、总回购协议、证券借贷总协议以及与财务担保物相关的协议等。总互抵协议或类似协议下的已确认金融工具,可能包括衍生工具、买入返售、卖出回购和证券借贷协议等。不属于本条目范围的金融工具包括同一机构内的贷款或客户存款(除非其在资产负债表中予以抵销)和仅作为抵押担保协议项下的金融工具等。

②准则由来:2010年6月应财务报表使用者和金融稳定委员会(FSB)建议的要求,IASB和FASB在他们相应的议程中增设了一个项目以期在金融资产和金融负债抵销的要求上达成趋同。在资产负债表中究竟是披露总额还是抵销后的净额信息或者何时披露这两类信息,财务报表使用者并未达成一致意见。但是,他们都同意总额和抵销后的净额信息都是有用的且对于财务报表分析而言都是必要的。财务报表使用者支持IASB和FASB实现要求上趋同也支持对披露进行改进,以使得在FASB和GAAP下编制的财务报表有更高的可比性。在收到征求意见稿的反馈意见后,IASB和FASB决定维持他们各自的抵销模型。但是,他们注意到对在资产负债表中进行抵销和负有可强制执行的主抵销协议或类似协议义务的两类金融工具,在两种准则下要求以同样的方式进行总额和抵销后净额的披露对财务报表使用者来说是有帮助的。因此,为使财务报表使用者了解主体所签订的总互抵协议对主体财务状况的影响,主体需要披露总互抵协议(或类似协议)下的金融资产和金融负债的总额、已抵销金额、列示净额、潜在可能抵销金额,以及扣除已抵销和潜在可能抵销金额后的净额。上述5项金额分别对应本准则第四十七条第(一)项至第(五)项要求。

③本条目第(二)项要求披露按本准则第二十八条规定抵销的金额。在同一安排下,予以抵销的已确认金融资产和已确认金融负债的金额将同时在金融资产和金融负债抵销的披露中反映。但是,所披露的金额仅限于予以抵销的金额。

④如果企业拥有属于本条目所要求披露的工具,但该工具不满足第二十八条规定的抵销条件,则该工具根据本条目第(三)项要求披露的金额等于第(一)项要求披露的金额。同时,第(三)项披露的金额与资产负债表中的单列项目金

额应可以勾稽对应。如果企业确定将单列项目金额予以合并或分解可提供更相关的信息，则必须将披露的已合并或分解金额与资产负债表中的单列项目金额相勾稽。

⑤本条目第（四）项要求企业披露收到或抵押出的作为财务担保物的金融工具的公允价值，披露的金额应当为实际收到或抵押出的担保物公允价值，而不是因返还或收回担保物而确认的应付款项或应收款项的公允价值。

对于单项金融工具，其潜在可能抵销的金额不可能超过列示净额。因此对于每一项金融工具本条目第（四）项披露的总额不能超过第（三）项披露的金额。因此，如果一项金融工具既存在不满足抵销条件的情况（将来可能满足抵销条件，如因一方发生违约而触发），也存在担保的情况，且两者涉及的金额之和大于当前列示净额，则企业应当调低担保相关金额，使得该工具的潜在可能抵销金额不超过列示净额。

企业应当披露与本条目第（四）项中所述的可执行的总互抵协议或类似协议下相关的抵销权利的信息，以及对权利性质的描述。例如，企业应当描述其附带条件的抵销权利。对于当前不符合本准则抵销要求的金融工具企业应当描述其不符合要求的原因。对于所有收到或抵押出的财务担保物，企业应当披露抵押担保协议的相关条款（例如担保物受到限制的情形）。

⑥根据本条目第（一）项至第（五）项所进行的定量披露，可以分别按金融工具或交易的类型（例如衍生工具、回购和逆回购协议或证券借贷安排）提供。企业也可以按金融工具或交易的类型提供第（一）项至第（三）项所要求的信息，按交易对手提供第（三）项至第（五）项所要求的信息。如果企业按交易对手提供要求披露的信息，无需列明交易对手的具体名称。为保持可比性各年度内对交易对手的指定应当保持一致。企业还应当考虑提供有关交易对手的进一步定性信息。在按交易对手披露第（二）项至第（五）项所要求的有关金额时，相对于所有交易对手而言单项重要的金额应当单独披露，其余单项不重要的金额可以汇总为一个单列项目披露。

⑦为满足财务报表使用者评估净额结算安排对企业财务状况现实及潜在影响的需要，除按照本条目要求披露金融资产和金融负债抵销相关信息之外，企业还应根据总互抵协议或类似协议的条款提供其他补充信息，如抵销权的条款及其性质等信息。此外，根据本条目披露的金融工具可能遵循不同的计量要求（例如与回购协议相关的应付款项以摊余成本计量而衍生工具以公允价值计量），因此企业应当披露计量差异的情况。

【例4-14】金融资产和金融负债抵销的相关披露。

（1）抵销的金融资产以及可执行的总互抵协议或类似协议下的金融资产如表4-10所示。

表 4-10　　　　　　　　　　　　　　　　　　　　　　　单位：百万元

类型	(1) 已确认金融资产的总额	(2) 在资产负债表中抵销的金额	(3)=(1)-(2) 在资产负债表中列示的净额	(4) 不满足抵销条件的工具	财务担保物	(5)=(3)-(4) 资产负债表中列示的净额扣除(4)中金额后的余额
衍生工具	180	70	110	50	30	30
逆回购、证券借贷协议或类似协议	80	—	80	80	—	—
其他金融工具	—	—	—	—	—	—
逆回购、证券借贷协议或类似协议	260	70	190	130	30	30

（2）抵销的金融负债以及可执行的总互抵协议或类似协议下的金融负债如表 4-11 所示。

表 4-11　　　　　　　　　　　　　　　　　　　　　　　单位：百万元

类型	(1) 已确认金融负债的总额	(2) 在资产负债表中抵销的金额	(3)=(1)-(2) 在资产负债表中列示的净额	(4) 不满足抵销条件的工具	财务担保物	(5)=(3)-(4) 资产负债表中列示的净额扣除(四)中金额后的余额
衍生工具	240	100	140	140		
逆回购、证券借贷协议或类似协议	100	—	100	100		
其他金融工具						
	340	100	240	240	—	

第四十八条　按照本准则第三章分类为权益工具的可回售工具，企业应当披露下列信息[①]：

（一）可回售工具的汇总定量信息；

（二）对于按持有方要求承担的回购或赎回义务，企业的管理目标、政策和程序及其变化；

（三）回购或赎回可回售工具的预期现金流出金额以及确定方法。

【注释】

①准则联系：对于分类为权益工具的可回售工具的列报要求详见本准则第十六条，披露要求与列报要求相适应。

第四十九条 企业将本准则第三章规定的特殊金融工具在金融负债和权益工具之间重分类的，应当分别披露重分类前后的公允价值或账面价值，以及重分类的时间和原因①。

【注释】

①准则联系：对于本准则第三章规定的特殊金融工具在金融负债和权益工具之间重分类的情形详见本准则第十九条，披露要求与列报要求相适应。

第五十条 企业应当披露作为负债或或有负债担保物的金融资产的账面价值，以及与该项担保有关的条款和条件。根据《企业会计准则第 23 号——金融资产转移》第二十六条的规定，企业（转出方）向金融资产转入方提供了非现金担保物（如债务工具或权益工具投资等），转入方按照合同或惯例有权出售该担保物或将其再作为担保物的，企业应当将该非现金担保物在财务报表中单独列报①。

【注释】

①如果企业向转入方提供了非现金担保物（如，债务工具或权益工具），企业和转入方对担保物的会计核算取决于转入方是否有权将担保物出售或再抵押以及企业是否已违约。但是，如果转入方按照合同或惯例有权出售该担保物或将其再作为担保物的，由于担保物涉入了一定风险，为了使财务报表使用者更全面地了解企业的资产风险，所以将担保物区别于其他资产单独列示。

第五十一条 企业取得担保物（担保物为金融资产或非金融资产），在担保物所有人未违约时可将该担保物出售或再抵押的，应当披露该担保物的公允价值、企业已出售或再抵押担保物的公允价值、以及承担的返还义务和使用担保物的条款和条件①。

【注释】

①准则由来：在担保物的所有者没有违约的情况下，如果允许主体出售或再

次抵押这些担保品，本条目要求披露主体所持有的担保物。IFRS 7 的一些反馈意见者认为，如果主体违约的可能性几乎为零，应对主体豁免这一披露要求。但是，IASB 认为，即使不存在违约，信息使用者也有理由知道主体担保物的价值。

第五十二条 对于按照《企业会计准则第 22 号——金融工具确认和计量》第十八条的规定分类为以公允价值计量且其变动计入其他综合收益的金融资产，企业应当在财务报表附注中披露其确认的损失准备，但不应在资产负债表中将损失准备作为金融资产账面金额的扣减项目单独列示[①]。

【注释】

[①]准则联系：根据《企业会计准则第 22 号——金融工具确认和计量》第十八条的规定，分类为以公允价值计量且其变动计入其他综合收益的金融资产的损失准备在其他综合收益中确认，而不减少金融资产的账面价值，详见《企业会计准则第 22 号——金融工具确认和计量》第四十九条。

第五十三条 对于企业发行的包含金融负债成分和权益工具成分的复合金融工具，嵌入了价值相互关联的多项衍生工具（如可赎回的可转换债务工具）的，应当披露相关特征[①]。

【注释】

[①]准则由来：IAS 32 要求对复合金融工具的负债和权益部分进行分拆。IASB 注意到，对于嵌入了价值相互依存的多重衍生工具特征的复合金融工具（例如一项可转换债务工具，它赋予发行方从持有人手中赎回该工具的权利，或者赋予持有人把该工具返售给发行方的权利），其负债和权益部分的分拆要比不具有这些特征的复合金融工具更加复杂。如果嵌入的权益性和非权益性衍生工具特征是相互依存的，分别确定的负债和权益部分的价值总和将不等于复合金融工具整体的价值。不论将共有价值分配到负债部分还是权益部分都是武断的，因为在本质上，它是共有的。因此，IASB 认为，披露已发行的嵌入了价值相互依存的多重衍生工具特征的复合金融工具的存在十分重要。这种披露强调了多重嵌入衍生工具特征对已确认的负债和权益金额的影响。

第五十四条 对于除基于正常信用条款的短期贸易应付款项之外的金融负债，企业应当披露下列信息[①]：

（一）本期发生违约的金融负债的本金、利息、偿债基金、赎回条款的详细情况；

（二）发生违约的金融负债的期末账面价值；

（三）在财务报告批准对外报出前，就违约事项已采取的补救措施、对债务条款的重新议定等情况。

企业本期发生其他违反合同的情况，且债权人有权在发生违约或其他违反合同情况时要求企业提前偿还的，企业应当按上述要求披露。如果在期末前违约或其他违反合同情况已得到补救或已重新议定债务条款，则无须披露①。

【注释】
①准则由来：IASB 认为，这些披露可以提供主体的信用状况信息。

第三节 利润表中的列式及相关披露

第五十五条 企业应当披露与金融工具有关的下列收入、费用、利得或损失：

（一）以公允价值计量且其变动计入当期损益的金融资产和金融负债所产生的利得或损失。其中，指定为以公允价值计量且其变动计入当期损益的金融资产和金融负债，以及根据《企业会计准则第 22 号——金融工具确认和计量》第十九条的规定必须分类为以公允价值计量且其变动计入当期损益的金融资产和根据《企业会计准则第 22 号——金融工具确认和计量》第二十一条的规定必须分类为以公允价值计量且其变动计入当期损益的金融负债的净利得或净损失，应当分别披露。

（二）对于指定为以公允价值计量且其变动计入当期损益的金融负债，企业应当分别披露本期在其他综合收益中确认的和在当期损益中确认的利得或损失。

（三）对于根据《企业会计准则第 22 号——金融工具确认和计量》第十八条的规定分类为以公允价值计量且其变动计入其他综合收益的金融资产，企业应当分别披露当期在其他综合收益中确认的以及当期终止确认时从其他综合收益转入当期损益的利得或损失。

（四）对于根据《企业会计准则第 22 号——金融工具确认和计量》第十九条的规定指定为以公允价值计量且其变动计入其他综合收益的非交易性权益工具投资，企业应当分别披露在其他综合收益中确认的利得和损失以及在当期损益中确认的股利收入。

（五）除以公允价值计量且其变动计入当期损益的金融资产或金融负债外，按实际利率法计算的金融资产或金融负债产生的利息收入或利息费用总额，以及在确定实际利率时未予包括并直接计入当期损益的手续费收入或支出。

（六）企业通过信托和其他托管活动代他人持有资产或进行投资而形成的，直接计入当期损益的手续费收入或支出①。

【注释】

①**准则由来**：IFRS 7 要求主体披露来自于金融资产或金融负债以及导致主体代表个人、信托人、退休福利计划和其他机构持有资产或进行资产投资的信托和其他托管行为的手续费收入和费用（不是确定实际利率时所包含的金额）。这些信息能够显示这些活动的水平并且有助于财务报表使用者估计主体未来可能获取的收益。

【例 4-15】甲银行 2018 年年度报告利息收入、利息支出、手续费及佣金支出披露格式如表 4-12 所示。

表 4-12　　　　　　　　　　　　　　　　　　　　　　　单位：人民币百万元

利息收入	2018 年	2017 年
贷款和垫款		
——公司贷款和垫款	73 954	65 864
——零售贷款和垫款	113 698	98 386
——票据贴现	8 718	4 608
存放中央银行款项	7 961	8 679
存放同业和其他金融机构款项	1 980	1 271
拆出资金	8 802	6 019
买入返售金融资产	7 531	5 136
投资	48 267	52 042
其中：其他债权投资	12 256	不适用
债权投资	36 011	不适用
以摊余成本计量和公允价值计量且其变动计入其他综合收益的金融资产的利息收入	270 911	242 005
利息支出	2018 年	2017 年
客户存款	61 987	50 329
向中央银行借款	10 982	9 250
同业和其他金融机构存放款项	12 166	13 606
拆入资金	7 294	4 441
卖出回购金融资产款	3 568	6 091
应付债券	14 530	13 436
以摊余成本计量金融负债的利息支出	110 527	97 153
手续费及佣金收入	2018 年	2017 年
银行卡手续费	16 727	14 011

续表

手续费及佣金收入	2018年	2017年
结算与清算手续费	10 267	9 209
代理服务手续费	12 723	12 287
信贷承诺及贷款业务佣金	6 807	6 372
托管及其他受托业务佣金	23 351	25 245
其他	3 171	2 784
合计	73 046	69 908

第五十六条 企业应当分别披露以摊余成本计量的金融资产终止确认时在利润表中确认的利得和损失金额及其相关分析，包括终止确认金融资产的原因[①]。

【注释】

①根据 IFRS 7，主体应当披露以摊余成本计量的金融资产终止确认时在利润表中确认利得或损失的分析，并且将这些金融资产的终止确认所产生的利得和损失单独列示。披露内容应当包括这些金融资产终止确认的原因。

第四节 套期会计相关披露

第五十七条 企业应当披露与套期会计有关的下列信息：

（一）企业的风险管理策略以及如何应用该策略来管理风险[①]；

（二）企业的套期活动可能对其未来现金流量金额、时间和不确定性的影响[②]；

（三）套期会计对企业的资产负债表、利润表及所有者权益变动表的影响。

企业在披露套期会计相关信息时，应当合理确定披露的详细程度、披露的重点、恰当的汇总或分解水平，以及财务报表使用者是否需要额外的说明以评估企业披露的定量信息。企业按照本准则要求所确定的信息披露汇总或分解水平应当和《企业会计准则第39号——公允价值计量》的披露要求所使用的汇总或分解水平相同。

【注释】

①准则由来：财务报表使用者需要理解主体如何运用其风险管理策略，这有助于其理解主体披露的会计信息。因此，在2010年《套期会计》征求意见稿中，IASB 提议主体应当解释其每一类风险的风险管理策略。征求意见稿的大部分反馈意见者同意这一提议，但是，部分反馈意见者担心，在主体需要提供多少细节

以满足披露要求方面，征求意见稿并未作出清楚的规定。IASB 指出，主体通过多种不同方法来管理风险，若按照一个确定的信息列表进行披露，财务报表使用者可能并不一定能理解主体的风险管理策略。相反，IASB 决定增加应用指南，以指导应在风险管理描述中被包括的信息类型。

②准则由来：为了满足套期会计的目标，IASB 决定，主体应当提供充分的定量信息，以帮助财务报表使用者理解主体每一特定风险的风险管理策略如何影响未来现金流的金额、时间和不确定性。

第五十八条 企业应当披露其进行套期和运用套期会计的各类风险的风险敞口的风险管理策略相关信息，从而有助于财务报表使用者评价：每类风险是如何产生的、企业是如何管理各类风险的（包括企业是对某一项目整体的所有风险进行套期还是对某一项目的单个或多个风险成分进行套期及其理由），以及企业管理风险敞口的程度[①②]。与风险管理策略相关的信息应当包括：

（一）企业指定的套期工具；
（二）企业如何运用套期工具对被套期项目的特定风险敞口进行套期；
（三）企业如何确定被套期项目与套期工具的经济关系以评估套期有效性；
（四）套期比率的确定方法；
（五）套期无效部分的来源。

【注释】

①准则由来：IFRS 7 要求主体对报告期末的金融工具引起的风险敞口的性质和程度，以及此类风险的管理方式进行定性和定量的披露。

②根据 IFRS 7，主体应当解释进行套期和运用套期会计的风险敞口的各个风险类别的风险管理战略，这使得财务报表使用者能够评估：(1) 每个风险是如何发生的；(2) 主体怎样管理每个风险，包括主体是对主体某一项目的全部风险还是对风险的某一因素（或某些因素）进行套期，以及为什么这样做；(3) 主体管理的风险敞口的程度。为满足这一要求，主体应当披露但不仅限于以下信息：(1) 用于套期风险敞口的套期工具以及它们如何被使用；(2) 为了评估套期有效性，主体如何决定被套期项目和套期工具间的经济关系；(3) 主体如何建立套期比率和套期无效的来源。

第五十九条 企业将某一特定的风险成分指定为被套期项目的，除应当披露本准则第五十八条规定的相关信息外，还应当披露下列定性或定量信息[①]：

（一）企业如何确定该风险成分，包括风险成分与项目整体之间关系性质的说明；
（二）风险成分与项目整体的关联程度（例如被指定的风险成分以往平均涵盖项目整体公允价值变动的百分比）。

【注释】

①根据 IFRS 7，当主体将某一风险因素指定为套期项目，除上述第五十八条中的信息外，还应提供以下定量和定性信息：1) 主体如何确定被指定为被套期项目的风险部分（包括关于风险部分和项目整体的关系性质的描述）；2) 风险部分如何与项目整体相关（例如，被指定的风险项目历史上涵盖整个项目平均 80% 的公允价值变动）。

第六十条 企业应当按照风险类型披露相关定量信息，从而有助于财务报表使用者评价套期工具的条款和条件及这些条款和条件如何影响企业未来现金流量的金额、时间和不确定性①。这些要求披露的明细信息应当包括：
（一）套期工具名义金额的时间分布；
（二）套期工具的平均价格或利率（如适用）。

【注释】

①根据 IFRS 7，主体应当按照风险类别，分别披露定量信息以方便财务报告使用者评估套期项目的时期和条件，以及它们如何影响主体未来现金流的金额、时间以及不确定性。这些信息应当包括：（1）套期工具票面金额的时点资料；（2）如果可行，套期工具的平均价格或平均费率（比如成交价、远期价等）。

第六十一条 在因套期工具和被套期项目频繁变更而导致企业频繁地重设（即终止及重新开始）套期关系的情况下，企业无需披露本准则第六十条规定的信息，但应当披露下列信息①：
（一）企业基本风险管理策略与该套期关系相关的信息；
（二）企业如何通过运用套期会计以及指定特定的套期关系来反映其风险管理策略；
（三）企业重设套期关系的频率。在因套期工具和被套期项目频繁变更而导致企业频繁地重设套期关系的情况下，如果资产负债表日的套期关系数量并不代表本期内的正常数量，企业应当披露这一情况以及该数量不具代表性的原因。

【注释】

①准则由来：由于套期工具有时仅在很短期间内是某一特定套期关系的组成部分，随即会被指定到一个新的套期关系或被终止指定，在这种情形下，主体提供的关于套期工具的条款和条件信息并无很大用处。因此，IASB 决定，在套期关系频繁中止和重启的情况下，主体无需披露关于套期工具的条款和条件的信息。相反，使财务报表使用者理解主体为何在这种情境下运用套期会计更加重要。因此，IASB 决定，在此类情境下，主体应当提供以下信息：(1) 主体根本的风险管理策略的信息（针对动态套期策略）；(2) 主体如何利用套期会计和指

定特定的套期关系来反映风险管理策略；（3）套期关系作为动态套期过程的组成部分，是以怎样的频率中止和重启的。IASB 还指出，由于指定的套期关系频繁的变化，报告日的特定关系可能并不代表该期间内的正常交易量。因此 IASB 决定，当报告期的交易量并不能代表该期间的正常交易量时，主体应当披露这一情况。

第六十二条 企业应当按照风险类型披露在套期关系存续期内预期将影响套期关系的套期无效部分的来源，如果在套期关系中出现导致套期无效部分的其他来源，也应当按照风险类型披露相关来源及导致套期无效的原因①。

【注释】

①准则由来：IASB 提议，主体应当披露对于其每一特定风险分类的套期关系的无效套期来源信息，这将帮助财务报表使用者识别确认为损益的无效套期的原因，也将帮助其确定套期关系是否会影响损益。

第六十三条 企业应当披露已运用套期会计但预计不再发生的预期交易的现金流量套期①。

【注释】

①根据 IFRS 7，对于现金流套期，当以前期间运用套期会计预计之后不会再发生时，主体应当披露有关预期交易的详细描述和套期会计对财务状况和业绩的影响。

第六十四条 对于公允价值套期，企业应当以表格形式、按风险类型分别披露与被套期项目相关的下列金额①②：

（一）在资产负债表中确认的被套期项目的账面价值，其中资产和负债应当分别单独列示；

（二）资产负债表中已确认的被套期项目的账面价值、针对被套期项目的公允价值套期调整的累计金额，其中资产和负债应当分别单独列示；

（三）包含被套期项目的资产负债表列示项目；

（四）本期用作确认套期无效部分基础的被套期项目价值变动；

（五）被套期项目为以摊余成本计量的金融工具的，若已终止针对套期利得和损失进行调整，则应披露在资产负债表中保留的公允价值套期调整的累计金额。

【注释】

①准则由来：为了提供关于套期会计对利润表和资产负债表的影响的信息，

IASB 提议披露应以列表形式呈现,以按照风险类别和套期类别区分信息。以列表形式来提供信息可以使财务报表使用者清楚地识别相关数字以及它们对主体的利润表和资产负债表的影响。

②企业可以按照表 4-13 披露此类信息。

表 4-13　　　　　　　　　20×8 年 12 月 31 日　　　　　　　　单位:万元

风险类型	被套期项目的账面价值		被套期项目公允价值套期调整的累计金额(计入被套期项目的账面价值)		包含被套期项目的资产负债表列示项目	20×8 年用作确认套期无效部分基础的被套期项目公允价值变动	现金流量套期储备
	资产	负债	资产	负债			
利率风险 ——应付债券 ——终止的套期(应付债券)	— —	×× ××	— —	×× ××	应付债券 应付债券	×× 不适用	不适用 不适用
外汇风险 ——确定承诺	××	××	××	××	其他流动资产	××	不适用
商品价格风险 ——预期销售 ——终止的套期(预期销售)	不适用 不适用	不适用 不适用	不适用 不适用	不适用 不适用	不适用 不适用	×× 不适用	×× ××

第六十五条　对于现金流量套期和境外经营净投资套期,企业应当以表格形式、按风险类型分别披露与被套期项目相关的下列金额①:

(一)本期用作确认套期无效部分基础的被套期项目价值变动;

(二)根据《企业会计准则第 24 号——套期会计》第二十四条的规定继续按照套期会计处理的现金流量套期储备的余额;

(三)根据《企业会计准则第 24 号——套期会计》第二十七条的规定继续按照套期会计处理的境外经营净投资套期计入其他综合收益的余额;

(四)套期会计不再适用的套期关系所致的现金流量套期储备和境外经营净投资套期中计入其他综合收益的利得和损失的余额。

【注释】

①企业可以按照表 4-13 披露此类信息。

第六十六条　对于每类套期类型,企业应当以表格形式、按风险类型分别披露与套期工具相关的下列金额①:

（一）套期工具的账面价值，其中金融资产和金融负债应当分别单独列示；

（二）包含套期工具的资产负债表列示项目；

（三）本期用作确认套期无效部分基础的套期工具的公允价值变动；

（四）套期工具的名义金额或数量。

【注释】

①企业可以按照表4-14、表4-15披露此类信息。

1）现金流量套期。

表4-14　　　　　　　　　　　　　　　　　　　　　　　　　　　　　　　单位：万元

风险类型	套期工具的名义金额	套期工具的账面价值		包含套期工具的资产负债表列示项目	20×8年用作确认套期无效部分基础的套期工具公允价值变动
		资产	负债		
商品价格风险 ——远期销售合同	××	××	××	衍生金融资产/负债	××

2）公允价值套期。

表4-15　　　　　　　　　　　　　　　　　　　　　　　　　　　　　　　单位：万元

风险类型	套期工具的名义金额	套期工具的账面价值		包含套期工具的资产负债表列示项目	20×8年用作确认套期无效部分基础的套期工具公允价值变动
		资产	负债		
利率风险 ——利率互换合同	××	××	××	衍生金融资产/负债	××
外汇风险 ——外币贷款	××	××	××	衍生金融资产/负债	××

第六十七条　对于公允价值套期，企业应当以表格形式、按风险类型分别披露与套期工具相关的下列金额①：

（一）计入当期损益的套期无效部分；

（二）计入其他综合收益的套期无效部分；

（三）包含已确认的套期无效部分的利润表列示项目。

【注释】

①企业可以按照表4-16披露此类信息。

表4-16　　　　　　　　　　　　　　　　　　　　　　　　　　　　　　　单位：万元

公允价值套期	计入当期损益的套期无效部分	计入其他综合收益的套期无效部分	计入当期损益的利润表列示项目（包括套期无效部分）
利率风险	××	不适用	公允价值变动收益
权益价格风险	××	××	公允价值变动收益

第六十八条 对于现金流量套期和境外经营净投资套期，企业应当以表格形式、按风险类型分别披露与套期工具相关的下列金额①：

（一）当期计入其他综合收益的套期利得或损失；

（二）计入当期损益的套期无效部分；

（三）包含已确认的套期无效部分的利润表列示项目；

（四）从现金流量套期储备或境外经营净投资套期计入其他综合收益的利得和损失重分类至当期损益的金额，并应区分之前已运用套期会计但因被套期项目的未来现金流量预计不再发生而转出的金额和因被套期项目影响当期损益而转出的金额；

（五）包含重分类调整的利润表列示项目；

（六）对于风险净敞口套期，计入利润表中单列项目的套期利得或损失。

【注释】

①企业可以按照表4-17披露此类信息。

表4-17　　　　　　　　　　　　　　　　　　　　　　　　　　　　　　　单位：万元

现金流量套期	计入其他综合收益的套期工具的公允价值变动	计入当期损益的套期无效部分	包含已确认的套期无效部分的利润表列示项目	从现金流量套期储备重分类至当期损益的金额	包含重分类调整的利润表列示项目
商品价格风险 ——商品 ——终止的套期	×× 不适用	×× 不适用	公允价值变动收益 不适用	×× ××	营业成本 营业成本

第六十九条 企业按照《企业会计准则第30号——财务报表列报》的规定在提供所有者权益各组成部分的调节情况以及其他综合收益的分析时，应当按照风险类型披露下列信息①：

（一）分别披露按照本准则第六十八条（一）和（四）的规定披露的金额；

（二）分别披露按照《企业会计准则第 24 号——套期会计》第二十五条（一）和（三）的规定处理的现金流量套期储备的金额；

（三）分别披露对与交易相关的被套期项目进行套期的期权时间价值所涉及的金额、以及对与时间段相关的被套期项目进行套期的期权时间价值所涉及的金额；

（四）分别披露对与交易相关的被套期项目进行套期的远期合同的远期要素和金融工具的外汇基差所涉及的金额、以及对与时间段相关的被套期项目进行套期的远期合同的远期要素和金融工具的外汇基差所涉及的金额。

【注释】

①准则由来：在 2010 年《套期会计》征求意见稿中，IASB 提议主体在提供累计其他综合收益的调整信息时，应当区分交易相关的被套期项目和时间段相关的被套期项目。这样做能够提供一些关于其他综合收益的累计金额中哪些将随时间推移而转化为费用项目、哪些将在特定交易出现时转化为费用项目的额外信息。

第七十条　企业因使用信用衍生工具管理金融工具的信用风险敞口而将金融工具（或其一定比例）指定为以公允价值计量且其变动计入当期损益的，应当披露下列信息[①][②]：

（一）对于用于管理根据《企业会计准则第 24 号——套期会计》第三十四条的规定被指定为以公允价值计量且其变动计入当期损益的金融工具信用风险敞口的信用衍生工具，每一项名义金额与当期期初和期末公允价值的调节表；

（二）根据《企业会计准则第 24 号——套期会计》第三十四条的规定将金融工具（或其一定比例）指定为以公允价值计量且其变动计入当期损益时，在损益中确认的利得或损失；

（三）当企业根据《企业会计准则第 24 号——套期会计》第三十五条的规定对该金融工具（或其一定比例）终止以公允价值计量且其变动计入当期损益时，作为其新账面价值的该金融工具的公允价值和相关的名义金额或本金金额，企业在后续期间无须继续披露这一信息，除非根据《企业会计准则第 30 号——财务报表列报》的规定需要提供比较信息。

【注释】

①准则由来：IASB 认为，在主体运用信用衍生品来套期信用风险的情况下，主体应当提供如下信息以增加财务信息透明度：（1）对信用衍生品的名义金额和公允价值的期初和期末金额的调整；（2）因信用风险敞口的公允价值选择权，将金融工具指定为以公允价值计量且其变动计入当期损益，需要在损益中确认的损失或利得；（3）当主体不再对信用敞口采用以公允价值计量且其变动计入当期损

益的计量方法时,该公允价值被视为新的成本或摊余金额,以及有关的名义或本金金额。

②企业可以按照表4-18披露此类信息。

表4-18   单位:万元

信用衍生工具	名义金额	期初公允价值	本期公允价值变动	除公允价值变动外的影响		期末公允价值
				本期增加	本期减少	
信用衍生工具A						
信用衍生工具B						
……						

第五节 公允价值披露

第七十一条 除了本准则第七十三条规定情况外,企业应当披露每一类金融资产和金融负债的公允价值①,并与账面价值进行比较②。对于在资产负债表中相互抵销的金融资产和金融负债,其公允价值应当以抵销后的金额披露。

【注释】

①无论金融资产或金融负债是否按公允价值计量,企业都应当披露每一类金融资产和金融负债的公允价值,并与账面价值进行比较。

②准则由来:根据IFRS 7,很多企业使用公允价值信息来确定企业的总体财务状况以及对单个金融工具的决策。公允价值信息也与很多财务报表使用者的决策相关,因为公允价值信息在多数情况下反映了金融市场对与金融工具相关的预期未来现金流量现值的判断。一方面,公允价值信息允许对实质上具有相同经济特征的一类金融工具进行比较;另一方面,公允价值信息披露了管理层购买、出售、持有金融资产以及承担、维持、履行金融负债的影响,为评估管理层的受托责任提供了一个中立的基础。因此,IASB决定,当企业没有在其资产负债表上以公允价值计量金融资产或金融负债时,企业应补充披露提供公允价值信息,以帮助财务报表使用者在相同的基础上对企业进行比较。

第七十二条 金融资产或金融负债初始确认的公允价值与交易价格存在差异时,如果其公允价值并非基于相同资产或负债在活跃市场中的报价确定的,也非基于仅使用可观察市场数据的估值技术确定的,企业在初始确认金融资产或金融负债时不应确认利得或损失①②。在此情况下,企业应当按金融资产或金融负债的类型披露下列信息:

（一）企业在损益中确认交易价格与初始确认的公允价值之间差额时所采用的会计政策，以反映市场参与者对资产或负债进行定价时所考虑的因素（包括时间因素）的变动；

（二）该项差异期初和期末尚未在损益中确认的总额和本期变动额的调节表；

（三）企业如何认定交易价格并非公允价值的最佳证据，以及确定公允价值的证据。

【注释】

①准则由来：根据 IFRS 7，如果金融工具的交易价格与公允价值不同，则企业应当披露这一差异，这可以为财务报表使用者提供企业在未来期间将在损益中确认的利得或损失的金额信息。

②准则联系：根据《企业会计准则第 22 号——金融工具确认和计量》第三十四条第（二）项，金融资产或金融负债初始确认的公允价值与交易价格存在差异时，如果其公允价值并非基于相同资产或负债在活跃市场中的报价，也非基于仅使用可观察市场数据的估值技术，企业在初始确认金融资产或金融负债时不应将该差异确认为利得或损失，而应当将其递延，在后续期间根据相关因素的变动确认利得或损失。

第七十三条 企业可以不披露下列金融资产或金融负债的公允价值信息[①]：

（一）账面价值与公允价值差异很小的金融资产或金融负债（如短期应收账款或应付账款）；

（二）包含相机分红特征且其公允价值无法可靠计量的合同[②]；

（三）租赁负债。

【注释】

①本条目规定了企业对金融工具公允价值披露的有限豁免情况。

②准则联系：对于保险合同中嵌入的、按照《企业会计准则第 22 号——金融工具确认和计量》规定予以分拆后单独核算的衍生工具，应按照金融工具确认计量准则进行核算，其列报适用本准则。如果保险合同中嵌入的衍生工具本身就是一项保险合同，则该嵌入衍生工具的核算和列报适用保险合同相关会计准则。

第七十四条 在本准则第七十三条（二）所述的情况下，企业应当披露下列信息[①]：

（一）对金融工具的描述及其账面价值，以及因公允价值无法可靠计量而未披露其公允价值的事实和说明；

（二）金融工具的相关市场信息；

（三）企业是否有意图处置以及如何处置这些金融工具；

（四）之前公允价值无法可靠计量的金融工具终止确认的，应当披露终止确认的事实，终止确认时该金融工具的账面价值和所确认的利得或损失金额。

【注释】

①准则联系：本条目是本准则第七十三条的补充条款，规定了企业披露关于"包含相机分红特征且其公允价值无法可靠计量的合同"相关的金融资产和金融负债的额外信息，以帮助财务报表使用者，对金融资产或金融负债的账面金额与其公允价值之间可能的差异程度进行判断。

第七章 与金融工具相关的风险披露

第一节 定性和定量信息

第七十五条 企业应当披露与各类金融工具风险相关的定性和定量信息,以便财务报表使用者评估报告期末金融工具产生的风险的性质和程度,更好地评价企业所面临的风险敞口[①]。相关风险包括信用风险、流动性风险、市场风险等[②][③]。

【注释】

①本准则第七章对金融工具相关风险的披露作出解释,并要求在财务报告中提供这些披露,或者将这些披露信息包括在财务报告对其他报告的交叉引用中,例如管理层评论或风险报告。如果这些信息缺乏交叉引用,那么财务报告是不完整的。

本条目指出了定性披露和定量披露的相互作用,这一相互作用使得财务报表使用者得以将有关披露联系起来,从而形成对金融工具所导致的风险的性质和程度的整体认识。同时,这一相互作用能够更好地披露信息以帮助财务报表使用者更好地评估企业的风险敞口。

②本条目的"相关风险"不包括经营风险,因为经营风险的定义和计量很不成熟,且与企业的金融工具没有必然联系。因此,将经营风险进行表外披露更为合适。信用风险,是指金融工具的一方不履行义务,造成另一方发生财务损失的风险;流动性风险,是指企业在履行以交付现金或其他金融资产的方式结算的义务时发生资金短缺的风险;市场风险,是指金融工具的公允价值或未来现金流量因市场价格变动而发生波动的风险,包括汇率风险、利率风险和其他价格风险。本条目相关风险的详细说明详见本章第二节至第四节。

③准则由来:根据 IFRS 7,财务报表使用者很重视关于金融工具所产生的风险的信息,例如主体所面临的信用风险、流动性风险和市场风险,以及主体识别、计量、监管和控制这些风险的技术。因此,IASB 决定要求主体在财务报告

中披露这些信息，并制定准则以平衡下述两个目标：

1）对所有的主体应用一致的要求，使财务报表使用者可以获得主体所面临风险的可比信息；

2）提供的披露取决于主体持有金融工具的多少以及主体所承担的与这些金融工具相关的风险的程度。持有较多金融工具并承担更多相关风险的主体应提供更多的披露以向财务报表使用者传递这些风险的信息。

准则要求企业将其面临的来自金融工具的风险的定性披露、管理层评价和管理这些风险的方式，与金融工具产生的重大风险的定量披露相结合。由于管理层评价和管理风险的方式不同，基于企业如何管理风险的披露在不同企业之间可能不可比，因此这一要求在比较不同企业风险敞口时提供了一个共同基准，并适用于所有企业风险敞口的披露要求。

第七十六条 对金融工具产生的各类风险，企业应当披露下列定性信息：

（一）风险敞口及其形成原因[①]，以及在本期发生的变化[②]；

（二）风险管理目标、政策和程序[③]以及计量风险的方法及其在本期发生的变化[④]。

【注释】

①为满足本准则对定性信息的披露要求，企业应当披露风险敞口及其形成原因。风险敞口的信息可以描述风险转移的风险总额和净额以及其他分散风险的交易。

②无论是披露风险敞口及其形成原因，还是披露风险管理目标、政策和程序以及计量风险的方法，企业都应当披露与前期相比定性信息的任何变化，并解释变化的原因。这些变化可能是风险敞口改变或管理风险敞口的方法改变的结果。

③风险管理目标、政策和程序可以包括：

1）企业风险管理的目标和风险偏好设定；

2）企业风险管理的组织架构；

3）风险识别、评价、规避和报告流程；

4）企业的风险报告或计量系统的范围和性质；

5）企业对风险进行套期或降低风险的政策，包括接受担保物的政策和程序；

6）企业对这种套期或降低风险的方法的持续有效性进行监控的流程；

7）企业避免风险过度集中的政策和程序。

④披露上述信息有助于财务报表使用者了解这些变化对未来现金流量的性质、时间和不确定性的影响。

第七十七条 对金融工具产生的各类风险，企业应当按类别披露下列定量信息：

（一）期末风险敞口的汇总数据。该数据应当以向内部关键管理人员①提供的相关信息为基础。企业运用多种方法管理风险的，披露的信息应当以最相关和可靠的方法②为基础。

（二）按照本准则第七十八条至第九十七条披露的信息③。

（三）期末风险集中度信息，包括管理层确定风险集中度的说明和参考因素（包括交易对手方、地理区域、货币种类、市场类型等）④，以及各风险集中度相关的风险敞口金额。

上述期末定量信息不能代表企业本期风险敞口情况的，应当进一步提供相关信息⑤⑥。

【注释】

①准则联系：根据《企业会计准则第 36 号——关联方披露》，关键管理人员是指有权力并负责计划、指挥和控制企业活动的人员。

②准则联系：对相关和可靠的讨论详见《企业会计准则第 28 号——会计政策、会计估计变更和差错更正》。

③除上述基于向关键管理人员提供的信息披露的数据外，还要求企业按照本准则的具体要求披露有关信用风险、流动性风险和市场风险的信息。

企业可以按总额和已扣除风险转移或其他分散风险交易后的净额进行披露。由于这些信息强调金融工具之间的联系，有助于财务报表使用者了解这些联系如何影响企业未来现金流量的性质、时间和不确定性。

④以信用风险为例，信用风险集中度可能来源于：1）行业部门。如果企业的交易对手集中于一个或多个行业部门（如零售业或批发业），企业应分别披露交易对手每个集中点所产生的风险敞口。2）信用评级或信用质量的其他计量方法。如果企业的交易对手集中于一个或多个信用质量（如担保贷款或无担保贷款），或集中于一个或多个信用等级（如投资级别或投机级别），企业应分别披露交易对手的每个集中点所产生的风险敞口。3）地理分布。如果企业的交易对手集中于一个或多个地区市场（如亚洲或欧洲），企业应分别披露交易对手的每个集中点所产生的风险敞口。4）有限数量的单个交易对手或密切相关的交易对手组群。类似原则适用于对其他风险集中的识别，包括流动性风险和市场风险。风险集中的披露包括对用以识别每一种风险集中的共同特征的描述。例如，共同特征可以指按一组国家、单个国家或一个国家的不同地区划分的交易对手的地理分布。

⑤准则联系：根据《企业会计准则第 30 号——财务报表列报》，如果按照各项会计准则规定披露的信息不足以让财务报表使用者了解特定交易或事项对企业财务状况和经营成果的影响时，企业还应当披露其他的必要信息。为满足进一步提供相关信息的要求，企业可以披露其在本期内的风险敞口的最高、最低和平均金额。例如，通常如果企业对某一特定外币具有很大的风险敞口，但在年末这一情况得以缓解，则企业可以用图表披露其在这一期间内不同时间的风险敞口，或

者披露最高、最低和平均风险敞口。

⑥准则由来：根据 IFRS 7，主体应当披露所面临的来自金融工具的风险的信息，并且这一披露应以主体如何评价和管理其风险为基础，即使用内部提供给关键管理人员（例如，企业的董事会或首席执行官）的信息。这一方法：

1）可以为了解主体如何评价和管理风险提供有用的信息；

2）提供的信息与管理层不运用假设和方法的信息相比具有更大的预测价值，例如，在考虑主体对不利情形的反应能力时；

3）在适应风险计量和管理技术的变化以及外部环境的发展上更加有效；

4）在实务中对财务报表的编制者更有利，因为这一方法允许编制者使用在管理风险时使用的信息；

5）与《国际财务报告准则第 8 号——经营分部》（IFRS 8）中所使用的方法一致。

在任何情况下，主体都应当披露期末的风险敞口。如果期末的风险敞口并不代表期间内的风险敞口，平均值信息将更具有信息含量。但是平均值信息在应用时较为困难，因此只有在期末的信息不能代表主体本期的风险敞口时才要求提供额外的信息。

【例 4-16】定量披露——外汇风险敞口披露。

某公司为注册地在上海浦东的外贸型企业，该公司关于外汇风险敞口披露的示例如下：

本集团面临的外汇风险主要为美元汇率波动。除本集团的几个下属外贸型子公司以美元进行采购和销售外，本集团的其他主要业务活动以人民币计价结算。20×9 年 12 月 31 日，除表 4-19 所述资产为美元计价外，本集团的资产及负债均为人民币计价。

表 4-19　　　　　　　　　　　　　　　　　　　　　　　　　　　　单位：元

	20×9 年 12 月 31 日	20×8 年 12 月 31 日
现金及现金等价物	×	×
应收票据	×	×
应收账款	×	×
其他应收款	×	×
债权投资	×	×
资产合计	×	×
应付票据	×	×
应付账款	×	×
其他应付款	×	×
短期借款	×	×
负债合计	×	×

【例4-17】 定量披露——风险集中度披露。

某公司为生产有色金属的企业,该公司有关金融工具风险集中度定量披露的示例如下:

不同行业及地区经济发展的不均衡以及经济周期的不同使得相关行业和地区的信用风险也不相同。因某一行业或地区的授信客户具备某些共同经济特征,故授信在行业或地区维度上过于集中会增加信用风险。该公司主要通过客户授信环节的额度控制来统筹管理贷款和垫款的行业及地区信用风险集中度。

① 发放贷款和垫款按行业类别分布情况如表4-20所示。

表4-20 单位:百万元

行业类别	20×9年12月31日	20×8年12月31日
制造业	22 420	20 271
批发及零售业	16 709	17 085
房地产业	11 168	13 544
交通运输业	8 610	8 144
服务业	5 456	8 675
建筑业	5 115	3 364
金融业	4 518	6 019
公共事业	2 217	2 744
个人	9 037	8 675
合计	85 250	88 521

② 发放贷款和垫款按地区分布情况如表4-21所示。

表4-21 单位:百万元

地区分布	20×9年12月31日	20×8年12月31日
中国大陆	68 797	70 817
中国港、澳、台地区	5 967	6 551
北美和欧洲	4 433	4 072
东南亚	3 410	3 098
其他国家和地区	2 643	3 983
合计	85 250	88 521

第二节 信用风险披露

第七十八条 对于适用《企业会计准则第 22 号——金融工具确认和计量》金融工具减值规定的各类金融工具和相关合同权利，企业应当按照本准则第八十条至第八十七条的规定披露。

对于始终按照相当于整个存续期内预期信用损失的金额计量其减值损失准备的应收款项、合同资产和租赁应收款，在逾期超过 30 日后对合同现金流量作出修改的，适用本准则第八十五条（一）的规定[①②]。

租赁应收款不适用本准则第八十六条（二）的规定。

【注释】

①准则联系：对于应收款项、合同资产和租赁应收款，根据《企业会计准则第 22 号——金融工具确认和计量》第六十三条的规定，企业可以采用简化方法来计提预期信用损失，即企业应当（或选择）始终按照相当于整个存续期内预期信用损失的金额计量其减值损失。这一规定满足了本准则第八十五条第（一）项的前提：企业在本期修改了金融资产合同现金流量，且修改前损失准备是按相当于整个存续期预期信用损失金额计量，从而适用规定的披露。

②准则由来：根据 IFRS 7，对于运用简化方法的主体，国际财务报告准则包含关于贸易应收账款、合同资产和租赁应收款的一般披露要求之外的豁免规定。IASB 指出，这些豁免规定与简化这些金融资产类型的减值模型应用的初衷相符，从而将减轻实务中关于追踪信用风险变动的负担。

第七十九条 为使财务报表使用者了解信用风险对未来现金流量的金额、时间和不确定性的影响，企业应当披露与信用风险有关的下列信息[①②]：

（一）企业信用风险管理实务的相关信息及其与预期信用损失的确认和计量的关系，包括计量金融工具预期信用损失的方法、假设和信息；

（二）有助于财务报表使用者评价在财务报表中确认的预期信用损失金额的定量和定性信息，包括预期信用损失金额的变动及其原因；

（三）企业的信用风险敞口，包括重大信用风险集中度；

（四）其他有助于财务报表使用者了解信用风险对未来现金流量金额、时间和不确定性的影响的信息。

【注释】

①准则联系：本条目披露信息（一）对应本准则第八十一条和第八十二条，披露信息（二）对应本准则第八十三条至第八十六条，披露信息（三）对应本

准则第八十七条。

②**准则由来**：根据 IFRS 7，在制定关于预期信用损失的要求时，IASB 承认，任何反映预期信用损失的方法都面临计量上的不确定性，这也使得预期信用损失法将更加重视管理层的判断及所使用信息的质量。但是，鉴于主体实施信用风险管理的方式存在差异，主体需要保持这样的判断水平。IASB 认为，能够使财务报表使用者对未来现金流量的可能金额、时间和不确定性作出预测的信息是有用且相关的信息。因此，IASB 确定了披露要求的目标，并且要求主体作出定性及定量披露，以协助财务报表使用者理解及识别上述事项。

第八十条 信用风险信息已经在其他报告（例如管理层讨论与分析）中予以披露并与财务报告交叉索引，且财务报告和其他报告可以同时同条件获得的，则信用风险信息无需重复列报[①]。企业应当根据自身实际情况，合理确定相关披露的详细程度、汇总或分解水平以及是否需对所披露的定量信息作补充说明。

【注释】

①企业不需要重复已在其他地方列示的信息，只要这些信息可以通过交叉引用从财务报告转入其他报告，例如财务报告的使用者能够在财务报告覆盖的相同期间与财务报告同时取得的管理层评论或风险报告。但是没有这些交叉引用的信息，财务报告信息是不完整的。

第八十一条 企业应当披露与信用风险管理实务有关的下列信息[①]：

（一）企业评估信用风险自初始确认后是否已显著增加的方法，并披露下列信息：

1. 根据《企业会计准则第 22 号——金融资产确认和计量》第五十五条的规定，在资产负债表日只具有较低的信用风险的金融工具及其确定依据（包括适用该情况的金融工具类别）；

2. 逾期超过 30 日，而信用风险自初始确认后未被认定为显著增加的金融资产及其确定依据。

（二）企业对违约的界定及其原因[②③]。

（三）以组合为基础评估预期信用风险的金融工具的组合方法[④]。

（四）确定金融资产已发生信用减值的依据。

（五）企业直接减记金融工具的政策，包括没有合理预期金融资产可以收回的迹象和已经直接减记但仍受执行活动影响的金融资产相关政策的信息[⑤]。

（六）根据《企业会计准则第 22 号——金融工具确认和计量》第五十六条的规定评估合同现金流量修改后金融资产的信用风险的，企业应当披露其信用风险的评估方法以及下列信息[⑥]：

1. 对于损失准备相当于整个存续期预期信用损失的金融资产，在发生合同现金流修改时，评估信用风险是否已下降，从而企业可以按照相当于该金融资产未来 12 个月内预期信用损失的金额确认计量其损失准备；

2. 对于符合本条（六）1 中所述的金融资产，企业应当披露其如何监控后续该金融资产的信用风险是否显著增加，从而按照相当于整个存续期预期信用损失的金额重新计量损失准备。

【注释】

①准则联系：根据《企业会计准则第 30 号——财务报表列报》第三十九条规定，企业应当披露采用的重要会计政策和会计估计，并结合企业的具体实际披露其重要会计政策的确定依据和财务报表项目的计量基础，及其会计估计所采用的关键假设和不确定因素。考虑到金融工具从 12 个月预期信用损失转为整个存续期预期信用损失对于减值结果的潜在影响重大，如何定义信用风险显著增加在整个预期信用损失估计中是一个尤其重要的部分。因此，企业应按照财务报表列报准则的要求作出适当的披露。披露的性质取决于企业确定信用风险显著增加时采用的具体方法。对各种类型的组合产生的不同影响，需要不同程度的披露。

②关于企业对违约界定的信息将有助于财务报表使用者理解企业是如何满足对预期信用损失的要求的，企业披露内容可包括：1）在定义违约时所考虑的定性和定量因素；2）是否针对不同类型的金融工具应用不同的定义；3）在金融资产发生违约后，关于"恢复率"（即恢复到正常状态的金融资产的数量）的假设。

③准则由来：根据 IFRS 7，违约是减值模型最基本的概念，这主要是由于违约会影响需要计量 12 个月预期信用损失的样本总体。IASB 在重新审议 2013 年《减值征求意见稿》的过程中发现，对于违约的定义可能有很多种，例如从广义上以定性因素为基础的判断性定义，以及狭义上仅考虑不付款的非判断性定义。此外，适当的定义还取决于金融工具的性质。鉴于主体对违约存在不同的解释，IASB 决定要求主体披露其对违约的定义及如此定义的理由。

④准则由来：根据 IFRS 7，从概念上讲，在单项基础上进行的评估应当与在组合基础上进行的评估产生同样的结果。然而，主体可能不能获得合理且有依据的信息，使其能够在金融资产逾期前识别单项资产信用的显著增加。因此，主体只能在组合基础上在预期信用损失估计中加入前瞻性信息。因此，IASB 决定要求披露主体对在组合基础上评估或计量的金融工具进行分组的信息。

⑤准则由来：根据 IFRS 7，主体应当披露已被核销但仍受执行活动影响的金融资产的名义金额。财务报表使用者希望了解被核销的资产还有多大可能收回。IASB 对此表示理解，但是认定和披露已核销但仍受执行活动影响的金融资产的合计金额不会为此提供最相关的信息。例如，名义金额可能非常高（特别是资产随着时间推移从法律意义上继续产生利息的情况），但是收回任何未结清金额的可能性极低。此外，在一段较长时间内对这些金额进行追踪在操作方面有难度。

因此，IASB 决定修订披露要求，规定主体披露本期被核销的金融资产的金额，同时提供关于前期被核销但仍受执行活动影响的金融资产的描述性信息。

⑥**准则由来**：IASB 认为，关于主体如何运用关于金融工具合同现金流量修订的规定的解释，包括主体如何确定修订后的金融资产的信用风险是否有所改善，从而与初始确认相比不被视为显著增加。这将提高主体对通过修订及重组的方式管理信用风险的理解程度。

【**例 4 – 18**】改变判断信用风险显著增加时使用的违约概率临界值的影响。

表 4 – 22 列示了改变判断信用风险显著增加时使用的违约概率临界值对 20×9 年 12 月 31 日预期信用损失准备的影响。预期信用损失增加（正数）表示本公司将确认更多的损失准备。

表 4 – 22

初始确认时整个存续期违约概率区间	应用的实际临界值	临界值变动	对预期信用损失的影响	
			更低的临界值	更高的临界值
零售按揭贷款				
≤ a%	×‰	[±×]‰	×	(×)
> a% 且 ≤ b%	×‰	[±×]‰	×	(×)
> b% 且 ≤ c%	×‰	[±×]‰	×	(×)
其他零售产品				
≤ a%	×‰	[±×]‰	×	(×)
> a% 且 ≤ b%	×‰	[±×]‰	×	(×)
> b% 且 ≤ c%	×‰	[±×]‰	×	(×)
公司贷款				
≤ a%	×‰	[±×]‰	×	(×)
> a% 且 ≤ b%	×‰	[±×]‰	×	(×)
> b% 且 ≤ c%	×‰	[±×]‰	×	(×)

第八十二条 企业应当披露《企业会计准则第 22 号——金融工具确认和计量》第八章有关金融工具减值所采用的输入值、假设和估值技术等相关信息，具体包括：

（一）用于确定下列各事项或数据的输入值、假设和估计技术[①]：

1. 未来 12 个月内预期信用损失和整个存续期的预期信用损失的计量；
2. 金融工具的信用风险自初始确认后是否已显著增加；
3. 金融资产是否已发生信用减值。

（二）确定预期信用损失时如何考虑前瞻性信息，包括宏观经济信息的使用。

(三) 报告期估计技术或重大假设的变更及其原因。

【注释】

①企业用于确定信用风险自初始确认后增加程度或衡量金融工具预期信用损失的假设和输入值，可能包括从企业内部历史信息或外部评级报告获得的信息，以及关于金融工具的预期寿命和出售抵押品的时间的假设。

【例4-19】影响预期信用损失准备的重要假设及其敏感性分析。

根据《企业会计准则第30号——财务报表列报》第三十九条的规定，企业应当披露采用的重要会计政策和会计估计，并结合企业的具体实际披露其重要会计政策的确定依据和财务报表项目的计量基础，及其会计估计所采用的关键假设和不确定因素。因此，企业应考虑披露影响预期信用损失准备的重要假设及其敏感性分析，示例如下：

某城市商业银行对影响预期信用损失准备的重要假设及其敏感性分析的披露。

敏感性分析：

(1) 零售贷款组合。

①房价指数：对按揭贷款中担保物的估值具有重大影响；

②失业率：无论贷款合同有无担保，对借款人按合同约定还款的能力都具有一定影响。

(2) 公司贷款组合。

①国内生产总值：对公司业绩和担保物估值具有重大影响；

②中国人民银行公布的贷款基准利率：对公司发生违约的可能性具有一定影响。

20×9年12月31日，假设该银行使用的经济指标发生合理变动而导致的预期信用损失变动情况如表4-23和表4-24所示（例如因基本、上升、下降这几种情景中预计失业率增加×%而导致的预期信用损失变动）。

零售贷款组合：

表4-23　　　　　　　　　　　　　　　　　　　　　　　　单位：百万元

房价指数	失业率		
	-×%	无变动	+×%
+×%	×	×	×
无变动	×	—	×
-×%	×	×	×

公司贷款组合：

表 4-24　　　　　　　　　　　　　　　　　　　　　　　单位：百万元

国内生产总值	基准利率		
	-×%	无变动	+×%
+×%	×	×	×
无变动	×	—	×
-×%	×	×	×

以上所披露的敏感性关键驱动因素仅为示例，企业应当根据自身实际情况确定相关参数。尤其应当注意的是，虽然未在以上示例中列示，但企业可能需要分析预期信用损失对各项经济情景权重变动的敏感性。

第八十三条　企业应当以表格形式按金融工具的类别①编制损失准备期初余额与期末余额的调节表②分别说明下列项目的变动情况：

（一）按相当于未来12个月预期信用损失的金额计量的损失准备。

（二）按相当于整个存续期预期信用损失的金额计量的下列各项的损失准备：

1. 自初始确认后信用风险已显著增加但并未发生信用减值的金融工具；

2. 对于资产负债表日已发生信用减值但并非购买或源生的已发生信用减值的金融资产；

3. 根据《企业会计准则第22号——金融工具确认和计量》第六十三条的规定计量减值损失准备的应收账款、合同资产和租赁应收款。

（三）购买或源生的已发生信用减值的金融资产的变动。除调节表外，企业还应当披露本期初始确认的该类金融资产在初始确认时未折现的预期信用损失总额。

【注释】

①在确认金融工具的类别时，企业至少应当：

1）对以摊余成本计量的金融工具和以公允价值计量的金融工具进行区分。

2）将不属于金融工具准则范围的金融工具作为单独的一类或一组。

②当按照本准则第三十六条的规定进行披露时，企业应将金融工具归为符合所披露信息性质的类型，并在归类时考虑这些金融工具的特征。企业应提供充分的信息使披露的信息能与资产负债表上列报的单列项目相互调节。因此，企业应当编制损失准备期初余额与期末余额的调节表。

第八十四条　为有助于财务报表使用者了解企业按照本准则第八十三条规定披露的损失准备变动信息，企业应当对本期发生损失准备变动的金融工具账面余额显著变动情况作出说明①，这些说明信息应当包括定性和定量信息，并应当对按照本准则第八十三条规定披露损失准备的各项目分别单独披露②，具体可包括下列情况下发生损失准备变动的金融工具账面余额显著变动信息③：

（一）本期因购买或源生的金融工具所导致的变动④。

（二）未导致终止确认的金融资产的合同现金流量修改所导致的变动。

（三）本期终止确认的金融工具（包括直接减记的金融工具）所导致的变动。

对于当期已直接减记但仍受执行活动影响的金融资产，还应当披露尚未结算的合同金额。

（四）因按照相当于未来12个月预期信用损失或整个存续期内预期信用损失金额计量损失准备而导致的金融工具账面余额变动信息。

【注释】

①企业须解释当期损失准备发生变动的原因。除了损失准备期初余额与期末余额的调节表，企业可能还需要提供关于这些变动的描述性解释，这可能包括对当期损失准备变动原因的分析，如：

1）金融资产组合的构成；

2）所购买或源生的金融资产数量；

3）预期信用损失的严重程度。

②关于金融资产损失准备变动的信息应当与贷款承诺及财务担保合同的损失准备变动信息分开披露。但是，如果一项金融工具同时包括贷款（即金融资产）和未提取承诺（即贷款承诺）部分，并且企业无法区分贷款承诺部分与金融资产部分各自的预期信用损失，贷款承诺部分的预期信用损失应当与金融资产的损失准备一起确认。合并预期信用损失超过金融资产账面余额的部分，应确认为预计负债。

③准则由来：根据IFRS 7，几乎所有的反馈意见者都支持强制使用损失准备账户。此外，IASB决定保留提供损失准备变动调节表的要求。这是因为金融资产账面余额的变动及其对损失准备的影响对于理解主体金融工具的信用质量及信用风险管理实务至关重要。财务报表使用者认为，金融资产账面金额的调节表会极大提高主体金融资产组合的透明度。IASB指出，虽然这些披露要求对系统的改变会导致提供信息的成本变高，但是变动调节表能够提供关于在12个月损失准备与整个存续期损失准备之间变化的关键信息，以及关于预期信用损失变动原因、数量和信用质量变动影响的关键信息。IASB还认为，尽管披露损失准备计量类别之间的总体变动情况将提供最相关且有用的信息，但是在某些情况下，对于某些金融资产类型，以净额披露相关变动情况将会提供更有用的信息。

④准则由来：IASB寻求提高初始确认时发生信用减值的金融资产与未发生信用减值的金融资产之间的可比性。因此，IASB决定，主体应当披露购入或源生的信用减值金融资产初始确认时所使用的未折现的预期信用损失信息。财务报

表使用者表示,这些披露信息在一定程度上降低了该会计领域的复杂性,并使他们了解在预期这些资产的信用损失发生有利变动的情况下主体可能收取的合同现金流量。

【例4-20】损失准备期初余额与期末余额的调节表。

某集团影响损失准备变动的抵押贷款账面余额重大变动包括:

1) 购入某主要贷款组合导致住宅抵押贷款账面余额增加×%,并相应导致12个月预期信用损失的增加。

2) 本地房产市场大跌后,直接减记另一资产组合人民币×元,导致有客观证据表明减值的金融资产的损失准备减少人民币×元。

3) 某地区的预期失业率上升导致按整个存续期预期信用损失计提损失准备的金融资产净增加,导致整个存续期预期信用损失准备净增加人民币×元。

对抵押贷款账面余额重大变动的进一步解释如表4-25所示。

表4-25 单位:百万元

抵押贷款——账面余额	未来12个月预期信用损失	整个存续期预期信用损失（组合评估）	整个存续期预期信用损失（单项评估）	已发生信用减值金融资产（整个存续期预期信用损失）
20×9年1月1日的账面余额	×	×	×	×
转入整个存续期预期信用损失的单项金融资产	(×)	—	×	—
转入已发生信用减值的金融资产的单项金融资产	(×)	—	(×)	×
从已发生信用减值的金融资产转回的单项金融资产	×	—	×	(×)
转入整个存续期预期信用损失的基于组合评估的金融资产	(×)	×	—	—
购买或源生的新金融资产	×	—	—	—
直接减记的金融资产	—	—	(×)	(×)
终止确认的金融资产	(×)	(×)	(×)	(×)
未导致终止确认的修改产生的变动	(×)	—	(×)	(×)
其他变动	×	×	×	×
20×9年12月31日的账面余额	×	×	×	×

第八十五条 为有助于财务报表使用者了解未导致终止确认的金融资产合同现金流量修改的性质和影响，及其对预期信用损失计量的影响，企业应当披露下列信息①：

（一）企业在本期修改了金融资产合同现金流量，且修改前损失准备是按相当于整个存续期预期信用损失金额计量的，应当披露修改或重新议定合同前的摊余成本及修改合同现金流量的净利得或净损失②；

（二）对于之前按照相当于整个存续期内预期信用损失的金额计量了损失准备的金融资产，而当期按照相当于未来 12 个月内预期信用损失的金额计量该金融资产的损失准备的，应当披露该金融资产在资产负债表日的账面余额。

【注释】

①准则由来：在 2008 年国际金融危机期间，财务报表使用者对难以了解主体对金融资产进行的重组活动的程度表示不满。他们要求获得能够使其了解关于被修订且信用质量后续有所改善的金融资产金额的信息。在重新审议过程中，IASB 注意到编制者在反馈中提到的、为了满足这项要求需要追踪单项金融资产所带来的操作困难，特别是此类资产早已回到履约状态且早已无需出于信用风险管理目的对其进行密切监控的情况。IASB 指出，随着越来越多的资产需要披露，这些信息的有用性将随着时间推移而降低。因此，IASB 决定将这条规定限定在"之前曾在损失准备按照整个存续期预期信用损失计量，而当期按照 12 个月预期信用损失计量"的金融资产。

②准则由来：本条目的披露要求适用于所有合同现金流量的修订。IASB 确认，无论合同现金流量的修订原因如何，该指引都适用。在作出这项决定时，IASB 指出，摊余成本账面金额等于预期合同现金流量按照实际利率折现后的现值。因此，无论修订的原因如何，账面金额应当反映那些合同现金流量的变动。此外，无论合同条款影响有多大，其任何变动都将对信用风险产生影响。

第八十六条 为有助于财务报表使用者了解担保物或其他信用增级对源自预期信用损失的金额的影响①，企业应当按照金融工具的类别披露下列信息②③：

（一）在不考虑可利用的担保物或其他信用增级的情况下，企业在资产负债表日的最大信用风险敞口。

（二）作为抵押持有的担保物和其他信用增级的描述，包括：

1. 所持有担保物的性质和质量的描述；

2. 本期由于信用恶化或企业担保政策变更，导致担保物或信用增级的质量发生显著变化的说明；

3. 由于存在担保物而未确认损失准备的金融工具的信息。

（三）企业在资产负债表日持有的担保物和其他信用增级为已发生信用减值的金融资产作抵押的定量信息（例如对担保物和其他信用增级降低信用风险程度

的量化信息）。

【注释】

①本条目要求披露相关信息，使财务报表使用者能够理解担保物及其他信用增级对预期信用损失金额产生的影响。企业无需披露关于担保物的公允价值及其他信用增级的信息，也无需对预期信用损失计算中包含的担保物的精确值进行量化。

②担保物和其他信用增级的描述可以包含以下信息：

1）担保物和其他信用增级的主要类型；

2）持有的担保物和其他信用增级的数量及其在损失准备方面的作用；

3）评估和管理担保物和其他信用增级的政策和流程；

4）担保物和其他信用增级交易对手的主要类型及其信用等级。

③**准则由来**：担保物及其他信用风险缓释工具是企业估计预期信用损失的重要因素。例如，如果其他条件相同，与持有无质押贷款的企业相比，持有较多担保贷款的企业为信用损失记录的损失准备将会较小。然而，编制这些担保物披露信息过于繁杂且成本太大，因此，IASB 提议将担保物定量披露要求限定在初始确认后发生信用减值的金融工具，且不要求提供关于担保物公允价值的信息。此外，IASB 决定，主体应当披露关于担保物及其他信用增级如何被纳入所有金融工具的预期信用损失计量的信息。

第八十七条 为有助于财务报表使用者评估企业的信用风险敞口并了解其重大信用风险集中度，企业应当按照信用风险等级披露相关金融资产的账面余额以及贷款承诺和财务担保合同的信用风险敞口[①]。这些信息应当按照下列各类金融工具分别披露[②]：

（一）按相当于未来 12 个月预期信用损失的金额计量损失准备的金融工具。

（二）按相当于整个存续期预期信用损失的金额计量损失准备的下列金融工具：

1. 自初始确认后信用风险已显著增加的金融工具（但并非已发生信用减值的金融资产）；

2. 在资产负债表日已发生信用减值但并非所购买或源生的已发生信用减值的金融资产；

3. 根据《企业会计准则第 22 号——金融工具确认和计量》第六十三条规定计量减值损失准备的应收账款、合同资产或者租赁应收款。

（三）购买或源生的已发生信用减值的金融资产。

信用风险等级是指基于金融工具发生违约的风险对信用风险划分的等级。

【注释】

①对于贷款承诺和财务担保合同，损失准备作为预计负债确认。为此类金融工具确认损失准备是不适当的，原因是不存在与列报损失准备相对应的资产。但

是，如果一项金融工具同时包含贷款（即金融资产）和未使用的承诺（即贷款承诺）部分，则企业将无法把贷款承诺成分产生的预期信用损失与金融资产成分产生的预期信用损失单独区分开来。据此，贷款承诺的预期信用损失应与金融资产的损失准备一同确认。如果该两项预期信用损失的合计数超过金融资产的账面余额，则预期信用损失应当确认为一项预计负债。

②准则由来：由于整个存续期预期信用损失以初始确认后信用风险的显著增加为基础确认，确认了12个月预期信用损失的初始信用风险的范围可能很广（例如，源生的高信用风险未减值贷款，如果后续信用风险没有增加，其损失准备将以12个月预期信用损失为基础计量，这与初始确认后信用风险没有显著增加的高质量贷款相同）。为了向财务报表使用者提供关于损失准备变动及企业承担的金融工具信用风险敞口的信息，2013年《减值征求意见稿》提出，无论金融工具是按照12个月预期信用损失还是按照整个存续期预期信用损失计量的，都应将其账面金额按照其信用风险类别进行分解。

对于非金融企业的某些资产类别，【例4-21】的披露方式与信用风险管理实务不相容。对于上述情况，IASB决定取消关于提供至少三种信用风险评级的分解信息的要求，代之以分解信息应当与信用风险的内部管理方式保持一致的要求。此外，IASB决定，如果评估金融资产信用风险是否显著增加时唯一能获得的有关借款方的特定信息是违约信息，则允许企业对该金融资产使用账龄分析，如【例4-22】所示。

【例4-21】信用风险敞口和重大信用风险集中度信息的披露方法。

信用风险敞口和重大信用风险集中度信息的披露如表4-26、表4-27、表4-28所示。

表4-26　　　　　　　　　　　　　　　　　　　　　　　　　　　　　单位：百万元

按内部评级进行信用风险分级的消费贷款信贷风险敞口

内部评级	消费者——信用卡 账面余额		消费者——汽车贷款 账面余额	
	按整个存续期预期信用损失计量损失准备	按未来12个月预期信用损失计量损失准备	按整个存续期预期信用损失计量损失准备	按未来12个月预期信用损失计量损失准备
1～2	×	×	×	×
3～4	×	×	×	×
5～6	×	×	×	×
7	×	×	×	×
合计	×	×	×	×

表 4-27   单位：百万元

按外部评级进行信用风险分级的企业贷款信贷风险敞口

外部评级	企业——设备		企业——建设	
	账面余额		账面余额	
	按整个存续期预期信用损失计量损失准备	按未来12个月预期信用损失计量损失准备	按整个存续期预期信用损失计量损失准备	按未来12个月预期信用损失计量损失准备
AAA ~ AA	×	×	×	×
A	×	×	×	×
BBB ~ BB	×	×	×	×
B	×	×	×	×
CCC ~ CC	×	×	×	×
C	×	×	×	×
D	×	×	×	×
合计	×	×	×	×

表 4-28   单位：百万元

按违约概率进行信用风险分级的公司贷款信贷风险敞口

违约概率	公司——无担保		公司——有担保	
	账面余额		账面余额	
	按整个存续期预期信用损失计量损失准备	按未来12个月预期信用损失计量损失准备	按整个存续期预期信用损失计量损失准备	按未来12个月预期信用损失计量损失准备
0.00 ~ 0.10	×	×	×	×
0.11 ~ 0.40	×	×	×	×
0.41 ~ 1.00	×	×	×	×
1.01 ~ 3.00	×	×	×	×
3.01 ~ 6.00	×	×	×	×
6.01 ~ 11.00	×	×	×	×
11.01 ~ 17.00	×	×	×	×
17.01 ~ 25.00	×	×	×	×
25.01 ~ 50.00	×	×	×	×
50.01 +	×	×	×	×
合计	×	×	×	×

【例 4-22】 信用风险敞口和重大信用风险集中度信息的披露。

甲企业为新能源汽车制造企业,该企业为经销商和终端客户提供融资。甲企业将其经销商融资和消费者融资分别作为单独的金融工具类别予以披露,并对其应收账款应用简化法,即损失准备总是以整个存续期预期信用损失计量。表 4-29 为根据简化方法进行风险披露的示例。

表 4-29   单位:百万元

应收账款逾期天数	未逾期或逾期 30 日以内(含 30 日)	30~60 日(含 60 日)	60~90 日(含 90 日)	90 日以上	合计
经销商融资					
预期信用损失率	0.80%	4%	8%	12%	
估计发生违约的账面余额	23 160	1 578	750	262	25 750
整个存续期预期信用损失	185	63	60	31	339
消费者融资					
预期信用损失率	1.30%	5%	10%	14%	
估计发生违约的账面余额	21 064	2 203	330	169	23 766
整个存续期预期信用损失	274	110	33	24	441

第八十八条 对于属于本准则范围,但不适用《企业会计准则第 22 号——金融工具确认和计量》金融工具减值规定的各类金融工具,企业应当披露与每类金融工具信用风险有关的下列信息:

(一)在不考虑可利用的担保物或其他信用增级的情况下,企业在资产负债表日的最大信用风险敞口。金融工具的账面价值能代表最大信用风险敞口的,不再要求披露此项信息[1][2]。

(二)无论是否适用本条(一)中的披露要求,企业都应当披露可利用担保物或其他信用增级的信息及其对最大信用风险敞口的财务影响[3]。

【注释】

①对于每一类别的金融工具,企业应当披露在不考虑可利用的担保物或其他信用增级的情况下,企业在资产负债表日的最大信用风险敞口的金额。金融工具的账面价值能代表最大信用风险敞口的,无需提供此项披露。最大信用风险敞口

的来源也包括企业未在资产负债表中确认的金融工具（如不可撤销的贷款承诺、财务担保）的信用风险敞口。

产生信用风险的交易，以及相应的最大信用风险敞口的某些情况示例如下：

1）向客户提供信用或在其他机构中存放款项，其最大信用风险敞口为相关金融资产的账面价值。

2）签订衍生工具合同，例如外汇远期、利率互换以及信用衍生工具。对于以公允价值计量的衍生工具，企业在资产负债表日面临的最大信用风险敞口等于其账面价值。

3）提供财务担保。已提供财务担保的最大信用风险敞口等于须履行担保时企业必须支付的最大金额（无论履行担保的可能性如何）。该金额可能显著大于已作为负债确认的金额。

4）对于在融资额度提供期内不可撤销的或只有当重大不利变化出现时才可撤销的贷款承诺，如果该贷款承诺不能以现金或其他金融资产进行净额结算（例如，银行必须提供贷款全额，而不是仅向企业支付承诺利率和市场利率的差异），则其最大信用风险敞口是承诺的全部金额。这是因为任何未支取的金额在未来是否支取具有不确定性。因此，贷款承诺的最大信用风险敞口金额可能显著大于已确认的负债金额。

②**准则由来**：本条目第（一）项要求披露资产负债表日企业的最大信用风险敞口，这为财务报表使用者提供了企业信用风险敞口的一致计量信息，同时考虑了发生损失的最大风险敞口与资产负债表上已确认的金额存在差异的可能性。此外，本条目的披露要求仅适用于账面价值不反映企业的最大信用风险敞口的金融工具，一旦披露金融工具的账面价值反映企业的最大信用风险敞口，会造成重复披露的问题。本条目的披露方法与本准则第七十三条第（一）项无需披露公允价值的披露方法具有一致性。

本条目第（二）项反映了成本效益原则，因为对于中小型企业、持有特殊类型的担保物企业以及公允价值不易获得的承保人很难获得担保物和其他信用增级的公允价值。当对组合中的一些贷款进行了过度担保而对其他贷款担保不足时，合并披露企业所持有的担保物的公允价值会引起误解。在这种情况下，将两种类型担保的公允价值进行抵销将低报信用风险的金额。因此，IASB决定不要求披露所持有担保物的公允价值，仅要求披露对作为抵押持有的担保物和其他信用增级的描述。

【例4-23】金融工具信用风险和最大信用风险敞口的披露。

某集团为注册地在北京的金融企业，该集团有关金融工具信用风险和最大信用风险敞口的披露示例如下：

①信用风险。

信用风险是指因交易对手或债务人未能履行其全部或部分付款义务而造成本

集团发生损失的风险。信用风险包括诸如由于整体宏观经济陷入衰退而导致损失的风险。本集团信贷业务主要向各类客户提供贷款、承兑、担保及其他信贷产品，并因此承担信用风险。信用风险是本集团业务经营所面临的重大风险之一。

　　董事会对本集团的信用风险管理承担最终责任。董事会负责审议及批准信用风险管理政策，授权风险管理委员会对信用风险管理实施的有效性进行日常监督；审议和批准风险管理委员会提交的信用风险评估报告并对集团信用风险状况作出评价。风险管理委员会定期召开会议以审阅分析本集团的信贷质量、风险集中度和压力测试等议题，并按季度向董事会报送信用风险评估报告。

　　②信用风险敞口。

　　本集团的信用风险敞口包括涉及信用风险的资产负债表表内项目和表外项目。在资产负债表日，本集团金融资产的账面价值已代表其最大信用风险敞口。资产负债表表外的最大信用风险敞口情况如表4-30所示（不考虑可利用的担保物或其他信用增级）。

表4-30　　　　　　　　　　　　　　　　　　　　　　　　　　单位：百万元

资产负债表表外项目	20×9年12月31日	20×8年12月31日
担保	5 882	7 093
不可撤销的贷款承诺	11 006	11 800
其他信用承诺	3 051	3 413
合计	19 939	22 306

【例4-24】应收款项最大信用风险敞口的披露。

　　某公司为一家在深交所上市的企业，在全国拥有庞大客户群。客户按照公司的标准信用条款购买商品，公司同时向某些主要客户购买其他商品。有关其应收款项最大信用风险敞口的披露如表4-31所示。

表4-31　　　　　　　　　　　　　　　　　　　　　　　　　　单位：百万元

	20×9年12月31日	20×8年12月31日
应收款项账面余额	397 600	318 600
坏账准备	(19 880)	(15 930)
账面价值	377 720	302 670
应付客户的金额	(76 350)	(64 130)

　　该公司与客户订立协议，只有在客户发生违约的情况下，应付客户的金额才可以与应收客户的金额进行抵销。因此，该公司在每一资产负债表日面临的最大信用风险敞口为应向客户收取的总金额减去坏账准备后的金额。由于应付款项在

资产负债表内不可抵销,因此该最大信用风险敞口未扣减应付客户的金额。

第八十九条 企业本期通过取得担保物或其他信用增级所确认的金融资产或非金融资产,应当披露下列信息①:
（一）所确认资产的性质和账面价值;
（二）对于不易变现的资产,应当披露处置或拟将其用于日常经营的政策等。

【注释】
①**准则由来**:本条目要求企业披露通过占有其作为抵押持有的担保物或其他信用增级而取得的资产的性质和账面金额,以及处置其中不易变现资产的政策。这一信息是有用的,因为这一披露提供了关于企业此类活动的频率以及企业取得和变现担保物的能力的信息。

第三节 流动性风险披露

第九十条 企业应当披露金融负债按剩余到期期限进行的到期期限分析,以及管理这些金融负债流动性风险①的方法②:
（一）对于非衍生金融负债（包括财务担保合同）,到期期限分析应当基于合同剩余到期期限。对于包含嵌入衍生工具的混合金融工具,应当将其整体视为非衍生金融负债进行披露③。
（二）对于衍生金融负债,如果合同到期期限是理解现金流量时间分布的关键因素,到期期限分析应当基于合同剩余到期期限④。
当企业将所持有的金融资产作为流动性风险管理的一部分,且披露金融资产的到期期限分析使财务报表使用者能够恰当地评估企业流动性风险的性质和范围时,企业应当披露金融资产的到期期限分析⑤⑥⑦。
流动性风险,是指企业在履行以交付现金或其他金融资产的方式结算的义务时发生资金短缺的风险。

【注释】
①**准则由来**:根据 IFRS 7,"流动性风险"是指主体在履行与金融负债相关的义务时将面临困难的风险,它来自于主体被要求早于预期偿付其负债的可能性（这种可能性通常很小）。由于这种披露将反映最坏情况,IASB 要求主体基于合同最早到期日进行披露。但是对于一些主体而言,仅进行合同到期期限分析不能提供有关正常环境下的预期条件或主体自预期到期日起如何管理衍生工具的信息。因此 IASB 明确本条目仅适用于会导致现金或其他金融资产流出的金融负债,而不适用于主体自身权益工具进行结算的金融负债以及 IFRS 7 中规定的以非金

融资产结算的负债。

②本准则规定，企业应当披露金融负债按剩余到期期限进行的到期期限分析，以及管理这些金融负债流动性风险的方法：1）对于非衍生金融负债（包括财务担保合同），到期期限分析应当基于合同剩余到期期限；2）对于衍生金融负债，如果合同到期期限是理解现金流量时间分布的关键因素（如剩余期限为5年的利率互换以进行套期保值、所有的贷款承诺等），到期期限分析应当基于合同剩余到期期限。

③准则由来：由于基于剩余合同期限的披露要求对某些衍生金融负债难以适用，因此，在某些情境下，IASB降低了此前的披露要求，但是保留了对非衍生性金融负债和特定衍生性金融负债的最小合同期限披露要求。对于上述两类金融负债，合同期限是理解与该负债相关的现金流时间安排的关键信息，因此IASB要求主体应继续披露基于此类资产剩余合同期限的信息。

④对于包含嵌入衍生工具的混合金融工具，尽管应当按照《企业会计准则第22号——金融工具确认和计量》确定是否需要将嵌入衍生工具进行分拆，但在披露上述到期期限分析时，应当将包含嵌入衍生工具的混合金融工具整体视为非衍生金融负债进行披露。

⑤如果有关衍生金融负债合同到期日的信息对了解现金流量的时间分布并非至关重要，则无需披露其合同到期期限分析。例如，企业经常买卖衍生工具（如金融机构交易账户内的衍生金融负债），反映合同的到期日可能对了解现金流量的时间分布并非至关重要，因为衍生金融负债可能被转让（例如买入的期货合约在亏损状态下平仓），而不是在合同到期时通过支付或收取工具规定的合同现金流量结算。

如果合同到期期限是理解现金流量时间分布的关键因素，企业仍须提供衍生金融负债的到期期限分析，但该分析可按另外的基础列报。例如，可以基于预计的交易日，或者基于企业预计将在资产负债表日后的短时间内进行处置时需要支付的账面价值（即公允价值），或者基于其在资产负债表日列报的公允价值。

⑥本准则并不要求企业在所有情况下披露金融资产的到期期限分析。有关到期期限分析披露的要求仅适用于金融负债。但是，当企业将所持有的金融资产作为流动性风险管理的一部分（例如，根据企业的流动性需求持有一部分金融资产，这部分金融资产易于出售变现，以满足企业偿付金融负债现金流出的需求），且披露金融资产的到期期限分析使财务报表使用者能够恰当地评估企业流动性风险的性质和范围时，企业应当披露金融资产的到期期限分析。

企业在披露如何管理流动性风险时，也应披露可能考虑的其他因素。这些因素包括但不限于以下方面：1）企业是否拥有已承诺的贷款额度或其他授信额度；2）是否在中央银行有存款以备流动性之需；3）是否有多样化的资金来源；4）是否有资产或筹资来源方面的重大流动性集中情况；5）是否就管理流动性风险建立了内部控制程序和应急方案；6）是否有包含加速偿还（如在企业信用评级下降时）条款的工具；7）是否有协议约定必要时追加担保物（如为衍生交易追加保证金）；8）是否有协议约定允许企业选择以交付现金、其他金融资产或其自身权益工具来结算负债；9）是否约定交易结算遵循"总互抵协议"等。

⑦**准则由来**：IASB 强调了以管理流动性风险目的而持有的金融资产的期限分析的现有披露规定，此类信息能使财务报表使用者得以评估流动性风险性质和程度。IASB 同样强调了主体必须解释流动性风险的定性和定量披露信息之间的关系，以便财务报表使用者评估流动性风险的性质和程度。

第九十一条 企业在披露到期期限分析时，应当运用职业判断确定适当的时间段。列入各时间段内按照本准则第九十条的规定披露的金额，应当是未经折现的合同现金流量[①]。

企业可以但不限于按下列时间段进行到期期限分析[②]：

（一）一个月以内（含一个月，下同）；
（二）一个月至三个月以内；
（三）三个月至一年以内；
（四）一年至五年以内；
（五）五年以上。

【注释】

①对于"未经折现的合同现金流量"，例如：1）融资租赁债务总额；2）以现金购买金融资产的远期协议中指定的价格；3）浮动利率支付（固定利率收取）的利率互换的净额，净额以净现金流量结算；4）衍生金融工具中用于交换的合同金额（例如货币互换），合同金额以总现金流量结算。5）贷款承诺总额。由于资产负债表中的金额是基于已折现的现金流量计量，这些未折现的现金流量可能不同于资产负债表所列示的金额。

②由于定量披露应基于企业向关键管理人员提供的信息，因此所披露的时间段应与内部报告的时间段相一致。某些企业可能需要采用比其他企业更多的时间段。但无论如何划分时间段，企业均应通过考虑其流动性需求的相应时间，来评价其流动性披露是否提供了有关流动性需求的充分信息。例如，企业可能有在一个月之内到期的重大支付义务，在这种情况下，将第一年内所有支付义务归总至同一个时间段并不恰当。

第九十二条 债权人可以选择收回债权时间的，债务人应当将相应的金融负债列入债权人可以要求收回债权的最早时间段内。

债务人应付债务金额不固定的，应当根据资产负债表日的情况确定到期期限分析所披露的金额。如分期付款的，债务人应当把每期将支付的款项列入相应的最早时间段内[①]。

财务担保合同形成的金融负债,担保人应当将最大担保金额列入相关方可以要求支付的最早时间段内。

【注释】

①当应付金额不固定时,应当根据资产负债表日存在的情况确定披露的金额。如果应付金额随着指数的变化而变化,披露的金额可基于资产负债表日指数的水平来确定。

【例4-25】到期期限披露。

某公司为大型制造业企业,该公司有关金融负债和表外担保项目按资产负债表日的合同剩余期限列示的应付现金流量如表4-32所示。表中披露的金融负债金额为未经折现的现金流量,因而可能与资产负债表中的账面价值有所不同。

表4-32　　　　　　　　　　　　　　　　　　　　　　　　　单位:百万元

项目	即时偿还	1个月以内	1~3个月	3个月~1年	1~5年	5年以上	总额
非衍生金融负债:							
应付票据	4 712	827	494	130	12	—	6 175
借款	5 258	2 441	4 128	2 064	2 195	295	16 381
应付债券	—	—	369	880	2 944	540	4 733
非衍生金融负债小计	9 970	3 268	4 991	3 074	5 151	835	27 289
衍生金融工具	—	145	244	425	520	191	1 525
担保	—	147	98	373	111	33	762
金融负债和或有负债总额	9 970	3 560	5 333	3 872	5 782	1 059	29 576

注:(1)本公司持有的衍生工具均按净额结算;(2)本公司对外提供担保的最大担保金额按照相关方能够要求支付的最早时间段列示。

第九十三条　企业应当披露流动性风险敞口汇总定量信息的确定方法①。此类汇总定量信息中的现金(或另一项金融资产)流出符合下列条件之一的,应当说明相关事实,并提供有助于评价该风险程度的额外定量信息:

(一)该现金的流出可能显著早于汇总定量信息中所列示的时间。

(二)该现金的流出可能与汇总定量信息中所列示的金额存在重大差异。

如果以上信息已包括在本准则第九十条规定的到期期限分析中,则无需披露上述额外定量信息。

【注释】

①准则联系：在应用本条目对流动性风险定量信息披露的规定时，需参照本准则第七十七条第（一）项的规定。

第四节 市场风险披露

第九十四条 金融工具的市场风险，是指金融工具的公允价值或未来现金流量因市场价格变动而发生波动的风险，包括汇率风险、利率风险和其他价格风险。

汇率风险，是指金融工具的公允价值或未来现金流量因外汇汇率变动而发生波动的风险。汇率风险可源于以记账本位币之外的外币进行计价的金融工具[①]。

利率风险，是指金融工具的公允价值或未来现金流量因市场利率变动而发生波动的风险。利率风险可源于已确认的计息金融工具和未确认的金融工具（如某些贷款承诺）[②]。

其他价格风险，是指金融工具的公允价值或未来现金流量因汇率风险和利率风险以外的市场价格变动而发生波动的风险，无论这些变动是由于与单项金融工具或其发行方有关的因素而引起的，还是由于与市场内交易的所有类似金融工具有关的因素而引起的。其他价格风险可源于商品价格或权益工具价格等的变化[③]。

【注释】

①汇率风险来自以外币进行计价的金融工具，也就是说，在计量中是以外币计价而不是以功能货币（记账本位币）进行计价。根据 IFRS 7，非货币性项目或以功能货币进行计价的金融工具不产生货币风险。

编者语： 对于以公允价值计量的外币非货币性项目，其公允价值变动包含了汇率波动的影响，但是其汇兑差额和其他因素对公允价值的影响不分拆，汇总计入当期损益或其他综合收益。

②利率风险来自资产负债表中已确认的与利率相关的金融工具（例如贷款、应收款项和发行的债务工具）和一些不在资产负债表上确认的金融工具（例如某些贷款承诺）。

③金融工具的其他价格风险产生于诸如商品价格或权益价格等的变化。为符合本准则第九十五条的要求，企业可以披露特定股票市场指数、商品价格或其他风险变量下降的影响。例如，如果企业提供余值担保（该担保是金融工具），则企业应当披露作为担保对象的资产价值的变动。导致权益价格风险变动的金融工具的两个例子是：1) 持有其他企业发行的股票；2) 信托投资，该信托投资又持有其他公司股票。此外还包括买卖特定数量权益工具的远期合同和期权，以及与权益价格挂钩的互换。这些金融工具的公允价值受基本权益工具市场价格变化的

影响。

第九十五条 在对市场风险进行敏感性分析时,应当以整个企业为基础,披露下列信息[1][2]:

(一)资产负债表日所面临的各类市场风险的敏感性分析。该项披露应当反映资产负债表日相关风险变量发生合理、可能的变动时,将对企业损益和所有者权益产生的影响。

对具有重大汇率风险敞口的每一种货币,应当分币种进行敏感性分析。

(二)本期敏感性分析所使用的方法和假设,以及本期发生的变化和原因。

【注释】

[1]企业在对市场风险进行敏感性分析时,应以整个企业为基础,但是对不同类型的金融工具可以提供不同类型的敏感性分析。编制市场风险敏感性分析的披露信息可以遵循下列步骤:

1) 识别风险来源。

需要识别企业面临的所有市场风险,包括汇率风险、利率风险和其他价格风险。

2) 确定资产负债表日的风险敞口及其影响。

本准则要求识别在资产负债表日其公允价值或现金流量受风险因素变化影响的所有金融工具。对于在资产负债表日已确认的金融工具,如果其现金流量根据合同规定与某一变量相连结,或者其公允价值取决于某一变量,且该变量的变化会影响损益或所有者权益的,企业应将该已确认金融工具纳入敏感性分析。

某些金融工具既不影响损益也不影响所有者权益。例如,以企业记账本位币计价、以摊余成本计量的固定利率债务工具,该工具相关利率的变动不会影响损益或所有者权益。又如,根据本准则的规定分类为权益工具的金融工具发行方不再重新计量,既不会影响损益也不会影响所有者权益。这些金融工具无需纳入敏感性分析。

3) 确定相关风险变量的合理可能变动。

企业确定何为相关风险变量的合理可能变动,应考虑企业经营所处的经济环境以及进行评估的时间段。相关的风险变量可能包括:A. 现行市场利率,主要针对利息敏感型的金融工具,如可变利率贷款;B. 汇率和利率,主要针对外币金融工具,如外币债券。

在某一环境下相关风险变量的合理可能变动可能不同于在另一环境下的变动。企业须判断变动的合理范围,且合理可能变动不应包括罕见的"最坏的情况"或"压力测试"。对于相关风险变量的合理可能变动,企业应以本次披露至下一次披露(通常是下一个年度资产负债表日)的期间为时间框架进行评估。

由于合理可能变动的范围较广,因此企业无须披露该范围内的每一变动,仅披露在合理可能变动范围上下限内的变动影响即可。例如，假定利率为5%，并且企业确定利率上下波动50个基点（1基点为0.01%）是合理可能的。如果利率变为4.5%或5.5%，企业应当披露其对损益或权益的影响。在下一期间，利率增至5.5%，企业继续认为，利率可以上下波动50个基点（即利率的变化率是稳定的），如果利率变为5%或6%，企业应当披露其对损益或权益的影响。除非有证据表明，利率的波动已发生重大变化，否则不要求企业修订利率可以以上下50个基点进行合理波动的评估标准。

4) 确定披露中的适当汇总水平。

企业应汇总敏感性分析的结果以在更大程度上反映企业对市场风险的整体敏感性，但不应将来自重大不同经济环境的风险敞口的不同特征的信息汇总。例如，对面临恶性通货膨胀地区和低通货膨胀地区的市场风险敞口，企业应当分地区进行敏感性分析。对具有重大汇率风险敞口的每一种货币，应当分币种进行敏感性分析。

企业应当提供整个企业业务的敏感性分析，但是对不同类型的金融工具应当提供不同类型的敏感性分析。例如，以本币计价的金融工具和以外币计价的金融工具由于面对的风险敞口不同，应当分别进行敏感性分析。

企业可以根据内部管理风险的方式对业务的不同部分提供不同类型的敏感性分析。例如，一家金融机构可能包括零售银行分部和投资银行分部，并在投资银行分部使用风险价值分析（VAR）进行内部风险管理。企业可以选择对零售银行分部提供传统敏感性分析，对投资银行分部提供风险价值分析。但是，在这种情况下，企业需要审慎考虑如何处理这两个分部之间的交易和风险敞口，以避免披露产生误导。

5) 计算和列报敏感性分析。

企业应披露，假设相关风险变量的合理可能变动应用于资产负债表日的风险敞口时，这些变动对损益和所有者权益的影响。企业无须确定在相关风险变量的所有假设情况下对当期损益和所有者权益的影响金额。但是，企业应当就资产负债表日存在的风险敞口，披露如果相关风险变量在该日发生了合理可能变动而对损益和所有者权益的影响。例如，如果年末企业有一项浮动利率债务，企业应当假定利率在合理可能的范围内变动，并披露其对当期损益（即利息费用）的影响。

企业可以对损益以及所有者权益中的不同项目分别披露敏感性分析。企业也可针对对其具有重大利率风险敞口的每种货币分别披露利率风险的敏感性分析。损益的敏感性分析应与所有者权益的敏感性分析分开披露。

② 准则由来：IASB决定要求主体对各类市场风险披露敏感性分析，原因如下：

1) 使用者一致强调敏感性分析非常重要；

2) 敏感性分析披露可以适用于所有主体的各类市场风险，且相对容易理解

和计算;

3）敏感性分析适合所有持有金融工具的主体（包括非金融主体），并通过主体如何管理这些风险的披露加以辅助。因此，相对其他方法，敏感性披露更简单适用。

【例4-26】 敏感性分析。

某公司有关敏感性分析的相关情形如表4-33所示。

表4-33　　　　　　　　　　　　　　　　　　　　　　单位：百万元

假设情形	变动指标	变动金额 20×0年	变动金额 20×1年
利率风险：			
借款利率下降10个基点	净利润	240	170
借款利率上升10个基点	净利润	-210	-150
汇率风险：			
人民币对美元贬值3%	净利润	-640	-280
	其他综合收益	110	120
人民币对美元升值3%	净利润	640	280
	其他综合收益	-110	-120

对于利率风险，在其他风险变量保持不变的情况下，净利润变动主要来自浮动利率借款利息费用。由于借款有利率上浮限制，因此净利润对利率下降较利率上升更敏感。由于该公司部分债务在20×1年到期使得浮动借款余额减少，20×1年净利润对利率的敏感性要比20×0年的敏感性低。此外，对于该非衍生金融负债，公司需按照本准则第九十条的规定披露该负债的到期期限分析。

对于汇率风险，由于该公司部分外币债务在20×1年到期使得浮动借款余额减少，20×1年净利润对汇率的敏感性比20×0年的敏感性低。此外，由于增加对购入外币交易的套期，并考虑了外币债务减少的抵减影响，20×1年权益对汇率的敏感性要比20×0年的敏感性高。

第九十六条　企业采用风险价值法或类似方法进行敏感性分析能够反映金融风险变量之间（如利率和汇率之间等）的关联性，且企业已采用该种方法管理金融风险的，可不按照本准则第九十五条的规定进行披露[①]，但应当披露下列信息[②]：

（一）用于该种敏感性分析的方法、选用的主要参数和假设；

（二）所用方法的目的，以及该方法提供的信息在反映相关资产和负债公允价值方面的局限性。

【注释】

①**准则由来**：IFRS 7 征求意见稿的反馈意见者指出，虽然风险价值金额不能反映其对损益或权益的影响，但是，按风险价值法管理风险的主体，也不愿意仅为披露这一影响而进行单独的敏感性分析。IASB 的目标是要求主体进行敏感性披露，而不是强制规定敏感性披露的特殊格式。因此，IASB 决定，如果主体有其他替代敏感性分析的披露，不要求其披露替代方法对损益或权益的影响。

②本条目允许企业使用反映风险变量之间关联性的敏感性分析，例如风险价值法。如果企业使用这一方法去管理金融风险敞口，即使这一方法仅计量潜在的损失，而不计量潜在的利得，企业也可以应用此方法。此类企业可以按照本条目第（一）项的要求，披露所使用的风险价值模型的类型（例如，模型是否依赖蒙特卡罗模拟），解释模型如何运作以及模型的主要假设（例如，持有期间和置信区间）。企业也可以披露历史观测期间和在该期间应用于观测的加权，对计算中如何处理期权的问题进行解释，以及披露所使用的波动率和相关系数（或者以蒙特卡罗概率分布模拟替代）。

第九十七条 按照本准则第九十五条或第九十六条对敏感性分析的披露不能反映金融工具市场风险的（例如期末的风险敞口不能反映当期的风险状况），企业应当披露这一事实及其原因①②。

【注释】

①企业应当披露的事实及其原因如下：

1）金融工具包含了其影响不能由敏感性分析明显反映出来的条款和条件（如金融工具的价值不仅由敏感性分析所选风险变量决定，还由其他变量决定）。在这种情况下，额外的披露可能包括金融工具的条款和条件、期权被行权后对损益的影响以及企业如何对风险进行管理。

2）金融资产的流动性低，在交易量少或缺少交易对手的情况下，所计算的损益变动很难实现。在这种情况下，额外的披露可能包括金融资产缺乏流动性的原因以及企业如何对风险进行管理。

3）企业对某项资产持有量大，可按照市场报价的折价或溢价进行出售。在这种情况下，额外的披露可能包括证券的性质、持有比例、对损益的影响以及企业如何对风险进行管理。

②**准则由来**：IASB 承认，仅反映一种变量变动的简单敏感性分析具有局限性。例如，这种分析无法揭示非线性敏感性或变量间的相互影响。基于此，IASB 要求主体在敏感性分析无法表明金融工具的内在风险时进行额外披露。

第八章 金融资产转移的披露

第九十八条 企业应当就资产负债表日存在的所有未终止确认的已转移金融资产，以及对已转移金融资产的继续涉入，按本准则要求单独披露。

本章所述的金融资产转移①，包括下列两种情形：

（一）企业将收取金融资产现金流量的合同权利转移给另一方。

（二）企业保留了收取金融资产现金流量的合同权利，但承担了将收取的现金流量支付给一个或多个最终收款方的合同义务。

【注释】

①准则联系：出于不同的目标，本准则中有关金融资产转移的披露中涉及的"金融资产转移"的概念不同于《企业会计准则第23号——金融资产转移》中的概念。

本准则所述的"金融资产转移"包含两种情形：1）企业将收取金融资产现金流量的合同权利转移给另一方；2）企业保留了收取金融资产现金流量的合同权利，并承担将收取的现金流量支付给一个或多个收款方的合同义务，这种情形通常被称为"过手协议"。

《企业会计准则第23号——金融资产转移》第六条中定义的"金融资产转移"也包含两种情形，第一种情形与本准则中的要求一致，但是对于第二种情形，还要求该"过手协议"若作为金融资产转移处理，必须同时满足该条第（二）项规定的3个条件。

可以看出，本准则对于"金融资产转移"的定义比《企业会计准则第23号——金融资产转移》更为宽泛。对于未满足3个条件的"过手协议"，尽管不是《企业会计准则第23号——金融资产转移》定义的"金融资产转移"，但属于本准则定义的"金融资产转移"，须进行相应的披露。这是因为《企业会计准则第23号——金融资产转移》规范的是终止确认问题，要防止形式上被转移而实质上未转移的资产出表；而本准则规范的是披露问题，要通过充分的披露让财务报表使用者了解转移（包括形式上的转移）的金融资产和确认的相关负债的关系。

第九十九条 企业对于金融资产转移所披露的信息，应当有助于财务报表使用者了解未整体终止确认的已转移金融资产与相关负债之间的关系，评价企业继续涉入已终止确认金融资产的性质和相关风险①。

企业按照本准则第一百零一条和第一百零二条所披露信息不能满足本条前款要求的,应当披露其他补充信息②。

【注释】

①准则由来:从本准则关于"金融资产转移"的定义,以及《企业会计准则第23号——金融资产转移》关于金融资产终止确认的条件可以看出,尚在资产负债表中的金融资产可能因为转移而引起负债,对于该种情形企业需要提供相关信息帮助财务报表使用者判定其影响。

②准则由来:对于本准则第一百零一条和第一百零二条所披露信息不能满足本条目前款要求的,在这种情况下企业应当披露任何满足披露目标所必要的额外信息。企业应当按照实际情况决定披露多少额外信息以满足财务报表使用者的信息需求,以及在额外信息的不同方面强调的程度。在滥用对财务报表使用者有帮助的信息细节与合并造成的信息缺失之间取得平衡是至关重要的。

第一百条 本章所述的继续涉入①,是指企业保留了已转移金融资产中内在的合同权利或义务,或者取得了与已转移金融资产相关的新合同权利或义务。转出方与转入方签订的转让协议或与第三方单独签订的与转让相关的协议,都有可能形成对已转移金融资产的继续涉入。如果企业对已转移金融资产的未来业绩不享有任何利益,也不承担与已转移金融资产相关的任何未来支付义务,则不形成继续涉入。下列情形不形成继续涉入:

(一)与转移的真实性以及合理、诚信和公平交易等原则有关的常规声明和保证,这些声明和保证可能因法律行为导致转移无效。

(二)以公允价值回购已转移金融资产的远期、期权和其他合同。

(三)使企业保留了收取金融资产现金流量的合同权利但承担了将收取的现金流量支付给一个或多个最终收款方的合同义务的安排,且这类安排满足《企业会计准则第23号——金融资产转移》第六条(二)中的三个条件②③。

①准则联系:出于不同的目标,本准则中有关金融资产转移的披露中涉及的"继续涉入"的概念不同于《企业会计准则第23号——金融资产转移》中的概念。

本准则所述的"继续涉入",是指企业保留了已转移金融资产中内在的合同权利或义务,或者取得了与已转移金融资产相关的新合同权利或义务。常规声明和保证、以公允价值回购已转移金融资产的合同,以及同时满足《企业会计准则第23号——金融资产转移》中三个条件的"过手协议"不构成继续涉入。常规声明和保证是指企业为避免转让无效而作出的陈述,包括转移的真实性以及合理、诚信和公平交易等原则方面的陈述。例如,企业在合同中承诺:其向资产接收方提供的资料、单据及信息是有效、真实、准确且完整的,没有遗漏任何重要信息。

而在《企业会计准则第 23 号——金融资产转移》中,对于既没有转移也没有保留金融资产所有权上几乎所有的风险和报酬,且保留了对该金融资产控制的情形,属于该准则所指的"继续涉入"。

本准则定义的"继续涉入"情形(企业保留了已转移金融资产中内在的合同权利或义务或者取得了与已转移金融资产相关的新合同权利或义务)在《企业会计准则第 23 号——金融资产转移》中可能被认定为转移了金融资产所有权上几乎所有风险和报酬、保留了几乎所有风险和报酬、既没有转移也没有保留几乎所有风险和报酬三种情况。而只有第三种情况才有可能符合《企业会计准则第 23 号——金融资产转移》的"继续涉入"定义。因此本准则定义的"继续涉入"也比《企业会计准则第 23 号——金融资产转移》的定义更为宽泛。这是因为本准则的目的是让财务报表使用者了解企业保留的风险敞口。企业只要保留了已转移金融资产中内在的合同权利或义务,或者取得了与已转移金融资产相关的新合同权利或义务,就可能有风险敞口。

②准则由来:从本准则关于"继续涉入"的定义,以及《企业会计准则第 23 号——金融资产转移》关于金融资产终止确认的条件可以看出,已经终止确认的金融资产可能因为继续涉入而引起风险敞口,该种情形企业需要提供相关信息帮助财务报表使用者判定其影响。

③实施指引:企业(尤其是金融企业)在金融资产转移中,往往还会就被转移金融资产提供相应的服务,收取一定的服务费。在这种情况下,企业应当分析该服务合同是否构成本准则定义的继续涉入。例如,银行转让贷款后因提供后续贷款回收及转付服务而收取服务费的情形。如果该服务费的收取金额是以贷款实际回收和转付的金额为依据计算,则该项新的合同权利与已转移贷款相关,构成继续涉入。如果服务费的收取与是否成功回收和转付贷款以及回收和转付的金额和时间无关,则该项新的合同权利与已转移贷款无关,不构成继续涉入。

第一百零一条 对于已转移但未整体终止确认的金融资产,企业应当按照类别披露下列信息[①]:

(一)已转移金融资产的性质;

(二)仍保留的与所有权有关的风险和报酬的性质;

(三)已转移金融资产与相关负债之间关系的性质,包括因转移引起的对企业使用已转移金融资产的限制;

(四)在转移金融资产形成的相关负债的交易对手方仅对已转移金融资产有追索权[②]的情况下,应当以表格形式披露所转移金融资产和相关负债的公允价值以及净头寸,即已转移金融资产和相关负债公允价值之间的差额;

(五)继续确认已转移金融资产整体的,披露已转移金融资产和相关负债的账面价值[③];

（六）按继续涉入程度确认所转移金融资产的，披露转移前该金融资产整体的账面价值、按继续涉入程度确认的资产和相关负债的账面价值[4]。

【注释】

①**准则由来**：当金融资产已经转移但未终止确认，财务报表使用者需要理解此类企业确认的被转移金融资产和相关负债之间的关系。因为该披露提供了对理解企业未终止确认的已转移金融资产和相关负债之间关系的有用信息，理解此类关系有助于财务报表使用者评估企业的现金流需要和企业可得的来自其资产的现金流。

②"交易对手仅对已转移资产有追索权"是指，交易对手仅能对该资产所产生的现金流向企业（转移方）进行追索，而不能对企业其他资产提出权利主张，即"有限追索权"的概念。有限追索权相关资产和负债的公允价值的差额（净头寸），代表着企业在该资产转移后仍保留的经济利益。

③**实施指引**：关于本条目第（四）项和第（五）项的披露要求，企业可以参考表4-34进行披露。

表4-34   单位：万元

	以公允价值计量且其变动计入当期损益的金融资产		以摊余成本计量的金融资产		以公允价值计量且其变动计入其他综合收益的金融资产
	交易性金融资产	衍生工具	抵押贷款	消费贷款	债权投资
已转移金融资产的账面价值	×	×	×	×	×
相关负债的账面价值	(×)	(×)	(×)	(×)	(×)
仅对已转移资产有追索权的交易					
已转移金融资产的公允价值	×	×	×	×	×
相关负债的公允价值	(×)	(×)	(×)	(×)	(×)
净头寸	×	×	×	×	×

④无论是金融资产整体转移，还是金融资产部分转移（《企业会计准则第23号——金融资产转移》第四条所规范的情形），只要不满足终止确认的条件，均应按照以上要求进行披露。例如，企业只转移了一项金融资产所产生现金流量的60%部分，则企业应该针对该60%部分的金融资产按照《企业会计准则第23

号——金融资产转移》判断是否满足终止确认的条件。假设该60%部分的金融资产不满足终止确认的条件，因而未全部终止确认该部分金融资产，那么在这种情况下，这60%部分的金融资产需要按照本准则对于已转移但未整体终止确认的金融资产的披露要求进行相应的披露。如果该60%部分的金融资产满足终止确认的条件，可以被终止确认，则60%部分的金融资产不需要按照本准则对于已转移但未整体终止确认的金融资产的披露要求进行相应的披露，但是要考虑企业是否继续涉入该部分已转移金融资产，并按照本准则对于已整体终止确认但转出方继续涉入已转移金融资产的披露要求进行披露。对于剩余的40%部分的金融资产，无论是在以上哪种假设情况下，都不涉及金融资产的转移，因而也无需按照本准则进行披露。

第一百零二条 对于已整体终止确认但转出方继续涉入已转移金融资产的，企业应当至少按照类别披露下列信息[①]：

（一）因继续涉入确认的资产和负债的账面价值和公允价值，以及在资产负债表中对应的项目。

（二）因继续涉入导致企业发生损失的最大风险敞口及确定方法。

（三）应当或可能回购已终止确认的金融资产需要支付的未折现现金流量（如期权协议中的行权价格）或其他应向转入方支付的款项，以及对这些现金流量或款项的到期期限分析。如果到期期限可能为一个区间，应当以企业必须或可能支付的最早日期为依据归入相应的时间段。到期期限分析应当分别反映企业应当支付的现金流量（如远期合同）、企业可能支付的现金流量（如签出看跌期权）以及企业可选择支付的现金流量（如购入看涨期权）。在现金流量不固定的情形下，上述金额应当基于每个资产负债表日的情况披露[②]。

（四）对本条（一）至（三）定量信息的解释性说明，包括对已转移金融资产、继续涉入的性质和目的，以及企业所面临风险的描述等。其中，对企业所面临风险的描述包括下列各项：

1. 企业对继续涉入已终止确认金融资产的风险进行管理的方法；

2. 企业是否应先于其他方承担有关损失，以及先于本企业承担损失的其他方应承担损失的顺序及金额；

3. 企业向已转移金融资产提供财务支持或回购该金融资产的义务的触发条件。

（五）金融资产转移日确认的利得或损失，以及因继续涉入已终止确认金融资产当期和累计确认的收益或费用（如衍生工具的公允价值变动）[③]。

（六）终止确认产生的收款总额在本期分布不均衡的（例如大部分转移金额在临近报告期末发生），企业应当披露本期最大转移活动发生的时间段、该段期间所确认的金额（如相关利得或损失）和收款总额。

企业在披露本条所规定的信息时，应当按照其继续涉入面临的风险敞口类型分类汇总披露。例如，可按金融工具类别（如附担保或看涨期权继续涉入方式）

或转让类型（如应收账款保理、证券化和融券）分类汇总披露。企业对某项终止确认的金融资产存在多种继续涉入方式的，可按其中一类汇总披露。

【注释】

①**准则由来**：在很多情况下，如果企业对于已转移的金融资产仍然继续涉入，则可能意味着该金融资产转移不满足终止确认的条件。但有时也存在尽管企业继续涉入已转移的金融资产，但是该金融资产仍满足整体终止确认条件的情况。例如，附带转入方持有重大价外看跌期权（或转出方持有重大价外看涨期权）的金融资产出售，由于期权为重大价外期权，致使到期时或到期前行权的可能性极小，可以认定企业已经转移了该项金融资产所有权上几乎所有的风险和报酬，应当终止确认这一金融资产。但是由于期权的存在形成了企业对该金融资产的继续涉入。针对这一情况，在每个资产负债表日，企业应按照类别披露相关信息。各披露类别应当按照企业继续涉入面临的风险敞口类型进行划分。例如，企业可以按照金融工具类别，如担保或看涨期权等进行分类；也可以按照转让类型，如应收账款保理、资产证券化、融券业务等进行分类。企业对某项终止确认的金融资产存在多种继续涉入方式的，可按其中一类进行汇总披露。

②**实施指引**：本条目第（一）项至第（三）项的披露要求，企业可以参考表4-35和表4-36进行披露。

表4-35   单位：万元

继续涉入的类型	因继续涉入确认的资产和负债的账面价值			因继续涉入确认的资产和负债的公允价值		损失的最大风险敞口	回购已转移（已终止确认）资产需要支付的未折现现金流量
	以公允价值计量且其变动计入当期损益的金融资产	以公允价值计量且其变动计入其他综合收益的金融资产	以公允价值计量且其变动计入当期损益的金融负债	资产	负债		
签出的看跌期权		(×)		(×)	×	(×)
购入的看涨期权	×			×			(×)
融券业务		(×)		×	(×)		(×)
……					·		
合计	×			(×)	×	(×)	

表4-36　　　　　　　　　　　　　　　　　　　　　　　　　单位：万元

回购已转移金融资产需要支付的未折现现金流量							
继续涉入的到期期限							
继续涉入的类型	合计	1个月之内	1个月	3~6个月	6个月~1年	1~3年	3~5年	5年以上
签出的看跌期权	×		×	×	×	×		
购入的看涨期权	×			×	×	×		×
融券业务	×	×	×					

③本条目规定披露相关的终止确认利得或损失时，应当披露利得或损失是否是由于该资产各组成部分（例如终止确认的部分和企业保留的部分）的公允价值和该资产整体的公允价值不同造成。如果是，企业还应披露该资产的公允价值计量是否包含可观察市场数据以外的重大输入值。

第一百零三条　企业按照本准则第一百条的规定确定是否继续涉入已转移金融资产时，应当以自身财务报告为基础进行考虑[①]。

【注释】

①本准则所述的"继续涉入"是以企业自身财务报告为基础进行考虑的。例如，子公司向非关联的第三方转让一项金融资产，而其母公司对该金融资产存在继续涉入，则子公司在自身财务报表中确定是否继续涉入已转移金融资产时，不应当考虑母公司的涉入；母公司在合并财务报表中确定是否继续涉入已转移金融资产时，应当考虑自身以及集团其他成员对子公司已转移金融资产的继续涉入情况。"继续涉入"可能是源自于转出方与转入方签订的转让协议，也可能是源于与第三方单独签订的与转让相关的协议。但是，如果企业对已转移金融资产的未来业绩不享有任何利益，也不承担与已转移金融资产相关的任何未来支付义务，则不形成继续涉入。

第九章 衔接规定

第一百零四条 自本准则施行日起,企业应当按照本准则的要求列报金融工具相关信息。企业比较财务报表列报的信息与本准则要求不一致的,不需要按照本准则的要求进行调整[①]。

【注释】

① 企业首次执行《企业会计准则第22号——金融工具确认和计量》《企业会计准则第23号——金融资产转移》和《企业会计准则第24号——套期会计》(本部分除特别指明外,以上准则均指2017修订版),应当披露下列内容:

1)企业应当在首次执行日,用表格形式对每一类别的金融资产和金融负债披露下列信息:执行《企业会计准则第22号——金融工具确认和计量》之前存在的金融工具的原计量类别和账面价值;根据该准则确定的新计量类别和账面价值;资产负债表中之前被指定为以公允价值计量且其变动计入当期损益但不再作出这一指定的所有金融资产和金融负债的金额,并分别根据该准则规定作出重分类,以及企业选择在首次执行日进行重分类进行披露。

2)在包含首次执行日的报告期间内,企业应当披露以下定性信息:企业应用《企业会计准则第22号——金融工具确认和计量》的规定对金融资产进行重分类的情况;金融资产或金融负债在首次执行日被指定或被取消指定为以公允价值计量且其变动计入当期损益的原因。

3)对于首次执行《企业会计准则第22号——金融工具确认和计量》的报告期间,企业应当披露该准则的首次执行日金融资产和金融负债分类的变化,并分别列示:在重分类前计量类别下的账面价值变动;因采用该准则而产生的计量变更所导致的账面价值变动。

4)对于企业在首次执行《企业会计准则第22号——金融工具确认和计量》的报告期间,因采用该准则重分类为以摊余成本计量的金融资产或金融负债,或者将以公允价值计量且其变动计入当期损益的金融资产重分类为以公允价值计量且其变动计入其他综合收益的金融资产,应当披露以下信息:金融资产或金融负债在报告期末的公允价值;若金融资产或金融负债未作出重分类,应在报告期内计入当期损益或其他综合收益的公允价值变动金额。在企业首次执行《企业会计准则第22号——金融工具确认和计量》年度报告期间之后,无需提供本段所规定的披露。

5) 对于企业在首次执行《企业会计准则第22号——金融工具确认和计量》的报告期间，因采用该准则将以公允价值计量且其变动计入当期损益类别的金融资产和金融负债重分类为其他类别时，企业应当披露以下信息：在首次执行日确定的实际利率；已确认的利息收入或费用。

如果企业根据《企业会计准则第22号——金融工具确认和计量》第八十条规定将金融资产或金融负债的公允价值作为首次执行日的新账面余额或新摊余成本，则应在直至终止确认之前（含终止确认时）的每一报告期间进行上述披露。

6) 企业在按照上述3) 至5) 进行披露时，一般无需重述前期报告。企业只有在仅根据重述期间所获取的信息就能重述前期报告的情况下（即重述不依赖于重述期间的后续期间所获取的信息），才可以重述。如果企业不进行重述，则应当将原账面价值和首次执行日所属的年度报告期间期初账面价值之间的差额确认为该期间的期初留存收益或其他综合收益。但是如果企业进行重述，重述的财务报告必须遵循《企业会计准则第22号——金融工具确认和计量》的所有要求。

7) 企业在按照上述3至5进行披露时，以及根据本准则第七十一条进行披露时，必须提供下列两项在首次执行日前后的对照信息：列报的计量类别；金融工具的类别。

8) 在《企业会计准则第22号——金融工具确认和计量》的首次执行日，企业需要披露对以下两项进行调节的信息：根据《企业会计准则第22号——金融工具确认和计量》（2006版）的相关规定计量的期末损失准备和根据《企业会计准则第13号——或有事项》计提的准备；根据《企业会计准则第22号——金融工具确认和计量》确定的期初损失准备。对于金融资产，企业应当按照首次执行前和首次执行后的计量类别分别提供上述披露，并且应单独列示计量类别的变化对首次执行日损失准备的影响。

9) 在《企业会计准则第22号——金融工具确认和计量》首次执行日所属的报告期间内，企业无需披露根据《企业会计准则第22号——金融工具确认和计量》（2006版）的分类和计量要求对本期项目进行列报的金额，也无需披露根据《企业会计准则第22号——金融工具确认和计量》的分类和计量要求对前期项目进行列报的金额。

10) 如果企业按照《企业会计准则第22号——金融工具确认和计量》第七十五条规定，在评估金融资产合同现金流量特征时不考虑关于时间价值要素修正的规定，则在该金融资产终止确认之前，企业均应披露该金融资产在资产负债表日的账面价值。

11) 如果企业按照《企业会计准则第22号——金融工具确认和计量》第七十六条规定，在评估金融资产合同现金流量特征时不考虑关于提前还款特征的规定，则在该金融资产终止确认之前，企业均应披露该金融资产在资产负债表日的账面价值。

【例4-27】招商银行成立于1987年，总部位于中国深圳，是一家在中国具有一定规模和实力的全国性商业银行。招商银行分别于2002年4月在上海证券交易所上市，2006年9月在香港联合证券交易所上市，属于A+H股上市公司，因此，按照本条规定，执行新金融工具准则的日期为2018年1月1日。

招商银行在2018年年度报告的财务报表附注"重要会计政策和会计估计——会计政策变更"章节中指出，"2018年1月1日之前的金融工具确认和计量与新金融工具准则要求不一致的，本集团按照新金融工具准则的要求进行衔接调整。涉及前期比较财务报表数据与新金融工具准则要求不一致的，本集团不进行调整。金融工具原账面价值和在新金融工具准则施行日的新账面价值之间的差额，计入2018年1月1日的留存收益或其他综合收益"。

此外，招商银行管理层以2018年1月1日既存的事实和情况为基础，披露了实行新金融工具相关准则下分类和计量（包括减值、套期会计等）对集团金融资产产生的变化以及影响，具体如表4-37和表4-38所示。

（1）分类和计量的影响。

表4-37　　新金融工具准则对金融资产分类和计量的影响　　单位：百万元

项目	准则修订前列示的账面价值 2017年12月31日	重分类	重新计量	准则修订后列示的账面价值 2018年1月1日
存放同业和其他金融机构款项				
准则修订前列示的账面价值	76 918			
重新计量：预期信用损失			(22)	
准则修订后列示的账面价值				76 896
拆出资金				
准则修订前列示的账面价值	154 628			
重新计量：预期信用损失			(49)	
准则修订后列示的账面价值				154 579
买入返售金融资产				
准则修订前列示的账面价值	252 550			
重新计量：预期信用损失			(610)	
准则修订后列示的账面价值				251 940
以摊余成本计量的贷款和垫款				
准则修订前列示的账面价值	3 414 612			
转出至以公允价值计量且其变动计入其他综合收益的贷款和垫款（注(i)）		(136 918)		

续表

项目	准则修订前列示的账面价值	重分类	重新计量	准则修订后列示的账面价值
	2017年12月31日			2018年1月1日
重新计量：预期信用损失			(923)	
准则修订后列示的账面价值				3 276 771
以公允价值计量且其变动计入其他综合收益的贷款和垫款				
准则修订前列示的账面价值	—			
来自以摊余成本计量的贷款和垫款（注（ⅰ））		136 918		
重新计量：由摊余成本转换为公允价值（注（ⅰ））			(90)	
准则修订后列示的账面价值				136 828
交易性金融资产				
准则修订前列示的账面价值	—			
来自以公允价值计量且其变动计入当期损益的金融资产		64 796		
来自可供出售金融资产（注（ⅱ））		49 055		
来自应收款项类投资（注（ⅲ））		205 657		
重新计量：由摊余成本转换为公允价值（注（ⅲ））			(917)	
准则修订后列示的账面价值				318 591
以公允价值计量且其变动计入当期损益的金融资产				
准则修订前列示的账面价值	64 796			
转出至交易性金融资产		(64 796)		
准则修订后列示的账面价值				—
可供出售金融资产				
准则修订前列示的账面价值	383 101			
转出至交易性金融资产（注（ⅱ））		(49 055)		

续表

项目	准则修订前列示的账面价值	重分类	重新计量	准则修订后列示的账面价值
	2017年12月31日			2018年1月1日
转出至其他债权投资（注（ⅳ））		(331 498)		
转出至其他权益工具投资		(1 648)		
转出至债权投资		(900)		
准则修订后列示的账面价值				—
持有至到期投资				
准则修订前列示的账面价值	558 218			
转出至债权投资（注（ⅵ））		(558 218)		
准则修订后列示的账面价值				—
应收款项类投资				
准则修订前列示的账面价值	572 241			
转出至交易性金融资产（注（ⅲ））		(205 657)		
转出至其他债权工具投资		(1 540)		
转出至债权投资（注（ⅴ））		(365 044)		
准则修订后列示的账面价值				—
其他债权投资				
准则修订前列示的账面价值	—			
来自可供出售金融资产（注（ⅳ））		331 498		
来自应收款项类投资		1 540		
重新计量：由摊余成本转为公允价值			342	
准则修订后列示的账面价值				333 380
其他权益工具投资				
准则修订前列示的账面价值	—			
来自可供出售金融资产		1 648		
来自其他资产		100		
重新计量：由成本转为公允价值			1 177	
准则修订后列示的账面价值				2 925
债权投资				
准则修订前列示的账面价值	—			

续表

项目	准则修订前列示的账面价值	重分类	重新计量	准则修订后列示的账面价值
	2017年12月31日			2018年1月1日
来自可供出售金融资产		900		
来自持有至到期投资（注ⅵ）		558 218		
来自应收款项类投资（注ⅴ）		365 044		
重新计量：预期信用损失			(2 670)	
重新计量：由公允价值转为摊余成本			2	
准则修订后列示的账面价值				921 494
应收利息				
准则修订前列示的账面价值	28 726			
重新计量：预期信用损失			(546)	
准则修订后列示的账面价值				28 180
贵金属				
准则修订前列示的账面价值	9 309			
重新计量：预期信用损失（注ⅶ）			17	
准则修订后列示的账面价值				9 326
其他资产				
准则修订前列示的账面价值	23 879			
转出至其他权益工具投资		(100)		
准则修订后列示的账面价值				23 779
递延税资产				
准则修订前列示的账面价值	50 120			
重新计量			2 211	
准则修订后列示的账面价值				52 331
预计负债				
准则修订前列示的账面价值	450			
重新计量：预期信用损失			4 824	
准则修订后列示的账面价值				5 274
其他综合收益				
准则修订前列示的账面价值	(4 741)			
重新计量			2 368	

续表

项目	准则修订前列示的账面价值	重分类	重新计量	准则修订后列示的账面价值
	2017年12月31日			2018年1月1日
准则修订后列示的账面价值				(2 373)
未分配利润				
准则修订前列示的账面价值	241 063			
重新计量			(9 270)	
准则修订后列示的账面价值				231 793

注：(ⅰ) 人民币136 918百万元的以摊余成本计量的贷款和垫款重分类至以公允价值计量且其变动计入其他综合收益的贷款和垫款，因为这些贷款和垫款在以收取合同现金流量和出售金融资产为目标的业务模式中持有，而且其现金流仅为对本金和以未偿付本金金额为基础的利息的支付。相关人民币90百万元公允价值损失调整2018年1月1日以公允价值计量且其变动计入其他综合收益的贷款和垫款的账面价值和其他综合收益。

(ⅱ) 人民币49 055百万元的可供出售金融资产重分类至以公允价值计量且其变动计入当期损益的金融资产，并计入交易性金融资产科目。因为这些投资的现金流不满足准则修订后的仅为对本金和以未偿付本金金额为基础的利息的支付的条件。

(ⅲ) 人民币205 657百万元的应收款项类投资重分类至以公允价值计量且其变动计入当期损益的金融资产，并计入交易性金融资产科目，因为这些投资的现金流不满足准则修订后的仅为对本金和以未偿付本金金额为基础的利息的支付的条件。相关的人民币917百万元公允价值损失调整2018年1月1日交易性金融资产的账面价值和未分配利润。

(ⅳ) 人民币331 498百万元的可供出售金融资产投资重分类至以公允价值计量且其变动计入其他综合收益的债务工具投资，并计入其他债权投资科目。因为这些投资在以收取合同现金流量和出售金融资产为目标的业务模式中持有，而且其现金流量仅为对本金和以未偿付本金金额为基础的利息的支付。

(ⅴ) 人民币365 044百万元的应收款项类投资重分类至以摊余成本计量的债务工具投资，并计入债权投资科目。这些投资在以收取合同现金流量为目标的业务模式中持有，且其合同条款规定在特定日期产生的现金流量仅为对本金和以未偿付本金金额为基础的利息的支付。

(ⅵ) 持有至到期投资重分类至摊余成本计量的债务工具投资，并计入债权投资科目。这些投资在以收取合同现金流量为目标的业务模式中持有，且其合同条款规定在特定日期产生的现金流量仅为对本金和以未偿付本金金额为基础的利息的支付。

(ⅶ) 本集团的贵金属租赁适用新金融工具准则减值相关规定，确认预期信用损失准备。

(2) 预期信用损失的影响。

招商银行于2018年1月1日，按照准则修订后的规定，使用在无须付出不当成本或努力的情况下可获得的合理及可支持的信息审阅及评估集团现有金融资产、租赁应收款项、贷款承诺及财务担保合同等。

招商银行2018年1月1日首次采用新金融工具准则时，将相关金融资产、租赁应收款、贷款承诺及担保合同等的损失准备从2017年12月31日期末余额调整至2018年1月1日期初余额如表4-38所示。

表 4-38　　　　新金融工具准则对预期信用损失的影响　　　　单位：百万元

项目	2017年12月31日拨备余额（准则修订前）	重分类	通过留存收益重新计量的拨备	通过其他综合收益重新计量的拨备	2018年1月1日拨备余额
以摊余成本计量的贷款和垫款	150 432	-15	923		151 340
以公允价值计量且其变动计其他综合收益的贷款和垫款		15		165	180
其他债权投资		455		990	1 445
债权投资		4 395	2 670		7 065
信贷承诺和财务担保合同			4 824		4 824
可供出售金融资产	531	-531			
应收款项类投资	4 302	-4 302			
持有至到期投资	93	-93			
存放同业和其他金融机构款项	116		22		138
拆出资金	135		49		184
买入返售金融资产	754		610		1 364
应收利息			546	13	559
贵金属	22		-17		5

(3) 套期会计的影响。

招商银行在财务报表附注中披露，"本集团根据新金融工具准则进行套期会计处理。在首次采用新金融工具准则时，对于符合准则修订前中套期关系规定的，在考虑过渡期内套期关系再平衡后，若满足新金融工具准则中规定的标准，则被视为延续套期关系。与前期保持一致，本集团继续指定若干利率掉期合约作为涉及利率风险的所有对冲关系的对冲工具。因此，采用新金融工具准则中套期会计政策，不会对比较数据产生影响。"

第十章　附　　则

第一百零五条　本准则自 2018 年 1 月 1 日起施行①。

【注释】

①在境内外同时上市的企业以及在境外上市并采用国际财务报告准则或企业会计准则编制财务报告的企业，自 2018 年 1 月 1 日起施行；其他境内上市企业自 2019 年 1 月 1 日起施行；执行企业会计准则的非上市企业自 2021 年 1 月 1 日起施行。同时，鼓励企业提前执行。执行本准则的企业，不再执行财政部于 2014 年 3 月 17 日印发的《金融负债与权益工具的区分及相关会计处理规定》（财会〔2014〕13 号）和 2014 年 6 月 20 日印发的《企业会计准则第 37 号——金融工具列报》（财会〔2014〕23 号）。

执行本准则的企业，应同时执行财政部于 2017 年修订印发的《企业会计准则第 22 号——金融工具确认和计量》（财会〔2017〕7 号）、《企业会计准则第 23 号——金融资产转移》（财会〔2017〕8 号）和《企业会计准则第 24 号——套期会计》（财会〔2017〕9 号）。

主要参考文献

［1］IASB：IFRS Standards Issued at 1 January 2019（Red Book），IFRS Foundation，2019.03.

［2］财政部会计司：《关于修订印发2019年度一般企业财务报表格式的通知》，2019.04.

［3］财政部会计司编写组：《企业会计准则第22号——金融工具确认和计量》应用指南（2018），中国财政经济出版社2018年版。

［4］财政部会计司编写组：《企业会计准则第23号——金融资产转移》应用指南（2018），中国财政经济出版社2018年版。

［5］财政部会计司编写组：《企业会计准则第24号——套期会计》应用指南（2018），中国财政经济出版社2018年版。

［6］财政部会计司编写组：《企业会计准则第37号——金融工具列报》应用指南（2018），中国财政经济出版社2018年版。

［7］财政部会计司编写组：《企业会计准则讲解（2010）》，人民出版社2010年版。

［8］约翰·赫尔：《期权、期货及其他衍生产品》，机械工业出版社2019年版。

［9］中华人民共和国财政部：《企业会计准则》（合订本），经济科学出版社2017年版。